Bernhard Harms

Auguren, Ahnen, Aquädukte

Die römische Kultur
in Entwicklung und Struktur

Verlag Grundlagen und Praxis

Leer (Ostfriesland)

Umschlagbilder:
Wasserleitung von Segovia in Spanien (um 100 n.Chr.).
Silberner Mischkessel (um Chr.Geb.). Höhe 35,5 cm. Gefunden 1868 am
Galgenberg bei Hildesheim, aber seit dem 2. Weltkrieg verschollen.

Um die

»Genehmigung für den Gebrauch an Schulen«

(vgl. Vermerk im Impressum der 2. Auflage 1977) hat der Verlag wegen des
verwaltungstechnischen Aufwandes zur Zeit noch nicht wieder nach-
gesucht.

ISBN - 3-921229-36-7

3. Auflage
(c) 1986   Verlag Grundlagen und Praxis
               - Wissenschaftlicher Autorenverlag -
               2950 Leer/Ostfriesland, Postfach 1507

Fotosatz: Verlag Grundlagen u. Praxis
Gesamtherstellung: Graph. Ausbildungswerkstätten
                    im Jugendheim Johannesburg, 2991 Surwold.

Printed in Germany

In unserem Verlag ist jeder Autor für den Inhalt seines Buches allein
verantwortlich.

Vorwort zur 3. Auflage

Nachdem das Buch seit reichlich einem Dezennium auf dem Markt ist, erwies sich eine gründliche Überarbeitung der Kapitel über Religion, über Bildende Kunst sowie über Wirtschaft als erforderlich. Auch sonst ist der Text an vielen Stellen, der gewandelten Kenntnislage entsprechend, neu gefaßt worden. Ein großer Teil der vorgenommenen Verbesserungen geht auf Hinweise von Herrn Professor Dr. Gerhard Radke, Berlin, zurück, dem ich an dieser Stelle für die aufgewandte Zeit und Mühe herzlich danken möchte.

Das Literaturverzeichnis wurde gleichfalls auf den neuesten Stand gebracht; bei dessen Taschenbücherliste ist Vollständigkeit innerhalb der deutschsprachigen Produktion angestrebt worden.

Im übrigen empfiehlt sich nach wie vor, auch für den Benutzer der dritten Auflage, zu beherzigen, was schon im Vorwort zur ersten Auflage stand: In den Kapiteln über Staat, Kriegswesen und Religion sind die Übersichten integrierender Bestandteil; das Textverständnis der ihnen nachfolgenden Seiten bliebe also bruchstückhaft, hätte man nicht vorher wenigstens einen Blick auf sie geworfen. - Wenn die Schreibweise der Eigennamen - Diocletian bzw. Diokletian, Pompei bzw. Pompeji usw. - nicht immer einheitlich ist, so bitte ich um Verständnis dafür. Eindeutige Richtlinien lassen sich dafür nicht aufstellen.

Um eine duden-gerechte Korrektur meines Buches sehr bemüht hat sich Herr Martin Stadtler, Münster, dem ich dafür besonderen Dank schulde.

Windeck-Herchen, Januar 1986   Bernhard Harms

INHALT

Anhang

Staat und Gesellschaft

CHARAKTERISTISCHE BESONDERHEITEN DES RÖMISCHEN GEMEINWESENS

1. Der römische *Tatsachensinn*, der unmittelbar an die Dinge ohne den Umweg über ein vorher zurechtgelegtes gedankliches Schema heranging, verhinderte, daß jemals schriftlich fixierte Verfassungen auf der Grundlage von Staatstheorien entstanden (vgl. dagegen unser Grundgesetz!).

2. Statt einer Folge von einander ablösenden und sich gegenseitig aufhebenden Verfassungen (wie oft bei den Griechen und uns Deutschen) erreichte der römische *Hang zur Tradition* eine Entwicklung des Staatslebens ohne Sprünge und Brüche, also stete Kontinuität. So wurden entsprechend den sich wandelnden Erfordernissen zwar immer wieder neue Ämter, Einrichtungen und Befugnisse geschaffen, neben denen jedoch das Alte noch lange weiterbestand, selbst wenn es schon längst - jedenfalls für unser Empfinden - zu einem Gefäß ohne Inhalt geworden war. [1] Es bildeten sich auf diese Weise verschiedene einander gleichzeitig überlagernde Verfassungsschichten.

3. Der *Abscheu vor einem Alleinherrscher* (*rex*), einem Usurpator, der ihr Gemeinwesen, wie es sich von Generation zu Generation organisch weiterentwickelt hatte, eventuell zerstören könnte, zieht sich wie ein roter Faden durch die Geschichte der Römer bis in die Kaiserzeit hinein. [2]

4. Der römische Staat besaß einen in der Weltgeschichte einzigartigen *Reichtum an einmaligen und genialen Institutionen* wie z.B. Volkstribunat, Diktatur, Zensur, Prinzipat.

5. Da die Römer infolge ihres *ausgeprägten Empfindens für Autorität* das Verhältnis Macht - Freiheit mehr patriarchalisch als demokratisch auslegten, besaßen ihre Magistrate eine besonders große Machtfülle.

6. Folgenreichste Eigenschaft des römischen Gemeinwesens war seine beispiellose Fähigkeit zur *Angliederung und Einverleibung Fremdbürtiger* einzeln und in ganzen Völkerschaften unter Angleichung an die angestammte römische Art, [3] wobei zugleich der Kreis senatsfähiger Familien ohne Preisgabe der dieser Gruppe eigentümlichen aristokratischen Wesensprägung immer mehr ausgeweitet wurde. Hiermit war die Gewähr für ein starkes und anhaltendes Wachstum des Herrschaftsbereichs und für eine

---

1) Z.B. Kuriatkomitien während der Republik, der gesamte republikanische Staatsapparat während des Prinzipats.

2) Z.B. ist das die entscheidende Ursache für die Ermordung Cäsars und die eigenartige Struktur des augusteischen Prinzipats.

3) Größter Gegensatz hierzu die exklusiven griechischen Stadtstaaten. - Wohl nichts macht die Freiheit des römischen Staatsgedankens von Bindungen an ein bestimmtes Volkstum klarer als folgender Sachverhalt: Man sprach nie von "römischer Sprache", obwohl das Latein vornehmlich von der Stadt Rom geprägt wurde. Dadurch wird deutlich, daß lateinische Muttersprachlichkeit und lateinisches Volkstum keineswegs notwendige Voraussetzungen für römisches Staatsbürgertum waren.

lange Lebensdauer des Staates gegeben, sogar über das blutsmäßige völlige Verschwinden des eigentlichen Römervolkes hinaus. [1)]
7. Unausgesprochen stand im Hintergrund aller auf ihr Gemeinwesen bezogenen Handlungen der Römer ein starkes *Sendungsbewußtsein.* Sie hielten sich für berufen, den Willen der Götter auf Erden in die Tat umzusetzen. Denn sie waren nach ihrer festen Überzeugung frommer, den Göttern gehorsamer als die anderen Völker. Diese ihre Glaubensgewißheit gilt mit Recht als eine der wesentlichen Ursachen der Größe Roms. Von ihr müssen sie schon seit den frühesten Zeiten erfüllt gewesen sein. [2)]

DIE KÖNIGSZEIT (753 - 510 v.Chr.) [3)]

DIE ANFÄNGE ROMS

Eine kontinuierliche Besiedlung im Bereich der sieben Hügel Roms, also Palatium, Kapitol, Quirinal, Viminal, Esquilin, Caelius, Aventin ist seit etwa 1500 v.Chr. nachweisbar. Seit etwa 1000 v.Chr. sind Kapitol und späteres Forum gemeinsames Kultzentrum aller Einwohner des Sieben-Hügel-Bereichs. Latiner und die archäologisch von ihnen nicht trennbaren Sabiner gab es aber dort erst seit dem Beginn des 1. Jahrtausends v.Chr.; der Sage nach, die einen wahren Kern enthält, bevorzugten die Latiner das Palatium als Wohnort, die Sabiner den Quirinal. Etrusker wohnten seit etwa 750 v.Chr. in Rom; die Namen Rom, Romulus und die aller sieben Hügel sind etruskisch oder jedenfalls in der Wortbildung etruskisch. Gegen 650 v.Chr. wurden die Etrusker zum beherrschenden Element. Seitdem war Rom eine richtige Stadt. [4)] Nicht lange vorher hatten sich die Römer vom Palatium und die Quirinalsbewohner vereint zum *populus Romanus Quiritium* [5)]. An auswärtigem Besitz hatte Rom in der Königszeit die Salinen an der Tibermündung im Bereich des späteren Ostia und die Gemarkung des vielleicht im 7. Jh.v.Chr. zerstörten Alba Longa in den Albaner Bergen.

DER AUFBAU DES STAATES

Der König

Wie in griechischen Stadtstaaten gab es die Dreiteilung in Führungsspitze (König, später Magistrate), beratende Körperschaft (Senat) und Volksversammlung (Komitien). Der König war oberster Leiter des Staates im

---

1) Wenn man die hier umschriebene Eigenschaft in dem größeren Zusammenhang römischen Wesens sieht, in den sie hineingehört, wird man als letzte und folgenreichste Rezeptionen auch die von Christen- und Germanentum dazurechnen können; sie gewährleisteten die Tradierung des politischen und geistigen Erbes der Römer über das Mittelalter hinaus bis zur Gegenwart.
2) Bereits gegen 300 v.Chr. scheint der Historiker Timaios von Tauromenion (Taormina auf Sizilien) das römische Sendungsbewußtsein vorauszusetzen.
3) Beide Jahreszahlen sind aus der Antike überliefert, aber ungesichert. Die erste geht auf Varro zurück (vgl. S. 117). Die zweite ist Angleichung an das Datum der Vertreibung des letzten Peisistratiden aus Athen, dürfte aber der historischen Wahrheit ziemlich nahekommen.
4) Zur städtebaulichen Entwicklung Roms vgl. S. 152 - 159.
5) In der Sage: Raub der Sabinerinnen, Doppelkönigtum des Romulus und des Titus Tatius.

Frieden, oberster Kriegsherr, oberster Richter und oberster Priester. Ursprünglich herrschte Wahlmonarchie. Die etruskische Dynastie der Tarquinier im 6. Jh. strebte aber Erbmonarchie an. Auch erhob sich nunmehr der König, der bisher unter den Angesehensten nur "Erster unter Gleichen" (*primus inter pares*) gewesen war, zum unumschränkten Alleinherrscher (*primus omnium*). Erst jetzt kam auch nach etruskischem Vorbild ein respekteinflößendes Zeremoniell auf: Vor dem König gingen oder standen zwölf Liktoren, jeder mit einem Rutenbündel (*fascis*), in dem ein Henkersbeil stak als Zeichen der königlichen Macht über Leben und Tod; der König selbst saß bei Amtshandlungen in einer mit Gold bestickten Purpurtoga [1] mit dem Zepter in der Hand auf einem elfenbeinernen Klappstuhl (*sella curulis*). Auch die etruskische Sitte der Siegesfeier in Gestalt des Triumphs des siegreichen Königs gelangte damals nach Rom.

Der Senat

Die Familienoberhäupter (*patres familiarum*) der grundbesitzenden Geschlechter saßen im Senat. Der Senat stand dem König beratend zur Seite; vermutlich wählte er nach dessen Ableben seinen Nachfolger. Unter den autokratisch herrschenden Tarquiniern im 6. Jh. nahm der Einfluß des Senats stark ab. Die Anzahl der Senatoren unter Romulus betrug angeblich 100, in der ausgehenden Königszeit 300.

Die Volksversammlung

Die königszeitliche Volksversammlung (*comitia curiata*) bestand aus der gesamten Wehrgemeinde - das waren im 6. Jh.v.Chr. rund 3000 Männer - und den nicht mehr wehrfähigen Jahrgängen. Ihre vermutlichen Aufgaben, bevor die selbstherrlichen Tarquinier sie zu einem Schattendasein verurteilten: Bestätigung der Königswahl, Entscheidung über Krieg und Frieden, Rechtsprechung bei Staatsverbrechen.

Die Gesellschaftsordnung

Die Großsippen (*gentes*) waren ursprünglich weitgehend die Träger der schon im Laufe der Königszeit mehr und mehr vom Staat wahrgenommenen Funktionen: Recht (z.B. Blutrache), Kult (gemeinsamer Sippenkult und gemeinsames Sippengrab bei den Patriziern noch lange erhalten), Krieg (die Geschlechter bildeten die Kampfeinheiten, oder ein Geschlecht führte gar allein Krieg wie die Großsippe der Fabier in der frühen Republik gegen die Stadt Veji). Das ursprüngliche Zusammenwohnen der ebenbürtigen Sippengenossen (*gentiles*) ist bewiesen durch die Bedeutung des Wortes *affinis*. Dem ursprünglichen Wortsinn nach bezeichnet es nämlich den Grenznachbarn, üblicherweise wurde es aber angewendet in der Bedeutung "Verwandter". Neben den *gentiles* gehörten die *clientes* zur Großsippe; Klienten sind z.B. Pächter, Freigelassene oder die Bewohner des einer Großsippe zugesprochenen eroberten Landstrichs. Die vielen freigeborenen

---

1) Nur der Triumphator durfte sie in republikanischer Zeit noch tragen.

Einwanderer, die im 6. Jh.v.Chr. in das aufblühende Rom strömten, wurden nicht mehr der alten Geschlechterordnung einverleibt. Jetzt also entstand die städtische Plebs, die von den Alteingesessenen, deren Familienoberhäupter im Senat saßen, als fremd empfunden wurde. Seitdem datiert der Gegensatz zwischen den *patricii*, also den Familienangehörigen der im Senat sitzenden *patres familiarum* und den *plebei*, den Plebejern. [1] Die Plebs bildete eine eigene Gemeinde mit eigenem Kultzentrum, dem Cerestempel, der auf dem Aventin außerhalb des damaligen Rom lag, und eigenen Amtsträgern, den Ädilen (*aediles;* vgl. Übersicht S. 9). Die Patrizier wollten mit den Plebejern keine Ehegemeinschaft (*conubium*). Zu der Volksversammlung, den *comitia curiata*, hatten die Plebejer aber seit deren Reform im 6. Jh.v.Chr. sehr wahrscheinlich Zutritt.

DIE REPUBLIK (510 - 31 v.Chr.)

ÜBERBLICK ÜBER DIE ENTWICKLUNG DER VERFASSUNG

An die Stelle des einen Königs traten jetzt mehrere, jährlich wechselnde Oberbeamte, die man zuerst Prätoren, später Konsuln nannte. Ob es bereits von Anfang an jeweils zwei waren, ist nicht geklärt. 451/50 v.Chr. regierten vorübergehend die Verfasser des Zwölftafelgesetzes (*decemviri legibus scribundis* = Zehnmänner zum Abfassen der Gesetze), da nach damals im Mittelmeergebiet weitverbreiteter Vorstellung nur Leiter des Staates Recht setzen konnten. Seit 444 v.Chr. standen die *tribuni militum*, die Führer der Bürgerregimenter, wiederholt in Kriegszeiten an der Spitze des Staates, von 408 - 367 v.Chr. fast ununterbrochen; diese sogenannten Konsulartribunen waren anfänglich drei, seit 426 vier, ab 405 sechs.

Mit dem Jahre 367 v.Chr. endet die Entstehungszeit der Republik; seitdem gab es regelmäßig zwei Oberbeamte, die Konsuln hießen; die im selben Jahr geschaffene Prätur war das letzte neue Amt der Republik, alle anderen Ämter sind älter; ebenfalls seit 367 v.Chr. hatten die Plebejer Zutritt zu allen Ämtern. Von 367 bis 198 v.Chr. wurden die wachsenden Bedürfnisse nur durch Vermehrung der Stellenzahl der Ämter befriedigt (die letzte Stellenvermehrung vor Sulla: 198 zwei neue Prätoren als Statthalter für die beiden spanischen Provinzen). Nur in dieser Zeit, genauer: im 3. Jh.v.Chr., bestand ein ausgewogenes Gleichgewicht der Verfassung zwischen Amtsträgern, Senat und Volksversammlungen.

Ab 198 trat deutlich eine Erstarrung des Systems ein. Trotz des raschen Wachstums des Reiches behalf man sich lediglich mit einer stetig wachsenden Anzahl von Promagistraten. [2] Auch die Tribus- und Zenturieneinteilungen und die mit ihnen zusammenhängenden Komitien blieben

---

1) Einen nicht-patrizischen Bevölkerungsteil, die bereits erwähnten Klienten, hat es schon immer gegeben. Sie standen aber nicht im Gegensatz zu ihren patrizischen patroni (Schutzherren), in deren Geschlechterorganisation sie eingegliedert waren, sondern waren deren treue Gefolgsleute.
2) Die Promagistrate werden in dem Abschnitt über die Prorogation S. 23 behandelt.

Die Ämter der Republik

DIE KONSULN
Amtsbezeichnung

consules (so mindestens seit 367), ältere Bezeichnung *praetores*, bisweilen auch *iudices*.

Bedeutung des Namens

Name nicht sicher gedeutet, vielleicht "Zusammenrufer" des Senats.

Voraussetzung zur Bekleidung des Amtes

Meist vorherige Bekleidung anderer kurulischer Ämter. Im 2. und 1. Jh.v.Chr. mußte man älter als 42 Jahre und vorher Prätor gewesen sein.

gewählt-ernannt

Gewählt in den Zenturiatkomitien.

Zeitpunkt des Amtsantritts

Datum zunächst nicht fest. Ab 222: 15. März; ab 153: 1. Jan.

Rang

Die Konsuln waren höchste reguläre Beamte des Staates, Inhaber des Imperiums.

Insignien

Sella curulis (Amtsstuhl), *toga praetexta* (purpurgesäumte Toga), 12 Liktoren. Im Felde: *paludamentum* (= Purpurmantel).

Stellenzahl

Vor 367: unbekannt, jedenfalls mehr als einer. Ab 367 zwei.

Zeitpunkt der Schaffung des Amtes

Unmittelbar nach Vertreibung des letzten Königs, der landläufigen Datierung nach also 509 v.Chr.

Gründe dafür

Ersatz für den vertriebenen König.

Wann 1. Plebejer im Amt?

366 v.Chr. 172 zuerst beide Konsuln Plebejer. Ab 400 schon plebej. Kosulartribunen. Der Spanier L. Corn. Balbus ist 40 v.Chr. als 1. Provinziale Konsul (Bürger seit 72 v.Chr.).

Tätigkeit, Rechte

Ius agendi cum populo (Recht zur Einberufung und Leitung einer Volksversammlung), *ius referendi ad senatum* (Recht, den Senat einzuberufen und ihm vorzutragen. - Durften Truppen ausheben und Offiziere ernennen, Krieg führen. - *Ius intercedendi* (das Recht, einzuschreiten) gegen den Kollegen und alle anderen Beamten außer Zensoren und Volkstribunen. Geltungsbereich ihrer Amtsgewalt: das gesamte Imperium Romanum. Einschränkung ihrer Macht durch den Senat, Komitien, Interzession eines Volkstribunen oder des Kollegen, ab 300 Einschränkung innerhalb des Pomeriums durch das Provokationsrecht.

Bedeutung

Abnahme der Bedeutung seit Ende des 3.Jh.v.Chr. zugunsten des Senats, seit Beginn des 1.Jh. zugunsten der großen *privati cum imperio* (Heerführer mit langjährigem Truppenkommando).

Weitere wichtige Fakten

Die Konsuln lösten einander ab in der Leitung: monatlich in Rom, täglich im Felde. Bis 541 n.Chr. wurde das Jahr nach den Konsuln benannt.

DER DIKTATOR

Amtsbezeichnung
dictator, ursprüngliche Bezeichnung *magister populi*.

Bedeutung des Namens
Vielleicht "Formelsprecher" (von einer kultischen Sonderform des Amtes). - *Magister populi* = Heermeister.

Voraussetzung zur Bekleidung des Amtes
War wohl immer Konsular, d.h. ehemaliger Konsul.

gewählt - ernannt
Ernannt von einem der Konsuln.

Zeitpunkt des Amtsantritts
Je nach Bedarf.

Rang
Der Diktator war höchster Staatsbeamter in Notzeiten.

Insignien
Dieselben wie bei den Konsuln. - Vielleicht 24 Liktoren. (Jedenfalls beanspruchte Sulla 24 L.).

Stellenzahl
1

Zeitpunkt der Schaffung des Amtes
Das Amt des Heermeisters in Notzeiten war vielleicht älter als Rom selbst.

Gründe dafür
Schaffung einer autoritären Führung für einen Kampf auf Leben und Tod.

Wann 1. Plebejer im Amt?
Zwischen 360 und 350 v. Chr.

Tätigkeit, Rechte
Der Diktator hatte die absolute Macht im Staate, gegen die es keine Interzession gab. Er ernannte sich einen Gehilfen, den *magister equitum* (Reiteroberst), gleichfalls Inhaber des Imperiums, der ursprünglich also Führer der Reiterei war. Der D. selber durfte nicht reiten. Er mußte das Amt nach Erledigung der Aufgabe niederlegen, zumindest aber nach 1/2 Jahr, d.h. nach Ende des Sommerfeldzuges.

Bedeutung
Wegen der kurzen Amtszeit war die Diktatur nur für räumlich kleine Verhältnisse geeignet, daher wurde sie seit dem 3. Jh.v.Chr., nach Ausdehnung Roms über Mittelitalien hinaus, nicht mehr in alter Weise benützt.

Weitere wichtige Fakten
Das Reitverbot deutet auf die Schaffung des Amtes zu Beginn des 1. Jahrtausends v. Chr.. Damals verbreitete sich die Sitte des Reitens im Zuge der illyrischen bzw. ägäischen Wanderung über Europa.

DIE ZENSOREN

Amtsbezeichnung
censores

Bedeutung des Namens
»Schätzer« des Vermögens.

Voraussetzung zur Bekleidung des Amtes
Ein Zensor war stets Konsular, also ehemaliger Konsul. Sechs Römer waren allerdings vor ihrem Konsulat Zensoren, einer von ihnen Appius Claudius Caecus (vgl. S. 222).

gewählt - ernannt
Gewählt in den Zenturiatkomitien.

Zeitpunkt des Amtsantritts
Frühjahr.

Rang
Obwohl ohne Imperium: *sanctissimus magistratus* = ehrwürdigstes Amt.

Insignien
Sella curulis, toga praetexta.

Stellenzahl
2

Zeitpunkt der Schaffung des Amtes
Irgendwann in der 2. Hälfte des 5. Jh.v.Chr.

Gründe dafür
Entlastung der früher mit dieser Aufgabe befaßten Konsuln bzw. Konsulartribunen.

Wann 1. Plebejer im Amt?
351 v. Chr., 2 plebejische Zensoren zuerst 131 v. Chr.

Tätigkeit, Rechte
Einteilung der Bürger nach *tribus* und *centuriae*, Aufstellung einer Liste der Wehrfähigen. Festlegung der Steuerhöhe eines jeden. Ab 312 v. Chr. *lectio senatus* (Ergänzung und Prüfung der Mitglieder des Senats). Mit diesen Aufgaben verbunden die des Sittenrichters, daher das Recht, *senatu movere* (Entfernung aus dem Senat), *equum adimere* (Ausstoßung aus dem Ritterstand), *tribu movere* (in e. Stadttribus versetzen; vgl. *comitia tributa* S. 18). Vergabe von Staatsaufträgen (Bauten, Zoll-, Steuereinnahmen). Keine Interzession gegen Zensoren möglich. Sie konnten nach Ende der Amtszeit nicht zur Verantwortung gezogen werden.

Bedeutung
Bedeutung des Amtes in der *cura morum* (Sorge um die Sittlichkeit: Zensur Catos von 184), in der Wirtschaftsplanung und politischen Neugestaltung (Zensur des Appius Claudius Caecus von 312: *via Appia, aqua Appia*, Söhne von Freigelassenen in den Senat). - Im 1. Jh. v. Chr. nur selten Zensoren gewählt.

Weitere wichtige Fakten
Wahl der Zensoren alle 5 Jahre (*lustrum*), bisweilen in längerem Zeitabstand. - Amtsdauer erst 1 Jahr, dann 1 1/2 Jahre. (Nach dem *lustrum*, dem Reinigungs- u. Sühneopfer zum Schluß der Tätigkeit der Zensoren, bezeichneten die Römer auch ein Jahrfünft als *lustrum*).

DIE PRÄTOREN

Amtsbezeichnung

praetores

Bedeutung des Namens

prae-itor = "Herzog", Heerführer (ursprüngl. Bezeichnung des alten Oberamtes).

Voraussetzung zur Bekleidung des Amtes

Meist vorherige Bekleidung der Quästur. Im 2. u. 1. Jh.v.Chr. mußte man älter als 40 J. und vorher Quästor gewesen sein.

gewählt - ernannt

Gewählt in den Zenturiatkomitien.

Zeitpunkt des Amtsantritts

Wohl etwa gleichzeitig mit den Konsuln.

Rang

Der Prätor war *collega minor* (Kollege minderen Ranges) des Konsuls, Imperiumsträger wie dieser.

Insignien

Sella curulis, toga praetexta, 6 Liktoren (in frühen Zeiten 2). Im Felde: *paludamentum*.

Stellenzahl/Zeitpunkt der Schaffung des Amtes

1 : seit 366   *praetor urbanus* (Stadtprätor).
2 : seit 245   *pr. peregrinus* (Prätor für Fremdenrecht).
4 : seit 227   je ein Prätor als Statthalter für Sizilien und Sardinien/Korsika.
6 : seit 198   zwei Prätoren als Statthalter für die beiden Spanien.
8   seit Sullas Reformen 1 *praetor urban.*, 1 *pr. peregrinus*, 6 *pr.* Vorsitzende, der *quaestiones perpetuae* (ständige Gerichtshöfe), kein Prätor mehr Statthalter.

Gründe dafür

Entlastung der ursprünglich auch als *iudices* (Gerichtsmagistrate) fungierenden Konsuln. Notwendigkeit der ständigen Anwesenheit eines Imperiumsinhabers in den neuen Provinzen.

Wann 1. Plebejer im Amt?

337 v. Chr.

Tätigkeit, Rechte

Prätoren hatten als Inhaber des Imperiums das *ius agendi cum populo, ius referendi ad senatum* (s. oben unter *consules*), durften Truppen ausheben, Offiziere ernennen, Krieg führen. - *Pr. urbanus:* 1. Stellvertreter der Konsuln in deren Abwesenheit von Rom (bis 367 v. Chr. zu diesem Zwecke immer ein *praefectus urbi* ernannt). 2. *Ius dicere inter cives* (Aufsicht über die Rechtsprechung unter Bürgern). *Pr. peregrinus: inter cives et peregrinos ius dicere.* (Aufsicht über die Rechtsprechung bei Rechtshändeln zwischen Ausländern oder zwischen röm. Bürgern und Ausländern.) Die beiden Prätoren Roms leiteten oft die Tributkomitien bei der Wahl kurulischer Ädilen und Quästoren. - Über die Tätigkeit der Prätoren als Statthalter vgl. S. 28 f.

Weitere wichtige Fakten

Verteilung der Prätoren auf ihre Ämter durch Los. - Die Schaffung des *pr. peregrinus* wurde notwendig, als immer mehr ausländische Handelsleute nach Rom strömten.

DIE KURULISCHEN ÄDILEN

Amtsbezeichnung
aediles curules

Bedeutung des Namens
Siehe Seite 10!

Voraussetzung zur Bekleidung des Amtes
Meist vorherige Bekleidung der Quästur, seit Beginn des 2. Jh. Pflicht. Seitdem 35 J. Mindestalter.

gewählt - ernannt
Gewählt in den Tributkomitien.

Zeitpunkt des Amtsantritts
Wohl etwa gleichzeitig mit den Konsuln.

Rang
Niederstes kurulisches Amt; höher als Quästur und Volkstribunat.

Insignien
Sella curulis, toga praetexta (S. 5 bei *consules* erklärt).

Stellenzahl
2

Zeitpunkt der Schaffung des Amtes
367 v. Chr.

Gründe dafür
Stellenvermehrung der Ädilität aus verwaltungstechn. Bedürfnissen nötig. Schaffung dieses Parallelamtes diente der Versöhnung der Stände.

Wann 1. Plebejer im Amt?
Nach 304 v. Chr.

Tätigkeit, Rechte
Cura urbis (städt. Polizei), *cura annonae* (Marktaufsicht, Getreideversorgung Roms), *cura ludorum* (Organisation der öffentlichen Spiele). Die kurul. Ädilen dabei zuständig für die *ludi Romani.*

Weitere wichtige Fakten
Ab 304 galt zunächst der Grundsatz *"ut alternis annis ex plebe* [sc. *aediles curules*] *fierent."* ("...daß jedes 2. Jahr die kurulischen Ädilen plebejischer Abkunft sein sollten").

DIE PLEBEJISCHEN ÄDILEN

Amtsbezeichnung

aediles plebei

Bedeutung des Namens

Hüter der *aedes Cereris*, des Heiligtums der Plebejer auf dem Aventin.

Voraussetzung zur Bekleidung des Amtes

Ursprünglich wohl nur finanzielle Unabhängigkeit. Nach 367 v. Chr.: s. unter *aed. cur.* - Patrizier nicht zugelassen.

gewählt - ernannt

Gewählt in den *concilia plebis*.

Zeitpunkt des Amtsantritts

Wohl etwa gleichzeitig mit den Konsuln.

Rang

Ursprünglich nur Gehilfen der Volkstribunen; später im Rang den *aediles curules* zunehmend gleichgestellt.

Insignien

Keine Ins. Seit Sulla wahrscheinlich wie *aediles curules*.

Stellenzahl

2

Zeitpunkt der Schaffung des Amtes

Wohl noch in der ausgehenden Königszeit.

Gründe dafür

Siehe Namensdeutung.

Tätigkeit, Rechte

Ursprünglich Hüter des Tempels der Ceres und des dabei unter dem Schutze der Göttin stattfindenden Getreidemarktes. Daraus erwuchs die *cura annonae* und die *cura urbis*. Im 5. Jh. v. Chr. Gehilfen der Volkstribunen. - Ab 367: s. unter *aed curul.*, doch innerhalb der *cura ludorum* Zuständigkeit der pleb. Ädilen für die *ludi plebei* und *ludi Ceriales*.

Weitere wichtige Fakten

Die Unterschiede zwischen den beiden Parallelämtern verwischten sich auf die Dauer immer mehr.

DIE VOLKSTRIBUNEN

Amtsbezeichnung

tribuni plebei oder *plebis*

Bedeutung des Namens

Vielleicht "Führer bewaffneter Plebejer", analog zu *tribuni militum* (bei einem Volksaufstand). - *Tribunus* = Leiter einer *tribus*, Führer des Aufgebots einer *tribus*.

Voraussetzung zur Bekleidung des Amtes

Man durfte kein Patrizier sein (das war jedoch zu umgehen durch Adoption). Normalerweise hatte man vorher die Quästur bekleidet u. entstammte der Nobilität. Wiederholt jedoch sind auch Männer einfacher Herkunft ins Volkstribunat gewählt worden.

gewählt - ernannt

Gewählt in den *concilia plebis*.

Zeitpunkt des Amtsantritts

10. Dez.

Rang

Trotz großer Macht etwa zwischen Quästur u. Ädilität eingestuft. Grund dafür wohl das Alter der meist jungen Bewerber.

Insignien

Keine Insignien.

Stellenzahl

10 (ab 450 v. Chr.; vorher zuerst 2, dann 4)

Zeitpunkt der Schaffung des Amtes

1. Hälfte des 5. Jh.v.Chr.

Gründe dafür

Die Ernennung der Beauftragten der Plebs zu Staatsbeamten war eine Konzession der Patrizier an d. rebellierende, aber militärisch u. wirtschaftlich unentbehrliche Plebs.

Tätigkeit, Rechte

Tribuni plebis waren *sacrosancti* (unantastbar). - Sie schützen einzelne Plebejer vor Übergriffen der ursprünglich ausschließlich patriz. Beamten; sie verhinderten der Plebs schadende Maßnahmen und Gesetze mit ihrem Veto (Interzessions- oder Vetorecht). *Ius agendi cum plebe* (Recht, die *concilia plebis* einzuberufen und zu leiten). Sie leiteten die Wahlen der *aediles plebei* und der *trib. pl.* in den *concilia plebis*. Irgendwann nach 287 (als d. Plebiszite Gesetzeskraft erhielten) Zutritt zum Senat u. wohl noch vor 200 v. Chr. *ius referendi ad senatum* (Recht, den Senat einzuberufen und ihm vorzutragen). Ihre Befugnisse galten nur *domi* (vgl. Pomerium S. 24 f). 82-70 durften die *trib. pl.* nicht: 1. Gesetze beim Volk einbringen, 2. Vetorecht anwenden, 3. nach dem Tribunat *cursus honorum* (Ämterlaufbahn) weiter durchlaufen (Gesetz Sullas 70 v. Chr. aufgehoben). - Zu einer weiteren Tätigkeit vgl. S. 35!

Bedeutung

Große Bedeutung des Amtes nur in Zeiten gesellschaftlicher Spannungen, also am Anfang und am Ende der Republik. Wegen der Möglichkeit, mit dem Veto den gesamten Staatsapparat lahmzulegen, eines der eigenartigsten Ämter, die es je gab.

DIE QUÄSTOREN

Amtsbezeichnung

quaestores

Bedeutung des Namens

"Untersucher" in Rechtsfällen.

Voraussetzung zur Bekleidung des Amtes

Finanzielle Unabhängigkeit, spätestens seit dem Beginn des 2. Jh. v.Chr. Ritterbürtigkeit. Im 2. Jh. vorherige Ableistung des 10jährigen Kriegsdienstes. Seit Sulla (81 v.Chr.) kein Kriegsdienst, aber Vollendung des 30. Lebensjahres erforderlich.

gewählt - ernannt

Wahl in den Tributkomitien, vor 449 v. Chr. jedoch vom Konsul ernannt.

Zeitpunkt des Amtsantritts

5. Dez.

Rang

Niederstes der hohen Staatsämter.

Insignien

Keine Insignien. Am Ende der Republik in der Provinz 2 Liktoren.

Stellenzahl/Zeitpunkt der Schaffung des Amtes

2 :	Wohl schon Ende der Königszeit.
4 : seit	421 zwei für die Kriegskassen der ins Feld ziehenden Konsuln. -
8 : seit	267 vier für Verwaltungsaufgaben in Italien. -
10 : seit	227 für Sizilien u. Sardinien zwei. -
12 : seit	198 für Spanien zwei. -
20 : seit	81. v. Chr. (Reform Sullas).

Gründe dafür

Der König benötigte Gehilfen: s. Namensdeutung

Wann 1. Plebejer im Amt?

409 v. Chr.

Tätigkeit, Rechte

Die Quästoren hatten in historischer Zeit keine untersuchungsrichterlichen Aufgaben mehr wie wohl zu Beginn. Die 2 *quaestores urbani* verwalteten Staatskasse u. Archiv im Saturntempel (*aerarium Saturni*). Die 4 im Jahre 267 v. Chr. neu hinzugekommenen Q. hatten, mit Sitz in italischen Hafenstädten, Verwaltungsaufgaben für die Kriegsflotte u. Roms Getreidezufuhr. Die übrigen waren Stellvertreter u. ranghöchste Untergebene der Feldherren u. Statthalter.

Weitere wichtige Fakten

Das Verhältnis des Quästors zu seinem Imperiumsträger (Konsul, Prätor, Promagistrat) sollte wie das eines Sohnes zu seinem Vater sein (Cic. Planc. 28)

Beschließende Körperschaften der Republik

Name

senatus, us m

Bedeutung des Namens

Übersetzungslehnwort des griechischen *gerusia* = Rat der Alten. (Nur ein geringer Prozentsatz des Senats bestand jedoch aus *senes* = Greisen.) Bei der Anrede *patres conscripti* ist *conscripti* ungeklärt und daher unübersetzbar.

Alter, Ursache der Entstehung

Senat wohl so alt wie Rom selbst.

Zusammensetzung

Bis kurz vor 400 nur Patrizier: *patres familiarum* (Familienoberhäupter) und ehemalige Oberbeamte im Senat. Zwischen etwa 400 u. 300 alle ehemaligen Imperiumsträger senatsfähig (Konsuln, Konsulartribunen, Prätoren), unter ihnen auch die Plebejer. Ab etwa 300 v. Chr. ehemalige kurulische Ädilen, ab 149 v. Chr. ehemalige Volkstribunen, ab 130 v. Chr. ehemalige plebejische Ädilen, ab 81 v. Chr. (Reform Sullas) ehemalige Quästoren senatsfähig. Ab spätestens 200 v. Chr. bestand der Senat nur noch aus ehemaligen Beamten. - Schon seit d. 3. Jh. war die Mehrheit der Senatoren Plebejer.

Anzahl

In früher Königszeit angeblich: 100. Von der ausgehenden Königszeit an etwa 300. Seit Sulla: 600. Von Cäsar vorübergehend auf 900 vermehrt.

Gliederung, Aufbau

Gliederung in die Rangklassen, die den von den Senatoren bereits bekleideten Ämtern entsprechen: *censorii, consulares, praetorii, aedilicii, tribunicii, quaestorii.* Der Ranghöchste überhaupt, der *princeps senatus*, war der älteste und zugleich vornehmste *censorius. Pedarii* hießen die jüngsten Senatoren, die abstimmen, aber keine Meinung äußern durften. (Genaue Abgrenzung dieser Kategorie unbekannt). - Man saß nicht nach der Rangordnung, sondern beliebig.

Dauer der Zugehörigkeit

Ursprünglich lebenslänglich. Seit der *lectio senatus* (Musterung des Senats) durch die Zensoren (ab 312) theoretisch nur für die Dauer eines *lustrum* (Zeitraum von 5 Jahren).

Ort der Tagung

Curia Hostilia oder ein Tempel, z.B. der Concordia, des Jupiter Stator, des Jupiter Capitolinus. Man tagte auf jeden Fall sitzend und unter Dach.

Verhandlung öffentl./geheim

Nur selten Verhandlung geheim, meist bei offenen Türen.

Art der Einberufung

Nur durch einen Imperiumsträger oder seit rund 250 v. Chr. durch einen Volkstribunen über Boten oder Edikt.

Leitung

Die Leitung hatte stets der einberufende Beamte.

Themen

Das Thema wurde durch das Referat des einberufenden oder das eines anderen Beamten bestimmt. Bisweilen versuchte ein Senator mit einem an seine Meinungsäußerung angehängten *ceterum censeo* (im übrigen meine ich) ein anderes Thema zu erzwingen. Stellung von Anträgen nur durch z.Zt. nicht beamtete Senatoren, nie durch Beamte.

Verhandlungsführung

An die *relatio* (Referat) des Beamten schloß sich die *interrogatio* (Umfrage) streng in der Reihenfolge des Ranges. Jeder sprach vom Platze aus. Sprechzeit unbegrenzt. Dann Abstimmung über die von den Senatoren gestellten Anträge durch *discessio* = Auseinandertreten (daher Bezeichnung *pedarii*); notfalls durch *numeratio* (Auszählung). Zuletzt schriftliche Fassung des Beschlusses für das Staatsarchiv. Anwesenheit war Pflicht, aber man nahm es nicht so genau.

Aufgaben

Aufsicht über alle staatlichen Angelegenheiten. Insbesondere: Außenpolitik, Reichsverwaltung (Italien, Provinzen), Truppenkommandos (vor 200 v. Chr. Sache der Zenturiatkomitien), Triumphanerkennung, Fragen des Staatshaushalts. SC (*senatus consulta* = Senatsbeschlüsse) sind rechtlich nicht bindend, aber die *auctoritas* des Senats hatte ein großes Gewicht. In der ausgehenden Republik (seit etwa 200?) erteilte der Senat Dispense von gesetzlichen Bestimmungen, der wichtigste das SC *ultimum*, das den Konsuln diktatorische Vollmacht gibt. SCU zuerst 121 gegen C. Gracchus erteilt. SCU war Ersatz für die einstige Diktatur. Juristische Berechtigung des SCU von den Popularen immer angefochten. - Beschlüsse der Komitien (bis 287 auch der *concilia plebis*) bedurften der *patrum auctoritas* (Bestätigung durch den Senat): eine reine Formalität!

Macht, Bedeutung

Mit dem Wachsen des Imperiums nahm der Einfluß des Senats zu, da die Verhältnisse für Volksversammlungen und jährlich wechselnde Beamte zu verwickelt wurden. Höhepunkt im 2. Jh.v.Chr. Damals war der Senat die eigentliche Regierung Roms. Im 1. Jh.v.Chr. rasch fortschreitende Abnahme der Macht zugunsten einzelner übermächtiger *privati cum imperio* (ehrgeiziger Heerführer mit langjährigen Truppenkommandos).

DIE KURIATKOMITIEN

Name

comitia curiata, (Plural!)

Bedeutung des Namens

Volksversammlung nach Kurien; *curia* bedeutete ursprünglich "Sippe".

Alter, Ursache der Entstehung

Comitia curiata hat es schon immer in Rom gegeben; ihre endgültige Gestalt erhielten sie im 6. Jh. v.Chr.

Zusammensetzung

In der Königszeit die gesamte Wehrgemeinde: Patrizier u. deren Klienten. Z.Zt. Ciceros wurden die *c.c.* nur noch durch 30 Liktoren dargestellt, weil keiner mehr wußte, welcher Kurie er angehörte. Zusammensetzung in der übrigen Zeit der Republik unbekannt.

Anzahl

Nach einer Reform des 6. Jh.v.Chr. gab es 30 Kurien zu je 100 Männern, Gesamtzahl also 3000; wenn man die nicht mehr Wehrpflichtigen hinzuzählt, werden es noch mehr gewesen sein. Später: siehe unter "Zusammensetzung"!

Gliederung, Aufbau

Seit der Reform des 6. Jh. gegliedert in 30 Kurien, davon je 10 zugehörig zu einer der 3 alten Tribus: *Ramnes, Tities, Luceres.* Jede Tribus 1/3 des damaligen römischen Gebietes, jede Kurie jeweils 1/10 des eine Tribus u.nfassenden Gebietes. Da damals die *gentes* (Sippen) noch großenteils zusammen wohnten, es noch gar nicht viele Plebejer außerhalb der Geschlechterklientelen gab, wirkte die Einteilung noch weitgehend gentilizisch, was sie ursprünglich in einer älteren Form der Kurieneinteilung einmal völlig gewesen sein mag, während die Reform eine territoriale Gliederung angestrebt hatte.

Dauer der Zugehörigkeit

Wohl lebenslänglich.

Ort der Tagung

Nicht festliegend, meist jedoch das Komitium, ein kleiner Platz im NW des Forums.

Verhandlung öffentl./geheim

Öffentlich.

Art der Einberufung

Durch Edikt eines Konsuls, Diktators oder *pontifex maximus.*

Leitung

Die Leitung hatte stets der Einberufende.

Themen

Themen und Anträge wurden allein vom Einberufenden bestimmt.

Verhandlungsführung

Die Art der Verhandlungsführung war im einzelnen unbekannt. Sicher ist nur, daß ein sehr kompliziertes altertümliches Zeremoniell eingehalten werden mußte.

Aufgaben

In der Königszeit: Bestätigung der Wahl des Königs durch *lex curiata de imperio,* Entscheidung über Krieg und Frieden, über Leben und Tod bei Staatsverbrechen. Die *autoritär* herrschenden Tarquinier werden sich oft über die Rechte der Volksversammlung hinweggesetzt haben. - *Während der Republik:* Übertragung des Imperiums an Konsuln, Diktator, Prätoren durch *lex curiata de imperio* (reine Formalität). Außerdem religiöse u. familienrechtliche Funktionen, die aber wohl nur die Patrizier betrafen.

Macht, Bedeutung

Vor der Herrschaft der Tarquinier Einfluß etwa dem der späteren *comitia centuriata* vergleichbar. Seit dem Ende der Königszeit praktisch ohne Bedeutung.

DIE ZENTURIATKOMITIEN

Name
comitia centuriata

Bedeutung des Namens
Volksversammlung gegliedert nach Zenturien. *Centuria* = Hundertschaft.

Alter, Ursache der Entstehung
Die früheste Form aus dem beginnenden 5. Jh. v. Chr. oder gar der ausgehenden Königszeit. - Bezweckt war eine Beteiligung der Bürger am Staate, gestuft nach ihrer Leistung für den Staat im Kriege, die ihrerseits von ihrer Finanzkraft abhing (wegen des hohen Preises der Rüstung oder gar eines Pferdes). Also nicht Adel, sondern allein das Vermögen sollte ausschlaggebend sein.

Zusammensetzung
Alle erwachsenen männlichen römischen Bürger.

Anzahl
Zu Beginn des 5. Jh. v. Chr. wenigstens 4300.
Im 3. Jh. v. Chr. wenigstens 19300. Aus den anfänglichen Hundertschaften entwickelten sich ziemlich bald unterschiedlich große Stimmkörper. Z. Zt. Ciceros betrugen die *capite censi*, zusammengefaßt nur in einer Zenturie, die Hälfte des Gesamtvolkes.

Gliederung, Aufbau
Gliederungsprinzip timokratisch (d. h. richtete sich nach der Größe des Vermögens). Die früheste Gliederung des beginnenden 5. Jh. v. Chr.: 3 *centuriae equitum* (Reiter), etwa 20 *centuriae classicorum* (*classis* = Aufgebot; *classici* = diejenigen, die die Rüstung des schweren Infanteristen erschwingen konnten), etwa 20 *centuriae infra classem* ("unterhalb des Aufgebots"). Gliederung seit etwa 300 v. Chr.:

18 *centuriae equitum*		
80 "	I. *classis*	⎫
20 "	II. "	
20 "	III. "	⎬ *pedites* (schwere Infanteristen)
20 "	IV. "	
30 "	V "	⎭
2 "	*fabrorum* (Handwerker bzw. Pioniere)	⎫ *accensi*
2 "	*cornicinum et tubicinum*	⎬ *velati*
	(Hornisten u. Trompeter)	(die den Zensusklassen
1 "	*centuria capite censorum*	angegliederten Ungerüsteten)
	(Besitzlose)	⎭

Nach dem 1. pun. Krieg (241 v. Chr. beendet) letzte Reform. - Jede Reform bewahrte das alte Prinzip, daß die Reichen die sie zahlenmäßig (infolge der ungünstigen Entwicklung der Besitzverhältnisse) immer weiter überflügelnden Armen überstimmen konnten. (Vgl. englische Verhältnisse zu Beginn des 19. Jh.; damals hatte Großbritannien 14 Mill. Einwohner - von denen vielleicht 5 Mill. Erwachsene waren - aber nur 450000 besaßen das Wahlrecht.)

Dauer der Zugehörigkeit
Zugehörigkeit zu den Klassen von den Zensoren für jedes *lustrum* neu festgelegt (Zeitraum von 5 Jahren; vgl. S. 7).

Ort der Tagung
Tagung meist auf dem Marsfeld, auf jeden Fall *extra pomerium*, da diese Volksversammlung in ihrer Gliederung ursprünglich dem gleichzeitigen Heer genau entsprach. - Das Volk stand, der leitende Beamte saß auf dem *tribunal* (Bühne, Podest).

Art der Einberufung

Nur ein Imperiumsträger durfte einberufen. Sein Einberufungsedikt mußte die Sache, über die abgestimmt werden sollte, bzw. die Liste der Kandidaten enthalten. Zwischen Einberufung u. Versammlung mußten 3 Markttage liegen.

Leitung

Die Leitung hatte der einberufende Beamte.

Themen, Anträge

Allein der leitende Beamte bestimmte, worüber abgestimmt werden sollte. Eine Debatte gab es nicht. Das Volk durfte keine eigene Initiative entwickeln, es hatte sich nur durch Abgabe seiner Stimme zu entscheiden.

Macht, Bedeutung

Seit dem 2. punischen Krieg (212-201 v.Chr.) ging der Einfluß der Volksversammlungen zugunsten des Senats stark zurück. Die Regierungsaufgaben waren für eine Volksversammlung zu kompliziert geworden. Im 1. Jh.v.Chr. waren die Volksversammlungen widersinnig geworden, da nur ein geringer Prozentsatz der Vollbürger in Rom zugegen sein konnte (seit dem Bundesgenossenkrieg 91-88 v.Chr. hatten ja alle Bewohner Italiens das volle Bürgerrecht!). Damals auch große Wahlbestechungen. Am unbedeutendsten die Tributkomitien, am bedeutendsten die Zenturiatkomitien.

Verhandlungsführung

Jede Zenturie zählte als eine Stimme. Wofür sich diese entschied, wurde durch einfache Mehrheit innerhalb der Zenturie ermittelt. Die Stimmabgabe begann bei den *equites*. Immer, wenn die Mehrheit erreicht war, wurde die Wahl abgebrochen, so daß die letzten Zenturien wohl selten an die Reihe kamen. 139-131 v. Chr. Umwandlung der Wahl in eine schriftliche und geheime durch mehrere Gesetze (*leges tabellariae*). Stimmtäfelchen (*tabellae*) wurden in eine Urne (*cista*) geworfen. Die beschlossenen Gesetze wurden auf hölzernen oder bronzenen Tafeln öffentlich angeschlagen.

Aufgaben

Wahl der Konsuln, Zensoren, Prätoren, Entscheidung über Krieg und Frieden (Letzteres im 2. Jh. v. Chr. an Senat übergegangen). Bis 287 v. Chr. Gesetzgebung, die aber der Bestätigung durch den Senat bedurfte. Volksgerichtsbarkeit, besonders bei Hochverrat (*perduellio*). Seit 300 v. Chr. Möglichkeit der Berufung bei den Zenturiatkomitien (*provocatio ad populum*), wenn ein Beamter einen Bürger zum Tode oder zur Auspeitschung verurteilt hatte. Seit Sulla ging die Gerichtsbarkeit an die *quaestiones perpetuae* (ständige Gerichtshöfe) über.

Weitere wichtige Fakten

Die Zenturiatkomitien weisen das extremste Klassenwahlrecht der Geschichte auf. Die Redefreiheit, der Inbegriff der Freiheit für die Athener, war in den römischen Komitien völlig undenkbar.

DIE TRIBUTKOMITIEN

Name

comitia tributa

Bedeutung des Namens

Volksversammlung nach *tribus* gegliedert. *Tribus* = Bezirk.

Alter, Ursache der Entstehung

Die *c.tr.* waren gewissermaßen ein Nebenprodukt der im frühen 5. Jh.v.Chr. zu Verwaltungszwecken erfolgten Neueinteilung in 4 Stadt- und 16 Landtribus.

Zusammensetzung

Alle erwachsenen männlichen römischen Bürger.

Anzahl

Bis 425 v.Chr. gab es 4 Stadt- und 16 Landtribus. Bis 241 v.Chr. wurde die Zahl der Landtribus entsprechend dem Wachstum des Staates vermehrt (zuletzt 35), seitdem nicht mehr. Die 4 Stadttribus waren besonders volkreich. Nach 88 v.Chr. (Bundesgenossenkrieg) wurden die nunmehr zu römischen Vollbürgern gewordenen Italiker nur ganz wenigen Tribus zugeteilt.

Gliederung, Aufbau

Gliederungsprinzip territorial (bis 88 v. Chr.). Die Bürger traten in Tribus eingeteilt an. Die Bevölkerung der Stadt Rom, obwohl oft in viel größerer Zahl zugegen als die Leute aus den entfernteren und volksärmeren Tribus, fiel bei den Abstimmungen mit ihren 4 Tribus kaum ins Gewicht. Das war beabsichtigt.

Dauer der Zugehörigkeit

Zugehörigkeitsdauer zu einer Tribus galt für ein *lustrum* (Zeitraum von 5 Jahren). Die Zensoren konnten einen Unwürdigen entweder ganz aus der Tribusliste streichen oder ihn in eine volksreiche Stadttribus strafversetzen (*tribu movere*).

Art der Einberufung

Wie bei den Zenturiatkomitien.

Leitung

Die Leitung hatte der einberufende Beamte.

Themen, Anträge

Wie bei den Zenturiatkomitien.

Macht, Bedeutung

Seit dem 2. punischen Krieg (212-201 v. Chr.) ging der Einfluß der Volksversammlungen zugunsten des Senats stark zurück. Die Regierungsaufgaben waren für eine Volksversammlung zu kompliziert geworden. Im 1. Jh. v. Chr. waren die Volksversammlungen widersinnig geworden, da nur ein geringer Prozentsatz der Vollbürger in Rom zugegen sein konnte (seit dem Bundesgenossenkrieg 91-88 v.Chr. hatten ja alle Bewohner Italiens das volle Bürgerrecht!). Damals auch große Wahlbestechungen. Am unbedeutendsten die Tributkomitien, am bedeutendsten die Zenturiatkomitien.

Verhandlungsführung

Jede Tribus zählte als eine Stimme. Die Reihenfolge, in der die Tribus ihre Stimme abgaben, wurden durch Los bestimmt. Sonst im Prinzip alles wie bei den Zenturiatkomitien.

Aufgaben

Wahl der kurulischen Ädilen, der Quästoren, Kriegstribunen, des *pontifex maximus* (jedenfalls mindestens seit 212 v. Chr.) und seit 104 v. Chr. der Priester der 4 großen Kollegien, also der *pontifices, augures, quindecimviri* und *septemviri epulones* (vgl. S. 81f). Niedere Gerichtsbarkeit.

Weitere wichtige Fakten

Wegen der geringen Zahl der Patrizier Tributkomitien u. Versammlungen der Plebs fast identisch und vielleicht schon in der Antike nicht mehr klar geschieden.

DIE VERSAMMLUNG DER PLEBS

Name
concilia plebis

Bedeutung des Namens
concilia sind im Unterschied zu *comitia* keine Versammlungen des Gesamtvolkes

Alter, Ursache der Entstehung
In der 1. Hälfte des 5. Jh.v.Chr. geschaffen, da die Institutionen des Gesamtstaates die Belange der Plebs nicht genügend berücksichtigten.

Zusammensetzung
Alle erwachsenen männlichen Plebejer.

Anzahl
Bis 425 v. Chr. gab es 4 Stadt- und 16 Landtribus. Bis 241 v. Chr. wurde die Zahl der Landtribus entsprechend dem Wachstum des Staates vermehrt (zuletzt 35), seitdem nicht mehr. Die 4 Stadttribus waren besonders volkreich. Nach 88 v. Chr. (Bundesgenossenkrieg) wurden die nunmehr zu römischen Vollbürgern gewordenen Italiker nur ganz wenigen Tribus zugeteilt.

Gliederung, Aufbau
Entspricht den Tributkomitien. Die prozentual schnell abnehmenden Patrizier, die auf den *concilia plebis* fehlen, fielen zahlenmäßig kaum ins Gewicht.

Dauer der Zugehörigkeit
Wie bei *comitia tributa*.

Art der Einberufung
Wie bei den Zenturiatkomitien, einberufender Beamter konnte allerdings nur einer der 10 Volkstribunen sein.

Leitung
Die Leitung hatte der einberufende Beamte.

Themen, Anträge
Wie bei den Zenturiatkomitien.

Macht, Bedeutung
Seit dem 2. punischen Krieg (212-201 v.Chr.) ging der Einfluß der Volksversammlungen zugunsten des Senats stark zurück. Die Regierungsaufgaben waren für eine Volksversammlung zu kompliziert geworden. Im 1. Jh.v.Chr. waren die Volksversammlungen widersinnig geworden, da nur ein geringer Prozentsatz der Vollbürger in Rom zugegen sein konnte (seit dem Bundesgenossenkrieg 91-88 v.Chr. hatten ja alle Bewohner Italiens das volle Bürgerrecht!). Damals auch große Wahlbestechungen. Am unbedeutendsten die Tributkomitien, am bedeutendsten die Zenturiatkomitien.

Verhandlungsführung
Wie bei den Tributkomitien.

Aufgaben
Wahl der plebejischen Ädilen und Volkstribunen. Ab 287 v. Chr. Gesetzgebung, da seitdem ein *plebiscitum* (Beschluß der Plebs) Gesetzeskraft hatte, nicht der *patrum auctoritas* (Bestätigung durch den Senat) bedurfte u. das Zeremoniell einfacher war als bei der ein Gesetz betreffenden Beschlußfassung in den Zenturiatkomitien.

Weitere wichtige Fakten
Wegen der geringen Zahl der Patrizier Tributkomitien u. Versammlungen der Plebs fast identisch und vielleicht schon in der Antike nicht mehr klar geschieden.

von 241 v.Chr. bis zum Ende der Republik starr und unverändert. Im 1. Jh. v.Chr. verfielen die republikanischen Institutionen trotz Sullas Reformversuch immer rascher. Jetzt lag die eigentliche Macht nicht mehr in den Händen der Jahresbeamten, des Senats und der Volksversammlungen, sondern bei einzelnen überragenden Männern, deren Einfluß in keinem Verhältnis zu ihrer verfassungsrechtlichen Stellung stand: Sulla, Pompejus, Crassus, Cäsar, Antonius, Oktavian.

Eine geschriebene Verfassung gab es bis zum Ende der Republik nicht, das meiste regelte man gewohnheitsrechtlich, nur in einzelnen strittigen Punkten schritt man zur schriftlichen Festlegung durch Gesetze.

DIE MAGISTRATUR

Ihre besonderen Kennzeichen

Wenn im folgenden von "Beamten" gesprochen wird, darf man nicht an besoldete Beamte, gar noch mit Pensionsberechtigung, etwa im Sinne unserer Post- oder anderen Beamten denken. Ein römischer Beamter der republikanischen Zeit war stets ein respektgebietender Würdenträger, der sein hohes Staatsamt als ein unbezahltes Ehrenamt bekleidete. Ein solcher Beamter war unabsetzbar, auch durfte er während seiner Amtszeit nicht angeklagt werden. Daher waren zwischen die Jahre, in denen man Ämter bekleidete, Zwangspausen eingeschaltet, damit man zur Rechenschaft gezogen werden konnte. Beamte waren stets zugleich hohe Offiziere. Der Beamte wurde in der Regel vom Volk gewählt; nur bei Ämtern besonders hohen Alters kam es zur Ernennung des Beamten (vgl. S. 5). Die Amtszeit war auf ein Jahr befristet, eine Einrichtung, die auch als "Annuität" bezeichnet wird. Das gleiche Amt durfte nur einmal im Leben bekleidet werden mit Ausnahme des Konsulats, um das man sich nach einer Frist von zehn Jahren aufs neue bewerben konnte. Der Beamte hatte grundsätzlich einen oder mehrere Amtskollegen; die Kollegialität sollte aber - abgesehen von der Doppelbesetzung des Zensorenamtes - nicht dem Teamwork dienen, sondern war als Möglichkeit der Interzession (des Einschreitens) gegen die Tätigkeit des Kollegen gedacht. Das Verhältnis des Beamten zu den *privati* (den Nichtbeamteten) war wie das eines *pater familias* (eines Familienoberhauptes) zu seinen Kindern, d.h. er hatte kaum eingeschränkte Gewalt über sie; denn ein *magistratus* ist nach römischer Auffassung "mehr" als ein *privatus* [1]. Die Geltungsdauer der Verfügungen eines Beamten blieb auf seine Amtszeit beschränkt, damit die Macht seines Nachfolgers durch sie nicht eingeengt wurde.

Wenn sie von der Macht der Beamten sprachen, unterschieden die Römer sehr genau zwischen *potestas* und *imperium*. *Potestas* war Macht im Sinne von mehr oder weniger begrenzter Amtsbefugnis, entsprach also jeweils dem Range und dem Betätigungsbereich des Beamten. *Imperium* dagegen war absolute Macht mit dem Rechte der Halsgerichtsbarkeit über die

---

1) Das Wort *magistratus* (Amt, Beamter) ist Abstraktum zu *magis - ter* (*magis* = mehr); Gegensatz: *minis - ter* (*minis* aus *minus* = weniger).

Unterstellten, was die alle Imperiumsträger begleitenden Liktoren ausdrük-
ken sollten, ferner mit dem Rechte, Truppen auszuheben und Krieg zu
führen. Inhaber des Imperiums waren Diktator, Konsuln, Prätoren, die
entsprechenden Promagistrate und die Konsulartribunen der Frühzeit. In
historischer Zeit kannte man ein uneingeschränktes Imperium nur noch
beim Diktator, bis zu einem gewissen Grade auch noch bei Heerführern
und Provinzstatthaltern. Nicht jeder Inhaber des Imperiums konnte sich
jedoch *imperator* nennen. Die Akklamation (Zuruf) der Soldaten und die
anschließende Bestätigung durch den Senat waren dazu erforderlich. [1] In
den letzten Jahren der Republik bezeichnete man die großen Oberkomman-
deure wie etwa Pompejus und Cäsar als Imperatoren. - Über den Triumph
des *imperator* siehe S. 74.

Die Prorogation

Das älteste Beispiel von Prorogation (Verlängerung der Amtsbefugnis über
das Amtsjahr hinaus) entstammt angeblich dem Ende des 4. Jh.v.Chr. Es
ging damals um die Prorogation des Imperiums eines Konsuls durch
Volksbeschluß. Seit etwa 200 v.Chr. wurde die Prorogation durch Senatsbeschluß zu einer regelmäßigen Einrichtung, da der Bedarf an Imperiums-
trägern wegen der ständigen Kriegsschauplätze und der zunehmenden
Anzahl der Provinzen durch die normalen Jahresbeamten nicht mehr
entfernt gedeckt werden konnte.

Solche Promagistrate standen im Range unter den entsprechenden Ma-
gistraten, also ein Prokonsul unter einem Konsul, ein Proprätor unter
einem Prätor. Sie waren aber mit der gleichen Anzahl von Liktoren und den
gleichen übrigen Insignien ausgestattet. Oft übertrafen sie an Macht die
regulären Beamten, ja, als Inhaber eines fast uneingeschränkten Imperiums
und als Befehlshaber blindlings gehorchender Heere gefährdeten sie den
Bestand der Republik. Die Regel war Prorogation für ein Jahr, oft aber
wurde sie auch für weit längere Zeiträume vorgenommen. In selteneren
Fällen bekleidete ein Promagistrat ein niederes Amt - man konnte z.B.
quaestor pro praetore sein - also Quästor mit der Amtsbefugnis eines
Prätors, in der Regel aber war ein Promagistrat ein *privatus* (ein Nicht-
beamteter). [2]

Amtsbewerbung

Voraussetzung für die Bewerbung waren: Ingenuität (freie Abkunft: schon
der Großvater mußte frei gewesen sein), Zivität (Besitz des römischen
Bürgerrechts), keine Betätigung eines niederen Gewerbes, keine Verwicklung in ein schwebendes Verfahren, Ableistung des zehnjährigen Militär-
dienstes (diese Bedingung gilt für das 2. Jh.v.Chr. und bis zu Sullas
Reformen), ein bestimmtes Mindestalter (gilt für 2. und 1. Jh.v.Chr.),
fristgerechte Anmeldung der Bewerbung (nur im 1. Jh.v.Chr.) und persönliche Anwesenheit bei der Wahl (nur im 1. Jh.v.Chr.).

[1] Der erste historisch nachweisbare Imperator durch Akklamation war Scipio Africanus der
Ältere, der Besieger Hannibals.
[2] Die Prorogation wurde später staatsrechtliche Grundlage der Macht des Prinzipats.

Charakteristisch für die Bewerbung selbst war vor allem folgendes: Der Kandidat (*petitor*), bekleidet mit einer kreidegeweißten Toga (*toga candida;* *candidatus* wurde daher der Amtsbewerber auch genannt), begleitet von einer möglichst großen Schar seiner Anhänger und einem *nomenclator* (Namensnenner), der meist ein eigens für diesen Zweck präparierter Sklave war, ging herum (herumgehen = *ambire*, davon *ambitus* bzw. *ambitio* = Ehrgeiz), sprach die Leute namentlich an (*appellare*), die er oft gar nicht kannte, deren Namen aber der *nomenclator* ihm zuflüsterte. Wahlversammlungen oder Wahlreden kannte man nicht. Mitglieder der Nobilität (vgl. S. 26) erbten ihren Anhang vom Vater oder Onkel.

Der Stimmkauf, die Beeinflussung durch Speisungen, Spiele und Bestechungsgelder, nahm trotz wiederholter gesetzlicher Gegenmaßnahmen immer mehr zu, besonders in den letzten beiden Jahrhunderten der Republik. Die Konsuln wurden im Juli gewählt, ursprünglich aber wohl nach Abschluß des Sommerfeldzuges, anschließend die anderen Beamten. Zwischen Wahl und Amtsantritt war man *consul designatus, praetor designatus* usw..

Cursus honorum (Ämterlaufbahn)

In den letzten beiden Jahrhunderten der Republik hatte sich folgende Reihenfolge der Ämterbekleidung eingebürgert: Quästur nach Ableistung der zehnjährigen Dienstpflicht, seit Sulla nach dem 30. Lebensjahr / Volkstribunat (nicht zugelassen für Patrizier) / kurulische oder plebejische Ädilität nach dem 33. Lebensjahr (plebej. Ädil. für Patrizier nicht zugelassen) / Prätur nach dem 39. Lebensjahr / Konsulat nach dem 42. Lebensjahr / Zensur.

Nur die Quästur, nicht aber Volkstribunat und Ädilität waren obligatorisch als Voraussetzung für die Bewerbung um Prätur und Konsulat. Doch bewarb man sich um die Ädilität gern, weil sich mit der *cura ludorum* (der Organisation der Spiele; über diese S. 187ff) für den Ädil gute Möglichkeiten boten, beim Volke Beliebtheit zu erlangen. Erst im 1. Jh.v.Chr. wurde es zur Regel, unmittelbar anschließend an Prätur und Konsulat als Proprätor oder Prokonsul die Verwaltung einer Provinz zu übernehmen. In den Jahrhunderten vor dem 2. punischen Krieg lag der *cursus honorum* noch nicht fest. Damals bekleideten fähige Söhne mächtiger Familien bisweilen sehr früh und ohne vorherige Ämterlaufbahn das Konsulat: Scipio Africanus maior mit 30, Valerius Corvus (Konsul von 348 v.Chr.) mit 23 Jahren!

Das Pomerium als Rechtsgrenze

Das *Pomerium* (verwandt mit griech. *meros* = Teil; also = Teilung, Grenzung), die Rom umschließende heilige Linie, lag wahrscheinlich bis zur Zeit des Kaisers Claudius an der Grenze der Vierregionenstadt des 6. Jh.v.Chr.; Aventin und Marsfeld waren also nicht einbezogen. Wegen des Wachstums der Stadt wurde die politische Rechtsgrenze von der religiösen jedoch schon in früher Zeit gelöst und eine Meile jeweils über die Grenze der bewohnten Stadt hinaus vorverlegt. Innerhalb des Pomeriums, in dem Bereich also, der von den Römern bezeichnet wird als *domi* (daheim), galten alle Privilegien des *civis Romanus* (des römischen Bürgers), zu denen vor allem das Provokationsrecht gehört, der Inbegriff der Freiheit für den Römer. [1] Die Liktoren trugen hier keine Beile in den *fasces*, den Rutenbündeln. Macht hatten nur die regulären Magistrate, nicht die Promagistrate. Kein bewaffneter Soldat durfte angetroffen werden. Außerhalb des Pomeriums, von den Römern auch bezeichnet als *militiae* (dort, wo die Kriege stattfinden), waren dagegen die Volkstribunen gänzlich machtlos, während die Gewalt der Inhaber des Imperiums bis ins erste Jahrzehnt des 2. Jh.v.Chr. uneingeschränkt galt. Danach ist durch die Porzischen Gesetze (*leges Porciae*) die Geltung des Provokationsrechtes und des Verbots, einen Bürger auszupeitschen, auch auf den Bereich *extra pomerium* (außerhalb des Pomeriums) ausgedehnt worden.

Niedere Staatsbedienstete

Nicht im römischen Sinne beamtet waren die bezahlten Staatsbediensteten, die *scribae* (Schreiber), die teilweise qualifizierte Fachkräfte waren und nicht selten dem Ritterstand angehörten, die *viatores* (Amtsboten), die *lictores*, die meist Freigelassene waren, und die Henker.

DIE STÄNDISCH GEGLIEDERTE GESELLSCHAFT DER REPUBLIK

Patriziat

Die Bildung des Patriziats war mit der Aufnahme des 485 v.Chr. nach Rom eingewanderten Geschlechts der Claudier abgeschlossen. Bis 367 v.Chr. gab das Patriziat alle nennenswerten politischen Privilegien auf, teils aus Klugheit, teils durch die Verhältnisse gezwungen. Von irgendeinem Zeitpunkt an, spätestens aber seit Beginn des 2. Jh.v.Chr., verringerte sich die Anzahl der Patrizier. Am Ende der Republik waren noch vierzehn *gentes* (Großsippen) mit insgesamt dreißig Familien übrig. In der Königszeit waren es angeblich einmal hundert *gentes* gewesen! Aber trotz geringer Anzahl und fehlender Sonderrechte verfügten die Patrizier bis in die beginnende Kaiserzeit über einen großen politischen Einfluß. Noch in fast jedem Jahr entstammte einer der beiden Konsuln ihren Reihen. Die letzten überragenden Patrizier waren Sulla, Cäsar und Kaiser Tiberius.

---

1) Das Provokationsrecht ist das Recht zum Tode verurteilter römischer Bürger, vor der Volksversammlung der Zenturiatkomitien Berufung einzulegen. Bei seiner Verletzung reagierten die Römer genauso empfindlich wie die Athener, wenn es um ihre parrhesia (Redefreiheit in der Volksversammlung) ging, oder wir bei Antastung der Pressefreiheit (vgl. Spiegelaffäre). Cicero hat die Hinrichtung der Catilinarier mit Verbannung bezahlen müssen, weil er ihnen das Provokationsrecht vorenthalten hatte.

Nobilität

Die Nobilität im engeren Sinne bestand aus dem alten Patriziat und den Nachfahren plebejischer Konsuln. Die Macht dieser Familien beruhte neben den Fähigkeiten, tradierten Erfahrungen, Beziehungen untereinander und dem ebenso gelassenen wie starken Selbstgefühl ihrer Mitglieder auf den zahllosen Klienten, die sie in Rom, Italien und den Provinzen hatten. Klienten waren die freien und freigelassenen Bediensteten in Rom und auf den meist großen Liegenschaften, die Bewohner ganzer Städte und Landschaften in Italien und den Provinzen, die einst ein Vorfahr für Rom erobert hatte, überhaupt alle, die sich infolge politischer, juristischer oder materieller Unterstützung einem Mitglied dieser Führungsschicht verpflichtet fühlten. Oft wuchs die Klientel von Generation zu Generation an, da sich das Verhältnis Patron - Klient auf beiden Seiten weitervererbte und praktisch unlösbar war.

Zur Nobilität im weiteren Sinne gehörte der gesamte Senatorenstand. Er war seit 218 v.Chr. vom Ritterstand scharf getrennt durch das Verbot des Besitzes größerer Seeschiffe, was auf ein Verbot des Handeltreibens in größerem Stile hinauslief. Hiermit sollte der Geldgier in der politisch herrschenden Schicht ein Riegel vorgeschoben werden. Seitdem bildeten die Senatoren zunehmend einen Stand von Großgrundbesitzern. - Die Senatoren besaßen das Recht der Prohedrie, d.h. das Privileg bevorzugter Plätze in Zirkus und Theater. Ihr Abzeichen bestand in einem breiten, vorn und hinten am Halsausschnitt senkrecht an der Tunika hinabführenden Purpurstreifen (*latus clavus*), besonders geformten roten Schuhen und einem goldenen Ring.

Homo novus (Emporkömmling; wörtlich: neuer Mensch) nannte man einen Senator, von dessen Vorfahren noch keiner im Senat gesessen hatte; nur sehr wenige brachten es bereits in der ersten Generation zum Konsul, von diesen sind die berühmtesten der ältere Cato, Marius und Cicero.

Ritterstand

Im Laufe des 3. Jh.v.Chr. hatte sich aus denjenigen Plebejern, die es sich erlauben konnten, beritten zu Felde zu ziehen, ein eigener Stand gebildet. Spätestens seit dem 1. punischen Krieg galten Reiter als Offiziere. So waren aus Reitern "Ritter" geworden. Spätestens seit dem 2. punischen Krieg trugen die Ritter einen schmalen Purpurstreifen an der Tunika (*angustus clavus*) und einen goldenen Ring als Standesabzeichen. Nunmehr erlangten sie auch die Prohedrie in Zirkus und Theater. Ihr Stand nahm stetig an Bedeutung zu, entsprechend dem im rasch größer werdenden Imperium wachsenden Bedarf an Bauunternehmern, Großkaufleuten, Steuerpächtern und Heereslieferanten. Zum Ritterstand zählte seit dem beginnenden ersten Jahrhundert v. Chr. (Bundesgenossenkrieg) auch der gesamte italische Adel. Die Zugehörigkeit zu diesem Stand setzte im 1. Jh.v.Chr. ein Vermögen von 400 000 Sesterzen voraus (vgl. S. 173). Offiziere vom Tribun an aufwärts mußten dem Ritter- oder Senatorenstande entstammen.

Plebs

Anzahl sowie militärische und wirtschaftliche Bedeutung der Plebs nahmen seit dem 6. Jh.v.Chr. stetig zu. Trotzdem blieben zunächst der Senat und die hohen Staatsämter ausschließlich den Patriziern vorbehalten. Daher kam es der Sage nach bald nach Gründung der Republik zur *secessio plebis in montem sacrum* (Auswanderung der Plebs auf den heiligen Berg). Daraufhin gestand man der Plebs die Volkstribunen zu. Das Zwölftafelgesetz von 451/50 stellte sodann Plebs und Patriziat in Rechtsangelegenheiten ziemlich gleich, nicht jedoch politisch. Allerdings bestand erst seit 445 v.Chr. auch das *conubium* (Recht zur ehelichen Verbindung) zwischen beiden Volksteilen. Seit 367 v.Chr. (*leges Liciniae Sextiae*) konnte jeweils einer der beiden Konsuln Plebejer sein. Damit hatte man die Zulassung zu allen Staatsämtern und somit auch die politische Gleichstellung erreicht. Seit 287 v.Chr., nach einer angeblichen *secessio plebis in Ianiculum* (Auszug der Plebs auf den Janikulus) hatten die in den Versammlungen der Plebs gefaßten Beschlüsse (*plebiscita*) Gesetzeskraft. Dies war der endgültige Abschluß der sogenannten Ständekämpfe, in denen das Volk um Berücksichtigung vor allem seiner wirtschaftlichen Belange und einige mächtige Plebejerfamilien um die Beteiligung an der Regierung kämpften. - Während der letzten beiden Jahrhunderte der Republik waren die meisten Mitglieder der Nobilität und alle Ritter Plebejer!

DIE REICHSVERWALTUNG WÄHREND DER REPUBLIK

Italien vor dem Bundesgenossenkrieg

Seit dem Ende des Krieges gegen Pyrrhos (272 v.Chr.) beherrschte Rom das gesamte damalige Italien, d.h. vom Nordhang des Apennin bis zur "Stiefelspitze". Trotzdem war Rom damit nicht zum Territorialstaat im modernen Sinne geworden. *Einen Teil* benachbartes Gebiet, vor allem Latium, Kampanien und das Gebiet der Sabiner hatte man unmittelbar annektiert und verwaltete ihn von Rom aus, wobei man größere Orte einem Präfekten unterstellte oder sich selbst verwalten ließ. Die freien Bewohner dieses mittelitalischen Gebietes waren römische Vollbürger. *Einem Teil* der italischen Gemeinden verlieh man den Status der *civitates sine suffragio* (Gemeinden ohne Stimmrecht). Ihre Bewohner besaßen das Halbbürgerrecht, da sie, wenn auch kein Stimmrecht in der Volksversammlung, so doch *conubium* und *commercium* mit Rom besaßen, also Recht zur ehelichen Verbindung und Recht auf juristischen Schutz ihrer geschäftlichen Abmachungen durch den *praetor urbanus.* [1] *Der größte Teil* der italischen Städte erhielt den Rang von *civitates foederatae* (verbündeten Gemeinwesen) mit einer von Stadt zu Stadt verschiedenen, vertraglich festgelegten Stellung zu Rom. Sie waren innenpolitisch frei, im Kriege mußten sie Truppenverbände mit eigenen Offizieren stellen.

1) Man bezeichnete eine Stadt Italiens entweder als *colonia* oder als *municipium. Colonia* war ursprünglich eine Siedlung von Vollbürgern, *municipium* wahrscheinlich ein Ort mit Halbbürgerrecht. Später, spätestens seit dem Bundesgenossenkrieg, verwischten sich die Unterschiede. *Municipium* vielleicht von *munia capere*: Übernahme der Pflichten des Bürgers, nicht der Rechte.

Die Griechenstädte Unteritaliens waren *socii navales*, stellten also bemannte Kriegsschiffe.

Rom behandelte anfänglich seine italischen Verbündeten im allgemeinen recht großzügig, wodurch der römisch-italische Wehrbund auf schwache, bedrohte Staaten eine gewisse Anziehungskraft ausübte. Doch seit Beginn des 2. Jh.v.Chr. ließ seine Großzügigkeit schnell nach. - Sein italisches Herrschaftsgebiet sicherte Rom durch Straßenbau und Gründung von Kolonien. Man verstand unter Kolonien stark befestigte, von Römern und Latinern bewohnte bäuerliche Siedlungen, die an strategisch wichtigen Punkten angelegt worden waren. Kolonien wurden seit der Mitte des 4. Jh.v.Chr. gegründet. Verwaltungsmäßig waren sie Rom direkt unterstellt; erst später - von welcher Zeit an, ist unbekannt - hatten sie eigene Magistrate. Im Kriegsfalle dienten ihre Bewohner nicht in den Legionen, sondern mußten die römische Herrschaft in ihrem Bereich sichern.

Italien nach dem Bundesgenossenkrieg (91 - 88 v. Chr.)

Nun war Rom vom Stadtstaat zum Territorialstaat geworden. Die Städte leiteten eigene Magistrate, ein jährlich wechselndes Quattuorvirat (Viermännerkollegium), später ein Duovirat (Zweimännerkollegium). Alle freien Bewohner südlich des Po waren jetzt römische Vollbürger, nördlich des Po Bürger latinischen Rechts, welches etwa dem alten Halbbürgerrecht entsprach. Erst Cäsar machte auch sie zu Vollbürgern.

Die *Gallia Cisalpina* (Norditalien), die bisher ohne Festlegung des Status von Rom aus mitverwaltet worden war, hatte Sulla zur Provinz gemacht und ihre Grenze vom Po aus südwärts zum Rubikon verlegt. Erst mit dem 2. Triumvirat (43 v.Chr.) wird *Gallia Cisalpina* endgültig ein Teil Italiens.

Eine direkte Steuer (*tributum*) mußten die römischen Bürger nur gelegentlich zahlen; seit der gewaltigen makedonischen Kriegsbeute von 168 v.Chr. fiel auch das weg.

Reichsverwaltung außerhalb Italiens

Rom verwaltete die außerhalb Italiens besetzten Länder, die sogenannten Provinzen (*provincia* = abgegrenzter Aufgabenbereich), als reine Untertanengebiete. Bei Begründung einer Provinz legte der siegreiche Feldherr zusammen mit einer Zehnmännerkommission des Senats die oft unterschiedlichen Pflichten und Rechte der einzelnen Bevölkerungsteile in einer *lex provinciae* (Provinzialgesetz) fest. Jeder spätere Statthalter hatte das Recht, diese *lex* für die Zeit seiner Amtsdauer neu zu fassen. [1]

In den Provinzen unterschied man zwischen *civitates foederatae* (autonomen, abgabefreien, dem Statthalter nicht unterstellten Gemeinden, z.B.

1) Vgl. die besonderen Kennzeichen der Magistratur S. 22.

Athen, Sparta), *civitates sine foedere liberae* (autonomen, teilweise abga-bepflichtigen Gemeinden, die, da ohne regelrechten Vertrag mit Rom, ihren Status leicht verlieren konnten; in diesem unsicheren Rechtsverhältnis befanden sich viele Griechenstädte) und *civitates stipendiariae* (boden-steuerpflichtigen Untertanenstädten, -stämmen, -fürstentümern mit weitge-hender Selbstverwaltung). Unmittelbar in römischer Hand befanden sich oft Staatsdomänen, Bergwerke und andere Einrichtungen von besonderer wirtschaftlicher und militärischer Bedeutung. Die Höhe und Art der Steuern wurden den wirtschaftlichen Möglichkeiten und den vorgefundenen Gepflo-genheiten angepaßt.

Der Statthalter war ein Promagistrat (Prokonsul; Proprätor), in den vier ältesten Provinzen bis zur Zeit Sullas ein Prätor. Ein Quästor stand ihm zur Seite als Stellvertreter, Beaufsichtiger der Kasse und Richter. Die Bedeutung des stets jungen Quästors verringerte sich durch die schon seit dem 2. Jh.v.Chr. den Statthaltern zunehmend vom Senat beigegebenen Legaten. Prokonsuln erhielten drei, ein Proprätor einen Legaten. Legaten waren nicht beamtete Senatsbeauftragte, die selber Senatoren waren. Die Provinzen gliederten sich in Gerichtssprengel (*conventus*), die der Statt-halter, die Legaten oder der Quästor an Gerichtstagen bereisten, um Recht zu sprechen bei der Verwicklung römischer Bürger in Rechtshändel.

Im folgenden seien einige der schwersten Mängel aufgezählt, mit denen die Provinzverwaltung in republikanischer Zeit behaftet war:

Die Statthalter wechselten meist jährlich. Fast jeder wollte sich bereichern. "Der Statthalter mußte aus seiner Provinz drei Vermögen herauswirtschaf-ten: eines, um die Ausgaben für die Wahlen zu bezahlen, ein zweites, um nach seiner Rückkehr seinen Freispruch zu erwirken (von der Anklage der rücksichtslosen Ausbeutung seiner Provinz), und ein drittes, um davon zu leben". Kein Provokationsrecht und keine Interzession eines Volkstribunen schützte die Bevölkerung. Die Steuern wurden von privaten Steuereinneh-mern eingezogen, die nach Möglichkeit einen weit höheren Betrag eintrie-ben, als sie an den Staat abführen mußten. Übel waren oft auch die Geschäfte der Geldverleiher (*negotiatores*), die den durch Statthalter und Steuereinnehmer bedrängten Gemeinden Geld gegen Wucherzinsen verlie-hen. Die einzige Beschwerdeinstanz war der Senat, der aber fast aus-nahmslos aus ehemaligen oder potentiellen Statthaltern bestand.

DIE KAISERZEIT

STELLUNG DES PRINCEPS

Der *princeps* (Kaiser) war staatsrechtlich kein Magistrat, sondern ein *privatus* (Unbeamteter). Die Grundlage seiner Macht bestand in den Befug-nissen gewisser Ämter, die er auf dem üblichen Weg der Prorogation, abgelöst von den Ämtern selber, vom Senat erhielt. In der Republik war es jedoch noch nicht üblich,1) die Kompetenzen mehrerer Ämter in einer Hand zu vereinen,2) eine ihrerseits schon prorogierte Gewalt, nämlich das *proconsulare imperium*, zu prorogieren.

Folgende Befugnisse lagen in der Hand des *princeps*:

1) Das *proconsulare imperium maius*, d.h. die Oberaufsicht über die Verwaltung des gesamten Reichsgebietes außerhalb Roms (Gültigkeit also nur außerhalb des Pomeriums; vgl. S. 24f) und vor allem - als wesentlichste kaiserliche Machtbasis - das Oberkommando über sämtliche Truppen.

2) Die *tribunicia potestas*, d.h. das Veto- bzw. Interzessionsrecht der Volkstribunen gegen alle Maßnahmen der Magistrate sowie die Unverletzlichkeit der Person des Kaisers (Tribunen waren *sacrosancti* = unverletzlich).

3) Das *imperium consulare* zur Ergänzung der für die Überwachung der Hauptstadt nicht ausreichenden *tribunicia potestas*.

Der privaten Stellung außerhalb des eigentlichen Staatsapparates liegt die Absicht des Augustus zugrunde, des Schöpfers des Prinzipats, den Anschein zu erwecken, als ob die Republik fortbestehe, das Prinzipat nur eine vorübergehende Notmaßnahme sei und Augustus sobald wie möglich die vom Senat erteilten Sondervollmachten diesem zurückgeben werde. Dies war die "wohltätige und notwendige Lüge des Prinzipats"! Vor allem sollte dabei der hinsichtlich der Person des Augustus nicht einmal falsche Eindruck entstehen, der Einfluß des *princeps* beruhe mehr indirekt auf seiner *auctoritas* (Ansehen) 1) als auf seiner - deshalb bewußt wenig zur Schau gestellten - tatsächlichen Macht.

Allmählich jedoch machte das Prinzipat aus der Tatsache, daß es sich als eine Dauereinrichtung betrachtete, kein Hehl mehr. Endgültig klare Verhältnisse waren in dieser Hinsicht mit der Regierungsübernahme Vespasians entstanden.

Bezüglich der Stellung des Kaisers konnte man von Anbeginn an folgende Tendenzen beobachten: 1) Zunahme seiner Kompetenzen, 2) wachsender Abstand zwischen Regent und Regierten. Augustus galt noch als ein *primus inter 'pares* (Erster unter Gleichen) unter den Mitgliedern der aussterbenden Nobilität, als ein *princeps civitatis* (Erster der Bürgerschaft) unter freien *cives Romani* (römischen Bürgern), und seine Kleidung unterschied sich in nichts von der eines Senators. Zuletzt dagegen, vor allem seit den Reformen Diokletians und später Konstantins, tat sich eine unüberbrückbare Kluft zwischen dem allmächtigen *dominus et deus* (Herr und Gott) 2) in goldbesticktem Purpurgewand (wohl etwa seit Commodus oder den Severern), mit dem Diadem auf dem Haupte (seit Konstantin) und seinen *subiecti* (Untertanen) auf, symbolisch veranschaulicht durch ein immer komplizierter werdendes Hofzeremoniell.

---

1) Denn dafür konnte sich Augustus auf eine gute alte Tradition berufen: Allseits anerkannte *principes civitatis* mit fast unbegrenzter *auctoritas* hatte Rom schon mehrfach gesehen, z.B. die beiden Scipionen.
2) So bezeichnete sich zuerst Domitian (81-96), seit Valerian (253-260) wurde es Sitte; offiziell wurde das *Prinzipat* erst unter Konstantin in ein *Dominat* umgewandelt.

Der offizielle Titel des Augustus lautete seit 27 v.Chr. *princeps*. Er selber nannte sich *Imperator Caesar Augustus*, wobei *Imperator* das *praenomen* (Vorname), *Caesar* das *nomen gentile* (Stammname) und *Augustus* das *cognomen* (Beiname) waren.[1] Den ehrenden Beinamen *Augustus* hatte ihm der Senat 27 v.Chr. verliehen. Seit Vespasian war *Imperator* fester erster Namensteil der Kaiser. *Caesares* hießen seit Claudius die kaiserlichen Prinzen, seit Hadrian wurden so nur noch der Kronprinz und der Kaiser selber genannt. *Augustus, Augusta* entwickelten sich zu ständigen Beinamen des jeweiligen Herrscherpaares.

FORTBESTAND DES REPUBLIKANISCHEN STAATSAPPARATES

Die Magistratur

Die Beamtenlaufbahn gestaltete sich nunmehr in etwa folgender Weise:
Nach Bekleidung eines der meist mit Rechtspflegeaufgaben betrauten kleinen Ämter des sogenannten Vigintivirats (Zwanzigmännerkolligiums) diente man ein Jahr als Militärtribun, vom 25. Lebensjahr an konnte man dann Quästor, und vom 27. an Volkstribun oder Ädil (also entweder das eine oder das andere!) werden. Vom 30. Lebensjahr an war die Bewerbung um die Prätur und vom 33. an schon ums Konsulat möglich. Zwischen diesen republikanischen Ämtern trat man in der Regel das eine oder andere kaiserliche Amt an.

Zum Wandel der einzelnen Ämter sei folgendes bemerkt: Es gab wohl immer mehrere Konsulpaare im Jahr, *consules ordinarii* und *suffecti*. Ihre Amtszeit war manchmal kürzer als zwei Monate. Nach dem ersten Paar, den *consules ordinarii*, die unter den ersten Kaisern noch möglichst der alten Nobilität entstammten, wurde das Jahr benannt. Das Konsulat war nur noch eine Ehrenstellung. Zensoren kannte die Kaiserzeit nicht mehr, denn die Zensur lag in den Händen des *princeps*. Die Prätur war durch den Untergang der Republik zunächst kaum in Mitleidenschaft gezogen worden. Unter Augustus gab es wie bisher acht Prätoren, seit Claudius achtzehn. Seit 22 v.Chr. oblag ihnen auch die *cura ludorum*, bisher die Domäne der Ädilen. Zeitweilig verwalteten sie unter dem julisch-claudischen Kaiserhaus außerdem das *aerarium Saturni*, früher Aufgabe der Quästoren. Auf dem Gebiete des Rechtswesens wurde jedoch ihre Handlungsfreiheit immer mehr beschnitten zugunsten des Kaisers und des kaiserlichen Gerichts. Die Ädilen leiteten nur noch die Marktpolizei, die *cura ludorum, cura urbis* und die *cura annonae* hatten sie verloren. Das Volkstribunat war, wie sich denken läßt, zu völliger Bedeutungslosigkeit abgesunken. Den Quästoren widerfuhr, vom Verlust des *aerarium Saturni* abgesehen, keine nennenswerte Veränderung. Ihre Zahl blieb weiterhin 20. - Mit dem 3. Jh.n.Chr. beginnen die alten Ämter zu verschwinden.

Die beschließenden Körperschaften

Zu Beginn des Prinzipats verwaltete der Senat, kontrolliert vom Kaiser, Rom, Italien und die zehn sogenannten senatorischen Provinzen (vgl. S. 33). Jedoch wurden seine Kompetenzen hier zunehmend beschnitten.

1) Zum römischen Namenswesen vgl. S. 185 ff.

Als Gesetzgebungsorgan - das SC (*senatus consultum* = Senatsbeschluß) hatte nämlich mindestens seit Beginn des 2. Jh.n.Chr. volle Gesetzeskraft - diente er eine Zeit lang als "Sprachrohr des Kaisers". Der Senat verfügte ferner in der Kaiserzeit über gewisse Gerichtsbefugnisse. Seit Verlegung der Residenz nach Konstantinopel bildete der Senat nur noch eine Art Gemeinderat der Stadt Rom. - Augustus setzte als Mindestvermögen für Senatoren eine Million Sesterzen fest (etwa das Zweieinhalbfache des Rittervermögens; vgl. S. 26). - Die Anzahl der Senatsmitglieder betrug zunächst noch 600, seit Vespasian 1000 und im 3. Jh. waren es 2000. Während der Regierungszeit des Augustus saßen noch 77 Angehörige des alten Patriziats im Senat, unter Nero 20 und unter Nerva 4; unter Hadrian starb das Patriziat aus. Z.Zt. Trajans betrug der Anteil der Italiker im Senat schon weniger als 3/4, aber noch bis ins 3. Jh. hinein konnten sie einen Anteil von mindestens 50 % halten. Im 2. Jh. kam für Senatoren der Standestitel *clarissimus* (etwa: "Erlauchtester") auf. Unter dem Dominat, also seit Konstantin, war die Senatorenwürde erblich. Der Anachronismus der hauptstädtischen Volksversammlungen konnte sich trotz Ausbreitung des Bürgerrechts über Italien und bald auch über andere Gebiete des Reiches weiterhin aufrechterhalten. Die ersten Kaiser haben sich noch einige ihrer Gesetze vom Volk bestätigen lassen, aber mit Nerva endet die Volksgesetzgebung. Die Volkswahl dagegen wurde bis ins 3. Jh. geübt, wenn auch nur als Formalität; denn Kaiser und Senat - dieser als keineswegs gleichberechtigter Partner des Kaisers - nominierten nur so viele Kandidaten wie für die Besetzung der Stellen gewählt werden mußten; durchfallen konnte also keiner.

DAS KAISERLICHE BEAMTENTUM

Zur Bewältigung der vielfältigen Aufgaben des *princeps* entstand neben den aus der Republik übernommenen Institutionen eine private kaiserliche Verwaltungsorganisation. In der Zentrale in Rom taten nur Freigelassene und Sklaven des Kaisers Dienst, deren Macht aber teilweise der heutiger Staatssekretäre und Minister entsprach.[1] Außerhalb der Zentralverwaltung entstammten diese privaten kaiserlichen Beamten entweder dem Ritterstande, dann hießen sie *procuratores* oder in den höchsten Rängen *praefecti*, oder sie waren Senatoren und wurden *curatores* oder ebenfalls *praefecti* genannt. Aus Mißtrauen gegenüber dem teilweise noch republikanischen Verhältnissen nachtrauernden Senatorenstande waren die wichtigsten kaiserlichen Beamten Ritter; diese waren der *praefectus Aegypti*, Statthalter der wegen der Getreideversorgung Roms wichtigsten Provinz, der *praefectus annonae* (Verantwortlicher für eben diese Getreideversorgung der Stadt Rom) und die *praefecti praetorio* (meist zwei gleichzeitig, seltener drei oder einer), die Gardekommandanten und Stellvertreter des Kaisers. Andere kaiserliche Beamte waren z.B. der *praefectus vigilum*, ein Ritter, der die aus 7000 Freigelassenen bestehende Nachtpolizei bzw.

---

1) Berüchtigt waren die einflußreichen Freigelassenen des Claudius: Pallas und Narcissus.

Feuerwehr der Hauptstadt befehligte, die *curatores aquarum*, ehemalige Prätoren oder gar Konsuln, die für Roms Trinkwasserversorgung verantwortlich waren, oder der *praefectus urbi*, ein ehemaliger Konsul, dem die hauptstädtische Verwaltung weitgehend unterstand.

Weder Annuität (jährlicher Wechsel), noch Kollegialität (die die Interzession von seiten des Amtskollegen ermöglichte) oder Ehrenamtlichkeit behinderten die kaiserlichen Beamten. Sie waren eingearbeitete Fachkräfte, die jahre- oder gar jahrzehntelang am gleichen Platze standen. - Unter Hadrian wurde diese private Verwaltungsorganisation verstaatlicht und dabei die Freigelassenen und Sklaven durch Ritter ersetzt.

Folgende Entwicklungstendenzen im Laufe der Kaiserzeit können beobachtet werden: 1) Fortschreitende Zurückdrängung der von der Republik übernommenen Verwaltungseinrichtungen: 2) zunehmende Bürokratisierung und Zentralisation; 3) anfänglich von Senatoren (meist ehemaligen Prätoren und Konsuln) bekleidete Stellen wurden mehr und mehr von Rittern besetzt; 4) mit dem 2. Jh. begann eine immer stärker werdende Barbarisierung durch das Eindringen von Berufssoldaten in die ritterliche Verwaltungslaufbahn, die dem in den Randprovinzen rekrutierten Mannschaftsstande entstammten.

PROVINZEN

Im Jahre 27 v.Chr. hatte das Reich zehn senatorische Provinzen, die jährlich wechselnden Prokonsuln unterstanden und nur mittelbar vom Kaiser kontrolliert wurden, und sieben kaiserliche, von Truppen besetzte Randprovinzen. Diese unterstanden, wenn sie kleiner waren, ritterlichen Prokuratoren, [1] andernfalls den *legati pro praetore* des Senatorenstandes und unterlagen keinem jährlichen Wechsel ihrer Statthalter. Die kaiserlichen Provinzen nahmen stetig zu, die Anzahl der senatorischen Provinzen blieb konstant; seit den Severern gab es nur noch kaiserliche Provinzen. Alle Provinzen wurden in der Kaiserzeit nicht mehr wie Feindesland ausgesogen, sondern umsichtig und korrekt verwaltet. Steter Friede, Recht, blühende Kultur und Wirtschaft waren nun Kennzeichen der römischen Herrschaft. Den Zusammenhalt des Reiches förderte der Kaiserkult. In der westlichen Reichshälfte nahm die Romanisierung ständig zu, und als Folge davon wuchs die Verbreitung des römischen Bürgerrechts. 212 verlieh Caracalla mit der *constitutio Antoniniana* allen freien Reichsbewohnern das Bürgerrecht. Aber erst Diokletian beseitigte das letzte Vorrecht Italiens und Roms, nämlich die Freiheit von der Grundsteuer (*tributum soli*). Mit der Regierungszeit des Commodus (180-192) begann ein rascher Niedergang der Wirtschaft im ganzen Reichsgebiet. Näheres darüber im Kapitel "Wirtschaft" auf Seite 171-173.

---

1) Pontius Pilatus, der "Landpfleger" von Judäa, war einer dieser Prokuratoren.

Recht

CHARAKTERISTISCHE BESONDERHEITEN DES RÖMISCHEN RECHTS

Entsprechend den einander überlagernden Verfassungsschichten im Staate (vgl. S. 1) führte die römische Scheu vor einem Traditionsbruch auch im Rechtsbereich zu verschiedenen Rechtsschichten verschiedenen Alters, die gleichzeitig gültig waren; überhaupt wurde vor Kaiser Justinian (527-565 n.Chr.) kein Gesetz je ausdrücklich außer Kraft gesetzt. Mindestens ebenso wirksam für das Rechtsleben wie das Traditionsbewußtsein wurde eine andere römische Eigenschaft: Der den Römern eigentümliche Tatsachensinn war, wie schon S. 1 bemerkt, ohne ein bestimmtes Vorstellungsschema oder gar eine Theorie - was beides der Wirklichkeit nie ganz gerecht wird - unmittelbar auf den konkreten einzelnen Gegenstand oder Fall gerichtet, mit dem man es gerade zu tun hatte. Das führte im Rechtswesen zu Besonderheiten, die hier zäher und länger als in allen anderen Lebensbereichen dem Einfluß Griechenlands und des Orients standhielten:

a) Keine philosophisch begründeten Rechtsprinzipien.

b) Keine geschlossenen Gesetzgebungswerke, deren innere Einheit auf solchen Prinzipien beruht, sondern nur einzeln erlassene Gesetze.

c) Rolle der Gesetze im Rechtsleben überhaupt untergeordnet; denn das notgedrungen immer verallgemeinernde Gesetz galt geradezu als Hindernis einer gerechten Entscheidung des Einzelfalles;[1] daher war die römische Rechtsprechung fast nur auf Präjudizien gegründet, also auf früher bei vergleichbarem Tatbestand gefällte Entscheidungen.

Die Rechtsprechung des bei uns gültigen "Gesetzesrechts" ist vom - besonders unter Gewaltherrschern zweifelhaften - Gerechtigkeitssinn eines oder doch weniger Gesetzgeber abhängig, die des römischen "Fallrechts" wurde jahrhundertelang von Urteil zu Urteil mit dem Gerechtigkeitssinn vieler Juristen überprüft. Bei den Römern war also die Rechtspflege gegen Irrtum und Willkür besser gesichert.[2] Ein weiterer Vorteil des römischen Fallrechts war, daß es sich ununterbrochen dem Wandel der Verhältnisse anpassen konnte, während das Gesetzesrecht dieses nur sprunghaft vermag, so daß die Rechtsprechung hierbei zeitweilig nach veralteten, ungerecht gewordenen Gesetzen erfolgt.

---

1) Die Feststellung dessen, was rechtens ist, an einem einzelnen Fall, also ohne daß ein Gesetz als Richtschnur zur Verfügung steht, wird als Kasuistik bezeichnet.
2) Andererseits kam es aber auch vereinzelt vor, daß ein ungerechtes Urteil Verbindlichkeit für spätere gleichgelagerte Fälle schuf. Die Neigung, sich bei den eigenen Taten (oder auch Untaten!) auf die Handlungen der *maiores* (Vorfahren), auf *exempla*, Präzedenzfälle, zu berufen, ist bei den Römern in allen Lebensbereichen anzutreffen.

GESCHICHTLICHER ÜBERBLICK

KÖNIGSZEIT

Vermutlicher Rechtszustand vor den Zwölftafeln

Ursprünglich hatte die *gens* (Sippe) fast sämtliche Rechtsfunktionen inne (z.B. Blutrache, vgl. S. 3); *crimina publica* (die Allgemeinheit angehende Verbrechen) jedoch, das waren vor allem *perduellio* (Hochverrat) und *sacrilegium* (Tempelschändung), kamen vor das Königs- oder das Volksgericht. - Jede Rechtsangelegenheit erhielt erst nach Bekräftigung durch magische Zauberformeln, die nur die *pontifices* kannten, ihre Wirksamkeit. - Die Bereiche *ius, mos, fas* (Recht vor den Menschen, Herkommen, Recht vor den Göttern) hatten sich noch nicht voneinander getrennt.

REPUBLIK

Die Zwölftafelgesetzgebung von 451/50 v.Chr. (*lex duodecim tabularum*).

Der Originaltext auf zwölf hölzernen Tafeln wurde wohl 388 v.Chr. beim Gallierbrand vernichtet. Nur Zitate blieben erhalten. Der Inhalt betraf vermutlich fast nur strittige Punkte aus einigen wenigen Rechtsbereichen; das übrige Recht hatte man damals in Rom noch im Kopf. Die Zwölftafeln enthielten nicht die magischen Rechtsformeln: Sie blieben weiterhin Geheimbesitz der *pontifices*. - *Ius, mos* und *fas* waren in diesem Gesetzgebungswerk schon weitgehend voneinander geschieden, die Strafverfolgung blieb weiterhin großenteils in Privathand, eine Überwachung durch den Staat in Gestalt des *praetor urbanus* (vgl. S. 8ff) setzte jedoch dabei ein. Der Stil, nämlich eine knappe und zugleich mißverständliche Prosa, die an den griechischen Philosophen Heraklit erinnert, und der Inhalt - neben Blutrache trat nun schon, selbst für größere Vergehen, die mit dem griech. Wort *poena* bezeichnete Geldbuße - waren griechisch beeinflußt.

Gerichte

Die Zuständigkeit der einzelnen Rechtsinstitutionen war in republikanischer Zeit etwa folgendermaßen abgegrenzt:
Unter einem Volkstribunen (seltener einem Ädil) als Vorsitzendem und "Staatsanwalt" zugleich urteilte das Volk in den Komitien über die *crimina publica*, also vor allem Hoch- und Landesverrat, Amtsvergehen ehemaliger Magistrate, Religionsfrevel, Korn- und Zinswucher. Die gesamte übrige innerrömische Rechtsprechung blieb bis zur Mitte des 2. Jh.v.Chr. der Privatinitiative überlassen, wurde aber vom *praetor urbanus* (vgl. S. 8ff) überwacht. Dazu gehörte neben der zivilen Gerichtsbarkeit - wo also zwei Parteien gegeneinander prozessieren und man heute auch ohne Staatsanwalt auskommt - die private Strafjustiz, der Bereich der Verbrechen gegen einzelne Privatpersonen (nicht gegen die Gesamtheit wie bei den *crimina publica*). Die Gerichte der zivilen Gerichtsbarkeit und der privaten Strafjustiz bestanden aus nicht beamteten Einzelrichtern oder Geschworenen,

beide meist Senatoren oder Ritter. Das Gerichtsurteil im Kriminalverfahren lieferte den Täter dem Kläger aus, und der Prätor beaufsichtigte die korrekte Durchführung der Privatrache. - Streitfälle mit Ausländern unterstanden ab 242 v.Chr. dem *praetor peregrinus* (vgl. S. 8). - Seit 149 v.Chr. wurden für bestimmte Arten häufiger Vergehen zunehmend *quaestiones perpetuae* (ständig tagende Gerichtshöfe) eingesetzt,[1] teilweise unter Vorsitz eines eigens dafür bestimmten Prätors (also nicht des *praetor urbanus*). Sie verhängten grundsätzlich nur die Todesstrafe. Ankläger war immer ein privater *delator* (einer, der Anzeige erstattet hat), der aber eine Prämie erhielt, womit der Staat nunmehr sein Interesse an der Strafverfolgung zeigte. Seit Sulla gab es für fast jede Vergehenskategorie eine *quaestio perpetua*, so daß private Strafjustiz und Komitialgericht ganz selten wurden.

Rechtsschichten

Das Zwölftafelgesetz ist rasch durch die Entwicklung der römischen Verhältnisse überholt worden. Die Gesetzgebung der Komitien hinkte auch ständig hinter den Ereignissen her. Daher wurden beide, zusammen *ius civile* geheißen, vom *ius honorarium*, dem Amtsrecht, überlagert, ohne die ältere Rechtsschicht des *ius civile* aufzuheben. Das *ius honorarium* bestand aus den *edicta*, den jeweils bei Amtsantritt auf einer weißen Holztafel (*album*) veröffentlichten Edikten der Jurisdiktionsmagistrate, also besonders des *praetor urbanus*. Diese *edicta* enthielten die Grundsätze, an die sich die Magistrate in ihrer Amtszeit halten wollten. Man übernahm sie meist kaum verändert vom Vorgänger. Aber sie ermöglichten immerhin eine Weiterbildung der Rechtsanwendung trotz mangelnder zeitgemäßer Gesetzgebung. Widerspruch zwischen beiden - gleichzeitig gültigen - Rechtsschichten kam durchaus vor.

Der Prozeß zwischen einem Römer und einem Ausländer konnte gerechterweise nicht nach dem in Rom damals ausschließlich üblichen starren Formelschema der *legis actiones*[2] vor sich gehen, weil ein Fremder dem schon sprachlich nicht gewachsen war. So kam es zum *ius gentium*[3] als dritter Rechtsschicht. Denn das bequemere, vom altmodischen Formelballast, dessen magische Wirkung längst bezweifelt wurde, befreite *ius gentium* drang unmittelbar seit seiner Entstehung über das *edictum* des *praetor urbanus* immer mehr in die innerrömische Rechtsprechung ein.

Gegen 300 v.Chr. sind die geheimnisvollen, für die *legis actiones* unentbehrlichen Rechtsformeln der *pontifices* veröffentlicht worden. Die Rechtsberatung ging damit auf den weltlichen Juristenstand der *iuris consulti* über. Sie, meist Senatoren, waren die eigentlichen Fachjuristen, die Kenner der *iuris prudentia*, wie man damals schon sagte. Die Jurisdik-

---

1) Die älteste 149 eingerichtete *quaestio perpetua* befaßte sich bezeichnenderweise nur mit Repetundenklagen (betrafen also Ausbeutungen von Untertanen bzw. Provinzen)!
2) *actio:* das gerichtliche Vorgehen des Prozessierenden vermittels wortwörtlich herzusagender Formeln; *lex:* das Zwölftafelgesetz als vermeintlicher Ursprung des Prozessierens mit Formeln.
3) *Ius gentium* hieß a) das hier gemeinte Fremdenrecht, b) das, was wir heute unter Völkerrecht verstehen.

tionsmagistrate - Prätoren, Provinzstatthalter, Heerführer usw. - oder die Richter oder die *patroni* (= Anwälte wie z.B. Cicero und andere berühmte Gerichtsredner) waren dagegen meist Laien. Die *iuris consulti* gaben allen kostenlos *responsa* = Rechtsauskünfte, Gutachten. Ihr Juristenrecht galt nie als selbständige Rechtsschicht, sein klärender Einfluß aber auf die mit dem wachsenden Weltreich immer verwickelter werdenden Rechtsverhältnisse war gegen Ende der Republik und darüber hinaus sehr bedeutend.

KAISERZEIT

Gerichte

Seit Augustus gab es nicht mehr: die Prozeßform der *legis actiones* (außer in seltenen Sonderfällen), private Strafverfolgung, Gerichtsbarkeit der Komitien. Die *quaestiones perpetuae* beherrschten also das Feld. Schon bald aber gewannen die im Auftrage des Kaisers als Richter fungierenden Beamten an Bedeutung, unter ihnen besonders der eine der meist zwei *praefecti praetorio* und der *praefectus urbi*. Auch die Kaiser selbst saßen zu Gericht. Gegen 300 etwa hatte die kaiserliche Gerichtsbarkeit die *quaestiones* restlos verdrängt.

Rechtsschichten

Seit Mitte des 2. Jh.n.Chr. hatten die Anordnungen des Kaisers ohne vorherige Bewilligung durch Senat oder gar Volk (vgl. S. 32) als *constitutiones principis* Gesetzeskraft (= *legis vigorem*). Das Kaiserrecht stellte eine weitere, den abermals gewandelten Verhältnissen angepaßte und somit "modernere" Rechtsschicht dar, die die alten Schichten überlagerte, ohne sie außer Kraft zu setzen. Ab 130 n.Chr. entwickelte sich das *ius honorarium* nicht mehr weiter, da die *edicta* der Jurisdiktionsmagistrate im Wortlaut endgültig festgelegt wurden. - Bis Mitte des 2. Jh.n.Chr. waren die *iuris consulti* meist Senatoren, seitdem Ritter. Ihre Gutachterpraxis endete kurz nach 300 n.Chr., weil von da an vor Gericht nur noch die schriftlichen Gutachten der Kaiser selbst respektiert wurden. Zu dieser Zeit setzte auch ein rascher Verfall des Rechtslebens ein.

Justinian

Im 6. Jh. ließ Kaiser Justinian das damals noch wesentlich Erscheinende aus dem gesamten juristischen Schrifttum lateinischer Sprache exzerpieren. Ergebnis: das *Corpus iuris,* das sich in *Codex* (kaiserliche Verfügungen), *Digesta* (*responsa* der *iuris consulti*), *Institutiones* (Einführung in die Rechtswissenschaft) und *Novellae* (Zusätze justinianischer Zeit) aufgliedert. Dieses Werk, dessen Nachwirkung der der Bibel kaum nachsteht, ist für uns neben den *Institutiones* des Gaius (von etwa 150 n.Chr., 100 Jahre später überarbeitet) die einzige umfangreichere Quelle zum römischen Recht. Seit dem ausgehenden Mittelalter gewann das römische Recht über das *Corpus iuris* einen großen Einfluß auf das Rechtsleben des Abendlandes; in großen Teilen Deutschlands hatte es bis zur Einführung des BGB am 1.1.1900 unmittelbare Geltung.

DIE RECHTSPRAXIS

Außer dem eingliedrigen Verfahren vor dem Kaiser oder dessen Beamten war bei den Römern Zweiteilung des Prozeßvorgangs die Regel. Zuerst trugen beide Parteien ihren Fall (*causa*) dem Jurisdiktionsmagistrat vor, also meist dem *praetor urbanus*; dieser Teil hieß *in iure*. Dann wurde vor einem Einzelrichter oder einem Geschworenengericht, wozu auch die *quaestiones perpetuae* gehörten, nach einer Beweisaufnahme der Streitfall den Richtlinien gemäß entschieden, die der Magistrat bei Weiterleitung des Falles an das Gericht vorgeschrieben hatte; dieser zweite Teil hieß *apud iudicem*. Der *in iure* genannte Teil ging ursprünglich nur in der altmodisch starren Form der *legis actiones* vor sich, später immer häufiger - das hing auch von der Art des jeweiligen Streitfalls ab - in Anlehnung an das *ius gentium* als zwangloserer "Formularprozeß", genannt nach der *formula*, der schriftlichen Anweisung, die der Beamte am Schluß für das Gericht aufsetzte. *Apud iudicem* gab es keine starren Verfahrensschemata. Man hatte einen oder mehrere *patroni* (Anwälte, die übrigens erst seit Kaiser Claudius Honorare nahmen). *Advocati* hießen die Freunde des Prozessierenden, deren stillschweigende Anwesenheit vor Gericht sein Ansehen erhöhen sollte. Beeinflussung des Gerichts durch Klagen, Tränen und Hinweis auf die mitgebrachten Kinder, gramgebeugten Eltern und die Ehefrau war Sitte. Nur in den Komitialprozessen (vgl. S. 19) gab es eine Art Staatsanwalt; meist verfolgte der Staat von sich aus keine Verbrecher, es herrschte der Grundsatz: "Wo kein Kläger ist, ist auch kein Richter." Bei mehreren Klägern entschied eine Vorverhandlung, *divinatio*, wer vor Gericht die Anklage erheben sollte.[1]

Appellatio (Berufung) bei einem Volkstribunen oder einem dem betreffenden Jurisdiktionsmagistrat an Rang zumindest gleichkommenden Beamten war möglich. Sein Einspruch hob das Urteil auf; man prozessierte dann vor dem zuständigen Beamten des nächsten Jahres aufs neue. *Provocatio ad populum* hieß die bei den Zenturiatkomitien eingelegte Berufung zum Tode Verurteilter (zu diesem Unterpfand römischer Bürgerfreiheit vgl. S. 25). Keine Berufung gab es gegen die Urteile der *quaestiones perpetuae*, weil deren Geschworene stellvertretend für das Volk, die Berufungsinstanz bei Todesurteilen, stimmten. In der Kaiserzeit war nur noch die *appellatio Caesaris*, die Berufung beim Kaiser möglich. - Gerichtsverhandlungen fanden öffentlich auf dem Forum oder in den Basiliken (Markthallen) am Forum statt. Folterungen zum Erzwingen von Aussagen kannte man nur bei Sklaven.

Während der Republik wurde die Todesstrafe (*supplicium*) im Bereiche *domi* immer seltener; durchs Exil durfte man sich ihr entziehen. In der Kaiserzeit nahm die Todesstrafe wieder zu.[2] Haftstrafen gab es kaum; Untersuchungshaft ebenso wenig, nur im Notfall nahm man den *carcer* am Forum im Nordosthang des Kapitols oder während der Republik bei

1) Daher heißt die gegen den anderen Verresankläger Caecilius in der Vorverhandlung zum Verresprozeß gehaltene Rede Ciceros "*divinatio*".
2) Z.B. *securi percutere; cruci affigere; damnatio ad ludos, ad bestias; strangulare* (Tod durch Beil; Kreuzigung, im Amphitheater, durch Erdrosseln).

Vornehmen die *libera custodia* (Hausarrest) in den Häusern von Standesgenossen (z.B. Sall.Cat. 47,3). Andere Strafarten: Geldbuße (*multa*; in schweren Fällen *poena*), Prügelstrafe (*verbera*; nicht mehr seit den *leges Porciae* zu Beginn des 2. Jh.v.Chr.; vgl. S. 55), lebenslängliche *deportatio* an einen entlegenen Ort seit Beginn der Kaiserzeit (Ovid!), Ächtung (*aquae et ignis interdictio*, in der frühen Republik üblich).

RECHTSWISSENSCHAFT

Für die Römer hatte das Recht zentrale Bedeutung: Bis ins 1. Jh.v.Chr. wurde das Zwölftafelgesetz in der Schule auswendig gelernt. - Aus folgenden Gründen erreichte die Jurisprudenz bei ihnen zuerst in der Welt den Rang einer Wissenschaft, obwohl die Römer an sich mehr Praktiker als Theoretiker des Rechts waren:
1) Der rigorose Formalismus der Frühzeit; nur wortwörtlich festliegende "Zauber" - Formeln machten ursprünglich einen Rechtsakt gültig. Auch nach ihrer Freigabe von Seiten der *pontifices* um 300 v.Chr. erforderte ihre komplizierte Anwendung Fachleute.
2) Das römische Fallrecht (vgl. S. 34) machte die Sammlung und den fachkundigen Überblick über frühere Rechtsfälle nötig. Fast nur darauf beruhte ja die Rechtsprechung; denn eine systematische Kodifizierung des Rechts gab es in den 1000 Jahren zwischen den Zwölftafeln und dem *Corpus iuris* (vgl. S. 37) nicht.
3) Das auf das Rechtsleben zurückwirkende Wachstum des Imperiums und die im Laufe der Generationen stetig zunehmende Fülle des Entscheidungsmaterials zwangen schließlich zur Übernahme griechischen Wissenschaftsdenkens, wenn man die Orientierung nicht völlig verlieren wollte.

Griechische Denkmethoden führte man zögernd seit Mitte des 2. Jh.v.Chr. ein; erst die großen Juristen der Republik, Q. Mucius Scaevola (95 v.Chr. Konsul) und Servius Sulpicius Rufus (51 v.Chr. Konsul, ein Freund Ciceros), brachten sie zu systematischer Anwendung. Die *iuris consulti*, die Fachjuristen, konnten jetzt endlich das Wesentliche eines juristischen Tatbestandes von den unbedeutenden Begleiterscheinungen abheben, Gleichartiges als solches erkennen und vom Ungleichartigen scheiden. Aufklärender Einfluß der Stoa führte zur selben Zeit zur Abkehr vom alten Formalismus und zu der Suche nach "natürlicher" Gerechtigkeit und Billigkeit (*aequitas*): *summum ius* (höchstes Recht) im formalistischen Sinne konnte oft, so erkannte man jetzt, *summa iniuria* (höchstes Unrecht) sein. Die nunmehr zu regelrechten Juristen gewordenen *iuris consulti* beschränkten während der ganzen römischen Rechtsgeschichte ihre Tätigkeit vorwiegend auf die Erteilung und Sammlung von *responsa* (Gutachten) und auf Kommentare etwa zum *ius civile*, zu den *edicta* oder zu einzelnen Gesetzen. Bis heute unerreicht waren sie in der in einer äußerst knappen und doch klaren Sprache gehaltenen Beurteilung des Einzelfalles. Eine konsequente, über das Nächstliegende hinausgehende Systematik ihres Fallrechts lehnten diese großartigen Praktiker der Rechtsfindung ab, ebenfalls Begriffsdefinitionen, abstrakte Prinzipien und andere rechtstheoretische Überlegungen: *omnis definitio in iure civili periculosa est.*[1] Die Blütezeit römischer Rechtswissenschaft reichte von Augustus bis Alexander Severus (222-235 n. Chr.). Neben Scaevola und Rufus gelten als die größten römischen Juristen M. Antistius Labeo, Lehrer und Wissenschaftler der Zeit des Augustus; aus dem 2. Jh. die beiden Konsuln Julianus und Celsus Filius und der Lehrer und Wissenschaftler Pomponius; schließlich die drei großen Prätorianerpräfekten der Severer: Papinianus, Paulus, Ulpianus. - Man lernte Rechtswissenschaft, indem man sich einem Gutachter anschloß, bei der Erteilung seiner *responsa* zuhörte, mit ihm diskutierte und die Prozesse auf dem Forum verfolgte. In der Kaiserzeit ging dem ein Anfängerkurs bei einem privaten Rechtslehrer voraus.

1) Jede Definition im *ius civile* ist gefährlich.

Kriegswesen

CHARAKTERISTISCHE BESONDERHEITEN DES RÖMISCHEN KRIEGSWESENS

Wie auf allen anderen Gebieten bei den Römern bildete sich auch im Kriegswesen in einem langsamen organischen Wachstumsprozeß ohne größere Traditionsbrüche ein fester Stil des Handelns heraus. Die vorgegebenen Bahnen des gesamten Dienstbetriebes, der auf jede im Krieg erdenkliche Situation von vornherein eingespielt war, lagen so fest, daß auch weniger befähigte Soldaten und Truppenführer häufig beachtliche Leistungen in der an eigentlich genialen Persönlichkeiten recht armen römischen Kriegsgeschichte erzielten.[1]

Überhaupt wurde nichts mehr verabscheut als Improvisation. Alles mußte methodisch und besonnen gehandhabt werden: Keine intakte Truppe nächtigte je ohne Lager; für Nachschubwesen, Ausbau der Heerstraßen, Anlage von militärischen Stützpunkten (*coloniae*, später Standlager an den Reichsgrenzen) wurde stets gut gesorgt; Truppenmassierungen, die organisatorisch schlecht zu bewältigen waren, vermied man, so daß die Römer wohl fast immer an Qualität, aber selten an Zahl ihre Gegner nennenswert übertrafen. Einrichtungen, die sich beim Gegner schon bewährt hatten, übernahm und vollendete man wohl, aber ein eigener Beitrag zum Fortschritt des Kriegswesens wurde nicht oft geleistet, die Scheu vor Unerprobtem war zu groß. So mieden die Römer, wo es nur ging, den vom unberechenbaren Wetter abhängigen und Improvisationsgabe erfordernden Seekrieg und lehnten auch frischfröhlichen Kampf oder gar ritterliches Kriegertum nach Art der Helden Homers oder germanischer Recken ab. Daher wurde die eigene Reiterei auch so vernachlässigt, daß in ihrer Kampfesweise im Verlaufe der Geschichte keine Fortschritte zu beobachten sind und man später ganz auf Auxiliarreiterei, also Reiterei fremdvölkischer Hilfstruppen, angewiesen war. Reitergeist, Schwung und forsches Draufgängertum fehlten eben. *Virtus* (Tapferkeit) - so hat man beobachtet - bestand für den Römer vor allem aus *patientia* (Ausdauer) und nur zu einem kleineren Teil aus *fortitudo* (Kühnheit).[2] Die wesensgemäßeste Truppengattung war deshalb die schwerbewaffnete Infanterie und die wesensgemäßeste Kampfesweise der in immer neuen Variationen durchgeführte massive Frontalstoß mit dem Zentrum der Schlachtlinie. Und in diesem Zentrum waren regelmäßig Römer aufgestellt, um die Hauptlast des Kampfes selber zu tragen; die Verbündeten standen auf den Flügeln.

Die Kehrseite dieser bedächtig-methodischen, geradlinigen, schwunglosen, aber beharrlich-kraftvollen Kriegführung war die oft mangelhafte Erkundung der Bewegungen des Feindes. Überraschende Überfälle auf das römische Heer kamen wiederholt vor (z.B. 321 v.Chr. bei Caudium, 217 v.Chr. am Trasimenischen See, 108 v.Chr. am Muthul, 9. n.Chr. im

---

1) Selbst der ganz unmilitärische Cicero wäre nach seiner Statthalterschaft in Kilikien (51/50 v.Chr.) beinahe Triumphator geworden.
2) Inhalt der alten Legenden ist darum auch nicht "der Glanz der Siege, sondern die Verteidigung der letzten Rückzugsbrücke, der Untergang des mächtigsten Geschlechts an einem Tage, der Opfertod des Konsuls, die Rettung der Stadt in letzter Stunde" und die tödliche Bestrafung der Disziplinlosigkeit des eigenen Sohnes durch den Konsul.

Teutoburger Wald), kaum jedoch Überfälle der Römer auf ihre Gegner. Bei raschen Vorstößen, Rückzügen, Täuschungsmanövern eines mit guter Kavallerie ausgestatteten Gegners reagierten die Römer meist zu schwerfällig. Keineswegs schwerfällig war jedoch der einfache Legionär im Gefecht. An unerschütterlicher Standhaftigkeit, an Selbstvertrauen, Zuverlässigkeit, Zähigkeit und vor allem an Schulung im flinken Schwertkampf [1] und an Disziplin übertraf er alle Soldaten des Altertums bei weitem. Für den guten Ausbildungsstand und die unvergleichliche Zucht aber waren die Zenturionen verantwortlich. Diese aus alterprobten Soldaten des Mannschaftsstandes hervorgegangenen Hauptleute vereinigten in sich in besonderem Maße alle Qualitäten römischen Soldatentums und bildeten das eigentliche Rückgrat des Heeres.

Der bisher geschilderten Haltung entspricht auch der große Rahmen; der Oberkommandierende hatte großen Initiativspielraum, der Senat ließ ihn ohne Bevormundung gewähren, berief ihn nie innerhalb seines Amtsjahres ab, war er auch noch so unfähig. Ziel des ohne Zaudern (Fabius Cunctator also ein Ausnahmefall!), Kniffe und Hinterhalte geradeswegs auf die Entscheidung in der Schlacht gerichteten Feldzuges war regelmäßig das *debellare*: die endgültige Unterwerfung oder Vernichtung des Gegners.

KAMPFESWEISE

In der frühesten Zeit Roms gab es keine geschlossenen, von einem Willen geleiteten Schlachtreihen. Das Gefecht war wie das der homerischen Helden aufgelöst in einzelne Zweikämpfe; adlige Streitwagenkämpfer, später adlige Reiterkrieger gaben den Ausschlag. Seit der ausgehenden Königszeit wurde nach Art der Heere griechischer Stadtstaaten in dichtgeschlossener Phalanx und annähernd einheitlicher Bewaffnung gefochten; Hauptwaffe war die Stoßlanze (*hasta*).

Nach 350 v.Chr. (Samnitenkriege) entwickelte sich die *acies triplex*, die horizontal in drei ursprünglich jeweils verschieden bewaffnete Treffen gegliederte Schlachtaufstellung. Die Treffen wurden vertikal aufgelockert durch Abstände zwischen den *manipuli*, den damals aus dem Zusammenschluß je zweier *centuriae* neugebildeten Formationen (vgl. Abb. 1).
Die zweifache Lockerung (horizontal und vertikal) ermöglichte eine geordnetere Ablösung der erschöpften vordersten Kämpfer als in der kompakten Phalanx und eine bessere Anpassung an das Gelände.
Voraussetzung war gute Schulung in der neuen Hauptwaffe, dem Schwert, und Selbständigkeit des einzelnen, dem der Rückhalt der in viel engerer Tuchfühlung kämpfenden Phalanx fehlte. Die Bezeichnungen der drei Treffen (von vorne nach hinten): *hastati, principes, triarii*, ist ungeklärt, im 2. Jh.v.Chr. jedenfalls waren die *principes* nicht mehr die Ersten, und die *hastati*, die Jüngsten und Vordersten, führten nicht die *hasta*; nur noch die

---

[1] Die der Fechtschulung zugemessene Bedeutung zeigt sich in der immer wieder betonten Unterscheidung von Rekrut und Veteran.

Zeit	Gliederung	Höchstzahlen
6.Jh. v.Chr.	100 schwere Fußsoldaten = centuria (Hundertschaft) unter jeweils 1 centurio, 10 centuriae (= Aufgebot einer tribus, vgl. S. 15 f) unter jeweils 1 tribunus militum (Kriegstribun). Insgesamt: 3 Tausendschaften.	3000 schwere Fußsoldaten, dazu 300 Reiter und vielleicht etwa 1000 Leichtbewaffnete.
Gegen 400 v.Chr.	6 Tausendschaften schweren Fußvolks. Gliederung wie im 6. Jh.. Bezeichnung des Gesamtaufgebots nunmehr: legio (="Auslese"; gemeint ist Auslese der Wehrdiensttauglichen).	Jeweils etwa doppelte Anzahl wie im 6. Jh., also: 6000 schwere Fußsoldaten, 600 Reiter, 2000 Leichtbewaffnete.
Gegen 350 v.Chr.	**Teilung** des Heeres in 2 legiones, für jeden Konsul eine. Damit jeder der Konsuln formal (mehr aus religiösen als aus praktischen Gründen) ein "vollständiges" Heer befehlige, Verdopplung der Offiziersstellen, so daß jede Legion 6 tribuni militum und 60 centuriones hatte. Jeder centurio befehligte etwa 50 Mann, 2 tribuni führten je 1 Monat die Legion, 4 standen zur Disposition des Oberkommandierenden.	Wie gegen 400 v.Chr.
Gegen 300 v.Chr.	Im Samnitenkrieg Verdopplung des Heeres auf 4 Legionen; 1000-1200 Leichtbewaffnete und 300 Reiter gehörten weiterhin zu jeder Legion. Seit dieser Zeit herrschte bis ins beginnende 1.Jh.v.Chr. die Vorstellung, ein konsularisches Heer haben aus 2, ein prätorisches Heer aus 1 Legion zu bestehen.	Jeweils doppelte Anzahl wie gegen 350 v.Chr., **also:** 12000 schwere Fußsoldaten, 1200 Reiter, 4-5000 Leichtbewaffnete.
3. Jh. v.Chr.	Die 3000 schweren Fußsoldaten der Legion vielleicht seit den Samnitenkriegen in die unterschiedlich bewaffneten 1200 hastati, 1200 principes, 600 triarii geteilt; die centuria hatte nunmehr 60, bei den triarii 30 Mann; 2 centuriae = 1 manipulus (nur Gefechts-, keine Verwaltungseinheit), also 30 manipuli je Legion. Neben die in 4 Legionen gegliederten Römer traten mindestens ebensoviel socii, aufgeteilt in 4 alae unter je 3 praefecti.	Rund 18000 römische Bürgersoldaten (also wie gegen 300 v.Chr.) und rund 18000 italische socii.
2. pun. Krieg (218-201 v.Chr.)	Zu Beginn des Krieges verfügte man über 275000 römische und 375000 italische Wehrfähige. Da man sie aber organisatorisch nicht alle bewältigen konnte, hatte Rom nie mehr als insgesamt 200000 unter Waffen, verteilt auf die verschiedenen Kriegsschauplätze, davon etwa 60000 Römer. 216 v.Chr. Cannae: 76000 Römer und socii gegen 50000 Punier. 202 v.Chr. Zama: 38000 Römer und socii gegen 40000 Punier.	200000 gleichzeitig unter Waffen.

43

Zeit	Gliederung	Höchstzahlen
2. Jh. v.Chr.	Das Vierlegionenheer wurde wieder zur Aushebungsnorm, dazu 4 alae italische Bundes-genossen (socii) und auf dem jeweiligen Kriegsschauplatz einheimische Hilfstruppen (auxilia, -orum,n) in wechselnder Anzahl. Reiter und Leichtbewaffnete wurden zu-nehmend von den Auxilien gestellt. Die damals etwa 5000 Mann starke Legion bestand also mehr und mehr nur aus Schwerbewaffneten, deren Bewaffnung innerhalb der 3 Treffen immer einheitlicher wurde. -Statthalter hatten meist ein prätorisches Heer: 1 Legion, 1 ala, auxilia in unbestimmter Anzahl. Kynoskephalai (197 v.Chr.): 26000 Römer gegen 25000 Makedonen. Syrerkrieg (192-189 v.Chr.): 30000 Römer gegen 70000 Syrer. 168 v.Chr. gegen Perseus: 82000 Römer gegen 60000 Makedonen. 133 v.Chr. Belagerung von Numantia: 60000 Römer gegen 7000 (!) Spanier.	Die Zahl von 200000 gleichzeitig Bewaffneten wohl nicht wieder erreicht. Auf einem Kriegsschauplatz wurden nie mehr als 100000 zusammengezogen.
Von Marius bis Aktium (31 v.Chr.)	Seit Marius' Reform (Ende des 2. Jh. v. Chr.) 1 legio = 5-6000 einheitlich ausgerüstete Schwerbewaffnete. Gliederung in 10 cohortes; 1 cohors (etwa 600 Mann) = 3 manipuli; 1 manipulus (etwa 200 Mann) = 2 centuriae (je 100 Mann), Kohorte und Manipel nur Gefechts-, keine Verwaltungseinheiten. Der dienstälteste der 6 centuriones befehligte im Gefecht die cohors. Reiter nur noch bei den Auxilien, Leichtbewaffnete abgeschafft. - Die aufgebotenen Truppen erreichten an Menge die des 2. pun. Krieges. Man konnte nunmehr über 100000 auf einem Kriegsschauplatz organisatorisch verkraften. - Bundesgenossenkrieg (91-88 v. Chr.): 100000 Römer gegen 100000 Italiker. Cäsars Heer in Gallien hatte ursprünglich (58 v. Chr.) 4 Legionen = 20000 Mann, 52 v. Chr. 10 Legionen = 50-60000, dazu auxilia. Pharsalus (48 v. Chr.): 32000 Cäsarianer gegen 43000 Pompejaner. Philippi (42 v. Chr.): 100000 unter Antonius u. Oktavian besiegten 80000 unter Brutus und Cassius.	Zahlen des 2. pun. Krieges mindestens erreicht. Gewaltige Heere von über 100000 auf einem Punkt zu-sammengezogen. Philippi mit 100000 gegen 80000 numerisch größte Schlacht des Altertums.
1. und 2. Jh. n.Chr.	Legion unverändert; geführt von einem senatorischen legatus Augusti legionis oder dem Statthalter selber, dem legatus Augusti pro praetore. 25-30 Legionen Grenzheer (150-180000 Mann), dazu ebenso viele auxilia, diese gegliedert in cohortes (Fußtruppen) und alae (Berittene); ferner hauptstädtische Truppen: 9 cohortes zu je 500 Prätorianern unter den praefecti praetorio, 3 bzw. seit Vespasian 4 cohortes urbanae zu je 100 Polizei-soldaten (dem praefectus urbi unterstellt), 7 cohortes vigiles zu je 1000 Nachtpolizisten bzw. Feuerwehrleuten unter dem praefectus vigilum.	Stehendes Heer im Frieden 300-350000 Mann; im Krieg, besonders im Dakerkrieg (101-107) und im Markomannenkrieg (166-180), Anzahl auf nahezu 800000 vergrößert.
3. Jh. n.Chr.	In diesem Jh., besonders seit Diokletian (284-305), grundlegende Änderungen in Zu-sammensetzung und Aufbau des Heeres.	Höchstzahlen wohl kaum gesteigert.

Offiziersränge [1]

Selbständige Heerführer:

In der Frühzeit war dies der König, in der Republik waren es die Inhaber eines Imperiums, also Diktator, Konsuln (operierten möglichst getrennt, da sie sonst einander im Oberkommando täglich abwechseln mußten), Prätoren (vgl. S. 8), Prokonsuln und Proprätoren (also Statthalter), in der Kaiserzeit die Kaiser, die Provinzstatthalter (*proconsules, legati Augusti pro praetore*) und vom Kaiser eigens beauftragte Legaten. - Abzeichen des Feldherrn: der Purpurmantel (*paludamentum*). - Keine Beteiligung der Heerführer am eigentlichen Kampf seit dem 3. Jh. v. Chr.

QUÄSTOR

Bezeichnung
quaestor

Namensdeutung
Siehe S. 12.

In welcher Zeit gab es diesen Rang?
Zeit der Republik.

Ernennung durch wen?
Gewählt durch das Volk.

Lebensalter
Vollendung des 30. Lebensjahres.

Stand, Laufbahn
Niederstes der hohen Staatsämter; Prätur u. Konsulat angestrebt.

Abzeichen
Am Ende der Republik 2 Liktoren.

Aufgaben

Als Magistrat im Gegensatz zu den nichtbeamteten Legaten ranghöchster Stabsoffizier, Vertreter des Feldherrn; verantwortlich vor allem für Nachschub, Ausrüstung, Besoldung, Verpflegung. Im übrigen vgl. S. 12 ff. Keine Beteiligung am eigentlichen Kampf seit dem 3. Jh. v. Chr.

LEGAT

Bezeichnung
legatus

Namensdeutung
"Beauftragter" von (*de-*) *legare*.

In welcher Zeit gab es diesen Rang?
Vom 2. pun. Krieg (218-201 v. Chr.) bis ins 3. Jh. n. Chr.

Ernennung durch wen?
Auf Antrag des Heerführers, später des Kaisers, vom Senat ernannt.

[1] Von den "Unteroffizieren" (*principales*), den Dienstgraden zwischen Gemeinem und Zenturio, ist wenig bekannt. Zu ihnen gehörte z.B. der *immunis* (der vom schweren Lagerdienst "Gefreite"), ferner der *signifer*, der Träger des Feldzeichens, der *tesserarius*, ursprünglich also der Überbringer der *tessera*, des mit der Parole beschrifteten Täfelchens, und der *optio*, der Feldwebel und Stellvertreter des Zenturio.

Lebensalter
Meist über 40, da Legaten ehemalige Prätoren oder gar Konsuln waren.

Stand, Laufbahn
Ein Legat war ein Senator. Als Senatsbeauftragter war er nicht beamtet. In der Kaiserzeit ein selbständiges Heereskommando als *legatus Augusti pro praetore* praktisch der Höhepunkt der senatorischen Laufbahn, da Konsulat nur noch Ehrenamt.

Befähigung
Manche drängten immer wieder auf diese Posten, daher waren sie oft kenntnisreicher als ihre während der Republik häufig amateurhaften Heerführer. In der Kaiserzeit dienten manche jahre- oder gar jahrzehntelang als Legaten.

Abzeichen
Meist an prächtigerer Rüstung, stolzerem Federbusch (*crista*) kenntlich; trugen weder Schild (*scutum*), noch Wurfspeer (*pilum*).

Aufgaben
Führte im Auftrage des Oberbefehlshabers als "Unterfeldherr" verantwortungsvolle Aufgaben durch. Unter Cäsar wurde in der Regel eine Legion von einem L. kommandiert. In der Kaiserzeit als *legatus Augusti legionis* ständiger Befehlshaber einer Legion, als *legatus Augusti pro praetore* selbständiger Oberbefehlshaber eines Heeres. - Keine Beteiligung am eigentlichen Kampf seit dem 3. Jh.v.Chr.

PRÄFEKT
Bezeichnung
praefectus

Namensdeutung
"Vorangestellter" von *praeficere*.

In welcher Zeit gab es diesen Rang?
Während der ganzen römischen Geschichte.

Ernennung durch wen?
Durch den Feldherrn, später durch den Kaiser.

Lebensalter
In der Republik unbestimmt, in der Kaiserzeit nicht jünger als die Legaten.

Stand, Laufbahn
In der Republik ist der Präfekt als Führer verbündeter Truppen entweder Landsmann der Verbündeten oder Römer. War er Römer, so mußte er dem Ritter- oder Senatorenstand entstammen. Weitere Voraussetzung: Erfahrung in der Truppenführung. - In der Kaiserzeit waren Präfekten höchste Beamte der Ritterlaufbahn.

Befähigung

In der Republik im allgemeinen gut. - In der Kaiserzeit hatte der Präfekt (wie auch der Legat), obwohl kein Berufsoffizier, oft sogar jahrzehntelange Militärerfahrung.

Abzeichen

Meist an prächtigerer Rüstung, stolzerem Federbusch (*crista*) kenntlich; trugen weder Schild (*scutum*) noch Wurfspeer (*pilum*).

Aufgaben

Über die republikanische Zeit siehe unter "Laufbahn". - In der Kaiserzeit befehligten römische Präfekten des Ritterstandes neben einheimischen Präfekten die *cohortes* (Infanterieeinheiten) und *alae* (Reitereinheiten) der *auxilia* (Hilfstruppen). Die Prätorianerpräfekten (*praefecti praetorio*), also die Befehlshaber der hauptstädtischen Kaisergarde, waren als Stellvertreter des Kaisers höchste ritterliche Beamte. Die übrigen hauptstädtischen Truppen unterstanden ebenfalls Präfekten (vgl. S. 44). - Keine Beteiligung am eigentlichen Kampf seit dem 3. Jh.v.Chr.; Ausnahme: Reiterpräfekten.

KRIEGSTRIBUN

Bezeichnung
tribunus

Namensdeutung
Führer des Aufgebots einer *tribus* (vgl. S. 15).

In welcher Zeit gab es diesen Rang?
Vom 6. Jh.v.Chr. bis zum Ende der Antike.

Ernennung durch wen?

In der Republik Wahl der 24 Tribunen des Vierlegionenheeres durchs Volk. Bei größerem Bedarf zusätzliche Ernennung durch den Feldherrn. In der Königs- und Kaiserzeit Ernennung durch den Monarchen.

Lebensalter

Die 24 *tribuni militum a populo* meist unter 30. Die vom Feldherrn ernannten waren bis ins 2. Jh.v. Chr. teilweise sogar ehemalige Konsuln und Prätoren. Im 1. Jh.v.Chr. und in der Kaiserzeit waren sie junge, unerfahrene Leute.

Stand, Laufbahn

In der Republik aus dem Ritter- und Senatorenstand; in der Kaiserzeit von den 6 Tribunen einer Legion einer aus dem Senatorenstand, die übrigen Ritter.

Befähigung

In der frühen Zeit, als es noch keine Legaten gab, Erfahrung und Fähigkeiten teilweise gut bis sehr gut, in der ausgehenden Republik und in der Kaiserzeit Abnahme der Qualität (vgl. "Lebensalter").

Abzeichen

Meist an prächtigerer Rüstung, stolzerem Federbusch (*crista*) kenntlich; trugen weder Schild (*scutum*), noch Wurfspeer (*pilum*).

Aufgaben
Im 6. u. 5. Jh.v.Chr. Führer von Tausendschaften Fußvolks; vom 4. - 1. Jh.v.Chr. gehörten 6 Tribunen zu einer Legion, 2 führten immer für einen Monat die Legion, die übrigen 4 standen zur Verfügung des Oberkommandierenden. Von Cäsar an alle 6 ohne festen Aufgabenbereich. - Tribunen führten auch die Kohorten der hauptstädtischen Truppen der Kaiserzeit. - Seit dem 3. Jh.v.Chr. keine Beteiligung am eigentlichen Kampf.

ZENTURIO
Bezeichnung
centurio

Namensdeutung
Hundertschaftsführer

In welcher Zeit gab es diesen Rang?
Vom 6. Jh.v.Chr. bis ins 3. Jh.n.Chr.

Ernennung durch wen?
Durch den Feldherrn oder in seinem Auftrag durch die Tribunen, später durch den Kaiser persönlich.

Lebensalter
Nur ein sehr erfahrener Veteran konnte Zenturio werden. In der Kaiserzeit gab es viele Zenturionen, die älter als 70 waren.

Stand, Laufbahn, Besoldung
Dem Mannschaftsstand entstammend. In der Kaiserzeit Prätorianer bevorzugt; diese waren noch vorwiegend Italiker, romanisierte Südgallier oder Spanier. Große Rangunterschiede zwischen dem dienstjüngsten Z. der Legion und dem dienstältesten, dem *primipilus*. Aufstieg eines Z. zum Stabsoffizier (also Tribun, Präfekt, Legat) oder gar Oberbefehlshaber und Kaiser erst seit dem Ende des 2. Jh. n. Chr. möglich. Jahressold gegen Ende des 1. Jh. n. Chr.: 20000 - 60000 Sesterzen.

Befähigung
Befähigung dieser (seit Marius) Berufssoldaten im Durchschnitt sehr gut. Sie waren das eigentliche Rückgrat der besten Armee der Antike.

Abzeichen
Der Z. trug den Rebstock (*vitis*), mit dem er seinen Befehlen notfalls Nachdruck verschaffte.

Aufgaben
60 Zenturionen waren in der Legion. Jeder führte eine Zenturie . Seit der Entstehung des Manipels (vor oder gegen 300 v.Chr.) führte der dienstältere der beiden Z. zusätzlich den Manipel. Seit Entstehung der Kohorte (wohl schon vor Marius) führte der dienstälteste der 6. Z. zusätzlich die Kohorte. Die *primi ordines*, d.h. die 3 dienstältesten Z. der Legion, hatten Sitz und Stimme im Kriegsrat des Feldherrn. - In der Kaiserzeit gab es noch den *primipilus iterum* (vgl. "Laufbahn"), den Legionsstabschef, der als Berufsoffizier oft mehr Einfluß auf die Legionsführung hatte als der Legat selbst. - Der Z. focht in der Schlacht in vorderster Front.

	Angriffswaffen	Verteidigungswaffen
500 - 300 v.Chr.	Hauptwaffe: Stoßlanze (*hasta*); dazu ein Schwert unbekannter Form.	Rundschild (*clipeus*), Helm (*cassis*) oder Lederhaube mit Metallbeschlag und Wangenklappen (*galea*), Lederpanzer mit Metallplatte auf der Brust (*lorica*), Beinschienen (*ocreae*).
300 - 100 v.Chr.	Die Stoßlanze durch samnitischen (?) Wurfspeer (*pilum*) allmählich verdrängt. Seit Scipio d.Ä. wurde der *gladius*, das infolge seiner Schwerpunktverhältnisse zu Hieb und Stich gleich gut geeignete breite Schwert spanischer Herkunft mit 60 - 70 cm langer Klinge, zur Hauptwaffe.	Im 3.Jh. Rundschild vom samnitischen (?) *scutum*, einem langen, ovalen, mit Leder bezogenen Holzschild, verdrängt. Die übrigen Verteidigungswaffen ungefähr wie in den vorhergehenden Jahrhunderten.
100 v.Chr. - 0	*Gladius* fast unverändert beibehalten. Stoßlanze (*hasta*) völlig verschwunden. *Pilum* verbessert: Gewicht nur noch 2 kg, Länge 1,5 m; der Vorderteil war, mit Ausnahme der Spitze, weich geschmiedet, so daß er sich beim Auftreffen verbog, um das Herausziehen aus dem Schild und den Rückwurf zu verhindern.	Das *scutum* hatte jetzt meist die Form eines zylindrisch gebogenen Rechtecks (etwa 120x80 cm) und bestand aus zweischichtigem, mit Leder überzogenem Sperrholz; der Rand war mit einem Eisenbeschlag, die Mitte mit einem Eisenbuckel versehen. Beinschienen waren wegen Form und Größe des Schildes überflüssig geworden. Vereinzelt tauchen schon Metallpanzer auf. Helme wie in den vorhergehenden Jahrhunderten.
0 - 200 n.Chr.	Wie bisher. - Nur ein Dolch (*pugio*) kam hinzu.	Großenteils wie bisher. Doch kamen langsam andere Schildformen wieder auf. Auch verdrängten allmählich Kettenpanzer (*loricae sertae*), Schuppenpanzer (*loricae squamatae*), mit Metallstreifen beschlagene Lederpanzer (*loricae segmentatae*) den einfachen Lederpanzer.

1) Vgl. die Abb. 3 - 6, 10, 11. - Solange die Römer noch eigene Leichtbewaffnete (*velites*) und Reiter (*equites*) hatten, waren die *velites* mit *parma* (Rundschild von knapp 1 m Durchmesser), Schwert, mehreren leichten Lanzen (*hastae velitares*) und *galea* (Lederhaube) ausgerüstet, die *equites* mit *lorica* (Lederpanzer), *parma*, *cassis* (Helm) und *hasta* (Stoßlanze), ein Schwert fehlte.

Fortsetzung umseitig ⟶

Kleidung	Zusätzliches Gerät	
Unbekannt	Unbekannt	500 - 300 v.Chr.
Wollhemd (*tunica*) unter dem Panzer getragen, über dem Panzer bei schlechtem Wetter das *sagum,* ein auf der rechten Schulter mit einer Spange gehaltenes Wolltuch, das auch als Decke diente. An den Füßen trug man die dreisohlige, genagelte *caliga,* deren Riemen um Füße und Unterschenkel bandagiert wurden.	Beim Marsch trug der Legionär außer seinen Waffen Schanzgeräte (Hacke, Spaten, Säge, Palisadenhölzer), Trink- und Kochgefäße sowie seine eiserne Ration. Alles Gepäck (*sarcina*) wurde gebündelt und an einer gegabelten Stange (*furca*) über der Schulter getragen. Marius schrieb genau den Inhalt der *sarcina* vor. Seitdem wog sie zusammen mit den Waffen 25 - 30 kg (entspricht dem Gewicht der feldmarschmäßigen Ausrüstung des deutschen Infanteristen von 1914).	300 - 100 v.Chr.
		100 v.Chr. - 0
Hosen (*braccae*) begannen sich einzubürgern. - Sonst wie bisher.	Wie bisher.	0 - 200 n.Chr.

triarii, die Ältesten, fochten mit dieser Stoßlanze, während die vorderen beiden Treffen schon einheitlich mit dem *pilum* (Wurfspeer) bewaffnet waren.

Den Verlauf einer Schlacht des 3. und 2. Jh.v.Chr. hat man sich etwa folgendermaßen vorzustellen: Das konsularische Heer aus zwei Legionen und zwei Alen (siehe Übersicht S. 43) hat sein Lager bis auf eine geringe Besatzung verlassen und stellt sich in der *acies triplex* auf; in der Mitte der Front die Legionen, links und rechts die *alae* (ala = Flügel), die in Ausrüstung, Stärke und Kampfesweise den Legionen etwa entsprechenden Truppenkörper der Bundesgenossen, und ganz am Ende der Flügel je eine Hälfte der zahlenmäßig geringen Reiterei, die eine Überflügelung an den Flanken verhindern und im Falle des Sieges die fliehenden Feinde verfolgen soll. Der Gegner beginnt gleichfalls anzutreten. Die Leichtbewaffneten schwärmen gegeneinander mit viel Geschrei aus und decken die Aufstellung zur Schlacht. Nachdem sie sich durch die Lücken zwischen den Manipeln und auch auf der Gegenseite zurückgezogen haben, ertönt das Angriffssignal für die *acies*. Die Römer rücken im Laufschritt unter Wahrung ihrer schachbrettförmigen Ordnung vor (Phase des *concursus*). Aus 15 - 20 m Entfernung schleudern die vorderen beiden Reihen der *hastati* auf Kommando ihre Pilen ab. Sie versuchen, die dadurch beim Feind eingetretene Verwirrung beim Anprall (*impetus*) im Schwertkampf zu einem Einbruch zu verstärken. Die Gegner sind, wie damals die meisten Feinde Roms, in enggeschlossener Phalanx angetreten. Sie wagen nicht, in die Lücken zwischen den Manipeln der *hastati* einzudringen, weil ihre Phalanx dadurch leicht zerbrechen würde und sie zu freiem Einzelkampf außerhalb der Phalanx nicht geschult sind. Wenn der erste *impetus* zu keinem Einbruch geführt hat, entwickelt sich ein anhaltender Nahkampf, in dem folgende Faktoren die Römer begünstigen: das ovale, später zylindrische *scutum* (Schild), das den geduckten Mann bis zum Helmrand deckt, systematische Schulung im Schwertkampf, planmäßig auf Kommando erfolgende Ablösung des jeweils vordersten Gliedes nach einer gewissen Kampfzeit und lockere Aufstellung, also die im Kampf Mann gegen Mann dringend benötigte Ellbogenfreiheit, die allerdings als Risiko mit sich brachte, daß auf einen Legionär oft etwa zwei Gegner kamen. Haben nun die sechs Glieder *hastati* durchgekämpft, erfolgt das Signal für die noch völlig frischen und außerdem kampferfahreneren *principes*, in den Lücken gegen den schon erschöpften Gegner vorzugehen. Je nach Kommando bleiben die *hastati* entweder am Feind oder lösen sich manipelweise, so daß wieder Lücken entstehen, und gehen hinter die *triarii* zurück. Haben auch die *principes* keinen Erfolg, dann: *res redit ad triarios* (die Entscheidung wird in die Hände der Triarier gelegt)! Diese kampferprobten Veteranen stürmen nun mit gefällter *hasta* durch die Frontlücken, um die Entscheidung zu erzwingen. Sind die Gegner geworfen, setzt die Kavallerie ihnen nach.

Diese Methode des langen Atems, mit dreifach erneuten Kräften durch Frontalstoß den Gegner zu bezwingen, war völlig einmalig in der damals bekannten Welt und großartig dazu. Aber es war im 3. Jh.v.Chr. die einzige Methode der Römer! Nur Ausdauer und Mut der Soldaten entschieden die Schlacht, der römische Feldherr bedurfte keines klugen Planes. Ein Hannibal war so jedoch nicht zu schlagen. Daher übte der ältere Scipio seine Truppen, die bisher im Kampfe nur vorwärts marschieren bzw. sich vom Feinde nach hinten lösen konnten, so ein, daß jedes Treffen und jeder Manipel *inmitten der Schlacht* jede gerade erforderliche Bewegung auf Befehl ausführte. So konnte er z.B. das 3. Treffen, die *triarii*, herausziehen, um eine auf der rechten Flanke (*latus apertum*, die vom Schild ungedeckte rechte Flanke) drohende Überflügelung durch Frontverlängerung zu verhindern, oder um selber zu einer Umklammerung anzusetzen. Zur Erleichterung solcher Manöver wurden Bewaffnung, Durchschnittsalter, Qualität und Stärke aller drei Treffen im 2. Jh.v.Chr. allmählich vereinheitlicht und ein neuer Verband mit Zwischengröße zwischen Manipel und Legion geschaffen, die Kohorte (= 3 Manipel). Marius schloß diese Entwicklung ab. Die Legion bestand von nun an nur noch aus gleichmäßig bewaffneter, schwerer Infanterie. Bis weit in die Kaiserzeit hinein hatte die Kohorte noch je einen Manipel *hastati, principes, triarii*. Das waren aber leere Bezeichnungen ohne Aussagewert wie "Grenadiere", "Musketiere", "Füsiliere" bei der preußischen Infanterie vor 1918. Auf Leichtbewaffnete und ihr Geplänkel vor der Schlacht verzichtete man seit Marius, Reiter stellten die Auxilien (fremdvölkische Hilfstruppen). Seitdem wurde statt in der Manipular- in der Kohortenphalanx gefochten, oft, aber keineswegs immer, in drei Treffen geordnet (vgl. Abb. 2). Unter den Kaisern bildete sich die Gefechtsweise der Legionen nicht mehr weiter. In der Zeit bis 200 n.Chr. wurde das im 1. Jh.n.Chr. erreichte Leistungsniveau knapp gehalten. Die weitere Entwicklung ging seit dem 1. Jh.n.Chr. von den Auxilien und ihrer fremdartigen Kampfweise aus, vor allem von der Reiterei.

Seltene Kampfmittel in offener Schlacht waren Geschütze und Elefanten. Geschütze wurden in der Kaiserzeit bisweilen eingesetzt. Elefanten brauchte man auf römischer Seite z.B. bei Kynoskephalai (197), Pydna (168) und zuletzt bei Thapsus auf seiten der Pompejaner (46); ihr Gefechtswert war gegen Infanterie umstritten, nicht jedoch gegen Kavallerie, deren Pferde sie scheu machten.

MARSCH

Bei geeigneten Straßen marschierte man in Sechserkolonnen, um die Marschsäule kurz zu halten. Dann war ein konsularisches Heer (*2 legiones, 2 alae*) ohne Troß 5 - 6 km lang, mit Troß 12 - 15 km. Die Marschgeschwindigkeit betrug durchschnittlich 15 - 20 km am Tage. An Spitze und Schluß der Kolonne sicherte Kavallerie. - Seit Augustus mußten die Soldaten zu Übungszwecken dreimal monatlich einen Tagesmarsch von 30 km feldmarschmäßig gerüstet und bepackt zurücklegen.

LAGER

Kein anderes Volk der Weltgeschichte hat dem militärischen Lagerbau so viel Bedeutung beigemessen. Übernachtung in Ortsquartieren wurde stets vermieden. Jede Nacht des Feldzuges, ja des Krieges verbrachte die

Truppe in einem befestigten Lager, und zwar während der ganzen Dauer der römischen Geschichte von der Frühzeit bis zur Völkerwanderung. - Ein Vorkommando wählte einen Platz aus, der sich leicht verteidigen ließ und gute Möglichkeiten zum Wasser-, Futter- und Holzholen bot, und markierte mit Wimpeln das Grundrißschema des Lagers. Jeder Mann im Heere kannte seine Aufgabe, und in zwei Stunden konnte ein einfaches Marschlager fertig sein. Es hatte immer Wall und Graben (*fossa*), die Krone des Walles war begehbar und mit einem Palisadenzaun versehen. Wall plus Palisadenzaun: *vallum; vallus* hieß der einzelne Knüppel in der Palisade. In holzarmen Gegenden gehörten drei oder vier Knüppel zum Marschgepäk jedes Soldaten. Wenn nicht zwingende Gründe dagegensprachen, glich der Lagergrundriß der Abb. 8. [1]

Sommers übernachtete man in Lederzelten, außen in Wallnähe die Verbündeten, nach der Mitte zu die Kerntruppen, an der *via principalis* die Stabsoffiziere, im *praetorium*, der Kommandantur, der Heerführer. Dort standen auch die Feldzeichen. Vor dem *praetorium* mit Richtung auf das *forum,* den Appellplatz, erhob sich eine Art Podium (*tribunal, suggestus*), auf dem der Heerführer sitzend Recht sprechen oder stehend eine Ansprache an die angetretene Truppe halten konnte. Auf dem *forum* war ein Altar, am Ende des *forum* befand sich das *quaestorium* mit Büro, Kriegskasse, Feldschmiede und Vorratslager des Quästors. Innen umlief die Unterkünfte ein breiter Leerstreifen (*intervallum*), um diese vor Geschossen zu schützen und um bei Belagerung Truppenbewegungen innerhalb des Lagers zu erleichtern. Winterlager (*hiberna*) erhielten bessere Befestigungen und wärmere Unterkünfte, Standlager (*castra stativa*) an den Reichsgrenzen des Kaiserreichs steinerne, mit Türmen versehene Wehrmauern und Kasernen; Grundriß und Größe entsprachen aber fast unverändert den Marschlagern.

NACHSCHUB

Der Troß der einzelnen Legionen bestand wegen der oft schlechten Wegeverhältnisse nur aus Tragtieren, vorwiegend Maultieren (*mulus, iumentum*, geführt von *muliones*), seit Marius je Legion rund 1300. Der Troß des Armeestabes mit der Quästur (Kriegskasse, Futter, Verpflegung usw., s. oben) zog bei Cäsar auch auf Tragtieren mit, sonst jedoch meist auf Fahrzeugen. Bei dazu erteilter Erlaubnis folgten dem Heere auf eigene Gefahr *lixae* (Marketender) und *mercatores* (Händler), die aber die Feldlager nicht betreten durften. Entsprechend der dem Nachschubwesen beigemessenen Bedeutung wurde seit frühester Zeit der Quästor, der Ranghöchste nach dem Heerführer. damit betraut.

VERPFLEGUNG, BESOLDUNG

Dem Legionär stand täglich Verpflegung aus etwa 1 kg Weizen zu, dazu etwas Salz und Fett. Ein Teil davon wurde als Brot und Zwieback, ein anderer ungemahlen ausgegeben; abends im Lager kochten sich die Soldaten davon ihre Hauptmahlzeit, einen Schrotmehlbrei (*puls*). Die

1) Die Gliederung durch zwei sich rechtwinklig kreuzende Hauptachsen ist urrömisch, vgl. S. 136, Anm. 1.

zusätzliche Verteilung geringer Mengen von Fleisch, Käse, Gemüse (z.B. Zwiebeln, Lauch, Feigen) wurde angestrebt. Bei Aufenthalt im Lager gab es zwei Mahlzeiten: *prandium* (Frühstück) und die abendliche *cena*. Seit der späten Republik trug jeder Soldat eine eiserne Zwiebackration bei sich. - Eine Besoldung kannte man seit etwa 400 v.Chr.. Sie blieb aber immer knapp bemessen. Nur in Kriegen und Revolutionen machten Soldverdopplung, Beuteanteile und Geldspenden den Soldatenberuf vorübergehend lohnend.

REKRUTIERUNG

In der Zenturiatsverfassung der Zeit um 500 v.Chr. (vgl. Übersicht S. 17) wurde festgelegt, welches Vermögen für den Dienst in den einzelnen Waffengattungen (Reiterei, schwere Infanterie, Leichtbewaffnete) erforderlich war. Die Heerführer (Konsuln, andere Imperiumsträger) beriefen ihr Heer selber ein, gliederten es, ernannten die Offiziere und ließen sich den Treueid (*sacramentum*) auf ihre Person leisten, nicht auf das Vaterland. Bis zum 46. Lebensjahr war man *iunior* (felddiensttauglich), vom 46. - 60. *senior*, konnte nur notfalls einberufen werden. Marius änderte das Rekrutierungssystem, indem er Freiwillige als Berufssoldaten anwarb, und zwar besonders aus den Proletarierkreisen, die bisher laut Gesetz nicht dienen konnten. Nach einer Dienstzeit von 16 Jahren, seit Augustus 20, stand jedem ein kleiner Bauernhof zu oder - seit Augustus - eine Geldabfindung. Nur römische Bürger konnten Legionäre werden. Unter Cäsar dienten jedoch meist (ausgehobene!) romanisierte Kelten der *Gallia Cisalpina* und der *Gallia Narbonensis,* die sich so ihr Bürgerrecht erwarben. In der frühen Kaiserzeit bestand die Hauptmasse der Legionäre noch aus Italikern und romanisierten Galliern und Spaniern; bei den Prätorianern wurde der Prozentsatz an Italikern hochgehalten, da aus ihren Reihen ein Großteil der Zenturionen des Gesamtheeres hervorging, die die Durchdringung mit italisch - römischem Geist gewährleisten sollten. Mit Hadrian (117 - 138 n.Chr.) begann die Ergänzung der Legionen aus den Grenzgebieten, in denen sie stationiert waren, Septimius Severus (193 - 211) löste auch die italische Prätorianergarde auf, was eine rasche Barbarisierung des Kriegswesens zur Folge hatte.

Während der gesamten röm. Kriegsgeschichte machten die regulären Verbände meistens knapp die Hälfte eines römischen Heeres aus, der Rest bestand aus Verbündeten. Die Italiker hießen *socii.* Ihre *alae* (Flügel), so genannt nach ihrem Platz in der Schlachtordnung, entsprachen an Zahl, Bewaffnung und Kampfwert den Legionen; teils einheimische, teils römische *praefecti* befehligten sie. Sie bestanden nur bis zur Verleihung des Bürgerrechts an alle Italiker im Jahre 89 v.Chr. *Auxilia,* außeritalische Hilfstruppen mit eigenständiger Bewaffnung, fochten für Rom seit dem ausgehenden 3. Jh.v.Chr.: kretische Bogenschützen, balearische Schleuderer, numidische leichte Reiter, spanische Infanterie, ferner die Provinzialen aller in Kämpfe verwickelten Grenzprovinzen. Seit Augustus machten die *auxilia*, nunmehr in der Bewaffnung den Legionen weitgehend angeglichen, die Hälfte des Reichsheeres aus. Ihre Einheiten zu 500 oder 1000 Mann hießen *alae* (beritten) und *cohortes* (zu Fuß) und unterstanden *praefecti*, die dem römischen Ritterstand oder der einheimischen Aristokratie (z.B. Arminius!) entstammten. Nach 25jähriger Dienstzeit erhielten sie das römische Bürgerrecht, keine materielle Abfindung. Kaserniert waren sie in *castella*, nicht in den *castra stativa* der regulären Truppen. Seit Hadrian hob man von den *auxilia* noch die *numeri* ab, Hilfstruppen aus kürzlich annektierten Grenzgebieten.

DISZIPLIN, DIENSTBETRIEB, STRAFEN, AUSZEICHNUNGEN

Der den Römern angeborene Sinn für *auctoritas* und die ungeheure Härte des Kampfes ums nackte Überleben zu Beginn ihrer Geschichte sind die Grundlagen ihrer eisernen militärischen Disziplin. Diese beruhte auf planmäßiger Rekrutenausbildung, ununterbrochenem, geregeltem Dienstbetrieb im Lager (beides beispiellos in der Antike!) und auf den weitgehenden Strafbefugnissen des Heerführers. Er war oberster Gerichtsherr, gegen dessen Todesurteile zwar seit Beginn des 2. Jh.v.Chr. Berufung möglich war (*leges Porciae*, vgl. S. 25), aber offenbar nur in der Theorie. Schon bei leichten Vergehen erfolgte Todesstrafe durch eine Art Spießrutenlauf (*fustuarium*). Über Truppenteile verhängte man Kürzung der Rationen oder Dezimierung (*decimare*). Bei Bagatellfällen schlugen die Zenturionen mit ihren Rebstöcken (vgl. Abb. 10). Nur die Krise der ausgehenden Republik und die Zeit der Soldatenkaiser minderten vorübergehend ernstlich die Zucht.

Uralte Auszeichnungen (*dona militaria*) waren: *corona triumphalis* für den Triumphator (Lorbeerkranz), *c. obsidionalis* für den Retter von Volk und Heer (Graskranz), *c. civica* für den Retter eines Bürgers in der Schlacht (Eichenkranz), *hasta pura* für Reiter, hernach für Offiziere (Lanze ohne Metallspitze). Später entwickelten sich vom Feldherrn aus der Feindbeute verliehene *armillae* (Armreifen), *torques* (Wendelringe, ein keltischer Halsschmuck), *phalerae* (runde Medaillons vom Zaumzeug, später an den Brustpanzer geheftet) zu regelrechten Auszeichnungen (Abb. 10). Dazu kamen in den letzten Jahrhunderten der Republik die Goldkränze für Erstürmung von Stadt (*corona muralis*), Lager (*c. castrensis*), Schiff (*c. navalis*) oder für eine andere mutige Tat (*c. aurea*). Seit Marius verlieh man Auszeichnungen an ganze Truppenteile; sie wurden an die Feldzeichen geheftet. In der Kaiserzeit brachte man die *dona militaria* in ein System, aber mit dem 3. Jh. kamen sie ab.

FELDZEICHEN, BEFEHLSÜBERMITTLUNG

Sehr alte taktische Feldzeichen (*signa*) - also solche zur Orientierung der Soldaten und zur Befehlsübermittlung - waren das *vexillum*, ein farbiges, viereckiges Tuch an einem Querholz (Fahnen dieser Art sind uns aus Prozessionen noch geläufig), und die Nachbildung einer gestreckten Hand, beide auf einer Stange von einem *signifer* (= Zeichenträger) getragen. Das *vexillum* blieb bis in die späteste Zeit die Fahne von Reiter- und Hilfstruppeneinheiten und in Purpur die Kommandoflagge des Oberbefehlshabers oder Admirals. *Signum* der Manipel war in historischer Zeit vor allem die Hand oder eine dekorativ gestaltete Lanzenspitze. Die Kohorte hatte kein eigenes *signum*. Die Legion ursprünglich auch nicht; sie führte aber als religiöse Kultsymbole Adler, Wolf, Minotaurus oder Eber mit sich. Übrig blieb davon der Adler, den Marius zum offiziellen Legionssignum erhob. Die Schäfte der *signa* waren oft überladen mit *coronae, phalerae* und apotropäischen (unheilabwehrenden) Symbolen. Befehle wurden zu den Feldzeichen weitergegeben durch Ordonnanzen und vor allem durch Trompetensignale. Man unterschied an Trompetensignalen z.B. *signa inferre* (Angriff), *signa referre* (Rückzug), *signa convertere* (Einschwenken). Die Legionäre achteten aber nur auf Bewegungen ihrer Manipelfeldzeichen, denn nicht sie, sondern allein der den Manipel führende dienstälteste Zenturio, neben dem der *signifer* stand, hatte zu entscheiden, ob das Hornsignal ihnen überhaupt galt.

FESTUNGSKRIEG, PIONIERWESEN

Selbständige römische Leistungen im Festungskrieg waren umfangreiche Erdarbeiten, die ihnen vom ständigen Lagerbau geläufig waren; so pflegten sie belagerte Festungen durch Wall- und Grabensysteme von der Außenwelt hermetisch abzuschließen (berühmteste Beispiele: 133 v.Chr. Numantia, 52 v.Chr. Alesia) und das Vorgelände für den Angriff zu planieren oder durch einen *agger* (Damm) zu erhöhen, bisweilen bis zur Zinnenhöhe der gegnerischen Stadtmauer. Die übrigen Hilfsmittel zur Belagerung übernahmen sie im Laufe des 2. Jh.v.Chr. von den Griechen; es waren *vinea* (rollende Schutzhütte, oft mehrere zu einem gedeckten Laufgang vereint), *pluteus* (Schirmwand auf drei Rädern), *scala* (Leiter), *turris ambulatoria* (bis zu 20 m hoher rollender Angriffsturm), *cuniculus* (Mine, unterirdischer Gang, um heimlich in die Stadt zu kommen), *aries* ("Widder", ein an Seilen waagerecht hängender schwerer Balken mit Eisenspitze, den Soldaten an bis zu 100 Langtauen gegen Stadtmauer oder -tor schwangen), *testudo* (Schutzdach für *aries* oder vgl. Abb. 15) und die Geschütze (*tormenta, orum*). Sie beruhten auf der Torsion, der Drehung mächtiger Bündel von Tiersehnen oder Frauenhaar (notfalls Seide, Roßhaar) vermittels **dazwischengesteckter**, als Knebel wirkender Spannarme, die beim Loslassen mit enormer Wucht zurückschnellten. Im Dreihundertmeterbereich waren Treffsicherheit und Durchschlagskraft der ein- oder zweiarmigen Torsionsgeschütze, die Pfeile, Stein-, Bleikugeln und auch Balken schossen, erstaunlich. - Von der großen Leistungsfähigkeit des Pionierwesens zeugt Cäsars 400 m lange, in 10 Tagen errichtete Rheinbrücke von 55 v.Chr. (Abb. 21).

FLOTTE

Die antiken Kriegsschiffe hatten nur Hilfsbesegelung für Marschfahrten; im Kampf legten sie die Masten nieder und wurden gerudert; sie hatten geringen Tiefgang (meist nicht mehr als reichlich 1 m), waren äußerst schmal (kaum jemals breiter als 7 m), aber bis zu 50 m lang (*navis longa*), vollgepfropft mit 100 - 300 Ruderern, die bis zu fünf Ruderreihen übereinander bedienten, [1] in der Mitte offen, das kurze Vor- und Achterdeck nur durch eine über die Köpfe der Ruderer hinweggehende Laufbrücke miteinander verbunden, äußerst schnell (für Kampfmanöver, besonders Rammstoß, erforderlich) und von nicht wieder erreichter Wendigkeit (drehten nach entsprechenden Ruderkommandos auf der Stelle!), aber kaum seetüchtig (zu schmal, geringer Tiefgang, Ruderöffnungen wenig über der Wasserlinie) und wegen der großen Besatzung von sehr geringem Aktionsradius. [2]

Als die Römer nach bescheidenen Anfängen im 5. und 4. Jh.v.Chr. (338 Seesieg über Antium; vgl. die *rostra*, der mit Schiffsschnäbeln geschmückte Rednersockel auf dem Forum) trotz Abneigung im 1. punischen Krieg (264-241) zum Seekrieg großen Stils gezwungen wurden, war der übliche Kriegsschiffstypus die Quinquereme, der Fünfruderer, und die übliche Kampfesweise Rammstoß und Zerbrechen der gegnerischen Ruder durch Vorbeifahren. Die hierzu nötige Geschicklichkeit im Manövrieren konnte man nicht von heute auf morgen lernen. Daher befestigten die Römer an einem Mast auf dem Vorschiff ihrer eilends erbauten Quinque- und Triremen, unten schwenkbar, eine Enterbrücke, die vorn mit Eisen beschwert und mit einem langen schnabelartigen Stachel versehen war. Sie hieß *corvus,* Rabe, wegen ihres Aussehens im hochgezogenen Zustand. Den *corvus* nun ließ man auf das gegnerische Schiff hinabsausen, und dann rannten die 90 - 120 Legionäre, die man an Bord genommen hatte, über den mit seinem Stachel das Feindschiff festhaltenden *corvus* hinüber und überwältigten die 30 - 40 auf der Gegenseite üblichen Seesoldaten. So errang Rom seine ersten Seesiege! Als weitere Bewaffnung kamen später mit Geschützen bestückte Kampftürme hinzu, von denen aus man sich u.a. mit Brandmunition Artillerieduelle lieferte (z.B. bei Aktium, 31. v.Chr.). Agrippa, der geniale Organisator und Freund des Augustus, führte dann noch den *harpax* ein, den harpunengleich geschossenen Enterhaken. Ferner griff man mit Brandern an, besonders in den letzten Jahrzehnten der Republik wurden mehrfach ganze vor Anker liegende Flotten bei günstiger Windrichtung vernichtet, indem man die Brander, meist ausgediente Schiffe, schwimmenden Fackeln gleich auf sie zutreiben ließ. Im 1. Jh.v.Chr. kamen die Großkampfschiffe allmählich ab. Antonius setzte

---

1) Die Zahlenangaben beziehen sich auf die häufigsten Schiffstypen; vereinzelt kamen im 3.-1. Jh.v.Chr. sogar Acht- und Zehnruderer mit ganz anderen Ausmaßen vor.

2) Die am Bug aufgemalten großen Augen, der Rammsporn davor, die im Rhythmus wie Vogelschwingen auf- und niedergehenden in der Sonne blinkenden nassen Ruder müssen einem herangleitenden Kriegsschiff ein unheimliches, aber faszinierend schönes Aussehen gegeben haben!

sie noch einmal bei Aktium ein, während sein Gegner Agrippa schon die leichten ein- bis dreirudrigen *liburnae* (einen ursprünglich dalmatinischen Galeerentyp) bevorzugte, die in der Kaiserzeit dann vorherrschten. In der Republik wurde keine ständige Flotte unterhalten, was zu der Seeräuberplage des 1. Jh.v.Chr. führte. Wenn man einmal eine Flotte aufstellte, war sie, von den kämpfenden Seesoldaten abgesehen, von Nichtrömern bemannt. Auch in der Kaiserzeit galt der Flottendienst wenig: Selbst die Flottenpräfekten von Misenum und Ravenna, den beiden größten Kriegshäfen, waren Nichtrömer oder gar Freigelassene (vgl. z.B.: Tac. ann. 14,3,3).

Abb. 1. Kampfaufstellung der 3000 Schwerbewaffneten einer Legion des 3. und 2. Jh.v.Chr. in drei Treffen (*acies triplex*). Jedes der 30 Rechtecke ist *1 manipulus = 2 centuriae* = 120 Mann bei den *hastati* und *principes*, 60 Mann bei den *triarii*. Die 120-Mann-Manipel hatten etwa die Ausmaße 18x5,5m, sie standen 6 Glieder tief und 20 breit, also 10 je Zenturie; die Triariermanipel hatten die Tiefe von 3 Gliedern. Zwischen den einzelnen Treffen betrugen die Abstände rund 50 m. Die Frontbreite einer Legion mit voller Sollstärke betrug demnach etwa 340m bei reichlich 100m Tiefenstaffelung. Ein einzelner Legionär beanspruchte einen knappen Quadratmeter Platz.

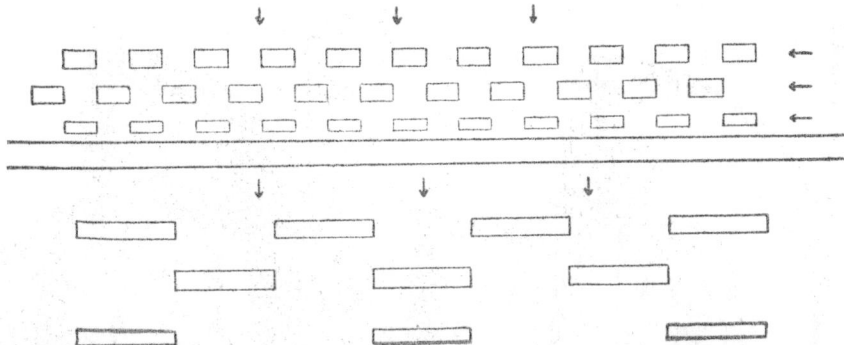

Abb. 2. Aufstellung einer Legion zwischen 100 v.Chr. und 200 n.Chr. in *acies triplex*. Jedes der 10 Rechtecke ist eine *cohors = 3 manipuli = 6 centuriae*. Angenommen, die Legion verfügt über eine Gefechtsstärke von 5400 Mann, dann stehen in Front jeder Kohorte 90 Mann, denn die Tiefenstaffelung beträgt stets 6 Glieder. Die Maße eines Kohortenrechtecks betragen also etwa 80x5,5m und die Gesamtfrontbreite der Legion etwa 560m bei einer Tiefe von reichlich 200m, weil für den einzelnen Legionär nach wie vor ein knapper Quadratmeter Spielraum, zwischen den einzelnen Treffen jedoch nunmehr rund 100m Abstand anzusetzen sind.

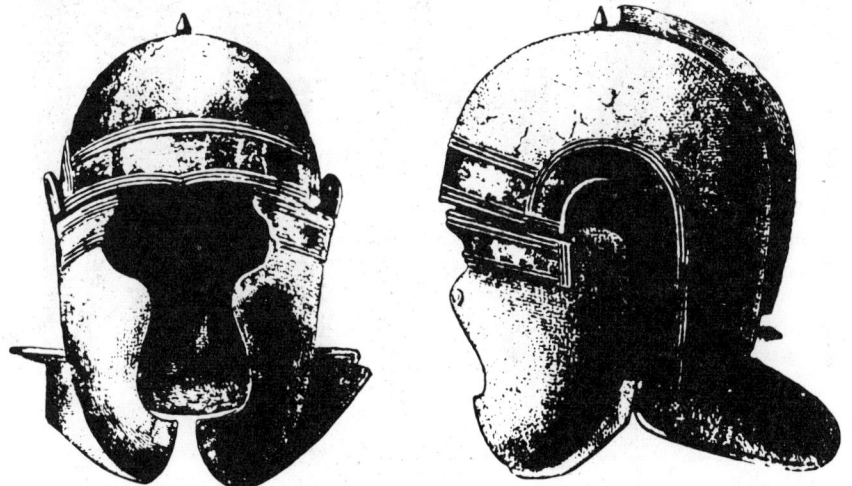

Abb. 3/4. Römischer Helm in Vorder- und Seitenansicht. Gefunden im Limeskastell von Niederbieber (gegenüber von Andernach).

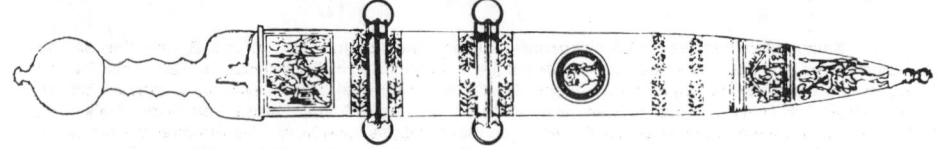

Abb. 5. Römisches Schwert, gefunden in Mainz.

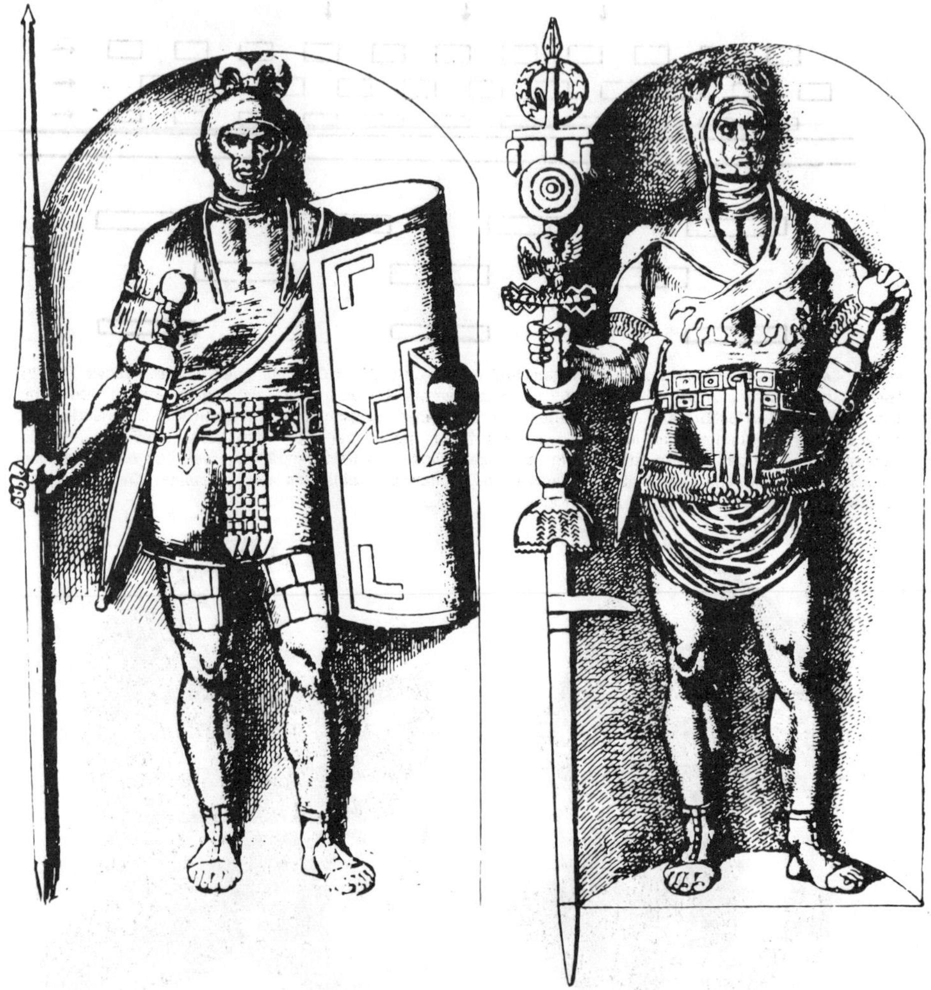

Abb. 6. Legionär eines Wiesbadener Grabsteins (vermutlich vom Ende des 1. Jh.n.Chr.). Er scheint noch einen einfachen, metallbeschlagenen Lederpanzer, aber schon Hosen zu tragen.

Abb. 7. Feldzeichenträger einer nordspanischen Auxiliarkohorte, also einer Hilfstruppeneinheit, auf einem Bonner Grabstein (aus der Zeit vor 50 n.Chr.). Über dem Helm trägt er ein Bärenfell, dessen Pranken sich auf der Brust kreuzen. Auf dem mit zwei Quasten behängten Querholz des Feldzeichens unterhalb des Kranzes standen die Angaben über den Truppenteil; der rechtwinklig abstehende Griff unterhalb des Schmuckes ermöglichte das leichtere Herausziehen des während eines stehenden Gefechtes fest in den Boden eingerammten Feldzeichens.

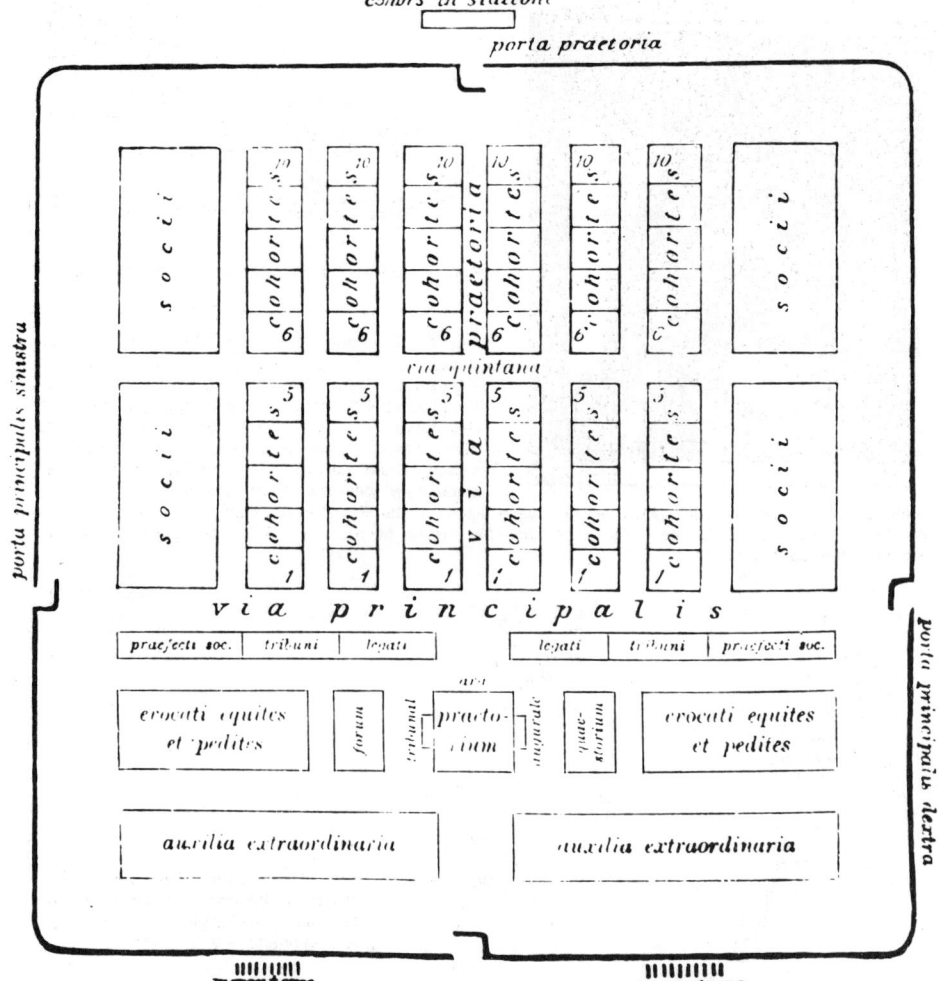

Abb. 8. Schema eines 6-Legionen-Lagers. Die *porta praetoria* ist feindwärts gerichtet. Die *evocati* sind eine vom Feldherrn für Sonderaufgaben zusammengestellte Elitetruppe, die es keineswegs immer gab. Der Appellplatz (*forum*) scheint viel zu klein gezeichnet zu sein.

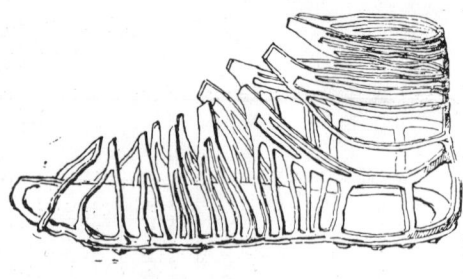

Abb. 9. Genagelter Soldatenstiefel (Museum Mainz).

Abb. 10. Zeichnung frei nach dem Grabstein des *"bello Variano"* (vermutlich also in der Schlacht im Teutoburger Wald) gefallenen Zenturio M. Caelius. Gefunden bei Xanten. Die Auszeichnungen des hoch dekorierten Offiziers sind: Eichenkranz (*corona civica*), zwei Wendelringe (*torques;* sie hängen in seinen Mantel geknüpft über den Schultern), sieben Medaillons (*phalerae;* fünf sind an einem Riemenwerk auf der Brust befestigt, zwei an den Lederlaschen des Panzers auf den Schultern) und zwei Armreifen (*armillae*). Unter dem Panzer schaut die Tunika heraus. Der Rebstock kennzeichnet den Dargestellten als einen Zenturio.

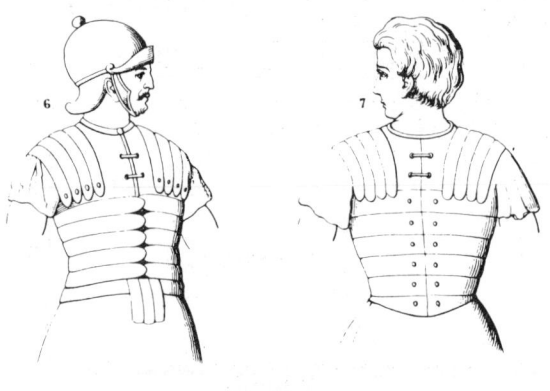

Abb. 11. Streifenpanzer (*lorica segmentata*), bekannt vor allem von den Soldatendarstellungen der Trajanssäule (beginnendes 2. Jh.n.Chr.).

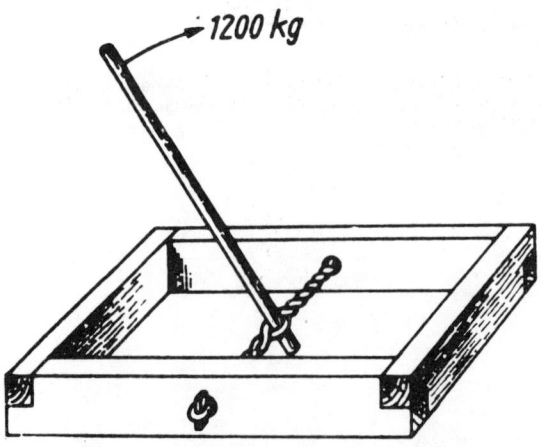

Abb. 12. Schematische Darstellung des Prinzips, nach dem die antiken Geschütze arbeiteten.

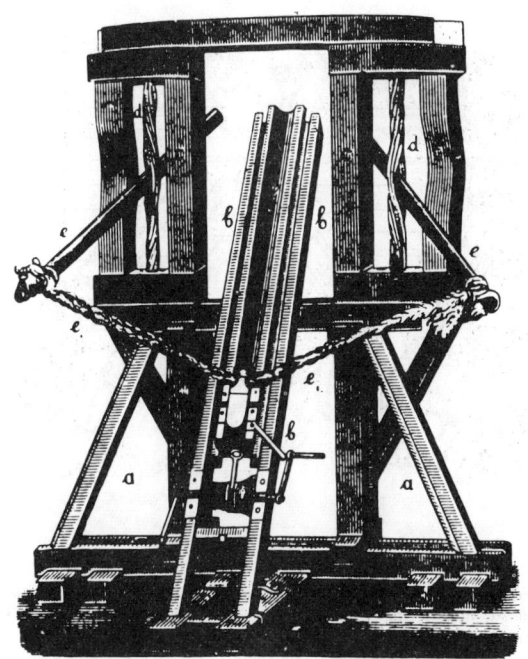

Abb. 13. Balliste, ein mittelschweres zweiarmiges Geschütz.

Abb. 14. Onager, ein schweres einarmiges Steilfeuergeschütz.

Abb. 15. Schutzdach, gebildet aus Schilden, die über den Köpfen der Soldaten ineinandergeschoben sind. Rechts *testudo simplex,* links *testudo iterata.* Nach Darstellungen der Trajanssäule. Die Panzer der Soldaten sind als Streifenpanzer erkennbar.

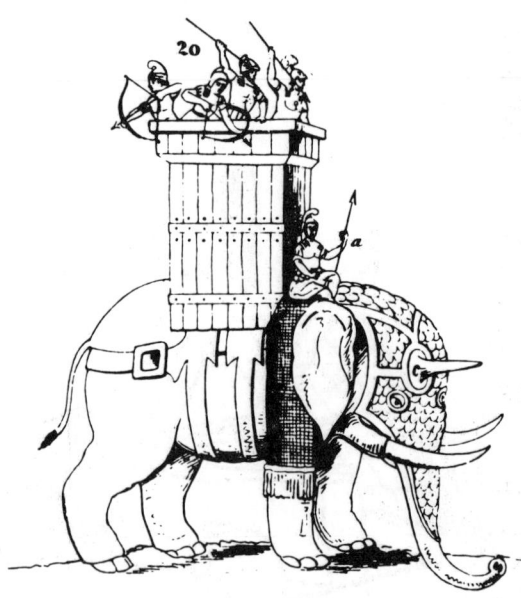

Abb. 16. Gepanzerter Kampfelefant mit Treiber und Gefechtsturm, von vier Mann besetzt. Gefechtstürme waren nicht obligatorisch.

Abb. 17. Ein Wandelturm (*turris ambulatoria*) ist an die feindliche Stadtmauer herangerollt worden. Der im Turm aufgehängte Mauerwidder hat bereits eine Bresche geschlagen, während der auf dem Turm in Stellung gebrachte Onager Steine in die Stadt schießt. Nasse Tierfelle, die der Bekämpfung von Brandpfeilen dienen, hängen von der Stadtmauer herunter (sie würden sinnvoller an dem hölzernen Wandelturm als an der steinernen Mauer hängen).

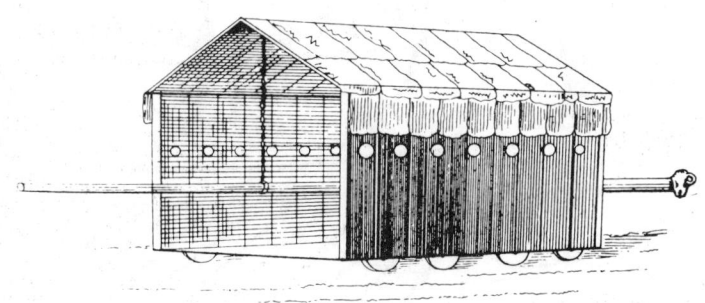

Abb. 18. Mauerwidder (*aries*) in fahrbarem Schutzdach (*testudo arietaria*).

Abb. 19. Befestigung der Römer 52 v.Chr. vor Alesia mitsamt **Annäherungshindernissen,** nach Cäsar, b.g. VII 72-74

Abb. 20. Vorschiff einer römischen Trireme auf einem Relief aus Palestrina. Die Ruder der oberen Ruderreihe sind eingezogen, nur die Enden der Ruderblätter sind sichtbar; die mittlere Ruderreihe ist deutlich, sie verdeckt teilweise die untere Ruderreihe, die nur bei genauem Hinsehen erkennbar ist. Im Vordergrund stehen zwei Soldaten auf dem Ausleger (vgl. dazu Abb. 22). Fraglich ist, ob der Turm ein Kampfturm des Schiffes oder ein Teil des Hintergrundes ist.

Abb. 21. Cäsars Rheinbrücke des Jahres 55 v.Chr.; Rekonstruktionsversuch nach b.g. IV 17, 3-9.

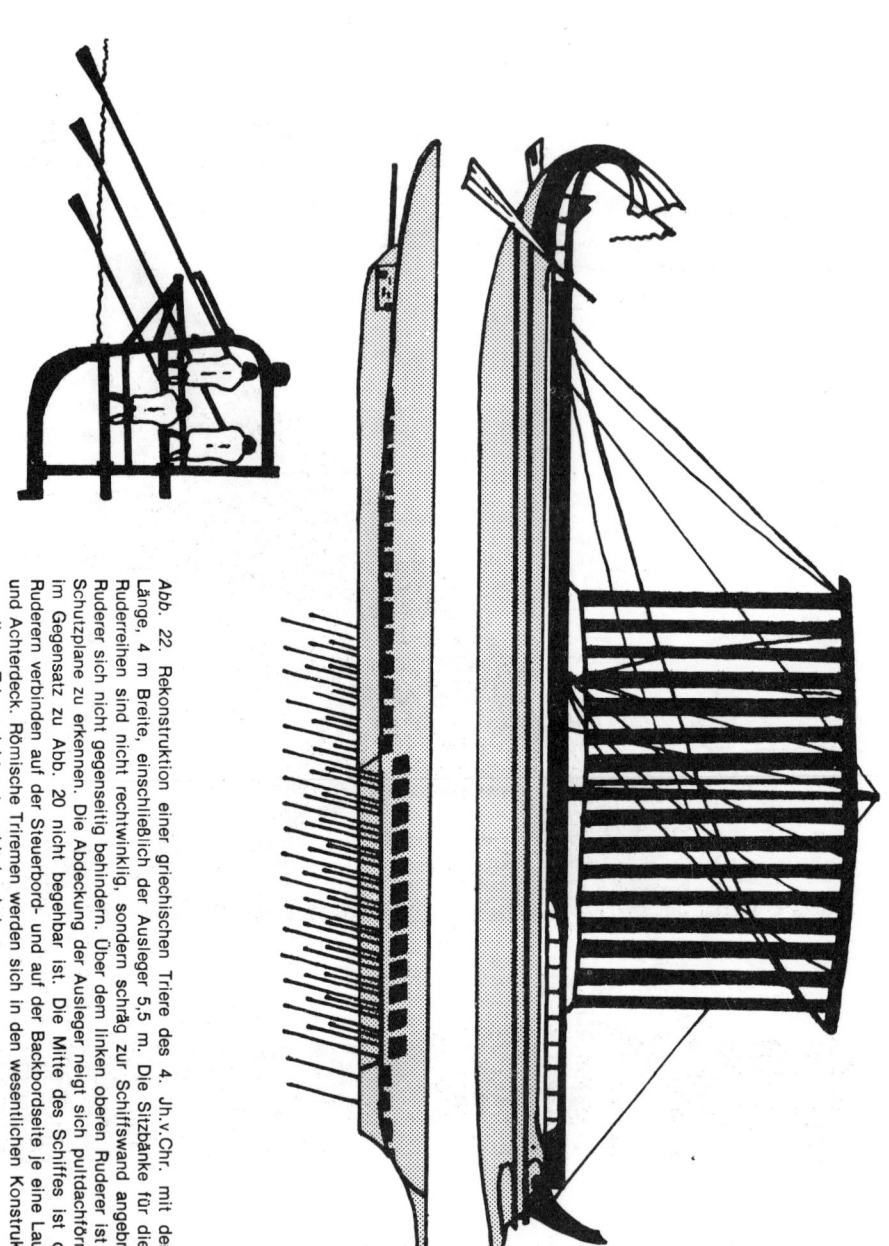

Abb. 22. Rekonstruktion einer griechischen Triere des 4. Jh.v.Chr. mit den Maßen 41 m Länge, 4 m Breite, einschließlich der Ausleger 5,5 m. Die Sitzbänke für die beiden oberen Ruderreihen sind nicht rechtwinklig, sondern schräg zur Schiffswand angebracht, damit die Ruderer sich nicht gegenseitig behindern. Über dem linken oberen Ruderer ist eine eingerollte Schutzplane zu erkennen. Die Abdeckung der Ausleger neigt sich pultdachförmig, so daß sie im Gegensatz zu Abb. 20 nicht begehbar ist. Die Mitte des Schiffes ist offen, über den Ruderern verbinden auf der Steuerbord- und auf der Backbordseite je eine Laufbrücke Vorder- und Achterdeck. Römische Trieremen werden sich in den wesentlichen Konstruktionsmerkmalen von dieser Triere nicht unterschieden haben.

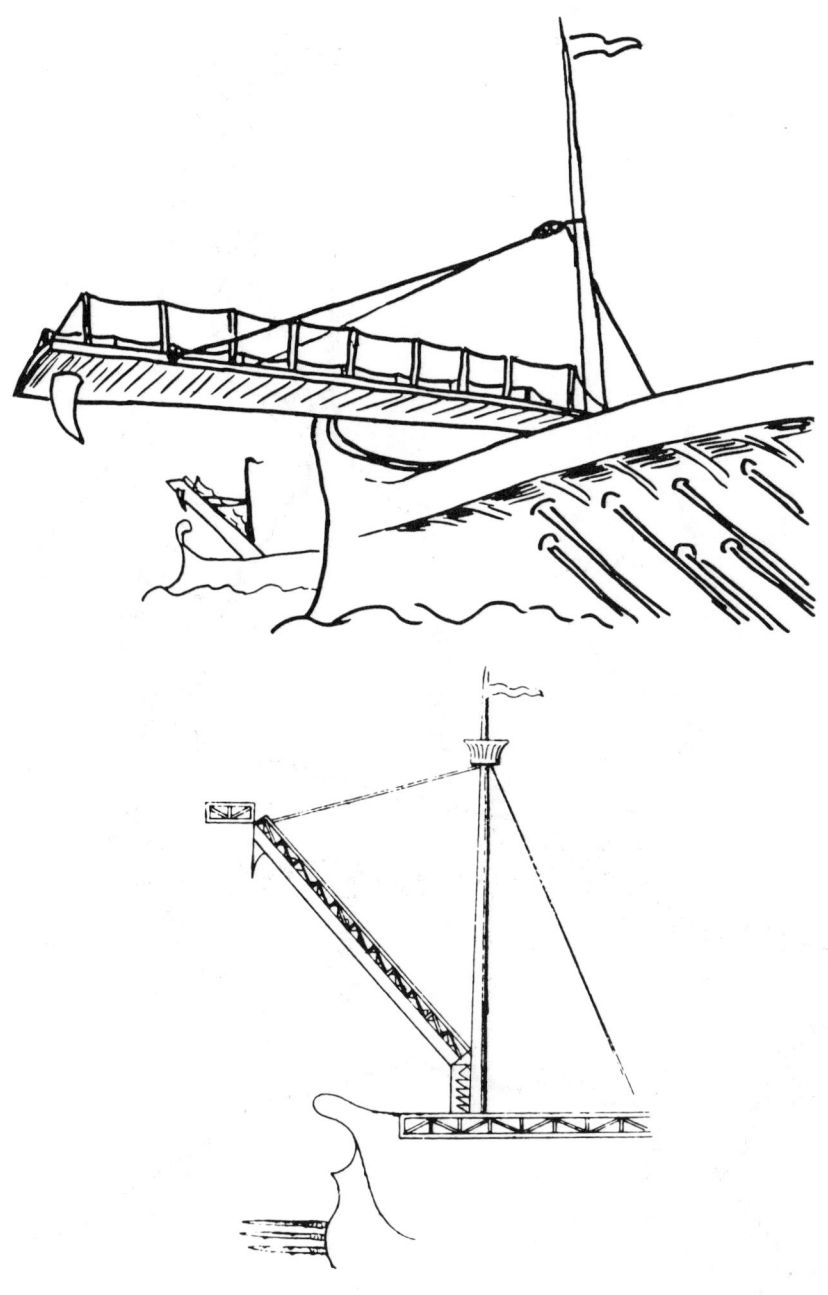

Abb. 23/24. Beide Bilder zur römischen Enterbrücke (*corvus*) sind nicht ganz befriedigend: In Abb. 23 sind die Enterbrücken zu schwer gebaut, in Abb. 24 wirkt die Treppe mit dem Sägeblattquerschnitt am unteren Mastende nicht glaubhaft.

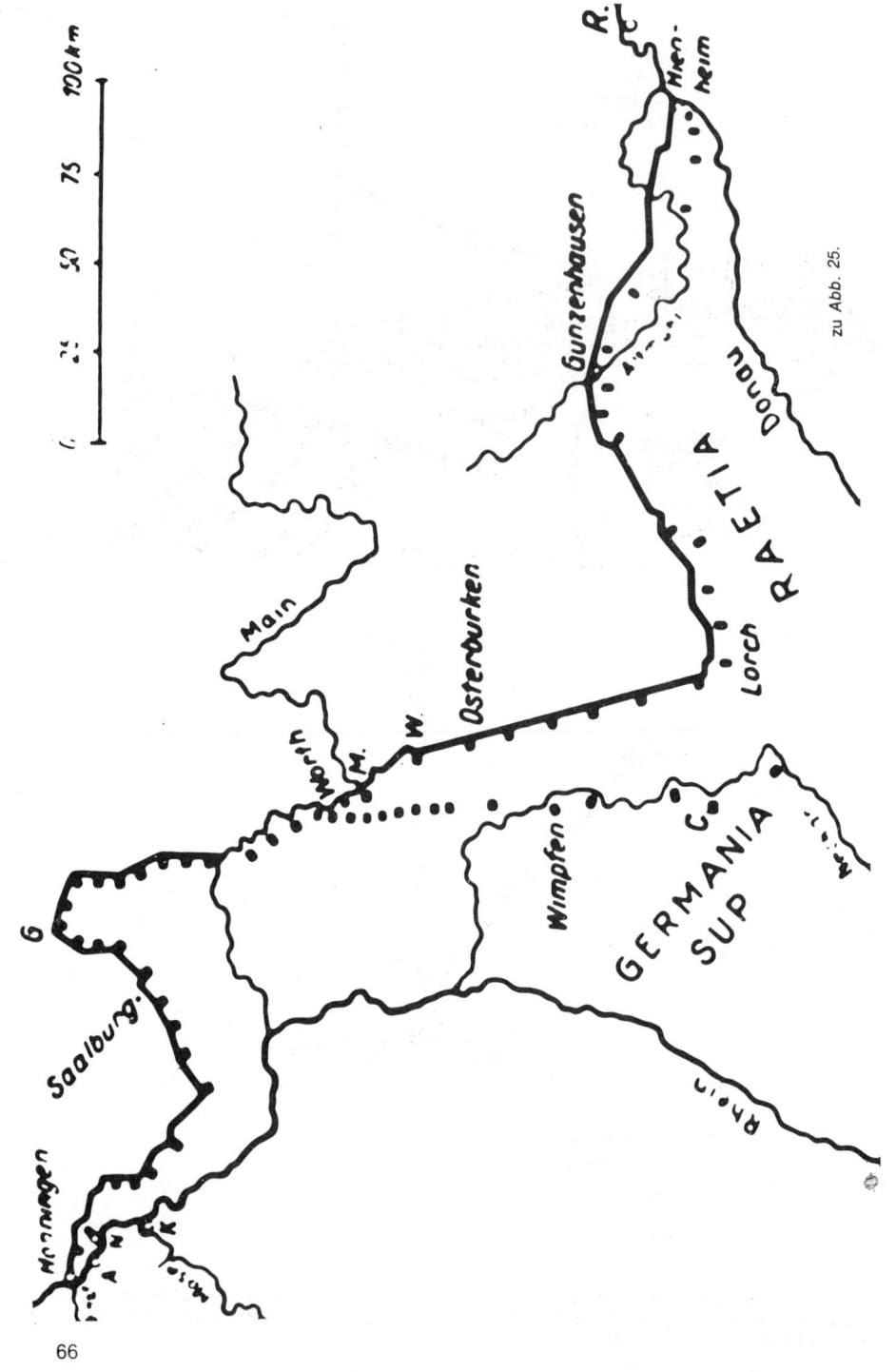

zu Abb. 25.

Abb. 25. Der Limes, der sich etwa zwischen Andernach und Regensburg erstreckte, war 550 km lang und mit 82 steinernen Kastellen in der Art der Saalburg gesichert. Baubeginn unter Domitian (81-96), endgültige Linienführung und Ausgestaltung unter Hadrian (117-138) und Antoninus Pius (138-161). In Lorch trafen obergermanischer und rätischer Limes aufeinander.

Rätische Mauer

Obergermanischer Grenzwall

66a

Religion und Philosophie

CHARAKTERISTISCHE BESONDERHEITEN RÖMISCHER RELIGIOSITÄT

1. Für die Römer hatte die mit den Sinnen erfahrbare Welt (wie auch für uns, allerdings aus anderen Gründen) nicht den Wert der vollen Realität; sie vertrat, repräsentierte höchstens die "eigentliche", die "wirkliche" Welt, von der sich aber die jeder Theorie abgeneigten Römer keine rechte Vorstellung bildeten. Zwangsläufig mußten auch ihre Götter (wie Gott für uns heute ebenfalls) schlecht faßbar, unplastisch sein, so daß als Wesentliches, Greifbares an ihnen fast nur der Akt ihres Eingreifens in das Menschenleben blieb (vgl. S. 68 und S. 70).

2. Die empirische Wirklichkeitserfassung der Römer, ihr Tatsachensinn, der sich ohne eine Zusammenhang schaffende Theorie unmittelbar auf den konkreten Einzelfall richtete (vgl. S. 1 und S. 34), war die Ursache für eine Vielzahl von "Spezial"göttern und für das Fehlen von Göttermythen.

3. Das den Römern zutiefst innewohnende Gefühl, sich selbst nicht zu genügen, und ihr ständiges Begehren, wegen dieses Ungenügens an sich selbst mit anderem, Neuem in Beziehung zu treten, es sich anzueignen, ist der Grund für die während der ganzen römischen Geschichte andauernde Aufnahme immer neuer Götter.[1]

4. Dasselbe Gefühl eigener Unzulänglichkeit verursachte jene römische Frömmigkeit, die vor allen Handlungen den Willen der Götter erkundete und sich ihrer Gunst durch peinlich genaue Einhaltung vorgeschriebener Riten versicherte.

5. Die äußerste Scheu der Römer, mit der Tradition zu brechen, bewirkte die Beibehaltung urtümlichster, längst erstarrter und sinnentleerter Kulte bis in die Spätantike hinein, so daß alle Phasen der römischen Religionsgeschichte, die primitiv bäuerliche, die des griechischen und die des orientalischen Einflusses nicht einander ablösten, sondern einander überlagernde und fortexistierende Schichten bildeten.

6. Ausgeprägte Neigung zu Skepsis, Kritik und Unernst haben oft dem Traditionsbewußtsein entgegengewirkt,[2] trieben aber auch oft, ohne zu beeinträchtigen, ihr Wesen bis in den Kultus hinein.

7. Im Gegensatz zu den "Buchreligionen" Christentum, Judentum, Islam war die römische eine "Kultreligion", d.h. sie kannte einerseits keine Frömmigkeit im stillen Kämmerlein, keine einsame Zwiesprache mit der

---

1) Dieses Gefühl führte außerdem zum ersten Philhellentum des Abendlandes mit all seinen Folgen für das Geistesleben, zu einer Art Universalismus in der Literatur (vgl. S. 112), im Staatsleben zur Bildung des Weltreiches, bei den einzelnen äußerte es sich als mangelndes Individualitätsbewußtsein oder trieb ihn zu der römischen Kardinaluntugend, der Habgier [*avaritia*], und selbst auf sprachlichem Gebiet scheint es sich bemerkbar zu machen (vgl. S. 98).
2) Vgl. den in Rom oft zitierten Ausspruch des älteren Cato von den ironisch grinsenden Eingeweideschauern bzw. (wie man meistens zitiert) "lächelnden Auguren" (Cic.div. 2,51).

Gottheit, andererseits war sie einem steten Wandel unterworfen, da ihr die Festlegung durch ein heiliges Buch fehlte.

8. Der religiöse Bereich galt als etwas Selbstverständliches, er erforderte keine besondere seelische Anstrengung, ganz anders als in der Gegenwart (vor allem nördlich der Alpen). Ein inbrünstiges und hingebungsvolles Ringen der Seele um den rechten Glauben oder gar auf der anderen Seite fanatischer Bekehrungseifer waren daher nicht am Platze in einer Welt, die ohne Götter sowieso noch kaum gedacht werden konnte.

DIE RÖMISCHE GÖTTERAUFFASSUNG

Die griechischen Götter, in deren Art etwa wir uns heidnische Götter gerne vorstellen, machte die Schilderung ihres Aussehens, ihres Lebens und ihrer verwandtschaftlichen Beziehungen zueinander in Mythos, Dichtung und bildender Kunst zu höchst anschaulichen, plastischen Gestalten. Jeder Griechengott verkörperte eine bestimmte, charakteristische Grundeinstellung zur Welt, die sich auf mannigfache Bereiche auswirken konnte.
Die römischen Götter waren anders. Mythos, Verwandtschaft untereinander, ja sogar weitgehend die Vorstellung von ihrem Aussehen fehlten. Selbst in der Religion galt in Rom fast nur die praktische Erfahrung! Das Göttliche erfuhr man aber nur in einzelnen Handlungen - Schickung von Sieg, Niederlage, guter Ernte, Krankheit für Mensch oder Vieh - sowie in auf diese hinweisenden Vorzeichen: Träume, Blitz, Vogelflug, Mißgeburten beim Vieh. All das ließ auf göttliche Kräfte schließen (numina, sing.numen). Die Konkretisierung solcher Kräfte zu göttlichen Gestalten gedieh unterschiedlich weit. Die Manen und Penaten (vgl. S. 79) bildeten Scharen im einzelnen nicht faßbarer und benennbarer Geister; die Indigitamentengötter (vgl. S. 79) waren zwar kaum mehr als "Bestandteile von Gebetsformeln", hatten aber immerhin männliche und weibliche Eigennamen; noch entwickelter war die Persönlichkeitsvorstellung bei den höheren Göttern wie Janus, Mars, Jupiter, Vesta, die man mit pater und mater in den Gebeten anredete. Aber Tempel oder gar Götterstandbilder errichtete man auch für diese ursprünglich nicht: Haine, Altäre, Grotten, Bäume, Grenzsteine waren ihnen geweiht. Die in allen Lebensbereichen bemerkbare Kasuistik der Römer - d.h. also ihre Neigung, den Einzelfall in seiner Besonderung zu belassen bzw. ihre Scheu vor Einordnung des Einzelfalles in größere Zusammenhänge - führte zu zahllosen Spezialgöttern, von denen jeder nur zuständig für ganz bestimmte, ihm zugeschriebene einzelne Akte des Einwirkens war. So gab es nicht die eine für alles Glück auf dieser Welt zuständige Göttin Fortuna, sondern entsprechend den verschiedenen Möglichkeiten, bei denen man Glück haben konnte, gab es z.B. die Fortuna Equestris, F. Dubia, F. Publica, ja sogar die F. huiusce diei. Der im Einzelfall erlebte Eingriff der Götter in die Welt der Menschen, der wirkende Akt, ist also das Wesentliche an der römischen Göttervorstellung. Die Götter "sind" zwar, aber ihr bleibendes Sein ist unwesentlich gegenüber ihrem Hervortreten in einzelnen Handlungen. Daher wurde fast so wenig wie nach ihrem Aussehen die Frage nach ihrem ständigen Wohnsitz gestellt. So war der Platz Jupiters wohl zweifellos im Himmel, der der Manen in der Erde, bei manchen anderen Göttern aber hätten die Römer kaum so leicht eine Antwort gewußt.

Die Göttermythen anderer Völker liefern eine für den einzelnen verbindliche Weltdeutung; die darin geschilderten Taten sind exemplarisch, d.h. ihre Nachahmung verbürgt "richtiges" Handeln. An ihre Stelle mußte bei den Römern, die die konkrete Erfahrung über alles achteten, ihre eigene Vergangenheit treten, die *res gestae maiorum* (Taten der Vorfahren). Die *maiores* (Vorfahren) und ihre unter frommer Berücksichtigung der göttlichen Zeichen - also mit göttlicher Billigung - vollbrachten Taten erhielten so in Familie und Staat Würde und Rang eines allgemeinen moralischen Maßstabes. Die römische Geschichte war - was man ähnlich nur noch bei den alten Juden findet - heilige Geschichte, Vollzug des *fatum* (Götterspruch), also dessen, was die Götter sagten und wollten (*fatum* von *fari* = sprechen).

UMGANG MIT DEN GÖTTERN

Religio

Während die Griechen vielfach Autarkie, Unabhängigkeit von Menschen und Göttern begehrten, suchten die Römer gerne Übereinstimmung mit menschlicher und göttlicher *auctoritas*. Dieses Suchen heißt *re-ligio* (etwa: gewissenhafte Beachtung voll frommer Scheu); das Gegenteil ist *negligentia* = Unachtsamkeit. Die ehrfürchtige Haltung, die aus der *religio* resultiert, nannte man *pietas*. - *Religio,* die stete Sorge um "gute Beziehungen" zur Götterwelt, führte vor allem:

1) zur ununterbrochenen Neuaufnahme fremder Götter in den Kultus; man fürchtete leicht, eine mächtige göttliche Kraft in dem so unanschaulichen, schwer faßbaren Bereich des Göttlichen übergangen zu haben;

2) zur sorgfältigsten Beachtung des kultischen Zeremoniells;

3) zur *divinatio*, der eifrigen Beachtung der *signa* (Zeichen), mit denen die Götter, kaum wahrnehmbar, den Menschen ihren Willen (*fatum*) künden; nicht eingeholte oder mißachtete *auspicia* (Beobachtungen des Vogelfluges; vgl. S. 81 unter *augures*) galten als die eigentlichen Ursachen für die großen Katastrophen in der römischen Geschichte!

4) zu bestimmten Riten bei Kriegsbeginn (vgl. S. 83 unter *fetiales*), um die Götter zu überzeugen, daß Rom ein *bellum iustum* (einen gerechten Krieg) führte, und zur Forderung einer regelrechten *confessio culpae* (Schuldbekenntnis) vom besiegten Feind bei Kriegsende.

Die mit jedem gewonnenen Krieg von neuem bestätigte Gewißheit, als frömmstes aller Völker die Götter auf seiner Seite zu haben, ist der seit Anbeginn vorhandene Kern des römischen Sendungsbewußtseins. *Pietate ac religione ... omnes gentes nationesque superavimus* (Cic. de har. resp. 19). [1]

Votum

Evocatio (Herausrufung). Es war Brauch, die Götter einer belagerten Stadt herauszurufen, die nunmehr götterlose Stadt den Unterirdischen zu weihen und den bisher feindlichen Göttern neue Heiligtümer in Rom zu geloben. *Evocatio* z.B. bei Veji, Volsinii, Falerii angewandt.

Devotio. Auch feindliche Heere konnte der römische Feldherr durch *devotio* (feierliche Verwünschung) den Unterirdischen ausliefern, wenn er sich selbst mitauslieferte. 340 v.Chr. *devotio* des älteren, 295 des jüngeren P. Decius Mus.

Ver sacrum (geweihter Frühling). In großer Bedrängnis gelobte der Staat, den Göttern nach der Rettung alle in einem bestimmten Frühjahr geborenen Tiere und Menschen zu opfern. In geschichtlicher Zeit beschränkte man sich auf die Tiere und schickte die Menschen später, wenn sie erwachsen waren, außer Landes. Letzte Gelöbnisse des *ver sacrum*: 217 und 216 v.Chr.

Evocatio, devotio, ver sacrum sind Sonderformen des *votum,* des Gelübdes, man werde etwas stiften, wenn der Gott vorher einen bestimmten Wunsch erfüllt habe. Diese berechnend erscheinende Sitte erklärt sich aus der Wesensart von Göttern, die nur zum Zeitpunkt ihres Eingreifens volle Realität besitzen: Die versprochene Gabe sollte den Gott im Zustand des Wirkens bis zu ihrer Aushändigung festbannen. Der Gott half so ausdauernder und zerfloß nicht nach kurzem Eingreifen gewissermaßen wieder in das Nichts seiner für gewöhnlich nur vagen Schattenexistenz.

Piacula, lustrationes

Ludi saeculares (Jahrhundertspiele). Am Ende eines *saeculum* (Zeitalter, Jahrhundert) sollte eine Sühnefeier verhindern, daß Unglückbringendes vom alten ins neue *saeculum* hinübergelangte. [2]

Lustratio populi (Reinigung des Volkes durch Opfer). Anschließend an die Musterung und Neueinteilung durch die Zensoren (höchstens alle fünf Jahre; vgl. S. 7) wurden *suovetaurilia* [3] um die auf dem Marsfeld angetretene Bürgerschaft geführt und dann dem Mars geopfert, ebenfalls zur Reinigung von früheren Befleckungen.

Ambarvalia, amburbium. Sühnung bezweckten auch Prozessionen um die Stadt (*amburbium*), um den *ager Romanus* (das römische Landgebiet) oder das eigene Land (*ambarvalia*) mit Opfern an Mars und Ceres.

1) "Aufgrund unserer *pietas* und unserer *religio* haben wir über alle anderen Völker die Oberhand gewonnen."
2) Seit 17 v.Chr., unter Augustus, feierte man weniger das Ende eines alten unglückbeladenen als vielmehr den Beginn eines neuen glücklicheren Säkulums.
3) Opfer von Schwein, Schaf, Rind.

Grenzüberschreitungen

Pomerium. Wie diese Prozessionen das der Reinigung Bedürftige mit einer heiligen Linie umschrieben, so bildete das *pomerium* - ein Streifen heiligen Landes, auf dem sich die Stadtmauer erhob, - einen ständigen, magisch schützenden Kreis um Rom, den möglichst kein Soldat und kein Fremder überschritt. Kriegsgott Mars und fremde Götter hatten nur *extra pomerium* (außerhalb des Pomeriums) Heiligtümer. Remus, der Bruder des Stadtgründers Romulus, mußte sterben, als er den magischen Bann durch Überspringen der Mauer brach. (Zu *pomerium* vgl. auch S. 24f)

Ianus. Eine Grenzlinie zwischen zwei Bereichen überschritt man auch beim Durchqueren von Tor und Tür. Daher die Götter Janus und Portunus im Staatskult (vgl. S. 77), Limentinus (Gott der Türschwelle), Cardea (Göttin der Türangel), Forculus (Türgott) im Privatkult. Daher die Bedeutung der Überschreitung des Rubikon für Cäsar. In Zusammenhang damit stehen auch die Triumphbögen für siegreiche und die Joche für geschlagene Heere (z.B. Joch von Caudium, 321 v.Chr.): Sie dienten der Entsühnung vom Unsegen des Krieges durch den Vollzug des Durchschreitens, bei dem alle Befleckung zurückblieb.

Fasti (Festkalender)

Die religiösen, teilweise mehrtägigen Feste (*feriae*) lagen fast immer an ungeraden, daher vermeintlich besonders glückbringenden Tagen, z.B. die *Lemuria* (Versöhnungsfest für die Nachtgespenster) am 9., 11., 13. Mai. Die *feriae* waren *dies nefasti* (etwa: von Frevel bedrohte Tage), weil dann Privatgeschäfte *nefas* (Frevel) waren im Gegensatz zu den *dies fasti* (Tage, an denen Gericht und Geschäft gestattet waren). Erlaubt, aber nicht empfehlenswert, waren Unternehmungen an den *dies religiosi*, also Tagen, an denen *religio*, Sorgfalt besonders zu üben ist, so z.B. an den *dies atri* (schwarzen Tagen) der römischen Geschichte (18. Juli: *dies Alliae et Fabiorum*; 2. August: *clades Cannensis*). Den Festkalender, einfach *fasti* nach den *dies fasti* und *nefasti* benannt, kündigten die *pontifices* (vgl. S. 81) monatlich an.

Kultgewohnheiten und -bräuche

Wie überall, gab man sich auch im kultischen Bereich mit würdiger Gemessenheit (*gravitas*). Mit Taumel, Verzückung, Raserei verbundene Kulte galten als Aberglauben, wie das Wort *superstitio* (= Aberglauben) zeigt als Übersetzung von griechisch *ekstasis* (Ekstase). In Ermangelung von Mythos und Kunst lag das Gewicht des religiösen Lebens im Kultus. Man hing hier zäh am Allerältesten. Eisengeräte und auf der Töpferscheibe geformte Gefäße wurden in einigen Kulten gemieden. Manche Gebete und Lieder verstand man wegen des altertümlichen Lateins kaum noch. Ihr Verständnis war auch nicht wesentlich, sondern, wie bei den Formeln im Rechtsleben (vgl. S. 36f), ihre an den Wortlaut gebundene, bannende Zauberkraft. Überhaupt sollte der formgerechte Vollzug des ganzen Zeremoniells ursprünglich die Gottheit magisch zur Gegenleistung zwingen. Später sah man den Vorgang juristisch und wollte durch genaue Einhaltung der eigenen Pflichten die Gottheit ihrerseits verpflichten (*do, ut des* = ich˙gebe, damit du gibst). Formfehler kosteten bisweilen Priester ihr Amt. Einst soll ein Opfer erst beim dreißigsten Versuch fehlerfrei gelungen sein!

Opfer waren damalige Speisen: Früchte, Brot, Käse, Milch, mit *mola salsa* (Opferschrot) bestreute und mit Wein besprengte Tiere. Bei den einheimischen Göttern entsprach das Geschlecht des Opfertieres dem der Gottheit. Opfer für Wassergötter (darunter auch Münzen, vgl. die heutige Sitte an der Fontana di Trevi!) warf man ins Wasser, für unterirdische Götter in eine Grube (*mundus*), den heimischen Göttern opferte man *capite velato,* also mit über den Kopf gezogener Toga (an manchen Statuen noch ersichtlich), Göttern mit griechischem Ritus *capite aperto* (barhäuptig). Zu Beginn eines Opfers rief ein *praeco* (Herold): "*Favete linguis*", so daß alle Anwesenden schwiegen; Flötenmusik erscholl während der ganzen Zeremonie; der opfernde Beamte oder Priester machte an den Tieren die Geste des Schlachtens, ein Opferdiener, *victimarius*, führte es aus; bevor die Eingeweide (nur diese!) auf dem Altar für den Gott verbrannt wurden, untersuchte man, ob sie ohne Fehl seien; wenn ja, war der Gott wohlgesonnen, und man konnte "unter günstigen Vorzeichen opfern" = *litare*.

Staatskult - Privatkult

Staats- und Privatkult waren klar geschieden. Aber der Staat, von den Römern lange als eine Art Bauernhof im großen begriffen, entlehnte manches dem Privatkult, so die Verehrung des Herdfeuers (Vestatempel), der Penaten und der Torgottheiten (vgl. S. 71). Die gottesdienstlichen Aufgaben des *pater familias* übernahm im Staat der König (später Konsuln und höchste Priester), die der Hausfrau die Königin (später *regina sacrorum*, vgl. S. 85). Auch die Vorstellung von den zum exemplarischen Mythos erhobenen *res gestae maiorum* (Taten der Vorfahren) entstammten wohl dem privaten Ahnenkult. In den Atrien der *nobiles* (Vornehmen), die das *ius imaginum* (Recht auf Ahnenbilder) als Privileg hatten, standen die Schreine (*armaria*, sing. *armarium*) mit den *imagines* (Masken) der Ahnen samt *tituli*, den die Leistungen und Ämter aufzählenden Unterschriften. Durch diese Ahnengalerie war die gesammelte Macht des Geschlechts mit dem Heim der Nachfahren verbunden. Bei einer Beerdigung trugen Sklaven oder Schauspieler die Masken und begleiteten - ein unheimlicher und eindrucksvoller Anblick! - in der Amtstracht der Ahnen und mit den entsprechenden Liktoren voraus den Trauerzug (Polyb. 6,53). Die Individualität der Ahnen blieb in *imago, titulus* und der Kunde ihrer Leistungen gewahrt; aber Gebet und Opfer für einen einzelnen Ahnen kannte man nicht, weder bei den *nobiles* noch beim Volk. Opfer und Gebet galten allgemein nur den Toten als einer anonymen Schar (*di manes, di parentes,* vgl. S.79). Sie wohnten in der Unterwelt, von der man aber im Gegensatz zu den Griechen keine festumrissenen Vorstellungen hatte. Ein eigentliches Weiterleben der Individualseele gab es also nicht. Unsterblichkeit erstrebte man im Diesseits durch Nachfahren und *gloria* (Nachruhm). Erst gegen Ende der Republik nahm man unter Einfluß griechischer und orientalischer

Ideen das Leben nach dem Tode wichtiger (Cicero, Somnium Scipionis; Vergil,Aeneis VI).
Der Privatkult bewahrte Urrömisches mit der vorwiegenden Verehrung gestaltarmer, geisterhafter Gottheiten: neben den Manen vor allem Laren, Penaten, Genius (vgl. S. 79). Aber gerade er blieb in Italien auf dem Lande besonders lebenskräftig; 392 n.Chr. mußte Theodosius den Kult von Laren, Penaten und Genius verbieten.

GESCHICHTLICHER ÜBERBLICK

Frühe Königszeit

Es läßt sich eine gegen 600 v.Chr. durchgeführte Reorganisation des römischen Festkalenders nachweisen. Der damals entstandene sogenannte »Kalender des Numa« enthält etwa 30 Götter. An der Spitze standen die zu einer Trias (Dreiheit) zusammengeschlossenen Götter Jupiter, Mars, Quirinus; also der Latinern wie Sabinern gemeinsame höchste Himmelsgott zusammen mit dem latinischen und dem sabinischen Kriegsgott. Die damaligen Götter lassen auf eine recht primitive Bauern- und Kriegerkultur schließen. Der geistige Gehalt der Religion (Mythen über Weltentstehung, Weltaufbau, Wesen der Götter fehlten ja) war gering, ebenfalls der ethische, denn die Götter forderten nur den Vollzug überlieferter Riten und Achtung vor dem in den *res gestae maiorum* verwirklichten *fatum* (vgl. S. 69).

Die Tarquinier

Die Sitte der Götterbilder und der Tempel begann sich unter Einfluß des unteritalischen Griechentums allmählich einzubürgern. Unter derselben Einwirkung gelangten mit Beibehaltung ihres griechischen Namens die Götter Apoll, Herkules und Kastor nach Rom. Die Königsdynastie der Tarquinier stand in engem Kontakt zu dem damals im gesamten östlichen Mittelmeergebiet hochangesehenen, in der Landschaft Phokis gelegenen Apollonheiligtum von Delphi. Nur so ist es zu erklären, daß die den Phokern heilige Trias Zeus-Hera-Athene nach Rom übertragen wurde (mitsamt gewisser Details in der Gestaltung der Kultfiguren). Dort erhielten sie als kapitolinische Trias Jupiter-Juno-Minerva im Staatskult den höchsten Rang. Auf gleicher Ebene liegt die damalige Zusammenfassung von Ceres, Liber und Libera zur Trias in einem neuerbauten Tempel auf dem Aventin, von nun an dem kultischen und politischen Mittelpunkt der Plebejergemeinde (vgl. *aediles plebei*, Tabelle S. 10). Beide Male war die Triadenbildung bei altitalischen Göttern mit einer formalen Gräzisierung gepaart. Griechisch ihrer Herkunft nach war auch die Sammlung von Ritualvorschriften für mannigfaltige Unglücksfälle im Leben von Staat und Gemeinde, die als sog. Sibyllinische Bücher Ende des 6. Jh. nach Rom kam, bis zum Ende des 3. Jh.v.Chr. eine bedeutende Rolle im religiösen Leben spielte und dabei oft die treibende Kraft bei Vorgängen der Gräzisierung im Kultwesen wurde (vgl. Tabelle S. 82, *quindecimviri sacr.fac.*).
Auf dem nun trockengelegten Forum entstand das Haus des Königs, die *domus regia,* die später Amtssitz des *pontifex maximus* wurde. Ins *atrium Vestae* nebenan zogen die Vestalinnen, die Hüterinnen des Feuers der

Göttin Vesta, des symbolischen Mittelpunktes des Gemeinwesens. Der König vertrat nach etruskischem Brauch den obersten Himmelsgott Jupiter (etr.Tinia) auf Erden, trug daher dessen Adlerzepter und die mit goldenen Sternen bestickte Purpurtoga. Nach einem Sieg feierte er etruskischer Sitte gemäß den *Triumph* (über das Etrusk. vom griech. thriambos = Hymnus, Festprozession). Dabei zog ihn inmitten seines Heeres und der Siegesbeute das weiße Viergespann des Himmelsvaters, und sein Gesicht war mit Mennige gefärbt, um die Identität mit der rotgesichtigen Terrakottastatue des Iuppiter Capitolinus zu betonen; denn der König stellte unter Verzicht seines eigenen Ich den triumphierenden Jupi er dar. Anschließend feierte man den Sieg mit Spielen (u.a. Wagenrennen, Faustkämpfen). Seitdem drangen Spiele in viele kultische Feiern ein. Nach dem Sturz der Könige wurde der Triumph unverändert für siegreiche Feldherren beibehalten.[1] Nur der von dem Sklaven, der einen Goldkranz über dem Haupt des Triumphators hielt, gemurmelte Spruch: *Hominem te memento* (vergiß nicht, daß du nur ein Mensch bist), ist spätere Ergänzung; denn altem Triumphbrauch entsprach Selbstaufgabe, dagegen war Gottwerdung zu Lebzeiten eines Menschen altitalischer Denkweise fremd (vgl. S. 90).

Von der Vertreibung der Tarquinier bis Zama (510 - 202 v.Chr.)

Der Kontakt zur griechischen Welt brach zunächst bis etwa 290 fast völlig ab. Gründe: 1) Ausscheiden Roms aus dem griechisches Wesen vermittelnden etruskischen Kulturbereich nach Vertreibung der etruskischen Königsdynastie; 2) griechische Archaik und Hellenismus schätzten die Italiker, für die Klassik (5. und 4. Jh.v.Chr.) aber hatten sie damals noch kaum Verständnis; 3) allgemeiner Kulturrückgang Italiens im 4. Jh. infolge der Wanderungen der Samniten, Gallier, Äquer, Volsker. Aber die Einwanderung anderer auswärtiger Götter nach Rom hielt unterdessen an. Gegen 300 wurde die Verbindung mit der griechischen Welt neu geknüpft, und seit Mitte des 3.Jh. beschleunigte sich die Hellenisierung, denn die griechische Literatur fand Eingang mit all ihren Göttermythen, die man nun auch auf die römischen Götter bezog. Man glaubte nämlich, daß jeder Griechengottheit eine römische entspräche. Das war nicht einmal ganz unrichtig, weil ja seit 600 v.Chr. und früher griechische Götter manchen in Italien beheimateten Göttern ihren Stempel schon aufgedrückt hatten. Jetzt setzten sich auch endgültig in den meisten Kulten Götterbilder durch. Der Hellenisierungsprozeß wurde weiter gefördert durch den hannibalischen Krieg, dessen Nöte die *religio* (vgl. S. 69f) zur Einführung immer neuer Kulte und Riten veranlaßte. Griechengötter erhielten jetzt sogar *intra pomerium* (vgl. S. 71f) Tempel.

---

[1] Typisch römisch der Kontrast zwischen der an sich feierlichen Zeremonie und den gegen den erfolgreichen Heerführer gerichteten Schmähungen und Spottversen, die seine Soldaten dabei riefen und sangen.

Den Übergang zu einer neuen Entwicklungsphase bildete 204 v.Chr. der Einzug der Kybele in Rom, zum letzten Mal auf Geheiß der sibyllinischen Bücher, deren Einfluß von nun an nachließ. Neu war die orientalische Herkunft der Kybele (Phrygien) mit ihren asiatischen Priestern und dem fremdartigen orgiastischen Kult. Die Empfindungen des Senats waren zwiespältig, wie auch später in ähnlichen Fällen. Einerseits trieb ihn die römische *religio,* auch dieser Offenbarung des Göttlichen einen Platz im Kult einzuräumen. Andererseits verbot er den Bürgern aus Sorge um die Moral die Teilnahme an den Kybelefesten.

Von Zama bis Aktium (202 - 31 v.Chr.)

202 - 31 v.Chr. nahm die Bedeutung des *Staatskultes* ab, mochte er römisch-italischen oder griechischen Ursprungs sein. In Italien auf dem Lande und in den Provinzen dort, wo italische Kolonisten wohnten, blieb er lebendig; aber in Rom selber entsprach er nicht mehr den gewandelten religiösen Bedürfnissen. Gründe dafür: 1) die neuen großstädtischen Lebensbedingungen, zu denen die alte, mehr bäuerliche Religion nicht mehr recht paßte, 2) die starke Zuwanderung von Nichtitalikern, besonders aus dem Orient, 3) der zersetzende Einfluß hellenistischen Gedankengutes. - Der mit dem beginnenden 2. Jh.v.Chr. einsetzende Verfall beschleunigte sich seit 104 v.Chr.; Volkswahl der Priester ersetzte von nun an die bisherige Kooptation (vgl. S. 83, Anm. 2). Dadurch traten politische Gesichtspunkte bei der Priesterergänzung in den Vordergrund. Manche Priesterämter blieben auch einfach unbesetzt. Der Festkalender kam in Unordnung, jahreszeitlich gebundene Feste wurden verschoben, und man feierte vornehmlich noch die, die der Vergnügungssucht entgegenkamen.

Die breite Masse entschied sich zunehmend für die *orientalischen Kulte,* weil diese ihrem Lebensgefühl entgegenkamen, das gleichzeitig zu hemmungsloser Diesseitigkeit und ekstatischer Weltflucht neigte. Der Staat schritt wiederholt ein: 186 v.Chr. Verbot der Bacchanalien, ausschweifender Feiern eines in ganz Italien verbreiteten Dionysosgeheimkultes; 7000 Teilnehmer wurden angeklagt, die meisten hingerichtet. 139 v.Chr. Ausweisung der *Chaldaei,* orientalischer Astrologen. Zwischen 58 und 48 v. Chr. wurde viermal die Kapelle der etwa seit Sulla in Rom heimischen Isis zerstört. Die Entwicklung in dieser Richtung ließ sich aber durch solche Maßnahmen nicht aufhalten. Am Ende der Republik gab es in Rom zahlreiche Anhänger von Mithras, Isis und Osiris, Kybele und wohl auch wieder der Bacchanalien.

In den oberen Schichten führte die Berührung mit der hellenistischen Welt zu radikaler *Aufklärung*: Alles mit dem Verstand nicht Erfaßbare lief Gefahr, angezweifelt zu werden. In der 1. Hälfte des 2. Jh.v.Chr. verbreitete sich die Lehre des Griechen Euhemeros, nach der die sogenannten Götter eigentlich längst verstorbene Menschen seien, deren Erinnerung man um ihrer einstigen Verdienste willen pflege. Seit der 2. Hälfte des 2. Jh.v.Chr. fand die stoische These von der *theologia tripertita* (dreigeteilten Götterlehre) viel Zustimmung: Es gebe die *theologia mythica* der Dichter, die *th. civilis* als offizielle Staatsreligion und die - noch am ehesten glaubwürdige - *th. physica* der Philosophen. Gegen 100 v.Chr. bekannte sich sogar ein *pontifex maximus* zu dieser Lehre. Religiöse Skepsis und Bekleidung eines hohen Priesteramtes waren damals eben ohne weiteres vereinbar.

Aber die klügsten Köpfe Roms begannen nunmehr, sich mit der griechischen *Philosophie* in anderer Weise zu befassen, als erster Scipio Aemilianus (185 - 129 v.Chr.) und seine Freunde, der sogenannte Scipionenkreis. Anfangs sollte die Philosophie helfen, die eigene aristokratische Lebenshaltung theoretisch zu rechtfertigen, oder sie war geistvolle Freizeitbeschäftigung. Später, beim fortschreitenden Verfall der alten Lebensordnungen, empfand man sie bereits als festen Rückhalt in kritischen Lebenslagen, so erging es Cicero und Lukrez. Das stark gefühlsbetonte Verhältnis mancher damaliger Römer zu den Großen des griechischen Geistes erinnert nicht zufällig lebhaft an den Ahnenkult. Die Stoa war in Rom die angesehenste der griechischen Philosophenschulen. Der große Panaitios hatte sogar dem Scipionenkreis angehört. Viele urrömische Vorstellungen, z.B. von der Aufgabe des Staatsmannes, von Roms Sendung in der Geschichte, von den Tugenden, erfuhren durch die Stoa eine Klärung, Vertiefung und theoretische Begründung. Typische Stoiker waren die beiden Cäsargegner Brutus und Cato Uticensis. Die Lehre Epikurs hatte nur vorübergehend viele Anhänger, nämlich in den Wirren der ausgehenden Republik (z.B. Horaz und der junge Vergil), als sein Grundsatz, das öffentliche Leben zu meiden (*lathe biosas*) aktuell war. Wenig früher lebte Lukrez (94-55), der leidenschaftlichste Epikureer Roms. Die berühmte attische Philosophengesandtschaft von 155 v.Chr. (Karneades, der Akademiker; Diogenes, der Stoiker; Kritolaos, der Peripatetiker) erweckte in Rom eine Generationen überdauernde Diskussion, vor allem die beiden glänzenden Reden des Karneades. In der ersten pries er die Gerechtigkeit als höchste Tugend, in der folgenden widerlegte er alle seine Behauptungen der früheren Rede: Gerechtigkeit sei eine Torheit; wenn die Römer wirklich gerecht sein wollten, müßten sie ihr Imperium aufgeben und in die Hütten des ältesten Rom auf dem Palatium zurückkehren. Noch Cicero versuchte Karneades' 2. Rede zu widerlegen (de. rep. III). - Zu Beginn des 1. Jahrhunderts bildete sich die Richtung der Neupythagoreer. Sie war mehr eine Sekte als eine Philosophenschule. Der Einfluß ihrer Zahlenmystik und Theologie (u.a. Seelenwanderung, Unterweltsgericht) auf die augusteische Religiosität und Dichtung (besonders auf Ovid), ja auf die gesamte Spätantike einschließlich Christentum, war sehr groß.

Die Philosophenschulen in Rom hatten kaum eine nennenswerte Zahl widerspruchsloser Anhänger. Das lag an der römischen Abneigung gegen theoretische Systeme. Man huldigte dem Eklektizismus, d.h. man suchte sich aus verschiedenen Lehrsystemen die Gedanken, die einem zusagten. So neigte Cicero in mancher Hinsicht stark zur Stoa, bezeichnete sich aber als Anhänger der platonischen Akade... ...ie 155 der von ihm angegriffene Karneades vertreten hatte. Im übrigen h... ...sich in weitesten Kreisen, trotz

Die bekannteren römischen Götter

I. Im Staatskult des 7. Jh. v. Chr. nachweisbare Götter

luppiter oder Diespiter
Der römisch-italische Himmels- und somit Licht-, Wetter-, Blitz- und Regengott, schon seit der indogermanischen Urzeit auch Kriegsgott; seit der Gleichsetzung mit dem griech. Zeus im 6. Jh. v. Chr. war er in der Trias Jupiter-Juno-Minerva der Repräsentant der Staatsidee. - "Diespiter" lautete der Nominativ anfangs; "luppiter" ist ein verselbständigter Vokativ. Sein Priester ein *flamen*.

Mars
Ein spezifisch römischer Gott, den die übrigen Italiker erst im 4. Jh. v. Chr. zu übernehmen begannen. Der ursprünglich wohl in Stier-, Wolfs- oder Spechtgestalt gedachte Gott war ein Übelabwehrer auf Feld und Viehweide, im Kriege ein Beschützer Roms. Schon vor dem 6. Jh. nahm er als Kriegsgott bei den Latinern auf dem Palatium einen Platz ein, der dem des Kriegsgottes Quirinus bei den sabinischen Quirinalsbewohnern entsprach. Seit Ende des 3. Jh. v. Chr. glich er sich dem Wesen des griech. Kriegsgottes Ares an. Sein Priester ein *flamen*.

Quirinus
Uralter Gott der sabinischen Quirinalsbewohner. Wie Mars galt sein Wirken dem Landleben und dem Krieg. Nach dem Zusammenschluß der Palatiums- und der Quirinalsbewohner gehörte er in die das damalige Gemeinwesen symbolisierende Trias Jupiter-Mars-Quirinus. Seit dem 1. Jh. v. Chr. sah man in ihm den zum Gott erhobenen Romulus. Sein Priester ein *flamen*.

Vesta
Eine Art Erdgöttin, die Macht über die Fortdauer von Leben, Gesundheit, Fruchtbarkeit bei Mensch, Vieh, Pflanzen hatte. Symbol der Fortdauer das vor ihrem Rundtempel ständig brennende Feuer. Wurde nie gestalthaft vorstellbar. Ihre Priesterinnen die *virgines Vestales*, vgl. Tabelle S. 86.

lanus
Gott des örtlichen und zeitlichen Anfangs. Ursprünglich wohl sehr bedeutend; denn sein Priester war der *rex sacrorum* (vgl. Tabelle S. 85), aber er geriet früh in Vergessenheit. Das zweiflüglige Tor des lanus Geminus an der Nordseite des Forums (Abb. 62) stand im Kriege offen, denn dort hindurch zog das Heer in der Frühzeit ins Feld; im Frieden war es geschlossen. Stets wurde nur sein doppelgesichtiger Kopf dargestellt, zu vollelblicher Erscheinung ist er nie gelangt. Sein Priester ein *flamen*.

Portunus
Wie Janus ein alter Türgott, ferner der Gott des Tiberhafens am *pons Aemilius*. Sein Priester ein *flamen*.

Ceres
Eine alte italisch-römische Göttin der Wachstumskraft. Daher enge Verbindung zu Tellus. Ihr Priester ein *flamen*. Seit Ende der Königszeit der griech. Getreidegöttin Demeter gleichgesetzt. 493 v. Chr. Weihung eines Tempels auf dem Aventin für die nach griech. Ritus gebildete Trias Ceres-Liber-Libera. In den Ständekämpfen diese Trias ein politisches Gegengewicht zu der patrizischen Trias Jupiter-Juno-Minerva auf dem Kapitol.

Flora
Sabinische Fruchtbarkeitsgöttin, besonders der Getreideblüte. Ihr Priester ein *flamen*.

Pomona
Eine altrömische Göttin mit unbekannter Funktion. Seit dem 1. Jh. v. Chr. galt sie als Obstgöttin. Ihr Priester ein *flamen*.

Vulcanus	Ein alter italischer Feuergott, soweit das Feuer unter der Kontrolle des Menschen steht, daher dem Herde und dem Scheiterhaufen zugeordnet. Sein Priester ein *flamen*. Gleichsetzung mit dem griech. Hephaistos bereits seit etwa 600 v. Chr.
Furrina	Uralte römische Göttin, deren Wesen man im 1. Jh. v. Chr. nicht mehr kannte. Ihr Priester ein *flamen*.
Neptunus	Ein urrömischer Gott unbekannter Funktion, der seit dem Beginn des 4. Jh. v. Chr. mit dem griech. Meergott Poseidon fast völlig identifiziert wurde.
Veiovis	Unterweltsgott, von dem man nichts Genaueres weiß.
Faunus	Gott der Hirten und Herden, dem am 15. Februar die *Lupercalia* gefeiert wurden. Später dem griech. Pan gleichgesetzt. Vgl. Tabelle S. 85 *Luperci*.
Pales	Urrömische Göttin der Viehherden, deren Festtag, der 21. April, als Geburtstag Roms und der Zwillinge Romulus und Remus gefeiert wurde.
Consus	Gott des Einbringens der Ernte. Hatte unterirdischen Altar am Circus Maximus und spätestens seit 300 v. Chr. einen Tempel auf dem Aventin.
Liber und *Libera*	Liber ein italischer Gott der Zeugungskraft, des Wachstums, des Sprießens und Gedeihens. Frühestens im Laufe des 5. Jh. v. Chr. erfolgte die Gleichsetzung mit dem griech. Weingott Dionysos. Libera war seit Anbeginn seine Kultgenossin. Sie wurde später der griech. Kore bzw. Proserpina gleichgesetzt. Liber und Libera bildeten mit Ceres seit 493 v. Chr. in einem Tempel auf dem Aventin eine Trias; vgl. oben *Ceres*.

II. Im Staatskult des 7. Jh. v. Chr. nicht nachweisbare, aber dennoch wahrscheinlich alte einheimische Götter

Tellus	Tellus ist die Erde als Göttin gedacht. Eine in Rom uralte Vorstellung, die aber erst in der Mitte des 3. Jh. v. Chr. der Tellus einen Tempel bescherte. Im Kult mit Ceres eng verbunden.
Iuno	Alte latinisch-römische Göttin, die der einzelnen Frau ebenso zugeordnet war wie dem Manne der *genius*. In den Staatskult und in die kapitolinische Trias Jupiter-Juno-Minerva gelangte sie Ende des 6. Jh. v. Chr. durch Gleichsetzung mit der griech. Hera, die u. a. auch Stadtgöttin war.
Bona Dea	Sie wurde unter Ausschluß der Männer in einer geheimen nächtlichen Zeremonie im Hause eines Konsuls oder Prätors in Anwesenheit von dessen Gattin und der Vestalinnen gefeiert.
Minerva	Ursprünglich sabinische Göttin mit der Funktion einer Beschützerin der Fürsten, die zur Stadtschirmerin wurde. In dieser Eigenschaft trat sie seit dem Ende des 6. Jh. v. Chr. neben die Stadtschirmherrin Juno in der kapitolinischen Trias Jupiter-Juno-Minerva. Irgendwann später Angleichung an die griech. Athene, wodurch sie auch zur Göttin der Handwerker wurde.

Fortuna Fortuna-Gottheiten, die in den verschiedensten Funktionen, Situationen, Örtlichkeiten Glück bringen sollten, gab es in Rom und im übrigen Italien (bes. Praeneste, Antium) in großer Zahl. Schon in der Königszeit begann die Angleichung an die griech. Tyche. Vgl. S. 68.

III. Kleine geisterartige altrömische Gottheiten

lares Meist paarweise verehrte stets freundliche Gottheiten, die man um Hilfe und Segen anging (ein einzelner *lar* aber auch möglich). Kapellchen für die *lares familiares*, in pompejanischen Häusern und anderswo zahlreich erhalten. *Lares compitales* verehrte man auf dem Lande an Flurgrenzen. Das Wesen der *lares* entsprach etwa dem der hilfreichen Heinzelmännchen im deutschen Märchen.

penates Schutzgeister, die eng mit Heimat, Haus, Hausherrn und Herd verbunden waren.

manes Die Geister der Verstorbenen. Die Vorstellung von ihnen stets vage bezüglich Menge und Wesen. *Manes* daher nur im Plural. Wenn man ihrer nicht in Gebet und Opfer gedachte, konnten sie sich rächen.

lemures oder Sie waren unheimlich spukende grünlich-bleiche, skelettdürre Totengeister, die
larvae die Lebenden schrecken und schädigen konnten.

genius Ursprünglich die als göttlich angesehene Zeugungskraft eines jeden Mannes. Später eine Art göttlicher Lebensgeist, der einem Manne wie ein persönlicher Schutzengel zur Seite stand. Besondere Verehrung des *genius* des Hausherrn. Über *Iuno*, die weibliche Entsprechung, siehe oben.

IV. Einige der sogenannten Indigitamentengötter

Genannt nach den *indigitamenta*, den liturgischen Büchern der *pontifices*, in denen sie mit den ihnen jeweils zukommenden Gebetsformeln und den Umständen, unter denen man sie anrufen sollte, verzeichnet waren. Mit ihnen verband sich keine gestalthafte Vorstellung, sie waren nur "Bestandteile von Gebetsformeln", ihre Namen waren durchsichtig. Beispiele: *Obarator* schützte das Pflügen, *Occator* das Eggen, *Subruncinator* das Jäten, *Messor* das Ernten, *Conditor* das In-die-Scheune-Bringen, *Promitor* das Aus-der-Scheune-Herausholen.

V. Im 6. und zu Beginn des 5. Jh. v. Chr. nach Rom gekommene Götter

Saturnus Ein noch in der Königszeit nach Rom gekommener italischer Gott des Ackerbaus, der seit Ende des 3. Jh. v. Chr. mit dem griech. Kronos gleichgesetzt wurde. Die ab dem 17.12 alljährlich gefeierten Saturnalien entsprachen etwa unserem Karneval.

Hercules Griech. Herakles. Seit Anfang des 6. Jh. in Rom. Der starke Gott mit der Keule war wegen seiner Unglück abwehrenden Kraft beliebt und hatte viele Kultstätten in Rom. Man verehrte ihn als Verteidiger, Schützer, Erhalter (*Defensor, Tutor, Conservator*).

Apollo	Noch vor 500 v. Chr. unmittelbar aus Griechenland übernommen. Zunächst Heilgott. Nach Ankunft des Äskulap (s.u.) wurde er u. a. auch als Siegbringer verehrt. Unter Augustus besondere Rolle als *Apollo Palatinus*.
Diana	Ursprünglich eine italische Göttin des nächtlichen Lichts, die früh die Eigenschaften einer illyrischen Frauengöttin und vor allem die der griech. Jägerin Artemis angenommen hat. Sie kam etwa gleichzeitig mit Apoll.
Castor	Gleichzeitig mit Apoll und Diana fand auch der griech. Kastor in Rom Eingang. Ursprünglich Gottheit des berittenen Adels, später auch der Seeleute. *Pollux* (griech. Polydeukes) galt in Rom weder als sein Bruder noch als Gott, war nur Tempelgenosse.
Venus	Die Göttin "Liebreiz" (= *venus*) ist von vornherein identisch mit der griech. Aphrodite, die wahrscheinlich seit etwa 500 v. Chr., spätestens aber seit 350 in Rom verehrt wurde. Ihre Bedeutung nahm als Mutter des Aeneas, später als Stammutter der Julier ständig zu.
Mercurius	Dieser italische Gott der Kaufleute, aus dessen Namen man das Wort *merx* = Ware heraushörte, kam 495 v. Chr. nach Rom. 100 Jahre später begann seine Angleichung an den griech. Hermes.
Aesculapius	Griech. Asklepios. Heilgott, der wohl schon seit 500 v. Chr. in Rom bekannt war. Seit 291 v. Chr. sein Tempel auf der Tiberinsel.

VI. In republikanischer Zeit bis etwa 200 v. Chr. hinzugekommene Götter

Dis Pater	Der griech. Unterweltsgott Pluton. Nicht vor 300 v. Chr. nach Rom gekommen. Erste offizielle Erwähnung 249 v. Chr. *"Dis"* (= *dives*: reich) ist eine Übersetzung des griech. Namens Pluton.
Priapus	Wohl im 3. Jh. v. Chr. aus Kleinasien (Lampsakos) nach Italien gekommener Gott der Gärten und Felder. Beim Landvolke sehr beliebt.
Silvanus	So hieß in Italien der griech. Waldgott Pan. Vgl. *Faunus* oben. Unklar, wann Silvanus nach Italien kam. Besonders in der Kaiserzeit sehr verehrt.

Die wichtigeren Priestertümer des Staatskultes

Name	pontifices	augures
Namens- deutung	*pontifex* = "Brückenmacher", "Wegbahner", vielleicht also die *p.* ursprünglich Priester, die mit Sühne- riten dem auf der Wanderung befindlichen Volk den Weg bahnten.	*augur* hängt wahrscheinlich irgend- wie mit *augere* (fördern) zusammen: "Träger förderlichen Zaubers".
Alter des Amtes	*p.* gab es von der Gründung Roms oder früher bis ins 4. Jh.n.Chr.	*a.* gab es zumindest seit der Grün- dung Roms bis zum Ende des 4.Jh.n.Chr.
Organisa- tionsform, Stellenzahl	Ein *collegium* [1] von 5, seit 300 v.Chr. 9, seit Sulla 15, seit Cäsar 16.	Ein *collegium* [1] von anfangs 3 oder 5, seit 300 v.Chr. 9, seit Sulla 15, seit Cäsar 16.
Beru- fung	Anfangs durch *cooptatio* [2]. Seit Ende des 3.Jh.v.Chr. der *pontifex maximus*, seit 104 v.Chr. alle *p.* in den *comitia tributa* gewählt.	Anfangs durch *cooptatio* [2]. Seit 104 v.Chr. durch Wahl in den *comi- tia tributa.*
Amts- dauer	Vom Amtsantritt an lebenslänglich.	
Aufgaben	Die *p.* hatten die Oberaufsicht über das gesamte Kultwesen, waren zuständig für sakralrechtliche Fragen (*ius pontificum*), die die Beziehungen zwi- schen Göttern und Menschen regelten, vor 300 v.Chr. zuständig für rechtliche Fragen überhaupt (vgl. S. 35 f) und für den Festkalender. Amtssitz war die *regia*, das ehemalige Haus der Könige am Forum. Der *pontifex maximus* ernannte den *rex sacrorum*, die 15 *flamines* und die 6 Vestalinnen, die sämtlich, wie auch die übrigen *pontifices*, seiner Disziplinargerichtsbarkeit unterstanden und im wei- teren Sinne zum Pontifikalkollegium gehörten. Seit Augustus war der Kaiser zugleich *p.max.*	Keine wichtigere staatliche Maß- nahme, keine Volksversammlung (außer den *concilia plebis*) war ohne *auspica*, ohne durch sie erwiesenes Einvernehmen mit den Göttern, rechtskräftig. Die Auspizien, d.h. die Beobachtung von Flug, Schrei oder Nahrungsaufnahme der Vögel, wur- den von Magistraten vorgenommen unter Assistenz der *a.* Gegen Ende der Republik beobachtete man vor- wiegend fressende Hühner. Damals zogen die Magistrate auch zeitweilig etruskische *haruspices* (Eingeweide- schauer) den *a.* vor. Die *haruspices* wurden aber nie Staatspriester. *Au- gures* besorgten auch die *inaugura- tio* (Weihung) von Tempeln und Priestern.
Rang, Tracht, Attribute	Bedeutendstes Priesterkollegium bis tief in die Kaiserzeit.	Zweitbedeutendstes Priesterkollegium. zumindest bis Ende der Republik.*A.* trugen den Krummstab (*lituus*).
Her- kunft	Die Priester des röm. Staatskultes waren bis 300 v.Chr. durchweg Patrizier, seitdem mit Ausnahme der *Salii*, des *rex sacrorum* und der 3 *flamines maiores* auch der Nobilität angehörige Plebejer zuge- lassen.	
Privilegien	Die Priester des röm. Staatskultes hatten Ehrenplätze bei Spielen und Festen und waren meist von Steuern und Militärdienst befreit.	

Die Anmerkungen stehen auf Seite 83.

Name	quindecimviri sacris faciundis	septemviri epulones
Namens-deutung	"Fünfzehn Männer für die Verrichtung von Kult-handlungen." - Der verständliche Name deutet auf das verhältnismäßig geringe Alter hin.	Von *epulum* (Ehrenmahl, Festmahl) abgeleitet.
Alter des Amtes	*qu.* gab es seit der Einführung der *libri Sibyllini* (vgl. S. 73) im 6. Jh.v.Chr. [4]	196 v.Chr. geschaffen. [4]
Organisa-tionsform, Stellenzahl	Ein *collegium* [1] von anfangs 2, seit 367 v.Chr. 10, seit Sulla 15, seit Cäsar 16.	Ein *collegium* [1] von an-fangs 3, dann 7, seit Cäsar 10.
Berufung	wie *augures*.	wie *augures*.
Amtsdauer	Vom Amtsantritt an lebenslänglich.	
Aufgaben	Die *qu.* befragten in Notzeiten im Auftrag des Senats die *libri Sibyllini* (vgl. S. 73), die im Tempel des *Iuppiter Capitolinus*, seit Augustus im Tempel des *Apollo Palatinus* lagen. So wur-den zwischen 500 v.Chr. und 200 v.Chr. be-deutende Gottheiten und Kultsitten griech. Her-kunft eingeführt. Die *qu.* hatten die Oberauf-sicht über die Kulte mit griech. Ritus und waren außerdem wohl noch Apollopriester.	Die griechische Sitte des *lectisternium*, bei dem be-kränzte Götterbilder auf Ruhebetten (*lectus, i*) an einem Tisch voller Spei-sen sich lagerten (*se sternere* = sich lagern), ist seit 399 v. Chr. in Rom bezeugt. 196 v. Chr. wurde zur Durchführung solcher Göttermahle (*epula*) eine eigene Be-hörde geschaffen, die *epulones*, die wahrschein-lich jedoch noch andere Aufgaben hatten.
Rang, Tracht, Attribute	Nur zwischen 500 und 200 v. Chr. waren sie sehr einflußreich.	Das unbedeutendste der 4 *sacerdotum amplissima collegia* (der mächtigsten Priesterkollegien), zu denen die pontif., augur., quinde-cimv. und *epulones* gehörten.
Herkunft	Die Priester des röm. Staatskultes waren bis 300 v.Chr. durchweg Patrizier, seitdem mit Ausnahme der *Salii*, des *rex sacrorum* und der 3 *flamines maiores* auch der Nobilität angehörige Plebejer zuge-lassen.	
Privilegien	Die Priester des röm. Staatskultes hatten Ehrenplätze bei Spielen und Festen und waren meist von Steuern und Militärdienst befreit.	

Die Anmerkungen stehen auf Seite 83.

Name	fetiales	fratres Arvales
Namens-deutung	Etymologie ungeklärt.	"Flurbrüder" (*arvum* = Flur).
Alter des Amtes	Das Amt uralt. Gegen 150 v.Chr. ging es ein. Von Augustus bis Mark Aurel wieder nachweisbar. [4]	Uralte Brüderschaft. Irgendwann in der ausgehenden Republik eingegangen. Von Augustus bis 304 n.Chr. wieder nachweisbar.
Organisa-tionsform, Stellenzahl	Ein *collegium* [1] von 20.	Eine *sodalitas* [3]; in der Kaiserzeit aus 12 *fratres* (Brüdern) bestehend.
Beru-fung	Durch *cooptatio*. [2]	Durch *cooptatio*. [2]
Amts-dauer	Vom Amtsantritt an lebenslänglich.	Vom Amtsantritt an lebenslänglich.
Aufgaben	Die *f.* zuständig für den zwischen-staatlichen Rechtsverkehr: Bündnis, Kriegserklärung, Sühneforderung. Meist übernahmen 2 *f.* zusammen eine Aufgabe, der eigentliche Bevoll-mächtigte von ihnen hieß *pater patratus*. Bei der Kriegserklärung warf er eine blutige Lanze in Fein-desland, seit 282 v.Chr. in fiktives Feindesland, da die Grenzen nun-mehr von Rom zu weit weg waren. Aufgabe der *f.* war, die Götter und damit das Recht auf Seiten Roms zu halten. Mit Ausnahme der Kriegs-erklärung verloren sie früh ihre Befugnisse an Gesandte (*legati*).	Die *fr.Arv.* besorgten den staatlichen Flurumgang (*ambarvalia, orum*) im Mai für die Fruchtbarkeit der Äcker. Dabei kompliziertes urtümliches Ritual mit Tanz und dem Gesang eines ihnen selbst be-reits unverständlichen *carmen* (Liedes); das *carmen* aus dem beginnenden 5.Jh.v.Chr., auf einer In-schrift von 218 n.Chr. erhalten, ist das sprachlich älteste Denkmal lateinischer Literatur. Ihre Götter ursprünglich Mars und Laren; in der Kaiserzeit war die sonst unbekannte Dea Dia ihre Hauptgöttin.
Rang, Tracht, Attribute	Früher Niedergang einstiger Be-deutung, wie die Auflösung gegen 150 v.Chr. zeigt.	Früher Niedergang. In der Kaiserzeit einer der *fr.Arv.* immer der Kaiser selbst.
Herkunft	Die Priester des röm. Staatskultes waren bis 300 v.Chr. durchweg Patrizier, seitdem mit Ausnahme der Salii, des *rex sacrorum* und der 3 *flamines maiores* auch der Nobilität angehörige Plebejer zugelassen.	
Privilegien	Die Priester des röm. Staatskultes hatten Ehrenplätze bei Spielen und Festen und waren meist von Steuern und Militärdienst befreit.	

1) *collegium*: ein Kreis von Fachleuten, der die Behörden über die Pflichten gegen die Götter berät.
2) *cooptatio*: Selbstergänzung, indem sich das Kollegium auf ein neues Mitglied einigt.
3) *sodalitas*: Brüderschaft, Genossenschaft, die einzelne bestimmte Kulthandlungen gemein-schaftlich durchführt, sich nie von einzelnen ihrer Mitglieder vertreten läßt und deren Mitglieder ursprünglich einem bestimmten Geschlecht entstammten.
4) Etwa im 3. Jh.n.Chr. ist mit dem Untergang der alten Priestertümer zu rechnen, über deren Ende keine genaueren Angaben erhalten sind.

Name	Salii
Namens- deutung	"Tänzer" (*salire* = springen, tanzen)
Alter des Amtes	Uralte Bruderschaften. Die Tracht weist auf das 7. Jh.v.Chr. [4]
Organisations- form, Stellen- zahl,	Es gab 2 *sodalitates* [3]: 12 *Salii Palatini* und 12 *S. Collini.*
Berufung	Durch *cooptatio.* [2]
Amtsdauer	Vom Amtsantritt an lebenslänglich .
Aufgaben	Die *S. Palatini* und die *S. Collini* [*collis* = *Quirinal*] erinnern in ihrer Zweiteilung an die Zeit vor Ver- einigung der Latiner auf dem Palatium mit den Sabinern auf dem Quirinal. Die *S.* nahmen im März und Oktober, also zu Beginn und Ende der Feldzüge, Reinigungsriten am Kriegsgerät vor mit Umzügen, Waffentänzen und dem Absingen des vor Alter unverständlichen *carmen Saliare,* in dem vor allem Mars, Quirinus, Jupiter, Janus angerufen wurden.
Rang, Tracht, Attribute	Metallbeschlagene Pelzmütze in Form einer Mitra (*galerus*), bunte *tunica* (Untergewand), darüber *trabea* (weißer purpurgesäumter Reitermantel), altertümliche Schilde [*ancilia*], Speere, Schwerter: also eine alte Kriegertracht.
Herkunft	Die Priester des röm. Staatskultes waren bis 300 v.Chr. durchweg Patrizier, seitdem mit Ausnahme der *Salii,* des *rex sacrorum* und der 3 *flamines maiores* auch der Nobilität angehörige Plebejer zuge- lassen.
Privilegien	Die Priester des röm. Staatskultes hatten Ehrenplätze bei Spielen und Festen und waren meist von Steuern und Militärdienst befreit.

Die Anmerkungen stehen auf Seite 83.

Name	Luperci	soldales Augustales	rex sacrorum bzw. r. sacrificolus
Namens-deutung	In *Lup.* steckt entweder ein Gottes-name, oder etwas, das man erbittet, - *perci* ist verwandt mit *preces* = Bitten	Für den Kult der toten und zu Göttern gewordenen *principes* (Kaiser) wurden in der Kaiserzeit nacheinander die 4 Sodalitäten 2) der *Augustales, Flaviales, Hadrianales, Antoniniani* gegründet, also je eine Sodalität für die Herrscher eines Hauses.	"Kultkönig"
Alter des Amtes	*L.* gab es von der Gründung Roms bis ins 5. Jh.n.Chr.		Seit Beginn der Republik[1].
Organisa-tionsform, Stellenzahl	2 *sodalitates* 2): *Luperci Quinctiales* und *L. Fabiani*; Stellenzahl unbekannt.		Der *r.s.* und seine Gemahlin, die *regina s.*, waren Einzel-priester, gehörten aber zum erweiterten Pontifikalkollegium.
Berufung	Durch *cooptatio.* 3)		Ernennung durch den *pontifex maximus.*
Amtsdauer	Vom Amtsantritt an lebenslänglich.		Vom Amtsantritt an lebenslänglich.
Tracht, Attribute	Nur mit einem Lenden-schurz aus Bocksfell bekleidet.		
Aufgaben	An den *Lupercalia* (15. Febr.) liefen die *L. Quinctiales*, Priester des Hirtengottes Faunus, ums Palatium zur Abwehr böser Mächte von Menschen und Vieh und zum Anlocken von Segen und Fruchtbarkeit. Gleiches taten die *L.F.* beim Quirinal.Die *Lup.* ent-stammten ursprünglich nur jeweils der *gens Quinictia* oder der *gens Fabia* (dem Geschlechte der Quinctier oder dem der Fabier).		Der *r.s.* und seine Gattin übernahmen nach dem Sturz der Königsherrschaft (traditionelles Datum: 510 v.Chr.) die sakralen Obliegenheiten des Königs-paares. Der *r.s.* durfte nie Magistrat werden: Angst vor der Monarchie. - In der ausgehenden Republik war er vor allem Januspriester und die *regina s.* Priesterin der Juno. Früher dürfte sein Aufgabenbereich größer gewesen sein.
Rang			Zu Beginn der Republik wohl höchstrangiger Priester. Später unterstand er dem *pont.max.*, war aber im Rang höher als alle *flamines*.
Herkunft	Die Priester des römischen Staatskultes waren bis 300 v. Chr. durchweg Patrizier, seitdem mit Ausnahme der *Salii*, des *rex sacrorum* und der 3 *flamines maiores* auch der Nobilität angehörige Plebejer zugelassen.		
Privilegien	Die Priester des römischen Staatskultes hatten Ehrenplätze bei Spielen und Festen und waren meist von Steuern und Militärdienst befreit.		

Die Anmerkungen stehen auf Seite 83.

flamines	virgines Vestales	Name
Vielleicht verwandt mit indisch *Brahmane* und altisländisch *blot* = Opferfest.	"Jungfrauen der Vesta"	Namens-deutung
Fl. gab es seit der Gründung Roms. 87 - 11 v.Chr. war das Amt des *fl. Dialis* verwaist.[1]	Von der Königszeit bis zum Ende des 4. Jh.n.Chr. gab es *v. V.*	Alter des Amtes
Wie *rex sacrorum.*	Die *virgo Vestalis maxima* und ihre 5 Gefährtinnen gehörten zum Pontifikalkollegium im weiteren Sinne.	Organisa-tionsform, Stellenzahl
Wie *rex sacrorum.*	Im Alter von 6 - 10 Jahren vom *pont.max.* ausgewählt.	Beru-fung
Vom Amtsantritt an lebenslänglich.	30 Jahre	Amts-dauer
	Tracht der römischen Braut	Rang, Tracht, Attribute
Die Oberpriester von 15 mindestens seit dem 7. Jh.v.Chr. im Rom beheimateten Gottheiten waren *flamines. 3 flamines maiores der* alten Trias *Jupiter, Mars, Quirinus, 12 fl. minores,* z.B. des *Vulcanus, Portunus, Volturnus,* der *Ceres, Flora, Pomona, Furrina.* Der *fl. Dialis,* der Priester des Jupiter, unterlag, ähnlich den Priestern und Königen von Naturvölkern, strengen Tabubestimmungen, die auf ein hohes Alter des Amtes schließen lassen. Er durfte den *galerus* nie absetzen, keine Nacht von Rom fern sein, kein Pferd besteigen, nicht von Tod und Unterwelt reden, manche Speisen nicht essen, viele Dinge nicht berühren oder sehen usw. Augustus milderte die Bestimmungen.	Neben anderen kultischen Obliegenheiten mußten die *v. V.* das Feuer am Vestatempel hüten, Opferspeise bereiten und dazu Quellwasser herbeiholen. Sie wurden einem sehr komplizierten Zeremoniell unterzogen. Zurückgezogen lebten sie im *atrium Vestae* neben dem Vestatempel auf dem Forum. Brach eine von ihnen ihr Keuschheitsgelübde, ließ der *pontifex maximus* sie lebendig begraben. - Verurteilte wurden frei, wenn ihnen zufällig eine Vestalin begegnete.	Aufgaben
Die Priester des römischen Staatskultes waren bis 300 v.Chr. durchweg Patrizier, seitdem mit Ausnahme der *Salii,* des *rex sacrorum* und der *3 flamines maiores* auch der Nobilität angehörige Plebejer zugelassen.		Herkunft
⟵	Ehrenplatz bei Spielen. Bei Ausgang von einem Liktor begleitet. Ein Konsul ließ die *fasces* seiner Liktoren vor ihnen senken.	Privilegien

1) Etwa im 3. Jh.n.Chr. ist mit dem Untergang der alten Priestertümer zu rechnen, über deren Ende keine genaueren Angaben erhalten sind.
2) *sodalitas:* Brüderschaft, Genossenschaft, die einzelne bestimmte Kulthandlungen gemeinschaftlich durchführt, sich nie von einzelnen ihrer Mitglieder vertreten läßt und deren Mitglieder ursprünglich einem bestimmten Geschlecht entstammten.
3) *cooptatio:* Selbstergänzung, indem sich das Kollegium auf ein neues Mitglied einigt.

STOA UND EPIKUREISMUS, DIE IN DEN JAHRHUNDERTEN UM CHRISTI GEBURT EINFLUSSREICHSTEN PHILOSOPHENSCHULEN

I. Geschichtliches

E r ö f f n u n g beider Schulen gegen 300 v.Chr. in Athen. Schullokal der einen eine Säulenhalle (griech. *stoa*), der anderen der Garten (griech. *kepos*) Epikurs. Dessen Lehre erfuhr im Gegensatz zur Stoa im Laufe der langen Schulgeschichte praktisch keinen Wandel; ihr in der hellenischen Welt ursprünglich großer Einfluß ließ in der Kaiserzeit nach; endgültiges Absterben seit dem 3. Jh.n.Chr.

Begründer der Stoa **Zenon,** aber Ausbau zu einem geschlossenen System durch **Chrysipp** (281-208 v.Chr.). Charakteristisch für die sog. ältere Stoa die Rigorosität der sittl. Anforderungen (siehe unten Beispiel mit dem gestohlenen Huhn!) und die Einengung der Philosophie auf e i n e n Zweck: Hinführung zum glücklichen Leben. Milderung der Forderungen und starke Ausweitung des Gesichtsfeldes in der sog. mittleren Stoa; deren Hauptvertreter **Panaitios** (vgl. S. 76) und **Poseidonios** (135-51 v.Chr.). Die Stoa der Kaiserzeit, die sog. jüngere Stoa, beschränkte sich wieder vorwiegend auf die Ethik, und zwar nur die praktische, seelsorgerische; ihre theoretische Begründung im Zusammenhang des philosophischen Systems wurde jetzt belanglos; damalige Hauptvertreter: **Seneca, Epiktet, Mark Aurel** (vgl. S. 91). Mit dem 3. Jh.n.Chr. endete der unmittelbare Einfluß der Stoa.

II. Gemeinsamkeiten beider Schulen

1) Gemeinsamer Ausgangspunkt: Untergang der Polis und der alten Religion in Griechenland.
2) Zweck der Philosophie nicht so sehr Wahrheitsfindung als vor allem Wegweisung zum Glück für den einzelnen Menschen, daher Vorrang der Ethik.
3) Schaffung einer neuen Stätte der Geborgenheit; die verlorene Polis sollten der Kosmos (Stoa) bzw. der Bund der Freunde (Epikur) ersetzen.
4) Einziges Mittel der Erkenntnis die Vernunft, und sie galt als das wahrhaft Göttliche.
5) Tugend und Seelenruhe Voraussetzungen der Glückseligkeit.
6) Geringschätzung der Güter dieser Welt (Reichtum, Macht, Ansehen).
7) Aufbau eines geschlossenen (d.h. vermeintlich in allen Punkten unwiderlegbaren) philosophischen Systems (infolge der Überbewertung der Vernunft!).

Zu diesem Überblick vgl. auch S. 76 und S. 91.

III. Die Lehrsysteme

1. Physik (= Naturphilosophie)

Stoiker	**Epikureer**

Stoiker

Die Welt ist ein einziger Organismus. Alles in ihr, auch die einzelnen Menschen, sind nur Teile dieser e i n e n Natur. Diese Natur oder Welt ist beseelt, gleichmäßig durchwaltet vom Logos, der Vernunft, allegorisch auch Zeus, Jupiter geheißen. Gott ist also in allem (Pantheismus). Daher geschieht alles sinnvoll, ist unabänderliches *fatum*, eine Folge göttlicher Vorsehung (= *providentia*). Für die menschliche Willensfreiheit ist also, genau genommen, kein Spielraum (Determinismus)! Die Weltvernunft wird auch stofflich als Feuer oder feuriger Lufthauch gesehen, der alles durchdringt, beseelt. Aus Feuer entstand die Welt, indem sich die anderen Elemente aus ihm abschieden, und später, beim Weltende, verschlingt das Feuer wieder alles. Dieser Prozeß wiederholt sich unablässig und unverändert, Weltjahr um Weltjahr, in ewiger Wiederkehr. Ein solches - weitgehend **Heraklit** entlehntes - Weltbild war

Epikureer

"Das All ist ewig, grenzenlos u. im ganzen unveränderlich; unzählige Atome bewegen sich im unendlichen, leeren Raum; unaufhörlich verbinden sie sich und trennen sich wieder. Es gibt unzählige Welten, alle aus Atomen gefügt und der unsrigen teils ähnlich, teils unähnlich. Die Atome sind unzerlegbar, unzerstörbar, undurchdringlich; sie unterscheiden sich in Gestalt, Schwere und Größe. Körper und Seele bestehen aus ihnen..." Die Götter, schön und selig, wohnen in den *intermundia*, den Bereichen zwischen den Welten, ohne aber auf Welt und Menschheit einzuwirken. Im Gegensatz zu **Demokrit,** von dem diese Kosmologie großenteils stammt, herrscht im Weltprozeß nicht nur das Kausalitätsprinzip, auch Zufälle gibt es (also kein Determinismus). - Diese Naturlehre war nicht zweckfrei: sie sollte 1. die Erkenntnistheorie bestätigen, 2. von der Furcht vor den Göttern und einem ungewissen Jenseits befreien.

Stoiker

nicht zweckfrei; es hatte eine religiös-ethische Aufgabe. Die Betrachtung des wohlgeordneten Kosmos sollte den Menschen erbauen und außerdem mahnen, selber so harmonisch zu werden und in Übereinstimmung mit der Harmonie der Natur zu gelangen. Ferner sollte ihm der Kosmos ringsum ein Gefühl der Geborgenheit geben, die Überzeugung, "Kosmopolit" zu sein, Bürger des Kosmos.

2. Dialektik (= Logik)

Die menschliche Seele ist Teil der Weltseele, des Logos. Daher ist der Mensch imstande zu echter Erkenntnis der Natur, ihrer Zusammenhänge und des Verhaltens in ihr. Die stoische Dialektik erörtert, wie man zu wahren Erkenntnissen kommen kann, wie man diese als solche beweist, von falschen unterscheidet und sie sprachlich ausdrückt.

3. Ethik

Die Tugend (*virtus*) ist der oberste Wert (*summum bonum;* griech. *telos*). Alles andere im menschlichen Leben ist völlig unwichtig. Tugend ist aber nur durch Wissen möglich, durch wahre Erkenntnis der Natur des Kosmos und der Stellung des Menschen darin. Der Kosmos wird durch den Logos regiert, der Mensch handelt also naturgemäß (*secundum naturam*), wenn er seinem Logos als Teil des Weltlogos gehorcht. Das bedeutet Ausschaltung der Leidenschaft, der Affekte. Höchstes Ideal der Stoa: der Weise (*sapiens*). Er lebt in *völliger,* "stoischer" Leidenschaftslosigkeit (*tranquillitas animi*), im Besitze der *virtus* und daher des Glücks (*vita beata*). Für ihn zählt nur das moralisch Gute (*honestum*) oder Schlechte (*turpe*), nicht die moralisch indifferenten Dinge (*res mediae*), obwohl bei diesen zwischen Vorteilhaftem (*producta, orum*), wie Gesundheit, Besitz, Ehre und Unvorteilhaftem (*reiecta, orum*), wie Schmerz, Krankheit, Armut, zu trennen ist. Der Weise entscheidet sich nur dann für die *producta*, wenn es mit seiner Tugend vereinbar ist. Denn auf ihr beruht allein sein Glück. Es wird auch nicht beeinträchtigt, wenn er im Gefängnis verhungert oder grausam gefoltert wird (*etiam in tormentis beatus est sapiens*)! So ist er in den Wechselfällen des Lebens (*iniuriae fortunae*) trotz Determinismus innerlich ganz frei! Wenn er gezwungen wird zu schändlichem Tun (z.B. von einem Tyrannen), also die *virtus*, das höchste Gut, aufgeben soll, wählt er den "Freitod". Nur er, der *sapiens*, zählt. Alle anderen gehören zur Kategorie der *insani*. Mag also einer ein Huhn gestohlen oder seinen Vater umgebracht haben (spöttisches Beispiel Ciceros!), in beiden Fällen ist er tugendlos, gehört er zu den *insani*. - Als Politen des e i n e n Kosmos sind alle

Epikureer
2. Kanonik (= Erkenntnistheorie)

Grundlegende Voraussetzung: die Sinneswahrnehmungen trügen nicht. Denn von der Oberfläche der Dinge bzw. der Atomgefüge selbst lösen sich ständig aus Atomen gestaltete Bildchen u. treffen auf unsere Sinnesorgane. Durch wiederholte Wahrnehmungen bilden sich Allgemeinvorstellungen, Begriffe (gr. *prolepseis*). Durch Kombination dieser bilden sich Meinungen, deren Wahrheitsgehalt wieder durch Wahrnehmungen überprüfbar ist. Wahrheitskriterien sind bei der Beurteilung eines Tatbestandes daneben die auch auf Sinneswahrnehmungen zurückführbaren Lust- und Unlustgefühle (gr. *pathe*). So beruht alle Erkenntnis letztlich auf Sinneswahrnehmungen (Sensualismus).

3. Ethik

Mit Hilfe seiner Kanonik erkennt Epikur als den höchsten Wert die Lust (*voluptas*). Lust ist etwas Statisches, der Zustand der Freiheit von körperlichem Schmerz (*dolor*) und seelischer Unruhe (*perturbatio, motus*). Er gleicht der Meeresstille (*maris tranquillitas, gr. galene*). Man sollte daher seitab im Verborgenen leben, fern der Politik, ehe- und kinderlos. Die verlorene Gemeinschaft der Polis ersetzt ein Bund der Freunde. Sodann muß man, um frei von innerer Unruhe zu leben, tugendhaft (*sapienter, honeste iusteque*) leben und bedarf ferner der Besonnenheit (*temperantia*), um zwischen den Freuden die herauszufinden, die hernach keine Unlustgefühle (*molestiae*) bereiten. Jeder hat so die Freiheit, sein Leben selber zu gestalten (kein Determinismus, s.o.). Materielle Güter (*pecunia, imperium, opes, gloria*) sind darum nicht erforderlich: "Der Weise kann sich bei Wasser und Brot mit der Glückseligkeit des Zeus messen." Um Lust, heitere Glückseligkeit zu empfinden, muß man ganz in der Gegenwart aufgehen können. Furcht vor Künftigem darf man nicht haben. Furchtbefreiung daher Aufgabe der Philosophie. Todesfurcht nun, Furcht vor einem dunklen Jenseits sind unbegründet, "denn solange wir noch da sind, ist der Tod nicht da; stellt sich aber der Tod ein, so sind wir nicht mehr da." Ein Jenseits gibt es nicht, im Moment des Todes zerstreuen sich die Atome der Seele, und jede Empfindung hört sofort auf. Götterfurcht ist ebenfalls unbegründet, da diese sich um die Menschen nicht kümmern (*di humana non curant*), wie die Physik beweist.

Menschen einander Brüder, auch Barbaren und Sklaven. Tätigkeit für die mitmenschliche Gemeinschaft, Politik, lehnt der Stoiker aus diesem Grunde nicht ab: *sapiens accedit ad rem publicam.*

IV. Nachwirkung beider Lehren

Kein Nachleben des Epikureismus im Christentum. Die Neuzeit (besonders die moderne Physik und Karl Marx) interessierte sich fast nur für dessen Naturlehre, die aber mehr das Werk Leukipps und Demokrits ist.

Starke Nachwirkung der Stoa im Christentum über Paulus, den Evangelisten Johannes und die Kirchenväter (den für die christliche Ethik zentralen Begriff "Gewissen" hat Paulus der Stoa entlehnt!) und in der neuzeitlichen Geistesgeschichte: der Stoa entlehnt sind unsere Vorstellungen vom Naturrecht (Gegensatz: das unterschiedliche positive Recht der einzelnen Staaten); von der Naturreligion (Gegensatz: die unterschiedlichen Dogmen der einzelnen Konfessionen); von Weltbürgertum und allgemeiner Menschenliebe; von der Menschenwürde (der Mensch als Vernunftwesen); von der Freiheit, nur dem eigenen Gewissen zu gehorchen; vom Pantheismus (z.B. bei Spinoza und Goethe). Nach Dilthey geht von der Stoa der "stärkste und dauerndste Einfluß" aus, den je eine philosophische Ethik hat erringen können.

V. Rom und die Stoa

Der starke Einfluß der Stoa auf die führenden Schichten Roms beruhte:

1) auf dem stetigen, unbeirrbaren und mitreißenden Appell an die Tugend, denn die Römer schätzten schon von sich aus die Bedeutung der Moral hoch ein, und ihnen traten hier ihre eigenen alten (gewissermaßen *a priori* stoischen) Römertugenden neugestaltet entgegen (vgl. S. 76);

2) auf der stoischen Anerkennung politischer Tätigkeit, vor allem auf der Möglichkeit, römisches Sendungsbewußtsein und römische Weltherrschaft stoisch zu interpretieren: Rom vertritt die Weltvernunft unter den Menschen, indem es überall für Friede, Ordnung, Gesetzlichkeit sorgt;

3) auf dem Sinn der mittleren Stoa für Bildung und weltmännischen Lebensstil;

4) auf dem Rückhalt, den die Gegner des Prinzipats an der stoischen Philosophie hatten: man behielt das Gefühl innerer Freiheit, auch angesichts der Willkür eines Tyrannen.

aller äußeren Beeinflussung und aller Skepsis im einzelnen, eines vom Väterglauben ungeschmälert erhalten: der Glaube an Roms Sendung, an seinen göttlichen Auftrag unter den Völkern des Erdkreises.

Reformen des Augustus

Ohne ein echtes Verhältnis zum Staatskult keine gute Staatsgesinnung! In dieser Erkenntnis unternahm Augustus seine religiöse Reform. Sie gelang, hielt aber nicht lange vor. Fünf Umstände halfen ihm dabei: 1) seine enorme Autorität; 2) er stand nicht allein, schon seit längerem befürworteten einige Einsichtige (z.B. der Antiquar Varro und Cicero) die Neubelebung der Väterreligion im Interesse der sittlichen Erziehung; 3) die Vorherrschaft der vernunftbestimmten Aufklärung war bereits gebrochen, wie schon der Wandel der Stellung zur Philosophie vom Scipionenkreis bis zu Cicero und Lukrez andeutete; überhaupt hatte im gesamten griechisch-römischen Geistesleben eine Rückbesinnung auf das Alte eingesetzt (vgl. in der Literatur z.B. die Erscheinung des Attizismus); 4) das Wunder der *pax Augusta* (Frieden des Augustus) nach einem Jahrhundert ständiger Wirren weckte religiöse Bereitschaft; 5) der größte Dichter Roms, Vergil, wurde zum Künder dieses Wunders.

Die einzelnen Götter der alten Bauernkultur konnten nicht wieder zum Leben erwachen. Aber man war bereit, der Religion der Vorfahren als Gesamterscheinung den schuldigen Respekt zu erweisen. Augustus selber gab ein Beispiel als *pontifex maximus* und Mitglied fünf weiterer Priesterkollegien und -sodalitäten. Man eiferte ihm nach, nicht zuletzt, weil es der gesellschaftlichen Stellung und Karriere zugute kam. Viele Tempel wurden gebaut oder erneuert; 28 v.Chr. sollen allein in Rom 82 Tempel restauriert worden sein. Zur Festigung der Stellung von Prinzipat und Kaiserhaus wurden neue Kulte eingeführt, so der des Mars Ultor, des Rächers von Philippi, und des Apollo Palatinus, der als Sieger von Aktium Maß, Mitte, Vernunft und abendländische Ordnung verkörperte gegenüber den vom Orient her drohenden Kräften des Chaos.

Neu war auch der *Kaiserkult*. Mit römischen Vorstellungen war die Gottwerdung eines lebenden Menschen unvereinbar; der Abstand zwischen den schwer faßbaren göttlichen Kräften, deren unter griechischem Einfluß vollzogene Gestaltwerdung immer nur oberflächlich blieb, und den Menschen war nicht zu überbrücken. Daher galten im konservativen Staatskult der Hauptstadt bis zum Ende des 2. Jh.n.Chr. nur tote Kaiser als Götter, was ja irgendwie zum angestammten Ahnenkult der *nobiles* (Vornehmen) paßte. Aber überall in den Provinzen und in Italien - besonders da, wo Griechen und Orientalen ansässig waren - setzte sich der Kult des lebenden Kaisers schnell durch. Er hatte seine Wurzeln 1) im orientalischen Gottkönigtum, fortgesetzt von den hellenistischen Herrschern, 2) in der griechischen, der Sophistik des 5. Jh.v.Chr. entstammenden Vorstellung von den gottähnlichen Möglichkeiten selbstherrlichen Machtmenschentums, 3) in dem weithin im Osten verbreiteten Wunsch nach einem neuen sichtbaren Heiland, da die alten Götter immer ferner und blasser wurden.

Kaiserzeit und Ende

Bis zum Ende des 2. Jh.n.Chr. hielt sich der Staatskult augusteischer Prägung. Erst in den Wirren des 3. Jh. ging er restlos zugrunde. Die individuellen religiösen Bedürfnisse hatte er niemals befriedigt. Die Menschen der Mittelmeerwelt befanden sich damals allgemein in seelischer Not. Früher, in den übersichtlichen Verhältnissen der kleinen Stadtstaaten und Stammesverbände, hatten sie sich zurechtgefunden und heimisch gefühlt. Viele von ihnen hatten in den Volksversammlungen sogar aktiven Anteil an der Gestaltung ihres politischen Schicksals genommen. Jetzt dagegen, in den hellenistischen Großstaaten und anschließend im römischen Reich, wurde über sie ohne ihr Zutun verfügt: Steuern, gesetzliche Verfügungen, Geldentwertungen, politische Wirren und Kriege brachen scheinbar wie von ungefähr über sie herein, denn sie konnten die Zusammenhänge - Zeitungen gab es noch nicht - nicht mehr überblicken. Hinzu kamen die Begleiterscheinungen einer alternden Zivilisation. Was an wesentlichen Gedanken und Vorstellungen da war, war bereits jahrhundertealt, jedenfalls zur Kaiserzeit. Nichts Neues gab der zur seelenlosen Maschinerie gewordenen alten Kultur belebende Impulse, entfachte in den gelangweilten und gequälten Menschen Begeisterung. Infolge dieser Umstände fühlte man sich dem Schicksal hilflos ausgeliefert und in der irdischen Welt nicht mehr geborgen, sie wurde einem fremd. So begannen die den Menschen umgebenden Dinge der Außenwelt gleichsam zu verblassen und fernzurücken. Man verstand sie nicht, wollte sie schließlich auch gar nicht mehr verstehen. Übrig blieb das Gefühl der Hilflosigkeit vor der Übermacht des Schicksals und die Qual angesichts des zermürbenden Einerleis einer überalterten Epoche. Daher begann das Denken der Menschen sich mehr und mehr auf das eigene Ich und seine Not zu konzentrieren. Hier versprachen nun Philosophie, Mysterienreligionen, Astrologie, gnostische Systeme und die dazwischen liegenden Übergangsformen, z.B. Neupythagoreismus, ferner Scharen von Wundermännern, Geisterbeschwörern, Bettelpredigern und Scharlatanen aller Art, die das Reich durchzogen, Erlösung von der Bedrängnis, Befreiung von der Allmacht des Schicksals.

Vorwiegend für Gebildete blieb die *Philosophie* Religionsersatz. Am bedeutendsten unter den philosophischen Richtungen war die Stoa mit ihren berühmten Vertretern Seneca (4 v.Chr. - 65 n.Chr.), Epiktet (60-140), Kaiser Mark Aurel (121-180). Der Kynismus spielte damals eine gewisse Rolle als eine oft von Bettelpredigern verbreitete Vulgärform der Stoa. Das Epikureertum verlor schnell an Bedeutung. Gemeinsam war den verschiedenen philosophischen Richtungen ein ununterbrochener mahnender und predigender Appell an die Vernunft und Besonnenheit. Man gelange zum Seelenfrieden durch Verachtung der Güter dieser Welt; die eigentlichen Werte lägen nicht in Staat und Gesellschaft, sondern beim Ich; der vernünftige Teil der Seele, das bessere Ich, sei das wahrhaft Göttliche; wenn es zur Herrschaft gelangt sei, dann habe man den Seelenfrieden und sei selbst ein Gott. Die alten Götter seien nicht unbedingt zu leugnen, sie seien aber (wie auch die übrige Außenwelt, siehe oben), fern und blaß.

Die verbreitetsten *Mysterienkulte* waren die des Attis (Herkunft: Phrygien), des Mithras (Herkunft: Iran), des Adonis (Herkunft: Syrien) und der Isis- und Osiriskult (Herkunft: Ägypten). Ihre Anhänger entstammten allen Schichten. Gemeinsam war den Mysterienkulten: Einteilung in kleine Gemeinden; diese in verschiedene Einweihungsgrade gegliedert; geheime Lehren und orgiastische Riten mit dem Ziel des Einswerdens mit dem Gott in der Ekstase; dadurch Teilhabe an seiner Kraft, was z.B. Bewahrung vor Gefahren, Krankheit, Mißerfolg, kurz, allem Verhängnis des Schicksals bedeuten konnte; Reinigung und Gewähr eines seligen Lebens nach dem Tode.

Die Anhänger der verschiedenen Formen der *Gnosis* schlossen sich zu kleinen Mysterien- und Taufsekten zusammen. Sie glaubten, daß der Mensch bzw. sein Selbst in dieser Welt seinem Wesen nach völlig fremd und ohne alle Schuld in sie, diese "stinkende, finstere Höhle", geraten sei. Gott habe nun aus Mitleid mit den Menschen seinen Sohn in Menschengestalt in diese Welt gesandt, damit sie über ihre wahre Heimat, eine himmlische Lichtwelt, und den Rückweg zu ihr belehrt würden. Mit Gnosis (= Erkenntnis; ein griech. Wort), ist die Erkenntnis gemeint, wie die Welt wirklich sei, die Erkenntnis von der wahren Situation des Menschen, daß er nämlich seiner Natur nach gar nicht ins finstere Diesseits hineingehöre und fortzustreben habe. Diese Erkenntnis wird dem einzelnen durch ein Erweckungserlebnis zuteil, einen ihm geltenden Ruf aus dem Jenseits. Die Jenseitsbestimmtheit bzw. Weltunabhängigkeit des Menschen wurde in manchen gnostischen Sekten durch eine asketische Lebenshaltung demonstriert, in anderen dagegen durch Lossagung von allen sittlichen Bindungen. Besonders im 2.Jh.n.Chr. stellte die Gnosis eine bedeutende geistige Macht dar. Ihre Gedanken drangen in die damalige Philosophie ein, in Mysterien- und Christengemeinden. Ob man im gnostischen Mythos dem Gottessohne nun die Gestalt des Attis, Adonis oder Christi gab, war unwesentlich, das Ganze wollte ohnehin nur allegorisch aufgefaßt werden. Innerhalb des Christentums siegte gegen die gnostisch infizierten Gemeinden nach langer erbitterter Auseinandersetzung schließlich die Orthodoxie. Ab 200 n.Chr. etwa verfiel die Gnosis, deren Lebensfähigkeit ohnehin ihre Grenzen hatte. Sie war nämlich mit ihren einander teilweise widersprechenden Mythen - hinter denen sich abstrakte Vorstellungen verbargen - Ausdruck einer nur in dieser damaligen Weltstunde existierenden Bewußtseinslage, in der (noch!) intellektualistischer Weltzweifel und (schon das künftige Mittelalter ankündigend!) naive Mythengläubigkeit einander die Waage hielten.

Die Verehrung der *Gestirnsgötter* und die Astrologie, die beide untrennbar mit dem Glauben an die Allmacht des Schicksals verbunden sind, gewannen in der Kaiserzeit wachsende Bedeutung. Damals drang unsere noch heute gebräuchliche Planetenwoche ein! Schon Augustus, mehr noch Tiberius, waren Anhänger der Astrologie. Im 3. Jh.n.Chr. wurde der Einfluß der syrischen Gestirns- und Himmelsgötter dominierend; mit Elagabal erreichte ein syrischer Sonnenpriester sogar die Kaiserwürde, und Aurelian erhob schließlich den syrischen Sonnengott zum obersten Reichsgott.

Deutliches Zeichen des zu Ende gehenden antiken Heidentums war der schon vor der Kaiserzeit beginnende und jetzt immer mehr zunehmende *Synkretismus* mit seiner monotheistischen Tendenz. Synkretismus bedeutet, daß die Besonderheiten der einzelnen Götter mehr und mehr dahin-schwanden.Sie erschienen als wechselnde Aspekte derselben Grundvor-stellung. So wurde z.B. Mithras u.a. mit Zeus, Helios, Serapis gleichge-setzt, Isis u.a. mit Demeter, Hera, Aphrodite, Astarte.

Zum letzten Male suchte die mächtige philosophisch-religiöse Bewegung des *Neuplatonismus* im 3. Jh.n.Chr. die geistigen Kräfte des Heidentums zur Abwehr des immer mehr um sich greifenden Christenglaubens zu vereinen. Ziemlich alle damals in der Mittelmeerwelt verbreiteten heidni-schen Glaubensrichtungen und philosophischen Lehren sollten nach Vor-stellung führender Geister dieses "neuen Platonismus aus orientalisch-mystischem Geiste" miteinander versöhnt werden und in einem einzigen theologischen System ihren Platz erhalten. Aber der Neuplatonismus war für eine Weltreligion zu intellektuell; denn in seiner Lehre triumphierte ein letztes Mal griechisch-antikes Weltgefühl in dem Gedanken, daß nur der Mensch sich Gott nähern könne, der klug genug zum philosophischen Denken sei. Römisch-antike *religio* äußerte sich hingegen zum letzten Male im Mailänder Toleranzedikt der Kaiser Konstantin und Licinius von 313 n.Chr.: Den Christen wurde freie Religionsausübung gestattet, "damit alle (!) Götter des Himmels uns und allen, die unter unserer Herrschaft stehen, günstig sind." - 392 verbot Theodosius heidnischen Götterdienst. Aber Laren, Penaten und Genius blieben in Italien auf dem Lande vereinzelt bis ins 6. Jh. lebendig.

Das *Christentum* war im 1. Jh. scheinbar nur eine unter vielen anderen Mysteriengenossenschaften des Ostens. Gemeinden bildeten sich aus-schließlich in den untersten Volksschichten größerer Städte. Nach mäßigen Fortschritten im 2. Jh. wurde es im 3.Jh. geistig und zahlenmäßig zu einer mit Mithraskult und Neuplatonismus rivalisierenden Weltmacht mit Anhängern auch in den höchsten Kreisen (in einigen östlichen Provinzen Ende des Jahrhunderts über 50% Christen!), um dann im 4. Jh. endgültig das Heidentum zu überwinden.

Es werden manche Gründe für den Sieg des Christentums angeführt, z.B. die Kirche als Organisation, daß also nicht jede Gemeinde ein für sich gesondertes Sektengrüppchen bildete. Hingewiesen wird zudem auf die Tatsache, daß diese universale kirchliche Organisation einerseits für den Staatskult im weltweiten Imperium wie geschaffen war, daß der Christen-glaube andererseits aber trotzdem auch allen Bedürfnissen privater Religio-sität Rechnung trug, was vorher jahrhundertelang keinem Staatskult gelun-gen war. Außerdem genügte der neue Glaube ebenso dem Hochgebildeten, der ein philosophisch begründetes Glaubenssystem erwartete, wie dem einfacheren Gemüt. Der entscheidende Grund jedoch liegt in einem bisher unerhörten Gedanken, auf den die damalige Menschheit aber geradezu gewartet zu haben schien, als habe es ihn als Möglichkeit schon immer gegeben und nur seiner Bewußtmachung bedurft: Jeder, der Niedrigste wie der Höchste, der Fromme wie auch der arme Sünder, darf als Christ die Glaubensgewißheit besitzen, er persönlich sei ein Kind Gottes und werde von ihm geliebt; diese Liebe Gottes erhebt jede Menschenseele zu etwas Einzigartigem und gibt ihr Ewigkeitswert. Von diesem Gedanken beflügelt, empfanden die Menschen plötzlich ein ganz neues Selbstbewußtsein[1] und ein Gefühl der Freiheit von ihren irdischen Bedingtheiten. Das Verhältnis zu den Mitmenschen wurde dabei auf eine ganz neue Grundlage gestellt, denn jeder -selbst der persönliche Feind!- war ebenso Gotteskind wie man selber.

[1] Daher gibt es erst seit dem Christentum die Literaturgattung der Autobiographie!

Sprache

CHARAKTERISTISCHE BESONDERHEITEN DER LATEINISCHEN SPRACHE

Sprachen haben sich in voneinander abweichenden Lebensverhältnissen gebildet und gehen daher von verschiedenen seelischen Vorstellungszusammenhängen aus. Also müssen ihre Wörter und Sätze auch ganz unterschiedliche gefühlsmäßige und geistige Assoziationen erwecken. So leuchtet ohne weiteres ein, daß der Niederländer mit dem Worte *soldaat* eine ganz andere, höchst unpreußische, gewissermaßen behäbigere und landsknechtsmäßigere Vorstellung verbindet als wir mit unserem *Soldat*. David Riesmans berühmtes Buch *The Lonely Crowd* erschien in Deutschland unter dem Titel *Die einsame Masse*. Doch ist erwiesen, daß *einsam* insofern eine schlechte Übersetzung von *lonely* ist, als die Einsamkeit für die zur Geselligkeit neigenden Angelsachsen etwas weitaus Beängstigenderes ist als für die individualistischeren Deutschen. Das dreisilbige *already* wird viel seltener benutzt als unser knappes *schon*, ist also beileibe nicht deckungsgleich mit ihm, und *too* sagt man längst nicht überall, wo unser *auch* passen würde. Wenn man diese Beobachtungen schon bei einander so nah verwandten modernen westgermanischen Sprachen machen kann, dann muß der Unterschied zwischen der Vorstellungswelt des zweitausend Jahre alten Lateins und der des heutigen Deutsch ungeheuer sein. Und das trifft auch zu, aber auch sonst sind große Unterschiede festzustellen, wie die folgenden Ausführungen andeuten sollen.

	Latein	Deutsch
Länge eines Durchschnittswortes:	2,5 Silben	1,7 Silben
einsilbige Wörter:	19% bei Sallust und Cäsar	47% in Goethes Wilhelm Meister

Der Grund für den aus diesen statistischen Angaben ersichtlichen Unterschied liegt in der größeren zeitlichen Nähe des Latein zur formenreichen indogermanischen Ursprache. Das Deutsche ist bereits "abgeschliffener". Das Englische hat noch mehr Flexionssilben abgeworfen und ist daher noch "einsilbiger" als das Deutsche. Um einen vergleichbaren Gedanken auszudrücken, sind im Deutschen jedoch mehr Wörter erforderlich als im Latein, und außerdem ist die deutsche Durchschnittssilbe wesentlich stärker mit Konsonanten belastet als die Lateinische. [1] Vgl. lateinisch *au-di-o* mit seiner deutschen Übersetzung *ich hö-re* oder *tu-e-or* mit seiner Entsprechung *ich schüt-ze*. Bei Wiedergabe gleicher Gedanken dürfte sich die Silbenanzahl in beiden Sprachen so ziemlich die Waage halten. Das Deutsche wirkt aber - eben wegen seines Konsonantenreichtums - erheblich fülliger. Als Beispiel für ungefähre Gleichheit der Silbenzahl sei ein Satz aus Tacitus, Germania 2 wiedergegeben, der aus 40 Silben besteht:

1) Die neun häufigsten Buchstaben im Deutschen in der Reihenfolge ihrer Häufigkeit: e n r t s i a d u . Man beachte, daß nach dem e zunächst einmal vier Konsonanten kommen.

*Celebrant carminibus antiquis, quod unum apud illos memoriae et anna-
lium genus est, Tuistonem, deum terra editum* = Die Germanen preisen in
uralten Liedern, der einzigen Art von geschichtlicher Überlieferung, die es
bei ihnen gibt, den erdentsprossenen Gott Tuisto. Diese Übersetzung von
Mauersberger zählt 43 Silben, während Rudolf Borchardt mit 35 Silben
auskommt: *Sie rühmen in alten Gesängen, das ihr einzig Mittel andenken-
der Vorzeitkunde ist, einen erdentsprossenen Gott Tuisto.....*

In der metrisch gebundenen Form, etwa am Beispiel von Vergil, Aeneis 6,
851, wird das sparsamere und knapper sitzende lateinische Sprachgewand
besonders deutlich, weil in beiden Sprachen ein fast gleicher Gedanke mit
fast gleich vielen Silben ausgedrückt wird:
Tu regere imperio populos, Romane, memento (18 Konsonanten).
Du, o Römer, beherrsche des Erdreichs Völker mit Obmacht
(J.H. Voß; 30 Konsonanten).
Du sei, Römer, bedacht, weltherrschende Macht zu verwalten
(A.W. Schlegel; 32 Konsonanten).
Sei du, Römer, gedenk des Reichs und übe die Herrschaft
(R.A. Schröder; 27 Konsonanten).
Du aber, Römer, gedenke die Völker der Welt zu beherrschen
(Th. v. Scheffer; 29 Konsonanten).
Der wenig aufdringliche Konsonantismus ist dem Lateinischen nicht
angeboren, sondern Folge einer bewußt gesteuerten Entwicklung seitens
der Gesellschaftsschicht, die in den letzten Jahrhunderten v. Chr. die
Sprachentwicklung bestimmte. Auch der ehemalige Vokalreichtum wurde
eingeschränkt, so daß im wesentlichen nur noch die reinen Vokale
a-e-i-o-u übrig blieben. Das Lateinische erhielt so ein klares, sachlich und
distanziert wirkendes Klangbild, das vollmundige Konsonantenhäufungen
und Reichtum an Diphthongen meidet. Der Wortleib ihrer sprachlichen
Texte ist für die Römer in gleicher Weise vor allem Sinnträger - nicht
jedoch Selbstzweck durch eindrucksvolles Klangvolumen -, wie dieses für
ihre Werke der bildenden Kunst gilt (vgl. S. 135f)[1]. Der nüchtern-klare Ton
der Sprache, der Verzicht der Wörter auf eine verführerische, den Sprecher
wie den Hörer zu Unsachlichkeit verleitende Klangfülle macht das Latein
als übernationales Verständigungsmittel besonders geeignet. Spanisch und
Italienisch hingegen, diese beiden Tochtersprachen des Latein, haben im
Verlaufe ihrer eigenen Entwicklung sinnlichen Wohlklang wieder zurückge-
wonnen.[2]

Nicht nur in ihrem Lautbestand, sondern auch in der Art ihrer Ausdrucksweise neigt die lateinische Sprache zu spröder Knappheit. Das liegt
einmal an der geistigen Haltung der die Sprache bestimmenden Gesellschaftsschicht, die "wie eine Lochzange dachte und sprach" (Ortega), und
die eben auch der Sprache wie den übrigen Lebensbereichen ihre Vorstellung von Ordnung und Maß bewußt aufzwang. Die zweite Ursache ist in

1) Dies ist auch der Grund, weshalb auf lateinischen Inschriften Abkürzungen möglich sind,
während das wesentlich sinnlichere Griechisch sie nicht zuläßt.
2) Man vergleiche den Klangunterschied zwischen *amor* und *amore*, *planum* und *piano*, *dulce
facere nihil* und *dolce far niente*, *sol meus* und *sole mio*. So ist es kein Zufall, daß sich Kinos,
Cafés und Nachtlokale bei uns gerne Tivoli, Trocadero, Corso, Casino, Colorado nennen. Der
Klangzauber dieser spanischen und italienischen Namen soll Kunden anlocken.

dem unbedingten Glauben an die magische Wirkung des *carmen*, des Spruches in Reim- oder Prosaform zu suchen (der im Kult- und Rechtsleben Roms seit ältesten Zeiten eine große Rolle spielte). Die Folge davon ist, daß keine Sprache so lapidar sein kann[1], sich so zur festgeprägten bedeutungsschweren Sentenz eignet wie das Lateinische. Obwohl es auch unserer Muttersprache an Mitteln zu knapper Formulierung nicht fehlt, scheint sich doch meist etwas in ihr dagegen zu sträuben. So ist es vermutlich kein Zufall, daß wir das lateinische Sprichwort *manus manum lavat* nicht wörtlich mit *Hand wäscht Hand* wiedergeben, wenngleich diese Übersetzung verständlich wäre, sondern statt dessen *eine Hand wäscht die andere* sagen. Das Latein ist da ganz anders. Es dürfte nämlich ebenfalls kaum ein Zufall sein, daß wir kurz und bündig *ex ungue leonem* zitieren, was ja bekanntlich so viel bedeuten soll wie: *An der Pranke erkennt man den Löwen;* wörtlich übersetzt lautet es aber nur: *aus der Pranke (eig. Klaue) den Löwen.* [2] Lapidar ist aber eine Sprache nicht nur aufgrund ihrer Eignung zur Kurzformel: Eine gewisse wuchtige Schwere muß noch hinzukommen. Das Latein besitzt auch hierzu große Möglichkeiten. Ja, die Wucht seiner Sprache kann sich sogar bis zu großartiger Erhabenheit steigern. Schönstes Beispiel dafür sind die aus dem Requiem, der Totenliturgie, und aus Goethes Faust bekannten Verse der mittelalterlichen Hymne:

> *Dies irae, dies illa*
> *Solvet saeclum in favilla.*
> *Iudex ergo cum sedebit,*
> *Quidquid latet adparebit, ...*

Der Hang des lateinischen Sprachgeistes zum knappen Ausdruck hat für die Konservierung gewisser Eigenschaften gesorgt, die bei Wechsel des Gesichtspunktes durchaus als Mängel betrachtet werden können. Hierzu gehört die fehlende Eindeutigkeit, für die einige Beispiele genannt seien.

arbor	= 1) *Baum*
	= 2) *der Baum*
	= 3) *ein Baum*
amat	= 1) *er liebt*
	= 2) *sie liebt*
	= 3) *es liebt*
amandi	= 1) *des Liebens*
	= 2) *des (bzw. eines) zu Liebenden*
	= 3) *die zu Liebenden (bzw. zu Liebende)*

1) Eigentliche Bedeutung von lapidar: in der Art in Stein gemeißelter Inschriften.
2) Auch die Engländer bevorzugen eher Kurzformulierungen als wir; so lautet der Titel einer Zeitschrift: Men only = Nur *für* Männer, und der Slogan auf den Containern der engl. Eisenbahn heißt: House to House = *Von* Haus zu Haus. Auf die beiden Präpositionen "for" und "from" kann also bemerkenswerterweise verzichtet werden.

urbe capta	= *1) nach Eroberung einer (der) Stadt*
	= *2) wegen Eroberung einer (der) Stadt*
	= *3) trotz Eroberung einer (der) Stadt*
	= *4) (größer) als eine (die) eroberte Stadt*
pueri est	= *1) es ist Aufgabe eines (des) Jungen*
	= *2) es ist typisch für einen (den) Jungen*
	= *3) es gehört einem (dem) Jungen*
amor matris	= *1) die Lieber einer (der) Mutter*
	= *2) die Liebe zu einer (der) Mutter*

Es leuchtet ein, daß eine Sprache, die so unbestimmt in den Einzelheiten bleibt, leichter knapp sein kann als eine andere, die sich bemüht, eindeutig festzulegen. Im Lateinischen schafft nur der Zusammenhang Klarheit, was jeweils gemeint ist. Hier liegt überhaupt der wesentliche Unterschied zwischen Latein und den modernen westeuropäischen Sprachen, daß diese einigermaßen genau zu sagen versuchen, worum es im einzelnen geht, und sich dazu in Formenlehre, Syntax, lexikalischer und stilistischer Hinsicht ein beträchtlich umfangreicheres und eindeutigeres Instrumentarium geschaffen haben. Latein hingegen verzichtet bewußt auf vielfältigere Möglichkeiten in allen sprachlichen Bereichen und zwingt den Leser bzw. Hörer immer wieder, vom Gesamtzusammenhang aus auf die Einzelheiten zu schließen. Die Bewußtheit des Verzichts ist daraus ersichtlich, daß schon seit Mitte des 3. Jh.v.Chr. starke Bestrebungen bestanden, die Sprache auf die Gestalt der späteren romanischen Sprachen hin weiterzubilden, daß diese Bestrebungen aber gehemmt oder gar rückgängig gemacht wurden (vgl. S. 105f). Bezeichnend ist auch, daß man bei aller sonstigen Beeinflussung durch das Griechische auf die Herausbildung eines Artikels verzichtete. - Hier noch einige weitere besonders auffällige Beispiele für die Mehrdeutigkeit des Latein:

I. Morpheme

Cum	*eo*	*eo*	*eo*	*eo*	*libentius* =
Mit	*ihm*	*gehe ich*	*dorthin*	*desto*	*lieber*

	= *1) Die Geschichten des Dichters gefallen dem Mädchen*
	= *2) Dem Dichter gefallen die Geschichten des Mädchens*
Poetae fabulae puellae placent	= *3) Dem Mädchen (in) der Geschichte gefallen die Dichter*
	= *4) Dem Dichter (in) der Geschichte gefallen die Mädchen*
	= *5) Dem Mädchen gefallen die Dichter der Geschichte*
	= *6) Dem Dichter gefallen die Mädchen (in) der Geschichte.*

II. Wörter

virilis =	1) *männlich,* 2) *mannhaft,* 3) *mannbar*
cum =	1) *mit,* 2) *sowohl,* 3) *als,* 4) *weil,* 5) *obwohl,* 6) *während,* 7) *indem,* 8) *wenn*
uti =	1) *gebrauchen,* 2) *wie,* 3) *daß,* 4) *sobald,* 5) *obwohl*
altus =	1) *ernährt,* 2) *hoch,* 3) *tief*

Bewußte Beschränkung ist daran zu erkennen, daß man Wortzusammensetzungen scheute, die durchaus möglich gewesen wären (wie die Bildungen *omni-potens* (allmächtig) und *bene-ficum* (Wohltat) beweisen): *Vollmond* wird daher *luna plena = voller Mond* und Sonnenfinsternis mit *solis defectio = Schwund der Sonne* ausgedrückt. Für gewisse Dinge, die den Römern besonders am Herzen lagen, fehlte ihnen überhaupt ein eindeutiges Wort. So ist es bei dem Raumbegriff im architektonischen Sinne; *spatium,* dessen Vokabelbedeutung oft mit *Raum* angegeben wird, bezeichnet lediglich einen *Zwischenraum, Abstand.* Den Staat, um den bei ihnen doch alles kreiste, umschrieben sie mühsam mit *öffentliche Sache: res publica.* Für *Geschichte* sagten sie *vollbrachte Dinge (res gestae), Erinnerung an vollbrachte Dinge (memoria rerum gestarum),* selten benutzten sie das griechische Fremdwort *historia.* Wie sehr das Vermeiden der Eindeutigkeit in den Einzelheiten zum Wesen der lateinischen Sprache gehört, erhellt auch die häufige Anwendung des Passivs unter Verschweigen dessen, der den geschilderten Vorgang verursacht. [1] Wie kann man diesen ganz bewußt gepflegten entscheidenden Grundzug der lateinischen Sprache erklären, den Strömungen in der Unterschicht zwar von früh an bekämpften, aber erst im Urromanischen völlig überwinden konnten? Offenbar sollte der Leser oder Hörer durch diese sprachliche Besonderheit ständig gezwungen werden, in Gedanken Verbindungen zu knüpfen, um zu verstehen, worum es denn eigentlich ging. So sah er kein Ding isoliert, "an sich", sondern immer im Zusammenhang des Ganzen. Das Vermeiden isolierter Betrachtungsweise, das Ungenügen an der Vereinzelung, ist wohl der entscheidende Wesenszug des Römertums überhaupt (vgl. S. 67, S. 112f, S. 134) und hat ihm unter anderem ein ganzes Weltreich eingebracht. Der in diesem Buch mehrfach angeführte römische Charakterzug des vorwiegend empirischen Erfassens der Wirklichkeit scheint hiervon nur ein anderer Aspekt zu sein; denn er wird am gleichen Phänomen deutlich: Man konnte und wollte manchen Sachverhalt jeweils nur in dem Zusammenhang eines konkreten Einzelfalls begreifen, deshalb begnügte man sich mit einer notdürftigen Umschreibung und verzichtete auf einen eigens diesem Sachverhalt zukommenden Terminus. Ein einzelnes Wort verdeutlicht diesen Tatbestand allgemeiner »Isolationsfeindlichkeit« vielleicht noch besonders anschaulich, nämlich das Wort *privatus,* das den

---

1) Vor allem im *ablativus absolutus* mit Partizip Perfekt Passiv.

unbeamteten Privatmann bezeichnet, aber wörtlich der *Abgesonderte* bedeutet. Während der Deutsche oft gerade sein Privatleben als das eigentliche und wahre Leben betrachtet, empfand der Römer dabei also vor allem den Mangel, das Beiseitestehen.

Angenommen, das Stilvorbild Ciceros wäre nicht die weitgespannte Periodenbildung griechischer Prosa des 4. Jh.v.Chr. gewesen (vgl. S. 108f), sondern das Staccato kurzer asyndetisch (d.h. ohne verknüpfende Konjunktionen) nebeneinandergestellter Hauptsätze, so wäre das der oben besprochenen Tendenz der lateinischen Sprache zu monumentaler Kurzformulierung entgegengekommen. Der Periodenstil nun kommt dieser gerade behandelten römischen Neigung entgegen, die Umwelt in einem großen Zusammenhang von Beziehungen und Abhängigkeiten voneinander zu sehen, so daß auch in der Sprache, entsprechend der tief eingewurzelten Autoritätsvorstellung im zwischenmenschlichen Bereich, klar unterschieden werden konnte zwischen dem übergeordneten, "regierenden" Hauptgedanken und den ihm untergeordneten Nebenvorstellungen. Und insofern ist es nicht einmal ganz falsch, die Periode geradezu als ein Charakteristikum des Lateins anzusehen, weil hier griechischer Einfluß einer schon immer vorhandenen rein römischen Denkweise zu vollem sprachlichen Ausdruck verholfen hat.

Vergleicht man einen Text mit einem Netz, dann sind bei einem deutschen Text die Kreuzungspunkte des Netzes, die Knoten, dicker als bei einem lateinischen, dafür treten aber im lateinischen Text die Verbindungslinien zwischen ihnen um so mehr in Erscheinung, um, dem lateinischen Sprachgeist entsprechend, die Beziehungsverhältnisse zu verdeutlichen. Außerdem ist ein lateinisches "Netz" feinmaschiger. *Die Stadt am Meer* ist gewissermaßen ein dicker Doppelknoten. Der Lateiner könnte das so gar nicht sagen, statt dessen formuliert er: *die am Meer gelegene Stadt* (*oppidum ad mare situm*); hier sind es zwei gesonderte kleinere Knoten, die das Wort *gelegen* miteinander in Beziehung setzt. Genauso ist es bei dem *Krieg mit den Römern*, was lateinisch nur lauten kann: *der mit den Römern geführte Krieg* (*bellum cum Romanis gestum*), und fast allen anderen präpositionalen Ausdrücken, die einem Substantiv zugeordnet sind. Das Bild von den zwei verschiedenartigen Netzen wird noch deutlicher, wenn man eine wörtlichere und eine dem Deutschen gemäßere Übersetzung von Cic. rep. I, 38 nebeneinanderhält:

wörtliche Übersetzung	dem Deutschen gemäßere Übersetzung
Ich werde tun, was ihr wollt, wie ich kann, und in die Erörterung eintreten unter der Bedingung, die, glaub' ich, bei allen zu betrachtenden Dingen angewandt werden muß, wenn du einen Irrtum vermeiden willst: daß nämlich, wenn darin Übereinstimmung erzielt ist, wel-	*Eurem Wunsche will ich nach bestem Vermögen nachkommen und die Erörterung unter der Bedingung beginnen, die man meiner Meinung nach bei allen Untersuchungen zur Vermeidung von Irrtümern einhalten*

ches der Name der Sache ist, über die eine Untersuchung geführt werden soll, erklärt wird, was mit diesem Namen gemeint ist... denn niemals wird erkannt werden können, wie beschaffen jenes ist, über das gesprochen wird, wenn nicht vorher erkannt ist, was sein Name besagt.

sollte: daß nämlich nach gemeinsamer Festlegung der Bezeichnung des Untersuchungsgegenstandes diese einer Definition unterzogen wird... denn niemals wird die Erkenntnis der Beschaffenheit des Untersuchungsgegenstandes vor seiner Definition möglich sein. [1]

Man beobachtet bei der wörtlichen Übersetzung ein weit intensiveres Hin und Her verbaler Beziehungssetzungen - also Engmaschigkeit der Netzfäden! - dort, wo die dem Deutschen wesensgemäßere Übersetzung zu kompakten substantivischen Begriffen - also dicken Knotenbildungen! - zusammenfaßt. Das Bestreben, Beziehungen deutlich hervortreten zu lassen, macht sich ferner bemerkbar:

bei der bekannten Regel der *consecutio temporum*, die besagt, daß die Prädikate der meisten konjunktivischen Nebensätze nicht allein durch den Sinngehalt des Nebensatzes selbst zeitlich festgelegt sind, sondern seltsamerweise auch durch die Zeit, in der das Hauptsatzprädikat steht;

bei der Vorliebe für die Konstruktion des Akkusativs mit Infinitiv und für seine Erweiterung, die indirekte Rede, in der oft über viele Zeilen hinweg im Satzbau die Verbindung zu einem übergeordneten Sprecher erkennbar ist;

bei dem oft angewendeten "relativen Anschluß", d.h. der Stellung eines Relativpronomens am Anfang eines neuen Satzes, um eine engere Verknüpfung mit dem vorhergehenden Satz herzustellen, als durch ein Demonstrativpronomen möglich wäre;

bei der häufigen Herstellung der Verbindung zur vorhergehenden Satzperiode durch an den Satzbeginn gestellte Nebensätze und Partizipialkonstruktionen statt blasser Konjunktionen: *während dieses in der dortigen Gegend geschieht* (*dum haec in his locis geruntur*), anstatt von *inzwischen; nachdem diese Vorgänge nach Italien gemeldet worden waren* (*his rebus in Italiam nuntiatis*) anstatt von *daher.*

Die zuletzt angeführte lateinische Art der Verbindung zwischen Satzperioden ist dichter an den im Augenblick gerade geschilderten Vorgängen als die entsprechenden deutschen Konjunktionen. Auch die substantivischen Ausdrücke in der "deutscheren" der beiden Übersetzungen der Cicerostelle entfernen sich in eine allgemeiner gehaltene Begrifflichkeit, die entsprechenden lateinischen Verbalausdrücke haben stärker den konkreten Einzelvorgang im Auge, der gerade besprochen wird. Man vergleiche nur einmal: *Wenn du einen Irrtum vermeiden willst* mit: *zur Vermeidung von Irrtümern.*

---

[1] Faciam, quod vultis, ut potero, et ingrediar in disputationem ea lege, qua credo omnibus in rebus disserendis utendum esse, si errorem velis tollere, ut eius rei, de qua quaeretur, si, nomen quod sit, conveniat, explicetur, quid declaretur eo nomine... numquam enim, quale sit illud, de quo disputabitur, intellegi poterit, nisi, quid sit, fuerit intellectum prius.

Die mehr empirische, am Einzelfall orientierte Wirklichkeitserfassung der Römer ist also wieder ersichtlich. Die folgende Gegenüberstellung bestätigt diesen Unterschied zwischen Latein und Deutsch:

Latein	Deutsch
Nahbetrachtung der Einzeldinge	Zusammenfassung der Einzeldinge zu einem übergeordneten Begriff

montes (wörtlich = die Berge)	Ge - birge	
legati (" = die Gesandten)	Ge - sandtschaft	
dentes (" = die Zähne)	Ge - biß	
superi (" = die Oberen)	Oberwelt	
verum (" = das Wahre)	Wahr - heit [1]	
omnia (" = alle, neutr.plur.)	alles (neutr. sing.)	

gloriae (plur.): der Lateiner stellt sich also die (einzelnen) *"Rühme"* der (einzelnen) Krieger vor.

im Deutschen kein Plural von Ruhm möglich: der Deutsche sieht nur pauschal und allgemein *"den"* Ruhm der Krieger.

Trotz dieser größeren Nähe zum Einzelfall bleibt die lateinische Sprache höchst sachlich, nicht nur in der besprochenen klanglichen Gestaltung, sondern auch in den anderen Bereichen. Das wird durch den angeborenen Phantasiemangel unterstützt, der emotional gefärbte Anschaulichkeit nur schwer aufkommen läßt. *Ein wunderschönes, steinreiches, aber ungewöhnlich dummes Weib* war den Römern nach Ausweis ihrer Sprache unvorstellbar, höchstens ein *sehr schönes, sehr reiches, aber sehr dummes* (*pulcherrima, ditissima, stulissima*). Es war auch durchaus gutes Latein, eine *kritische Lage* als *große Zeiten* (*magna tempora*), einen *besonderen Glücksfall* als *großen Fall* (*magnus casus*), *strenge Befehle* als *große Befehle* (*magna imperia*), *schlagende Beweise* als *große Beweise* (*magna argumenta*) zu bezeichnen. Eine nüchternere, farblosere, mehr quantitativ als qualitativ charakterisierende Ausdrucksweise des Lateinischen wird offenkundig. *Multa nocte = in vieler Nacht* anstatt *in tiefer Nacht* gehört auch hierher.

Aber auf einem Gebiet hat die nüchterne Sachlichkeit der Sprache zu besonderer Differenzierung verholfen, nämlich dem der Zeiten des Verbs. Aus der Verschiedenheit der Tempusbildung des deutschen und des englischen Verbs läßt sich ersehen, daß die Nordsee- und Westgermanen vor der Landnahme der Angeln und Sachsen eigentlich nur über zwei Tempora verfügten, über Präsens und Imperfekt. Die alten Griechen und auch noch die Slawen der Gegenwart wollen mit ihren zahlreichen Verbformen weniger Zeitliches bezeichnen als vielmehr die Art des Vorgangs, etwa ob etwas einmalig oder wiederholt geschieht, ob der Vorgang beginnt, andauert oder zum Abschluß gekommen ist. Erst die Römer verzichteten bei Darstellung einer Handlung weitgehend auf eine farbige Schilderung ihrer sonstigen Aspekte und legten statt dessen das Hauptge-

---

1) Die Vokabel *veritas* = Wahrheit wurde nur selten benutzt, ähnlich ist es mit *legatio* = Gesandtschaft.

wicht darauf anzugeben, in welchem zeitlichen Verhältnis die mitgeteilten Vorgänge zueinander stehen und wann sie geschehen sind. Aber hierbei waren sie äußerst genau, so daß sie, sowie unter ihrem Einfluß spätér die romanischen und germanischen Sprachen, über sechs verschiedene Tempora verfügten.

Zum Schluß der Sprachcharakterisierung ein kurzer Blick auf einige "Herzwörter" (ein von Theodor Haecker geprägter Begriff), d.h. solche Wörter, die besonders aussagekräftig bezüglich des Wesens einer Sprachgemeinschaft sind. *Res = Ding, Sache.* Ein nüchternes Wort, mit dem der Römer in Ermangelung zutreffender Wörter sehr vieles umschreibt: z.B. *öffentliche Sache = Staat, Politik, familiäre Sache, private Sache = Besitz, göttliche Sachen = Religionswesen, günstige Sachen = Glück, widrige Sachen = Unglück, steile Sachen = Not, neue Sachen = Umsturz; die Dinge* - also das Wort allein, ohne jedes Attribut - kann je nach Zusammenhang bedeuten: *die Welt als geschichtliche Erscheinung, als Umwelt, als physikalische Erscheinung, als Wirklichkeit.* So kommt im Lateinischen die Welt mehr in ihrer statischen Dinglichkeit, als rein quantitative Summe aller Einzeldinge, als fertiges Resultat vergangener Taten in den Blick. Die den entsprechenden deutschen Wörtern, also Welt, Wirklichkeit, Geschichte, Natur, zugrunde liegenden Vorstellungen sind durchweg dynamischer, mehr organisch und weniger handgreiflich und zeugen außerdem insgesamt von einer weitaus reicheren und tieferen Vorstellungswelt. Man kann sich das gut klarmachen an dem ursprünglich großen Unterschied an Gehalt zwischen dem von *wirken* abgeleiteten Worte *Wirklichkeit* und seiner von *res* abgeleiteten Entsprechung, dem Fremdwort *Realität.* Die schon im Ansatz grundverschiedene Orientierung der Römer auf Empirie und Einzelfall, der Griechen auf übergreifende Systematik wird an dem Fehlen eines "geistigen Auges" bei den erstgenannten klar. *Wissen* hängt bei den Griechen mit *sehen* zusammen (also *eidenai* mit *idein*), höchste Erkenntnis nennen sie *Schau (theoria),* und dazu folgerichtig heißt bei ihnen *Gesicht prosopon* (also *Angesicht*), während die Römer für den Vorderkopf gerne *os* (also *Mund,* nur scheinbar zu vergleichen mit unserem vulgären *Fresse)* sagen, *Weisheit* für sie ein *Schmecken ist (sapientia)* und *scire,* ihr Wort für *wissen,* ursprünglich *schneiden, scheiden* bedeutet. Die nächst diesen für das Wesen der Römer charakteristischsten und daher kaum übersetzbaren Wörter sind zweifellos die, welche die verschiedenen Möglichkeiten des Verhaltens und Wertens im zwischenmenschlichen Bereich und des Verhaltens der Menschen zu den Göttern bezeichnen: *fides, pietas, religio, pudicitia, disciplina, officium, auctoritas, gravitas, maiestas, dignitas, gloria, virtus.* Das ist kein Zufall. Ebenso wenig zufällig entstammen viele der bezeichnendsten deutschen "Herzwörter", an deren adäquater Übertragung auch die besten Übersetzer scheitern müssen, einer gewissermaßen lyrisch gestimmten Welt: *Gemüt, Heimat, Sehnsucht;* auch *Lied, wandern,* ja sogar *Feierabend* gehören dahin. Hierzu paßt als Abschluß die Gegenüberstellung von *Frieden* und *pax. Frieden:* das so überaus sprechende, den beispielsweise über einer Landschaft liegenden Abendfrieden geradezu malende und damit wieder "lyrische" Wort - *pax:* dies Wort dagegen drückt den juristisch durch eine zwischenstaatliche Vereinbarung, einen *Pakt*, festgelegten Friedenszustand aus. Also ein himmelweiter Unterschied zwischen beiden Wörtern, den keine Übersetzung wiedergeben kann!

GESCHICHTE DER LATEINISCHEN SPRACHE

Ursprung, Altlatein

Die Heimat der indogermanischen Latino-Falisker lag irgendwo in Mitteleuropa in enger Nachbarschaft zu Stämmen, aus denen sich später die Völker der Kelten, Veneter, Illyrer und Germanen entwickeln sollten; auch die Vorfahren der oskisch-umbrischen Italiker, der späteren Nachbarn auf der Apennin-Halbinsel, gehörten dazu. Aber die frühere Ansicht von der besonders nahen Verwandtschaft zwischen ihnen und den latino-faliskischen Italikern gilt heute als überholt. Die indogermanischen Vorfahren der Griechen und der arisch-indischen Völker hatten, wie die Sprachen zeigen, mit ihnen im 2. Jahrtausend v.Chr. keine unmittelbare Berührung mehr. Die einstmals sehr engen Beziehungen zwischen Latinern und Germanen sind sprachlich nachweisbar durch eine Fülle von Wortgleichungen. [1] Die Nachbarschaft zwischen Urlatinern und Urgermanen dauerte während der Bronzezeit an, worauf die Wortgleichung *aes* - *Erz* hinweist.

Irgendwann in der 2. Hälfte des 2. Jahrtausends v.Chr. lösten sich beide voneinander, und die Urlatiner gingen im 11. Jh.v.Chr. im Zuge der großen illyrischen Wanderungsbewegung über die Alpen und etwa 200 Jahre später über den Apennin nach Mittelitalien. Latino-faliskisch sprach man seitdem innerhalb Latiums nur in der Küstenebene südlich des unteren Tiber und in den Albaner Bergen, sodann in und bei mehreren Städten Südetruriens: Caere, Fidenae (bei Veji) und Falerii, dessen Bewohner die Falisker sind. In der neuen Umgebung kamen zu den Beziehungen mit den oskisch-umbrischen Italikern und den zeiweilig bis Mittelitalien vorstoßenden Galliern, mit denen beiden man schon nördlich der Alpen Berührung gehabt hatte, ganz neue Einflüsse auf die Sprache dazu: etruskische und griechische. Da wir die Sprache der Etrusker - noch bis etwa 300 v.Chr. die Verkehrs- und Diplomatensprache Mittelitaliens! - immer noch nicht genau kennen, ist der sicher zeitweilig - besonders im 6. Jh.v.Chr. - starke Einfluß auf das Lateinische nicht genau faßbar. *Lanista* = Fechtmeister, *subulo* = Flötenspieler, vielleicht auch *histrio* = Schauspieler sind

---

1) Z.B. *collus* = Hals, *labium* = Lippe, *pellis* = Fell, *vadum* = seichtes Wasser, verwandt: Watt; *limus* = Schlamm, Schmutz, verwandt: Lehm; *aqua* = Wasser, verwandt: Aue; *acer* = Ahorn, *fagus* = Buche, *acus* = Granne, Nadel, verwandt: Ähre; *porca* = Furche, *sacena* = Sense, *haedus* = Ziegenbock, verwandt: Geiß; *piscis* = Fisch, *vermis* = Wurm, *malus* = Mast, *saxum* = Fels, verwandt: Sachs (ein ursprünglich steinernes Dolchmesser); *vectis* = Hebel, Brechstange, verwandt: Gewicht; *hesternus* = gestrig, *vas* = Bürge, verwandt: Wette. Zu der um ein Vielfaches vermehrbaren Anzahl der Beispiele sind keine Parallelen aus anderen indogermanischen Sprachen bekannt, wenn man von griechisch *phegos* absieht, was aber nicht Buche, sondern Eiche bedeutet. Es ist also auf Wortgleichungen wie griechisch *agros*, lateinisch *ager*, deutsch *Acker* oder *pater* (griech.), *pater* (latein.), *Vater* usw. verzichtet!

etruskische Wörter. Bezeichnend ist, daß über die Etrusker, deren bildende Kunst ja auch weitgehend als die einer barbarischen Randprovinz der Griechen erscheint, manches griechische Fremdwort in etruskischer Umformung nach Latium kam, so z.B. *triumphus* (griech. thriambos) und *persona* (griech. prosopon). Das lateinische Namenssystem stammt vielleicht ebenfalls von den Etruskern (vgl. S. 185). Ob die Latiner allerdings erst in Italien unter etruskischem Einfluß die uns von den Griechen, Galliern und Germanen her vertrauten zweistämmigen indogermanischen Individualnamen aufgaben oder schon aus Mitteleuropa mit einstämmigen Namen ankamen - was doch wohl wahrscheinlicher ist - bleibt unklar (vgl. S. 185). Fraglich ist auch, ob die gleichzeitig bei allen Sprachen Mittelitaliens nachweisbare Anfangsbetonung auf die Gallier zurückzuführen ist, die zu Beginn des 4. Jh.v.Chr. in Italien eindrangen und in der Poebene endgültig seßhaft wurden, oder ob sie etruskischen Ursprungs ist. Bei den Latinern setzte sie jedenfalls schon zwischen 420 und 410 v.Chr. ein. Sie blieb in der lateinischen Sprache bis ins 3. Jh.v.Chr. üblich. Daß vor der im 3. Jh.v.Chr. einsetzenden lateinischen Literaturgeschichte die Anfangssilben betont wurden, läßt sich gut daraus ersehen, daß der Vokal der Silbe, die nach den Akzentregeln der Zeit Ciceros sogar den Ton tragen mußte, bei vielen Wörtern entweder geschwächt wurde (*accipio* statt *accápio, afféctus* statt *affáctus*) oder ganz verschwunden ist (*quindécim* statt *quinquédecim, pergimus* statt *perrégimus*). Sicherer nachweisbar als bei der Betonung ist der gallische Einfluß in Gestalt der etwa 200 Fremdwörter des Lateinischen, die sich allerdings ganz auf die Bereiche Pferd und Wagen, Kleidung und Waffen beschränken [1] und bei denen im einzelnen nicht nachweisbar ist, wann und wo sie im Laufe der jahrhundertelangen Auseinandersetzung zwischen Römern und Kelten übernommen worden sind.

Seitdem es Griechenstädte auf italischem Boden gab, also seit der Mitte des 8. Jh.v.Chr., machte sich die überlegene griechische Kultur auch auf sprachlichem Gebiet geltend. [2] Seit etwa 500 v.Chr. brach der Kontakt zum Griechentum aus den S. 74 beschriebenen Gründen ab, wurde gegen etwa 300 v.Chr. neu geknüpft und stellte gerade und besonders auf dem Gebiet der Sprache alle anderen Einflüsse fremder Völker weit in den Schatten. Hierüber S. 108ff mehr.

Das älteste lateinische Sprachdenkmal ist die Inschrift auf einer Goldfibel des ausgehenden 7. Jh.v.Chr. aus Praeneste (heute Palestrina) am Nordostrande des latinischen Sprach- und Siedlungsgebietes. Sie lautet:

	Manios med fhefhaked Numasioi (Originaltext)
=	*Manius me fecit Numerio* (in späteres Latein übertragen)
=	*Manius hat mich für Numerius hergestellt*

---

1) Einige der von den Römern nachgebauten gallischen Wagentypen: *carpentum, carrus, carruca, cisium, essedum, raeda.*
2) Einige der ältesten griechischen Fremdwörter: *poena* = Strafe, *machina* = Maschine, *purpura* = Purpur, *balneum* = Bad.

Die Fibel wird also als Sprechende gedacht. Die auffällige reduplizierte Perfektform von facere braucht nicht allgemeiner Sprachgebrauch in Latium gewesen zu sein, sie ist wohl eher auf die grenznahe Lage Praenestes zu den oskisch-umbrischen Hernikern zurückzuführen, bei denen redupliziertes Perfekt in diesem Falle üblich war. In einer stadt- römischen Inschrift, die schlecht datierbar ist, aber aus dem 6. Jh.v.Chr. sein dürfte, heißt die gleiche Form *feced*. Diese sogenannte Duenos-In- schrift lautet in Auszügen: -

iouesat deiuos, qoi med mitat: ne ited endo cosmisu irco[s] sied [neu] asted.

= *iurat deos, qui me mitat: ne item in commissu ircus sit neve adstet...*

= *Der schwört bei den Göttern, welcher mich weiht: Das Sakralgefäß soll nicht zugleich bei einer Verrichtung sein oder dabeistehen...*

Duenos med feced....Mnenoi

= *Bennus me fecit....Meneno...*

= *Bennus hat mich....für Menenus gemacht...*

(Zu der Umsetzung in das uns geläufige Latein sei angemerkt, daß dort die Vokabeln *mitare* = weihen, *commissus* = Beginn, Tätigkeit, *ircus* = Sakralgefäß nicht mehr vorkommen, daß es wohl die Gentilnamen Bennius und Menenius, aber nicht mehr die Vornamen Bennus und Menenus gibt.) Drei weitere Inschriften sind aus der Frühzeit überliefert, d.h. aus der Königszeit oder den ersten Jahrzehnten der Republik. Aber von ihnen sind jeweils nur einzelne Wörter mit Sicherheit erkannt worden. Hinzu kommt noch das in seiner Überlieferung unsichere und textlich nur teilweise erklärbare *carmen Arvale* aus dem 5. Jh.v.Chr., das in einer Inschrift von 218 n a c h Chr. erhalten ist (vgl. S. 84) und anderes, das sich für unsere Zwecke noch weniger verwerten ließe.

Wandlungen und Entwicklungstendenzen vorm und beim Übergang zur Schriftsprache

Die allgemeine Entwicklung in den vorliterarischen Jahrhunderten und zu Beginn der Literatur weist in zwei Richtungen. Einmal bildet sich zuneh- mend die Form des Lateins eines Cäsar und Cicero heraus, andererseits treten schon Wort- und Konstruktionsbildungen auf, die im klassischen Latein gemieden werden, die aber später die kaiserzeitliche und spätantike Umgangssprache weiterentwickelt haben und die auf das Urromanische vorausweisen. Die Entwicklungsrichtung zur Hochsprache macht sich auf folgende Art bemerkbar:

1. Die Inschriften der vorliterarischen Zeit weisen noch, je nach dem Lokaldialekt des Schreibers oder Auftraggebers oder je nach den anderwei- tigen Beeinflussungen, denen sie ausgesetzt waren, einander widerspre- chende Gepflogenheiten in der Anwendung von Wortformen, Wortdeutun- gen und Syntax auf. So kann der Ablativ Singular Maskulinum des Relativ- pronomens *quo* oder *qui* lauten, der Nominativ Plural Maskulinum *qui* oder *ques*, der Ablativ Plural *quis* oder *quibus*, der Dativ Singular von *facies* wird *faciei*, *facii* oder *facie* gebildet, die Formen der u- und der o-Deklination gehen bei manchen Wörtern stark durcheinander, und in der a-Deklination kann z.B. *vias* noch Genitiv Singular, Nominativ Plural oder

Akkusativ Plural sein. Aus der Fülle solcher sprachlichen Möglichkeiten kristallisiert sich nun allmählich heraus, welche Formen, welche Wortbedeutungen, welche Satzkonstruktionen einerseits als "richtiges und gutes Latein", welche andererseits als vulgär, bäurisch oder gar falsch zu gelten haben. Die Sprache wird also in Vokabular, Formenbildung und Satzbau zunehmend eindeutiger und geregelter und gewinnt damit an Klarheit und Zweckmäßigkeit.

2. Die ehemalige Klangfülle der Sprache wird erheblich reduziert: Neben den einfachen Vokalen a-e-i-o-u bleiben nur noch drei Diphthonge (au, ae und selten oe) übrig: Aus den *foideratei leiberei* werden *foederati liberi*; Konsonantenhäufungen gehen zurück: *stlis, stlocus, enstlocod, stlatus, gnoscere* werden zu *lis, locus, ilico, latus, noscere.* Der Klang wird geschliffener, kühler, distanzierter und sachlicher, die Sprache verliert jedoch spürbar an Farbe, akustischer Anschaulichkeit und gefühlsstarker Ausdruckskraft.

3. Die für die Umgangssprache charakteristische Nachlässigkeit der Aussprache beginnt man in den führenden Kreisen Roms und überall, wo sich ihr Einfluß geltend machen kann, bewußt zu bekämpfen. So werden seit etwa 200 v.Chr. auslautendes *-m* und *-s* in den Inschriften offiziellen Charakters wieder regelmäßig geschrieben; statt das mehrdeutige *ludo* zu schreiben, unterscheidet man wieder zwischen *ludos* (Akk.Plur. und Nom. Sing.), *ludus* und *ludom, ludum.* Das *h*, kaum noch gesprochen, erlebt seine Wiedergeburt im 2. Jh.v.Chr.; während Plautus nur *nil* schreibt, wird später wieder *nihil* zur üblichen Schreibweise. Das stumme intervokalische *u* wird vereinzelt gerettet: *noveris, novisse* werden in der Schriftsprache bewußt den Formen *noris* und *nosse* vorgezogen.[1] Auch der im Aussterben begriffene Diphthong *au*, den man schon meist wie *o* aussprach (vgl. das bekannte Schwanken zwischen *Claudius* und *Clodius*) wird nunmehr in Schrift und Aussprache bewahrt. Gleiches gilt für den *ae* geschriebenen und *ai* gesprochenen Diphthong, der schon zu *e* zu werden im Begriffe war. Das durch Nasalierung hervorgerufene Schwinden des *n* vor *s* wird aufgehalten: *cosul* macht der Schreibweise *consul* endgültig Platz. Die im 3. Jh.v.Chr. anzutreffende Schreibweise *dedro* wird in den folgenden Jahrhunderten unmöglich: Man schreibt korrekt *dederunt.* Die genaue Aussprache führt zu erhöhter Deutlichkeit und gibt dem Klang der Sprache den Charakter sachgemäßer Korrektheit.

Nun zu den Spracherscheinungen, die bereits vor Beginn der Literatur auf spätantikes Latein vorausweisen. Man findet sie zuerst auf Inschriften aus der Mitte des 3. Jh.v.Chr. Einmal sind es die soeben behandelten Wortformen, die das Ergebnis bequemer oder hastiger Aussprachegewohnheiten sind. Dann trifft man aber auch bei archaischen Schriftstellern, besonders bei Plautus, auf Erscheinungen, die noch verblüffender romanischen Sprachgebrauch vorwegnehmen.

Hier einige Beispiele:

1. Ersatz von Genitiv und Dativ durch *de* und *ad: dimidium de praeda* (statt *praedae*), *ad me* (statt *mihi*) *magna nuntiavit.....gaudia.*

---

[1] Aber vgl. Duenos-Inschrift: *iouessat* wird im klass. Latein zu *iurat* und *deiuos* zu *deos*!

2. Beseitigung des Neutrums durch Umwandlung in ein Maskulinum oder durch Gebrauch des Plurals, wodurch die Verwandlung in ein Femininum vorbereitet wird: *collus, corius, dorsus, gaudia* (s.o.) statt *collum, corium, dorsum, gaudium.*

3. Schwinden der Deponentien: *hortare, luctare* statt *hortari, luctari.*

4. Vermeiden von Wörtern, die das Urromanische endgültig verloren hat: für *vulnus* wird lieber *plaga* und für *ager* lieber *campus* gesagt.

5. Die Verbform erhält ein zusätzliches Subjekt: *ille venit* statt *venit.*

6. Das Substantiv bekommt einen Artikel: *una epistula* statt *epistula.*

Die Übergangssituation des Latein zu Beginn seiner Literatur wird deutlich in der Grabinschrift auf den Urgroßvater des älteren Scipio Africanus, den Konsul des Jahres 298 .v.Chr., Scipio Barbatus. Das in Saturniern verfaßte Gedicht stammt erst aus dem Beginn des 2. Jh.v.Chr., die Namensinschrift darüber, der *titulus*, ist erheblich älter:

[L. Corneli]o Cn.f. Scipio
....................[c]eso[r]

Cornelius Lucius Scipio Barbatus
Gnaiuod patre prognatus, fortis vir sapiensque,
quoius forma virtutei parisuma fuit,
consol, censor, aidilis quei fuit apud uos,
Taurasia, Cisauna Samnio cepit,
subigit omne Loucanam opsidesque abdoucit.

Umsetzung in Schullatein:

L. Cornelius Cn.f.Scipio
....................censor

Cornelius Lucius Scipio Barbatus
Gnaeo patre prognatus, fortis vir sapiensque,
cuius forma virtuti parissima fuit,
consul, censor, aedilis qui fuit apud vos,
Taurasium, Cisaunam (in) Samnio cepit;
subigit omnem Lucanam [terram] obsidesque abducit

Verdeutschung:

Lucius Cornelius Scipio, der Sohn des Gnaeus,
...............................Zensor

Lucius Cornelius Scipio Barbatus,
von seinem Vater Gnaeus abstammend, ein tapfrer und weiser Mann,
dessen schöne Gestalt seiner Tüchtigkeit völlig gleich war,
der bei euch Ädil, Konsul und Zensor war,
eroberte Taurasia und Cisauna in Samnium;
unterwarf ganz Lukanien und führte Geiseln fort.

Altertümlich sind die Diphthonge in *virtutei, quei, Loucanam, abdoucit*, bei *Gnaiuod* sind es das intervokalische stumme *u*, die Schreibweise *ai* und das *d* im Ablativauslaut. Spätantike Spracheigentümlichkeiten kündigen sich an in dem fehlenden *-s* bei *Cornelio*, in dem fehlenden *-m* bei *Taurasia, Cisauna, omne*.

Ein für das endgültige Aussehen des klassischen Lateins einschneidender Vorgang ist der Rhotazismus von intervokalischem *s* zu *r* in der zweiten Hälfte des 4. Jh.v.Chr. In den beiden zitierten alten Inschriften machen der Name *Numasios = Numerius* und die Verbform *iouesat = iurat* den Vorgang deutlich; *Papirius* und *Valerius* würden ohne Rhotazismus *Papisius* und *Valesius* lauten, und alle die Infinitive auf *-re* und Genetive auf *-ris* hätten nicht entstehen können.

Die Blütezeit der lateinischen Schriftsprache

Die klassische lateinische Schriftsprache bildete sich im Zusammenhang mit der Nationalliteratur, die seit der Mitte des 3. Jh.v.Chr. im Entstehen begriffen war. Da für diese bis in alle Einzelheiten die griechische Literatur das große Beispiel war, also Gedanken adäquat ausgedrückt werden mußten, die denen der griechischen Vorbilder etwa entsprachen, läßt sich denken, wie stark das Griechische auf das Lateinische abgefärbt hat. Das zeigt sich:

1. Im Wortschatz. Zahllose Fremdwörter (*poeta, theatrum, philosophia, rhetor, linea, centrum, barbarus usw. usw.*) und mindestens ebenso viele Übersetzungslehnwörter sind griechischen Ursprungs (*megalopsychia - magnanimitas, symphonia - concentus, metabole - conversio, pronoia - providentia, syneidesis - conscientia, atomon - individuum, pathos - affectus, metoche - participium, udeteron - neutrum*). Der Geltungsbereich vieler lateinischer Wörter wird unter dem Einfluß von griechischen Wörtern erweitert: *dominus*, an sich *Hausherr*, wird durch *tyrannos* auch zu *Tyrann*, *virtus*, an sich *Tüchtigkeit*, wird durch *arete* auch zu *Tugend*, *videor*, an sich *ich scheine*, wird durch *dokeo* auch zu *ich meine*, *optimus*, an sich *der Beste*, wird durch *aristos* auch zu *Aristokrat*.

Aber griechischer Einfluß führte nicht nur dazu, für Dinge und Gedanken aus der Welt der Griechen Wörter zu finden, sondern die Römer wurden durch diesen Einfluß auch gezwungen, sich über Ureigenstes gründlicher und theoretischer Rechenschaft zu geben als bisher, und so wurden z.B. erst jetzt zu typisch römischen Wertvorstellungen die Abstrakta *pietas, dignitas, gravitas* gebildet, vorher verfügte man lediglich über die entsprechenden Adjektive.

2. In Syntax und Stil. Noch immer ist die Vorstellung weit verbreitet, daß das Latein zu langen, weitausholenden, nebensatzreichen Perioden neigt, während dem Deutschen eine Abfolge knapper Sätze angemessener sei. Tatsächlich neigt das Latein an sich ebenso zu parataktischem Satzgefüge wie das Deutsche. Der Unterschied liegt nur darin, daß die deutsche Sprache sich gegenwärtig von den klassischen Stilvorstellungen löst,

während das - nach landläufiger Meinung - "eigentliche und wahre Latein", nämlich das Latein Ciceros und Cäsars, in eben diesen klassischen Stilvorstellungen befangen ist. Ciceros Stilvorbild war die attische Kunstprosa des 4.Jh.v.Chr., die sich in langen, teilweise (bei Isokrates!) in unendlich langen Satzgebilden gefiel. Bewußtes oder unbewußtes Stilvorbild der gebildeten Deutschen des vorigen Jahrhunderts war Cicero, dessen Satzbau sie in der Schule bei zahllosen deutsch-lateinischen Übersetzungsübungen nachzuahmen lernten. Das ist nun vorbei. Damit das Latein seinen griechischen Stilvorbildern nahekommen konnte, mußte sein Satzbau dem Griechischen so angenähert werden, daß heutzutage ein Schüler, der Latein gelernt hat, weitgehend auch die griechische Syntax beherrscht.

3. In der Akzentuierung. Es mutet uns, die wir seit urgermanischen Zeiten ununterbrochen die Stammsilbe eines Wortes betonen, eigenartig an, daß das Latein, das irgendwann um die Mitte des 1. Jahrtausends v.Chr. schon einmal seine Betonung geändert hatte, und zwar zugunsten der Anfangssilbe, zu allem anderen, was es aus dem Griechischen übernahm, ihm auch seit der 2. Hälfte des 3.Jh.v.Chr. seine Akzentuierung annäherte. Von nun an galt das jedem Lateinschüler vertraute Dreisilbengesetz: Der Ton liegt auf der vorletzten Silbe, wenn sie lang ist, auf der drittletzten, wenn die vorletzte kurz ist. In der Verstechnik ging die Anpassung sogar so weit, daß die Verse nicht nach betonten und unbetonten Silben gegliedert wurden, sondern den übernommenen griechischen Metren gemäß nach langen und kurzen. Ein Angleichungsvorgang, zu dem das Deutsche, auch bei der größten Bemühung, gar nicht imstande wäre.

Zu den S. 105ff beschriebenen Schritten auf dem Wege zur Hochsprache, die zur Klärung und Ordnung der eigenen sprachlichen Möglichkeiten führten, ist nun mit der enormen Bereicherung des sprachlichen Ausdrucksvermögens durch lebhafte Auseinandersetzung mit dem griechischen Geisteserbe der letzte Schritt zu einer großen Kultursprache getan. Er ist die Leistung der politisch und kulturell führenden Gesellschaftsschicht Roms im Verein mit den zu ihren Kreisen hinzugezogenen Dichtern, Schriftstellern und Gelehrten in dem Zeitraum, der zwischen dem Beginn der punischen Kriege liegt und Cicero, dem großen Vollender der lateinischen Schriftsprache. Nach ihm wandelt sich die geschriebene Sprache kaum noch.

Da es im Imperium unter der freien romanisierten Stadtbevölkerung seit der ausgehenden Republik kaum Analphabeten gab, verzögerte die allgemein verbreitete Kenntnis der Schriftsprache in den Jahrhunderten nach Cicero ganz beträchtlich die natürliche Entwicklung des mündlichen Umgangslateins, das, wie wir sahen, sich schon seit der Mitte des 3.Jh.v.Chr. anschickte, das spätantike Urromanisch vorzubereiten. Wenn aber selbst Cicero bisweilen in seinen Briefen *sodes* für *si audes, sis* für *si vis, ain* für *aisne* und für *dicam* (Futur) sogar *dicere habeo* schrieb, wenn Varro auf dem Lande *edus* für *haedus* hörte, wenn man sich über Kaiser Vespasians Aussprache *plostrum* für *plaustrum* lustig machte oder wenn Petrons Romanfiguren *scio, quod...* sagten, anstatt nach *scio* den a.c.i. zu setzen, dann ist daraus ersichtlich, daß diese Sprachgewohnheiten weiterlebten. Keine Lebensfähigkeit zeigten jedoch angesichts der unvergleichlich sugge- stiven Prägekraft der lateinischen Verkehrssprache fast alle anderen Spra- chen im westlichen Reichsgebiet. In Italien hat zwischen dem Apennin und dem äußersten Süden, wo sich das Griechische (in geringen Resten sogar bis heute) behaupten konnte, wohl keine das 1.Jh.n.Chr. überlebt. Die Provinzsprachen wurden im Laufe der Kaiserzeit verdrängt, jedenfalls hat sich keine vorlateinische Sprache außer dem Baskischen und einigen keltischen Dialekten in Britannien ins Mittelalter hinüberretten können. 1) So bildete sich eine westliche, fast rein lateinische Reichshälfte, die in Afrika an der Großen Syrte endete, den Balkan bis etwa zur Linie Dyrrhachium - Tomi hinunterreichte, Westsizilien einbezog und beim italischen "Stiefel" nur auf "Sohle" und "Absatz" zugunsten griechischer Dialekte verzichten mußte. In der Osthälfte des Reiches war und blieb die Stellung des Griechischen als Schrift- und Verkehrssprache unangefochten.

Latein in Spätantike und Mittelalter

Auf kaiserzeitlichen privaten Inschriften kann man folgende Wortformen lesen:

ublicu = umbilicum	*usore = uxorem*
ispiritum = spiritum (vgl.frz.esprit)	*sun = sunt*
hanimam = animam	*obitorunt = obitorum*
abeat = habeat	*factus = fatum*
occansio = occasio	

Es läßt sich aus diesen Formen erschließen, daß zur Zeit der Abfassung der Inschriften *m,n,nt* am Wortende nasaliert wurden, daß das *h* stumm war, daß *c* vor *t* assimiliert wurde (also Aussprache von *factus = fatum:* "*fattu*"!), daß *x* (= *c* + *s*) durch einen ähnlichen Assimilationsvorgang wohl wie *ss* gesprochen wurde, daß sich ein zusätzlicher "Anlaufvokal" vor anlautendem *sp-,st-* gebildet hatte. Zu *factus = fatum* sei noch daran erinnert, daß das Neutrum in der spätantiken Umgangssprache und deren romanischen Nachfolgesprachen völlig verschwunden ist. Weil die Endkon- sonanten vielfach nicht mehr gesprochen wurden, unterschied man nicht mehr Nominativ, Akkusativ und Ablativ voneinander: *casus generalis* wurde ·der Akkusativ. Mit dem beginnenden 3.Jh.n.Chr. drangen Vulgarismen auch in die Schriftsprache, vor allem in die christliche Literatur, was auf das Vorwiegen der unteren Schichten in den damaligen Christengemeinden zurückzuführen ist. Die Akzentuierung entfernte sich wieder vom griechi- schen Einfluß, so daß die Gebildeten - das Volk hatte es vielleicht nie recht vermocht! - nicht mehr lange und kurze Silben unterscheiden konnten: Es gab wie in fast allen heutigen Sprachen Europas nur noch betonte und unbetonte Silben. Im 5.Jh.n.Chr. hörte man auf, das *c* vor hellen Vokalen wie *k* zu sprechen. Vor diesem Zeitpunkt müssen die

---

1) Die keltisch sprechenden Bewohner der Bretagne sind von Britannien zum Festland im Frühmittelalter zurückgewandert.

Germanen *Wein-Keller* und *Wein-Kelch* (aus dem Akkusativ *calicem*) kennengelernt haben. Die Missionare sprachen schon anders, daher *Zelle* und *Kreuz* (aus dem Akkusativ *crucem*). Nur eine der Tochtersprachen des Latein hat diesen Lautwandel nicht mehr mitgemacht, ein Dialekt im Inneren Sardiniens, in dem *hundert* noch heute *kentu* lautet. Von dieser Ausnahme abgesehen war aber der Verkehr zwischen den einzelnen Gebieten der lateinischen Westhälfte des Reiches bis in die Völkerwanderungszeit hinein so lebhaft, daß die Umgangssprache überall die gleiche war, wie alle heutigen romanischen Sprachen beweisen, deren Satzfügung und Formensystem einerseits vom klassischen Latein beträchtlich abweicht, andererseits aber untereinander fast völlig übereinstimmt. [1] Die großen Unterschiede zwischen den romanischen Sprachen liegen in der Lautgestaltung und im Wortschatz. Erst in der Karolingerzeit begannen sie, sich voneinander fortzuentwickeln.

Da die lateinische Hochsprache während des Mittelalters überall im Abendland als Sprache der Gebildeten, besonders aber als Sprache der Kirche weitergesprochen und -geschrieben wurde, "lebte" sie auch noch weiter, d.h. die Bedeutungen der Wörter waren weiterhin einem ständigen Wandel unterworfen. Erst seit dem Humanismus ist das Latein weitgehend tot. Noch um 1600 erschienen 70% der in Deutschland gedruckten Bücher in lateinischer Sprache.

Sein Einfluß auf die deutsche wie auf alle anderen abendländischen Sprachen ist unübersehbar groß. Der Hinweis auf die immense und ständig wachsende Anzahl der Fremdwörter, auf die Lehnwörter [2] und die wörtlichen Übersetzungen [3] reicht bei weitem nicht aus, denn fast alle sprachlichen Erscheinungen, ohne die eine differenzierte und abstrakte Ausdrucksweise unmöglich wäre, sind in Anlehnung ans Latein im Deutschen entstanden, sei es nun komplizierter Satzbau, ausgebautes Tempussystem des Verbs, Bildung von Abstrakta. [4] Annähernd vergleichbar mit diesem Einfluß ist nur die umformende Wirkung, die einst das Griechische auf das bäurische Altlatein ausgeübt hatte.

[*Nachtrag bei Drucklegung:* Seit kurzem steht fest, daß die berühmte Goldfibel aus Praeneste mit der angeblich ältesten lateinischen Inschrift eine wohl aus dem Jahre 1886 stammende Fälschung ist.]

---

1) Die romanischen Schriftsprachen sind: Portugiesisch, Spanisch, Katalanisch, Provenzalisch, Französisch, Rätoromanisch, Italienisch, Rumänisch.
2) Z.B. preisen und predigen von *praedicare*, Feier von *feriae*, verdammen von *damnare*, schreiben von *scribere*, Brief von *breve*.
3) Z.B. Umstand: *circumstantia*, Unterstellung: *suppositio*, Begriff: *conceptio*, barmherzig: *misericors*, entschuldigen: *exculpare*.
4) Luther - und sicher er nicht allein - pflegte verwickeltere Gedankengänge, die er im Deutschen ausdrücken wollte, zuerst lateinisch zu konzipieren.

Literatur

CHARAKTERISTISCHE BESONDERHEITEN DER RÖMISCHEN LITERATUR IM ALLGEMEINEN

1. Traditionalismus, imitatio, aemulatio, Typisierung. In der Literatur herrscht wie in allen anderen Lebensbereichen die echt römische Überzeugung: Ohne Vorbilder, die man nachahmt (*imitatio* = Nachahmung), mit denen man wetteifernd konkurriert (*aemulatio* = Nacheiferung, Wetteifer), gibt es keine Qualität. Die literarischen *maiores* (Vorfahren) waren zuerst die Griechen, später auch die eigenen Meister. Die Ehrfurcht vor dem bereits Gestalteten ging so weit, daß sich im Laufe der Entwicklung des hellenistisch-römischen Schrifttums eine zunehmende Normierung herausbildete; für fast jeden Gedanken, jedes Gefühl, jede zu schildernde Situation lagen vorgeformte "Versatzstücke" parat. In diesem Arsenal bereits fertiger Prägungen gab es neben dem unerschöpflichen Vorrat an mythischen und historischen Gestalten, an Bildern, Leitmotiven, Metaphern und Symbolen, um nur einige Beispiele zu nennen, die feststehenden Topoi (Gemeinplätze) von den "Sorgen des Alters", dem "Lohn der Tugend", der "Kürze des Lebens", dem "Leichtsinn der Jugend", die Menschentypen "geschwätzige Alte", "unschuldige Jungfrau", "treuer Diener", die Redefiguren Aposiopese, Chiasmus, Litotes, Oxymoron, Hyperbaton; die Redegattungen Preisrede, Streitgespräch, Monolog; die für jede Absicht festgelegten Literaturgattungen und Metren. Daneben harrten noch regelrechte "Fertigteile" der "Montage", nämlich Halbverse, ganze Verse, Prosaformulierungen, mit denen frühere Dichter und Schriftsteller bestimmte Gedanken so unübertrefflich ausgedrückt hatten, daß man sie pietätvoll übernahm (z.B. *"tempora inimica virtuti"*, Cic. Orat. 35 und Tac. Agric. 1; der Fabius-Cunctator-Vers des Ennius bei Vergil, Aen. 6,846). Vollkommenheit, nicht Originalität strebten die Dichter an. Ihre große Leistung lag - wie etwa noch bei den großen Barockbaumeistern - in der variierenden Anwendung solcher Vorprägungen zu immer neuen Zwecken und Wirkungen, dies jedoch aufgrund ureigensten schöpferischen Erlebens, das sie mit dem Vorgefundenen zu einer Einheit von bisher noch nicht dagewesener Sinngebung zu verschmelzen hatten. Es waren also artistisch perfekte Beherrschung des schon vorhandenen Formengutes u n d schöpferische Gaben erforderlich.

2. Universalität - Transparenz. Wie der Staat eine Provinz nach der anderen eroberte, ebenso übernahm das lateinische Schrifttum in kurzer Zeit einen Bereich der griechischen Literatur nach dem anderen. Im Politischen sowie im Geistigen und Dichterischen strebten die Römer gleichermaßen zum Umfassenden und Ganzen; die Weltgedichte des Lukrez, Vergil und Ovid, Ciceros Plan, allein das gesamte griechische Geisteserbe hereinzuholen und zu übertreffen, Horazens Umfassung alles Menschlichen vermittels der mannigfaltigen Ausdrucksmöglichkeiten seiner verschiedenen Gedichtgattungen, der unersättliche Sammeleifer Varros und des älteren Plinius deuten auf denselben Universalismus. Doch diese Eigenschaft wurzelt tiefer, als die bisherigen Ausführungen es vermuten lassen: Bezogenheit auf ein Ganzes, Universales, auf "Welt" besteht bei jedem Vers, jedem Satz der römischen Literatur. Es liegt einfach im Wesen aller von Römern geschaffenen Dinge einschließlich ihrer Sprache und ihrer sprachlichen Werke, daß sie nicht als ein in sich abgeschlossenes Ganzes ihren Wert in sich tragen, sondern nur stellvertretenden bzw. funktionalen Charakter haben, also etwas Größeres, Umfassendes repräsentieren und auf dieses unausgesprochen verweisen, anders ausgedrückt: daß sie transparent sind, so daß dieses durchscheint.

3. *Schlichtheit - Qualität - Bindung an einen festen Stil.* Römische Dichtung bleibt, verglichen mit der modernen, immer schlicht, trotz oder gerade wegen der hohen formalen Voraussetzungen, die damals erforderlich waren. Oberflächlich ist sie aber nie, selbst nicht in ihren schwächsten Werken; daran hindert sie ihre Transparenz, ihr repräsentativer Charakter, der stets über das Vordergründige hinausdeutet. So findet man also kaum gänzlich Minderwertiges. Ebenso selten trifft man jedoch auch auf Dichtung höchster Qualität. Ursache hierfür ist die enorm stilbildende Formungs- und Prägekraft römischer Art und Sprache, die der freien Entfaltung individueller Eigenheiten und Fähigkeiten - ganz anders als in Griechenland oder gar bei uns - wenig Spielraum ließ und so zwangsläufig zur Mitte hin nivellierte. [1]

4. *Bewegungsphantasie.* Die griechische Vorstellung, daß wahr = schön = gut sei, wurde, obwohl an sich wesensfremd, auch für die römische Literatur gültig. Die glänzende Fähigkeit der Griechen zu plastisch-bildhafter Schilderung der Dinge, Menschen und Handlungen fehlte jedoch, weil es auf sie bei ihrer nur stellvertretenden Funktion ohnehin weniger ankam. So mangelte es also an "Vorstellungsphantasie". Dagegen fehlte keineswegs die für die römische Literatur sogar besonders kennzeichnende "Bewegungsphantasie", die sich ebenso in den scheinbar rein assoziativen, aber doch so genau berechneten, an die Figuren eines Eiskunstläufers erinnernden Gedankenbewegungen eines Gedichtes kundtun wie etwa in dem Denkfortschritt einer philosophischen Erörterung Senecas oder der Gliederung einer ciceronischen Rede.

5. - 8. *Humor, Theoriefeindlichkeit, Innigkeit, Idylle, Grauen.* Weiterhin sind bezeichnend für die römische Literatur die bedeutende Rolle der humorvollen Dichtung (Satire, Komödie), der entschiedene Zug zum Erzieherisch-Praktischen (nicht alleine in Geschichtsschreibung, Philosophie und Satire, sondern wohl in allen Bereichen der Literatur), die im Vergleich zum Griechischen viel größere Neigung zu Gefühl, Herzens-

---

1) In der Geschichte anderer Völker wird man vermutlich vergebens nach einer so großen Anzahl von Gestalten fast gigantischen Formats wie Luther, Goethe, Beethoven, Bismarck suchen. Der entscheidende Grund hierfür - so hat man wiederholt mit Recht betont - liegt in der Form- und Stilschwäche deutschen Wesens, das der Entwicklung der Persönlichkeit in kaum einer Richtung formend und hemmend entgegenzuwirken vermag. Bei den Römern liegt der Fall also genau umgekehrt.

wärme, Menschlichkeit, zum Intim-Stimmungsmäßigen die bisher im Altertum unerhörte Liebe zur Natur und schließlich die Neigung zum Unheimlichen, Monströsen und Grauenvollen.

ZUR RÖMISCHEN GESCHICHTSSCHREIBUNG IM BESONDEREN

1. Annalistik. Schon seit früher Zeit haben sich die *pontifices* (oberste Kultusbehörde Roms, vgl. S. 81) im Zusammenhang mit der Herstellung des Festkalenders (vgl. S. 71) Jahr für Jahr knappe Aufzeichnungen über die wichtigsten das Gemeinwesen betreffenden Ereignisse gemacht, *annales* (erg. *libri* = Jahrbücher) genannt. Das Schema der alten Priesterchronik, die jahrweise Berichterstattung, hat die römische Geschichtsschreibung bis zu Tacitus hin im wesentlichen beibehalten, sobald größere Zeiträume behandelt wurden, obwohl das oft zu einer einfachen Aneinanderreihung der Ereignisse in der Schilderung führte; aber die große E i n h e i t des Geschehenszusammenhangs kam ohnehin nur selten in den Blick.

2. Rang. Die Geschichtsschreibung besaß von Anbeginn an ein höheres Ansehen als die von Sklaven, Freigelassenen oder sonstigen Nichtrömern verfaßten Werke der übrigen Literaturgattungen, weil die Verfasser meist - bis in die Spätzeit hinein - senatorischen Ranges waren.

3. Aufgabe der Geschichtsschreibung. Diese Staatsmänner waren nicht aus theoretischem Erkenntnisdrang Historiker, sondern weil sie die Leser politisch-moralisch beeinflussen wollten.

4. Schönheit - Wahrheit. Wissenschaftliche Forschung betrieben sie daher weniger. Auf die Exaktheit der Fakten kam es nicht an. Wesentlich war dagegen die Kunst der Darstellung, damit die Leser bei der Lektüre mitgerissen wurden und über die geschilderten Handlungen Begeisterung oder Empörung empfanden. So waren die guten Historiker vor allem Künstler, großartige Erzähler, die tunlichst trockene Erörterungen vermieden. Trotzdem - so hat die moderne Geschichtswissenschaft erwiesen - kommt bei diesen auch die Wahrheit nicht zu kurz; denn es vertragen sich in der Geschichtsschreibung hohe Kunst und Schönheit nicht mit Unwahrheit.

5. Mos Maiorum. Der stets konservative - teilweise vom Ahnenkult her verständliche (vgl. S. 69) - Standpunkt der Geschichtsschreibung war vom älteren Cato an bis in die späteste Kaiserzeit etwa folgender: Gedeih und Verderb Roms sind allein abhängig von der moralischen Haltung seiner Bürger. Unter unseren tüchtigen Ahnen, an denen wir uns ein Beispiel nehmen sollten, gedieh Rom; der jetzige Niedergang beruht auf dem Verlust an *virtus* (Tüchtigkeit, Tugend). Unausgesprochen lag dem die tief innere Überzeugung zugrunde, daß Rom von seiner Gründung an eine Mission, ein *fatum* (vgl. S. 69) zu erfüllen habe, was ohne den Besitz von *virtus* unmöglich ist, nämlich durch seine Beherrschung aller übrigen Völker eine gottgewollte Ordnung auf Erden zu verwirklichen. Erst Vergil, nicht einem Historiker, gelang es, diesem Gedanken Ausdruck zu verleihen (in der *Aeneis*). Kein Historiker, mochte er die Gegenwart auch in noch so düsteren Farben malen, war also ein "echter" Pessimist: Dafür haftete der Glaube an Rom und sein *fatum* zu fest.

6. *Ab urbe condita*. Der Blick für größere Zeiträume, über Jahrhunderte hinweg, lag den Römern (vgl. jedoch Punkt 1!). Griechen hätten des Livius' Plan, Geschichte *ab urbe condita* (= seit Gründung der Stadt) bis zur Gegenwart zu schreiben, noch kaum fassen können, sie neigten mehr zu "Geschichten" als zu "Geschichte". Aber auch das Gesichtsfeld der Römer war beschränkt: Ihre Geschichte war die Geschichte der Stadt Rom, kaum die des Imperiums, weltgeschichtliche Sehweise gar brachte erst das Christentum; der moderne Entwicklungsgedanke fehlte außerdem, an "Entwicklung" vermerkte man nur den moralischen Niedergang, den man zu bekämpfen sich bemühte.

7. *Symptomatische Geschichtsschreibung*. Geschichte wurde gerne erzählt unter Aufteilung in einzelne exemplarische Ereignisse. Das entspricht der auf den Einzelfall gerichteten römischen Denkweise; das Einzelereignis sollte dabei beispielhaft einen Gesamtzusammenhang vertreten (vgl. S. 135f). Außerdem kam diese Gliederung in nachahmenswerte und abschreckende Einzelhandlungen der Absicht entgegen, die Leser zu erbauen, zu mahnen und zu warnen, sie also politisch-moralisch zu beeinflussen.

DATEN ZUR LITERATURGESCHICHTE

I. Anfang und erste Blütezeit

Das Altlatein wird Literatursprache. Volks- und Schriftsprache unterscheiden sich noch kaum. Mit den Dichtungen des Plautus und Ennius wird ein erster Höhepunkt erreicht.

Gegen 300 v.Chr.	*Appius Claudius Caecus*, der große Staatsmann (vgl. Tabelle S. 7), veröffentlichte seine Rede gegen den Frieden mit Pyrrhus, eine juristische Abhandlung und eine Spruchsammlung in einheimischem saturnischem Versmaß. Er war seiner Zeit weit voraus; seine literarischen Bemühungen fanden keine unmittelbare Nachfolge. (Fr)[1]
etwa 285 - 204	*L. Livius Andronicus*, aus Tarent stammender Grieche, Freigelassener, übersetzte die Odyssee in Saturniern sowie griechische Theaterstücke. (Fr)
2. Hälfte des 3.Jh.v.Chr.	*Q. Fabius Pictor*, Senator, ältester römischer Historiker, der aber noch griechisch schrieb. (Fr)
Ende des 3.Jh.v.Chr.	*Cn. Naevius*, aus Kampanien, schrieb das *Bellum Punicum*, ein Epos über den 1. punischen Krieg in Saturniern; außerdem schrieb und übersetzte er auch Theaterstücke. (Fr)

[1] Die Abkürzung "Fr" weist darauf hin, daß nur Fragmente erhalten sind.

etwa 250 - 184 v.Chr.

T. Maccius Plautus, aus Umbrien, bedeutend-ster römischer Komödiendichter. 21 Komödien, freie Nachdichtungen griechischer Stücke, sind erhalten; Bühnenwirksamkeit, Derbheit, Schwung und Frische zeichnen sie aus. Gemeinsam mit Terenz übte er eine starke Wirkung auf Hrotswitha von Gandersheim, Shakespeare, Molière, Kleist, Goldoni, Wilder, überhaupt auf das gesamte abendländische Theaterwesen aus.

239 - 169 v.Chr.

Q. Ennius, aus Kalabrien, behandelte in dem bis zum Erscheinen von Vergils *Aeneis* hochgeschätzten Epos *Annales* die römische Geschichte vom Anfang bis zur Gegenwart; Versmaß: erstmalig der griechische Hexameter. Er schrieb und übersetzte noch vieles andere, so z.B. Theaterstücke, und als erster *saturae,* was wohl etwa *Vermischtes* bedeuten sollte. (Fr)

II. Die Zeit Catos, des Scipionenkreises und der Gracchen

Das Hochlatein entsteht, indem Terenz sich in seinen Komödien ausschließlich der Sprache der führenden Kreise bedient. Der griechische Einfluß wird zum Problem: Cato kämpft erbittert gegen ihn, während der Scipionenkreis in der Beschäftigung mit dem Griechentum ein Mittel sieht, eigenes Wesen zu entfalten und wahrhafte Menschlichkeit, *humanitas,* zu erlangen (vgl. S. 181).

234 - 149 v.Chr.

M. Porcius Cato, aus Tusculum, der erbitterte Streiter gegen den Standesdünkel der Nobilität, gegen Griecheneinfluß und Sittenverderbnis, der erste große Prosaist Roms, veröffentlichte u.a. das Geschichtswerk *Origines,* zahlreiche mutige und schlagfertige Reden und das erhaltene Lehrbuch *De agri cultura.*

etwa 220 - 130 v.Chr.

M. Pacuvius, aus Brundisium, Neffe des Ennius; er war für Cicero der größte römische Tragödiendichter. (Fr)

195/90 - 159 v.Chr.

Terenz (P. Terentius Afer), nordafrikanischer Sklave, später Freigelassener, nach Plautus der bedeutendste römische Komödiendichter. Seine sechs Stücke blieben alle erhalten. Sie sind nicht so derb, frisch und originell wie die des Plautus, zeichnen sich aber durch Reinheit der Sprache und größeres Verständnis für die griechischen Vorlagen (besonders Menander) aus, an die sich seine Nachdichtungen eng anlehnen. Über seine starke Nachwirkung siehe Plautus.

102 v.Chr. gestorben	*C. Lucilius,* aus Kampanien, römischer Ritter, Freund des jüngeren Scipio, war Satirendichter. Er verstand als erster unter Satiren tatsächlich nur "satirische", also erzieherische und zugleich spöttische Gedichte. Die Sprache seiner auf die verschiedensten Tonlagen abgestimmten Satiren ist zwar lebendig und treffsicher, aber nachlässig und bisweilen in vulgären Jargon übergehend. Bei Lucilius bildete sich der Hexameter endgültig als Satirenversmaß heraus. (Fr)
170 - 86 v.Chr.	*L. Accius,* aus Umbrien, Tragiker. *Oderint, dum metuant* (mögen sie mich doch hassen, die Hauptsache ist, daß sie Angst vor mir haben), ist ein berühmtes Acciuszitat. (Fr)
154 - 121 v.Chr.	*C. Sempronius Gracchus,* der jüngere der beiden Sozialreformer, war ein leidenschaftlicher, die Massen mitreißender Redner, neben Cato der größte im 2. Jh.v.Chr.. (Fr)
Ende des 2. Jh.v.Chr.	*L. Coelius Antipater,* Rhetoriklehrer und Historiker, verfaßte eine Monographie über den 2. punischen Krieg, eine Prosadichtung, die erstmals in hellenistischer Manier wie ein Drama aufgebaut war; diese Sitte wurde von nun an in der Geschichtsschreibung beibehalten. (Fr)

III. Das Zeitalter Ciceros

Nach zeitweisem Stillstand der Entwicklung gelangt die Prosa jetzt durch Cicero zur vollen Ausdrucksfähigkeit bei formaler Klarheit und Ausgewogenheit: Sie hat damit ihre klassische Stufe bereits erreicht, während der Reifungsprozeß der Poesie noch anhält. Die Sprache der Poesie unterscheidet sich in dieser und der folgenden Periode am stärksten von der der Prosa.

119 - 67 v.Chr.	*L. Cornelius Sisenna,* Prätor von 78, verfaßte *Historiae,* Zeitgeschichte. (Fr)
116 - 27 v.Chr.	*M. Terentius Varro,* aus Reate im Sabinerland, Senator und Prätor, war ein sehr vielseitig interessierter Kulturhistoriker und Schriftsteller, von dessen zahlreichen Veröffentlichungen nur fünf Bücher (von fünfundzwanzig) *De lingua Latina* und vollständig die *Res rusticae* in drei Büchern erhalten sind. Auf Varros Berechnungen geht 753 als Roms Gründungsdatum zurück, die "varronische Ära", die sich gegenüber anderen Zeitansätzen durchgesetzt hat.

106 - 43 v.Chr.

M. Tullius Cicero, Konsul von 63, ist der Vollender der lateinischen Prosa und damit der Schöpfer der Hochsprache, wie sie bis zum Ende des Altertums und darüber hinaus kanonisch wurde. Er war der weitaus gebildetste Mann seiner Zeit, und er besaß die glänzende Fähigkeit, die verwickeltsten Gedankengänge klar, leicht verständlich und in einer flüssigen, graziös schwungvollen Sprache wiederzugeben. Zusammen mit Vergil wurde er für das Abendland der bedeutendste Vermittler antiken Geisteserbes. Nach Demosthenes gilt er als der größte Redner des Altertums. Von seinen über hundert veröffentlichten Reden sind achtundfünfzig (z.T. unvollständig) erhalten. Die mit Recht bekanntesten von diesen sind die sieben Reden gegen *Verres,* den räuberischen Statthalter Siziliens, mit denen er sich 70 v.Chr. den Ruf des ersten Anwalts und Redners in Rom erwarb, die für Politik und Wirtschaft des Weltreichs so aufschlußreiche Rede zugunsten der Sondervollmachten des *Pompejus* im Krieg gegen Mithradates (66 v.Chr.), die vier Reden gegen den Verschwörer *Catilina,* dessen Putsch Cicero als Konsul vereiteln konnte (63 v.Chr.), und die vierzehn philippischen Reden gegen den Triumvir *Mark Anton* (44/43 v.Chr.), die so nach den Reden des Demosthenes gegen Philipp II. von Makedonien hießen. In den Zeiten der zwangsweisen Muße für den von den Triumvirn kaltgestellten Politiker Cicero entstanden seine rhetorischen und philosophischen Schriften, deren Grundgedanken in den Reden z.T. schon anklingen. Cicero gab ihnen meist Dialogform, um seine Überlegungen frei von aller Pedanterie und Systemaik in lebendigem Gesprächston entwickeln zu können. Die drei Bücher *De oratore* (über den Redner, 55 v.Chr.) zeigen seine Ansicht, daß der politische Redner nur durch eine umfassende Bildung zu Tiefe, Kraft und Gedankenfülle seiner Reden gelange; Cicero selber verdankte diesem Umstand seine enorme Überlegenheit über alle Konkurrenten. 54-52 v.Chr. entstand in besonders sorgfältiger Arbeit Ciceros Meisterwerk, die sechs Bücher *De re publica,* von denen etwa ein Drittel erhalten ist. Der Römer Cicero sah die verschiedenen Verfas-

sungsformen nicht mehr in hellenistischer Art
als Mechanismen, sondern als menschliche
Organisationsformen, deren Wert mit der Weisheit der jeweils Führenden steht und fällt. Er
half, die augusteische Staatsgesinnung vorzubereiten, indem er die *res publica maiorum* (=
Staat der Ahnen) mit allen ihren Einrichtungen
wieder zum geheiligten Vorbild erhob, dieselbe
res publica, die gegenwärtig durch den Kampf
aller gegen alle vernichtet zu werden drohte.
Für das augusteische Sendungsbewußtsein,
das die römische Weltherrschaft nicht mehr
naiv als selbstverständlich ansehen konnte,
leistete er mit einer sorgfältigen Begründung
Vorarbeit (rep. III, vgl. S. 76). Wie Platon dem
Staat die *Gesetze* folgen ließ, folgte Ciceros
Staatsschrift als eine Art Fortsetzung das unvollständig gebliebene Werk *De legibus*. Später
(46 v.Chr.) bemühte Cicero sich mit den Schriften *Orator* (= der Redner) und *Brutus* vergebens, dem jungen Freund und künftigen Cä-
sarmörder gleichen Namens das damals in
Mode kommende Stilideal des Attizismus
(nüchterne, schlichte Ausdrucksweise) auszu-
reden: Je nach Gelegenheit müsse die Ausdrucksweise variiert werden. - Am Ende seines
Lebens gewann die Philosophie für den ge-
scheiterten Politiker Cicero immer mehr an
Bedeutung (vgl. S. 76). Er wollte Rom von der
Bevormundung durch die Griechen auf dem
Gebiet der Philosophie befreien und schuf 45 -
43 v.Chr. in einer Anzahl von Werken eine
Übersicht über die gesamte griechische Philosophie. Als Einleitung zu dem Gesamtkomplex
war der verlorene Dialog *Hortensius* gedacht,
der die Bedeutung der Philosophie so über-
zeugend darlegte, daß er noch Augustin zum
Gesinnungswandel bewog. Eifrig gelesen bis
in die Neuzeit hinein wurde *De officiis*, ein
Leitfaden über richtiges und menschenwürdi-
ges Verhalten. Mit Recht wird an manchen
dieser Spätwerke die Flüchtigkeit getadelt, mit
der Cicero den Gedankengang seiner griechischen Vorlagen wiedergegeben hat. Andererseits sind die gute Lesbarkeit, die klare Ver-
ständlichkeit der Ausdrucksweise, die in Stel-
lungnahme und Auswahl spürbare *humanitas*
seiner Gesinnung und vor allem die geniale

sprachschöpferische Leistung bewundernswert, mit der es zum ersten Male gelang, die kompliziertesten philosophischen Gedankengänge in lateinischer Sprache auszudrücken. - Kein Mensch vor Goethe ist uns so bekannt wie Cicero, denn 774 Briefe von ihm sind erhalten sowie 90 seiner Briefpartner. Besonders aufschlußreich sind die nicht für die Öffentlichkeit bestimmten Briefe *ad Atticum* (an Atticus), seinen Freund und Verleger.

100 - 44 v.Chr.

C. Julius Caesar, genialer Staatsmann, Feldherr, Schriftsteller und Redner. Von seinen Werken auf verschiedenen Gebieten der Literatur sind - neben einigen Briefen an Cicero - sieben Bücher *Commentarii de bello Gallico* und drei Bücher *Comm. de bello civili* erhalten; das 8. Buch des *b. Gall.* und vielleicht auch das *bellum Alexandrinum* hat der Legat *Hirtius,* das *b. Africum* und *b. Hispaniense,* die alle noch unter den Werken Cäsars überliefert sind und den Bürgerkrieg bis zum Ende schildern, haben andere Offiziere seines Stabes verfaßt. Der propagandistische Zweck der Kommentarien sowie gelegentliche, an der Wahrheit vorgenommene Retuschen verbergen sich hinter einer kühlen Sachlichkeit des Ausdrucks, die den Eindruck der Objektivität und Zuverlässigkeit erweckt. Die Wirkung distanzierter Nüchternheit des Autors wird durch die dritte Person, in der er von sich spricht, und durch die in der Regel - Ausnahmen sind ganz wenige Höhepunkte der Darstellung - durchgehaltene Vermeidung der direkten Rede noch gesteigert. Die Sprache ist absichtlich auf etwa 1500 Vokabeln und einige wenige Satzkonstruktionen beschränkt zum Zwecke höchster Schlichtheit und Klarheit. Ebenso ist der Bericht konsequent auf das beschränkt, was für Cäsars Ziel, die Niederringung des Feindes, von Belang ist. Die einengende Stilisierung in der Wiedergabe der Wirklichkeit und im Ausdruck erfolgte so vollkommen, daß sie wie unbeabsichtigt und selbstverständlich erscheint. So hat Cäsar mit seinen *commentarii,* die der Literaturgattung nach zwischen der formlosen Materialsammlung und dem endgültig gestalteten literarischen Geschichtswerk stehen, selber ein literarisches Geschichtswerk von höchster Vollendung geschaffen.

100 - 25 v.Chr.

Cornelius Nepos, Transpadaner (also aus der *Gallia Cisalpina* nördlich des Po), Freund von Catull, Cicero und Atticus. Von seinen vielen historischen Schriften sind nur 25 kurze Biographien erhalten, 23 von nichtrömischen Feldherren, vom alten Cato und von Atticus. Mit Ausnahme der Atticusbiographie ist Nepos' Leistung in jeder Hinsicht mittelmäßig. Das Beachtliche an dieser Biographie ist die ganz unrömische Freiheit vom überlieferten Denkschema.

94 - 55 v.Chr.

Lukrez (T. Lucretius Carus) verfaßte das unfertig gebliebene Lehrgedicht in sechs Büchern *De rerum natura* (= *Über das Wesen der Welt*). Darin verkündet er in einer häufig schwerfällig überladenen Sprache, aber voll trotziger Leidenschaft, die Lehre Epikurs, wie er sie sich gedeutet hatte. Seiner Meinung nach kann durch sie die Menschheit von der Götter- und Todesfurcht befreit werden: Götter und Dämonen sind ohne Macht über Mensch und Welt, da alle Vorgänge im Kosmos rational erklärbar sind; und gegen Todesfurcht ist man gefeit, wenn man sich bewußt macht, daß die Elementarteilchen, die Atome, aus denen man besteht, unvergänglich sind; diese sind als Bausteine von Leben und Geist ihrerseits durchseelt, so daß der Mensch geborgen ist inmitten der mit ihm fühlenden Natur des Alls. Mit diesem letzteren über Epikur hinausgehenden Gedanken (vgl. S. 87) befindet sich Lukrez in erstaunlicher Nähe zu der modernen Literatur (z.B. Jorge Luis Borges, Nathalie Sarraute, Henry Miller, Hans Erich Nossack). Die Schilderung der Pest am Ende seines Werkes als Sinnbild der Situation des Menschen überhaupt nimmt bereits das Thema von Camus' berühmtem Roman vorweg. - Starke Nachwirkung Lukrezens auf die Klassiker der augusteischen Zeit, auf die gesamte abendländische Lehrdichtung bis in die Barockzeit, auf Goethe, Valéry, Benn und Brecht und - wegen des atomistischen Inhalts - auf die moderne Physik.

86 - 34 v.Chr.

Sallust (*C. Sallustius Crispus*), aus Amiternum im Sabinerland, 46 v.Chr. Prokonsul von Africa Nova, ein objektiver Historiker mit sicherem Verständnis für echte geschichtliche Größe. Erhalten sind die beiden Monographien über die *Verschwörung Catilinas* (66-62) und den *Krieg gegen Jugurtha* (111-105), zwei *Sendschreiben an Cäsar* und teilweise die *Historien* (behandelten vermutlich die Jahre 78 - 67). Aus Sallusts Vorbildern Cato und Thukydides erklärt sich die von Cicero stark abweichende, gleichsam energiegeladene Sprache. Die in den einzelnen Werken - übrigens höchst dramatisch - geschilderten Ereignisse sieht Sallust als exemplarisch für je eine bestimmte Etappe innerhalb des Gesamtzusammenhangs der römischen Geschichte an; diese wird dabei fast ausschließlich vom moralischen Standpunkt aus gewertet. - Große Nachwirkung schon innerhalb der Antike (besonders auf Tacitus).

etwa 84 - 54 v.Chr.

Catull (*C. Valerius Catullus*), aus Verona, der bedeutendste der Neoteriker (griech. hoi neoteroi = die Moderneren), d.h. eines Kreises von Dichtern, die nach alexandrinischem Vorbild höchste Sorgfalt in Sprache und Metrum sowie die Kenntnis und Verwendung der seltensten Mythen anstrebten. Aber Catull übertraf die alexandrinische Dichtung durch seine tiefere Anschauung der Liebe, die ihm z.B. erstmals im Abendland eine klare Formulierung der Erkenntnis ermöglichte, daß *amare* (= *lieben* im erotischen Sinne) - aber nicht *diligere*! (= *lieben* im Sinne von *hochachten, schätzen*) - mit *odisse* (= *hassen*) im Hinblick auf ein und dieselbe Person vereinbar ist (c.85), daß ein Mann genauso großer Liebe fähig ist wie eine Frau, während die bisherige Literatur - wenn man von nicht ernstzunehmenden Typen der Komödie absieht - keine männlichen Entsprechungen zu den großen Gestalten einer Penelope, Medea, Phädra, Ariadne kannte. Trotz der Gefühlstiefe, vor allem in den Lesbialiedern, sind seine Gedichte nicht unmittelbarer Ausdruck eines übervollen Herzens - was ja auch der Typisierungstendenz der römischen Literatur widerspräche (vgl.

S. 112) -, sondern äußerst bewußt gestaltete Kunstwerke, die zumeist gerade dem absichtlichen Gestaltungswillen des Dichters ihre scheinbare Natürlichkeit und Unmittelbarkeit verdanken. Man muß sich dabei vor Augen halten, daß Catulls Gedichte immer bezogen sind auf den Kreis gleichgesinnter Freunde, die formale Vollkommenheit und geistreich spielerische Eleganz der Gedankenführung kennerisch begutachten sollten. - Catulls Nachwirkung auf alle spätere Poesie ist ungeheuer; gerade auch die Lyrik der Gegenwart ist "durchgeistert von dem Echo Catulls" (Enzensberger).

IV. Die augusteische Klassik

Nunmehr erlangt auch die Poesie die Reife der Klassik und mit Vergil, Horaz, den Elegikern und Ovid ihren absoluten Höhepunkt. Die vervollkommnete Ausdrucksfähigkeit und die hohe formale Beherrschung der Sprache wurden getragen von einer neuen inneren Haltung:

1. Infolge des Erlebnisses des wunderbaren Wandels von mörderischer Selbstzerfleischung zu dauerndem Frieden sahen die Dichter die *res publica* (den Staat) in verklärendem Glanz und dichteten zu ihrem Preis und Ruhm (von Cicero vorbereitet, s.d.!), während Lukrez und die Neoteriker sich von ihr abgewandt hatten.

2. Die Überzeugung von der Eigenständigkeit der dichterischen Wahrheit neben der philosophischen gab den Dichtern ein neues Sendungsbewußtsein (bei Lukrez bereits im Ansatz vorhanden, s.d.!).

3. Die neuen Vorbilder Homer, Hesiod, Archilochos, Pindar stammten dementsprechend noch aus Zeiten, als die Dichtung in Griechenland in hohem Ansehen stand, während die Neoteriker sich nach den Alexandrinern gerichtet hatten (Lukrez allerdings auch schon nach dem Vorsokratiker Empedokles).

8 v.Chr. gestorben
Mäzenas (*C. Cilnius Maecenas*), römischer Ritter aus altem etruskischem Adelsgeschlecht, Freund und Berater des Augustus. Nicht wegen seiner eigenen recht kläglichen dichterischen Versuche fehlt er in keiner Literaturgeschichte, sondern weil er freundschaftlicher Förderer der Dichter (besonders des Vergil, Horaz, Properz) war. Nach ihm spricht man heute noch von einem Kunstmäzen und von Mäzenatentum.

70 - 19 v.Chr.

Vergil (P. Vergilius Maro) aus Andes bei Mantua, der größte Dichter Roms, "die mächtigste Stimme im Chor der lateinischen Sprache" (T.S.Eliot) mit ungeheurer Nachwirkung in Altertum, Mittelalter (Dante!) und Neuzeit. Der Grundton seiner Dichtung wird im wesentlichen durch zwei Faktoren bestimmt:

1. *Pietas* (vgl. S. 69) bildet den Mittelpunkt seines Denkens und Fühlens so sehr, daß er, den Tertullian (vgl. S. 132) als *anima naturaliter christiana* (eine ihrer Veranlagung nach christliche Seele) bezeichnete, tatsächlich christlicher Haltung sehr nahe kommt. So gemahnen z.B. der Gehorsam des vergilischen Aeneas gegen Jupiter und die damit verbundenen Leiden und Seelenkämpfe schon an einen christlichen Heiligen; ein herrliche Taten vollbringender Held im Sinne Homers ist Aeneas nur noch nebenbei.
2. Realität haben allein Gefühl und Stimmung; Menschen, Dingen und Taten bleibt nur noch eine Mittlerfunktion; sie werden zu Symbolen für seelische Vorgänge, so daß über allem von Vergil Geschildertem leicht ein Hauch von Unwirklichkeit liegt, ganz im Gegensatz zu der Plastizität griechischer Darstellungen (vgl. S. 113). - Nach einigen Gedichten, die im Stil noch ganz der Art der Neoteriker entsprechen, schrieb Vergil 42 - 39 v.Chr. zehn Hirtengedichte (*Eclogae, Bucolica*), die die Schäferpoesie der Barockzeit angeregt haben, während sie ihrerseits sehr selbständig die *Mimoi* des sizilischen Griechen Theokrit abwandeln. Vergil ist der Erfinder jener unwirklichen Traumlandschaft Arkadien, in der es nicht Arbeit noch Kampf gibt, sondern die Bauern und Hirten singen, flöten und tanzen, oder, im Schatten eines Baumes idyllisch gelagert, einsam ihrem Liebeskummer nachsinnen. Berühmt ist die 1. Ekloge, weil Oktavian schon im Jahre 41 v.Chr., dem für die italische Landbevölkerung so grausamen Jahre der Ackerverteilung an Oktavians Veteranen, als ein Gott gepriesen und dankbar verherrlicht wird. Diese Ekloge hat so ihren Teil dazu beigetragen, daß Oktavian zum Friedenskaiser wurde. Die rätselhafte 4. Ekloge ist noch berühmter; in ihr läßt Vergil

mit der Geburt eines Kindes ein neues golde-
nes Zeitalter anbrechen. Spätantike und Mittelalter sahen hierin eine Prophezeiung der
Geburt Christi. - Im Jahre 29 v.Chr. hatte
Vergil sein zweites Werk, die *Georgica*, abgeschlossen. Es ist ein Epos, ein Lehrgedicht
über die Landwirtschaft in vier Büchern. Im
Gegensatz jedoch zu hellenistischen Lehrge-
dichten gleichen Themas ist die landwirtschaftliche Unterweisung nur Einkleidung,
"Vordergrund". Ein Landwirt hätte also durch
die *Georgica* keine fachliche Fortbildung erfahren. Das eigentliche Thema ist vielmehr die
göttliche Ordnung, wie sie in der Natur und im
Dasein des Menschen waltet und wie sie -
nach Vergils Meinung - nirgends deutlicher
wird als in Leben und Tätigkeit des italischen
Bauern. - Ein noch weitaus großartigeres
Weltgedicht ist die *Aeneis*, ein Epos in zwölf
Büchern, das bei Vergils Tod noch unvollendet
war und erst nach einer leichten Überarbeitung
aus dem Nachlaß herausgegeben werden konnte. Die *Aeneis* löste als Nationalepos Roms
die *Annalen* des Ennius ab; denn Vergil war
es erstmalig gelungen, Rom als Idee allge-
meinverbindlich im mythischen Bilde zu fassen. Die Irrfahrten und Kämpfe des Aeneas,
des trojanischen Ahnen des Romulus und des
julischen Hauses, werden zum Gleichnis der
römischen Geschichte, und diese wieder, deren gesamter Verlauf sinnvoll wird durch den
Abschluß in der *pax Augusta* (Augustusfrie-
den), wird ihrerseits zum Gleichnis der göttlichen Ordnung des Kosmos. Neu ist die Verbindung von Mythos, Geschichte und Gegenwart zu einer einheitlichen Gesamtvorstel-
lung, neu ist auch der geschichtsphilosophi-
sche Versuch, eine lange Kette historischer
Ereignisse sinnvoll zu deuten. Dagegen sind
viele Einzelheiten von Homer, Ennius, Naevius
u.a. übernommen, um aber stets einer ganz
neuartigen Sinngebung zu dienen.

65 - 8 v.Chr.

Horaz (*Q. Horatius Flaccus*), Sohn eines
Freigelassenen aus Venusia in Apulien, be-
deutendster Lyriker der lateinischen Sprache.
Der Umfang seines Lebenswerks ist gering,
aber dafür hat auch jede seiner mit höchster

Kunst und Sorgfalt formulierten Zeilen inhaltliches Gewicht. Horazens Dichtung zeichnet sich durch ein besonders hohes Maß an Bewegungsphantasie aus (vgl. S. 113) . In vier verschiedenen Gedichtgattungen, den *Oden, Epoden, Satiren* und *Episteln*, gelingt es ihm unter Benutzung der entsprechend verschiedenen Stilformen und Aussagemöglichkeiten Mensch und Welt umfassend darzustellen (vgl. S. 112). Die *Oden* behandeln die mannigfaltigsten Themen in feierlicher poetischer Sprache, die *Epoden* drohen, mahnen und spotten voller Groll und Unmut über mancherlei politische und moralische Zeiterscheinungen, in den *Satiren* und *Episteln* plaudert Horaz klug, gelassen, ironisch und humorvoll über die Lebenskunst, indem er zum Maßhalten in jeder Hinsicht rät. - Starke Nachwirkung der Satiren und Episteln im Mittelalter, der *Ars poetica* genannten Epistel in der frühen Neuzeit. Brecht, der sich immer wieder eingehend mit den Phänomenen Rom und Latinität befaßte, hatte ein besonders enges Verhältnis zu Horaz.

59 v.Chr. - 17 n.Chr.

T. Livius, aus Padua, Historiker, schrieb 142 Bücher römischer Geschichte von den ältesten Anfängen bis 9 v.Chr., "eine der edelsten literarischen Schöpfungen aller Zeiten" (Funaioli); erhalten sind nur B. 1-10 (-293 v.Chr.) und 21-45 (219-167 v.Chr.). Livius' Größe liegt nicht in der Kraft der gedanklichen Durchdringung (wie etwa bei Sallust und Tacitus), sondern in folgenden Faktoren:
1. in der großen Erzählkunst, mit der er die ungeheure Fülle des Stoffes verarbeitete und der es überhaupt zu danken ist, daß die Gestalten der frühen römischen Geschichte über die Zeiten hinweg lebendig blieben;
2. in der Unbedingtheit seines Glaubens, daß nur moralische Kraft, nicht Gewalt und Berechnung Rom groß gemacht haben; darin liegt auch der Wahrheitsgehalt seiner Geschichtsschreibung, nicht in der oft unrichtigen Wiedergabe der Fakten. Die Vergangenheit Roms war ihm heilig (vgl. S. 69), und mit entsprechend andächtiger Pietät hat er sie geschildert. - Livianische Erzählkunst und Ethos haben erreicht, daß kein Annalist vor ihm erhalten geblieben ist; von den Historikern

insgesamt vor ihm blieben nur Cäsar und Sallust. Brechts *Coriolan* und *Horatier und Kuratier* haben Livius zur Vorlage.

etwa 50 -19 v.Chr.

Tibull (*Albius Tibullus*), römischer Ritter und Elegiendichter. 16 der in dem Corpus seiner Schriften überlieferten Elegien sind mit Sicherheit echt; die übrigen entstammen zumeist dem Freundeskreis um Tibull, einzelne können aber auch jünger sein.

Im Anschluß an Catull wenden sich die Dichter der römischen Liebselegie, Tibull, Properz, Ovid, von ihrer realen Umwelt ab und lassen nur die verzauberte Welt der Liebenden gelten; sie hat höhere Wirklichkeit und steht dem mythischen Dasein noch nahe. Sehnsucht und Liebesleid setzen die Gedanken des Dichters in Bewegung; und nur auf dieses scheinbar willkürliche, aber mit höchster Kunst gestaltete Schweifen der Seele, bei dem ganz neue, den Griechen noch völlig unbekannte Erlebnisbereiche des Psychischen entdeckt wurden, kommt es an. Die Gestalt der Angebeteten ist relativ unwichtig, und im einzelnen Fall ist kaum nachweisbar, ob überhaupt ein echtes Liebeserlebnis zugrunde liegt; nur die sechs Gedichte der vornehmen Römerin *Sulpicia* (im Corpus des Tibull 3,13-18 bzw. 4,7-12) fußen auf echtem Erleben. Auch die Leidenschaft des großen Vorgängers Catull für Lesbia war keineswegs Erfindung. - Nachwirkung der römischen Liebeselegie besonders auf Goethe.

etwa 50 - 15 v.Chr.

Properz (*S. Propertius*), römischer Ritter und Elegiendichter aus Assisi. Zur römischen Elegie im allgemeinen siehe unter "Tibull". Properz hebt sich von dem stimmungsvollen und empfindsamen Tibull durch eine härtere Sprache und abrupte Gedankensprünge ab. In der Elegie 4,11, der "Königin der Elegien", auf den Tod der vornehmen Römerin Cornelia gedichtet, zeichnet Properz das Idealbild der römischen Matrone.

43 v.Chr. - 17 n.Chr.

Ovid (*P. Ovidius Naso*), aus Sulmo (östlich des Fuciner Sees), römischer Ritter, nach Vergil und Horaz der dritte große Dichter unter Augustus, der ihn 8 n.Chr. aus ungeklärten Gründen nach Tomi (im heutigen Rumänien) verbannte. Er war ein virtuoser Sprachmeister und Wortschöpfer. Bei Anwendung verschiedener Dichtungsgattungen behandelte er im wesentlichen nur ein Thema: die Liebe. Seine Verse sind reich an anmutigen Einfällen und fließen leicht und graziös dahin wie nie zuvor in der lateinischen Dichtung. Aber an Tiefe und Echtheit des Gefühls mangelt es. Die *Metamorphosen* (griech. = Verwandlungen), sein episches Hauptwerk, haben die neupythagoreische Lehre zur Voraussetzung, daß steter Wandel das Wesen der Welt ausmache (vgl. S. 76). Daher werden Welt und Menschenleben im Bilde einer ununterbrochenen Kette mythischer Verwandlungen widergespiegelt. [1] - Der in den *Metamorphosen* angehäufte Mythenstoff übte bis in die Barockzeit eine ununterbrochene Wirkung auf Dichtung und bildende Kunst aus.

V. Kaiserzeit und Ende

Mit der augusteischen Klassik endet im wesentlichen die schöpferische Epoche der römischen Literatur; in dem folgenden langen Zeitraum von 500 Jahren gab es viele Durchschnittsschriftsteller und -dichter, aber nur noch wenige große (Seneca, Petron, Tacitus, Apuleius, Augustin).

Anfang 1. Jh.n.Chr.	*Phaedrus*, Freigelassener, schrieb Tierfabeln in jambischen Senaren.
Anfang 1.Jh.n.Chr.	C (?) *Velleius Paterculus,* ritterbürtiger Capuaner, langjähriger Offizier unter Tiberius, 15 n. Chr. Prätor, verfaßte einen kurzen, flüchtig hingeworfenen Abriß der Weltgeschichte von den Kämpfen um Troja bis 30 n.Chr. in zwei Büchern. Der Erhaltungszustand des Werkes ist lückenhaft. Sein Wert für uns liegt in den ausführlicher gehaltenen Abschnitten über die Zeit des Augustus und Tiberius, besonders aber in der Schilderung der Germanenkriege, an denen er großenteils selber teilgenommen hatte.
4 - 65 n.Chr.	*Seneca* (*L. Annaeus Seneca*), Erzieher Neros, der Stoa angehöriger größter philosophischer Schriftsteller Roms (vgl. S. 91), außerdem Dramatiker. Seine zwölf philosophischen Abhandlungen haben die Form einer ununterbrochenen lebhaften Debatte mit einem fiktiven Gegner. Er schreibt in bewußtem Gegensatz zu Cicero in knappen Sätzen, pointiert, sentenzen- und beispielsreich, außerdem in einer eigenartigen Denkbewegung, die es

1) Dabei sind die Verwandlungen verschieden motiviert: als Lohn, Strafe, Rettung, Verzicht.

einem ermöglicht, ohne Verständnisschwierigkeit an jeder beliebigen Stelle mit der Lektüre zu beginnen. Dem Leser bietet er, echt römisch, nicht theoretische Belehrung, sondern praktische Lebenshilfe. In seiner humanen Anschauung steht er dem Christentum so nahe, daß ihn Spätantike und Mittelalter für einen heimlichen Christen hielten und ein Briefwechsel zwischen ihm und dem Apostel Paulus erfunden wurde. Seine Tragödien, für unser Empfinden Schauerdramen voll maßlos übersteigerter Pathetik, die nur für die Lektüre oder Rezitation bestimmt waren, übten einen großen Einfluß aus auf Shakespeare, auf das klassische französische und das deutsche Barocktheater. Der Stil (nicht der Inhalt) seiner philosophischen Schriften beeinflußte Nietzsche stark, während ihr Inhalt von den Kirchenvätern an über die Jahrhunderte hin bis zu Friedrich d. Großen und Schiller eine in Breite und Tiefe kaum zu ermessende Wirkung ausübte.

um 50 n.Chr.

Q. Curtius Rufus, Verfasser einer fesselnd geschriebenen romanhaften Geschichte Alexanders, von deren zehn Büchern acht erhalten sind.

66 n.Chr. gestorben

Petron (C. Petronius Arbiter), Konsul und Prokonsul, Verfasser eines *Satiricon* betitelten, teilweise erhaltenen satirischen Romans. Der Teil, der vom Gastmahl des Trimalchio berichtet, ist fast ganz erhalten. Starke Nachwirkung dieses Romans, eines der "großen Würfe der Weltliteratur" (Ernst Jünger), auf James Joyce.

23 - 79 n.Chr.

Plinius der Ältere (C. Plinius Secundus), hoher ritterlicher Beamter, von dessen umfangreichem Werk nur die *Naturalis historia,* eine Enzyklopädie verschiedenster Wissensgebiete in 37 Büchern, erhalten ist. Er kam um beim Vesuvausbruch.

34 - 62 n.Chr.

Persius (A. Persius Flaccus) behandelt popularphilosophische Themen in Satirenform. Nachwirkung in Antike und Mittelalter.

etwa 35 - 100

Quintilian (M. Fabius Quintilianus), Professor der Beredsamkeit in Rom, verfaßte das kluge rhetorische Lehrbuch *De institutione oratoria.*

39 - 65

Lukan (M. Annaeus Lucanus), Neffe Senecas. In seinem Epos *Pharsalia* nimmt er als Antimonarchist Partei für P mpejus. Große Nachwirkung auf Mittelalter und Barockzeit. - 1,128: *Victrix causa deis placuit, sed victa Catoni* (die siegreiche Sache gefiel den Göttern, die unterlegene dem Cato).

40 - 102

Martial (M. Valerius Martialis) schrieb kurze Spottgedichte in Epigrammform gegen die damalige römische Gesellschaft.

etwa 55 - 120

Tacitus (P. Cornelius Tacitus), Konsul von 97, später Statthalter von Asia, größter Historiker Roms. Vollständig erhalten sind drei kleine Schriften: *Dialogus de oratoribus*, in dem der Zusammenhang zwischen dem Niedergang der Redekunst und dem Verlust der alten *libera res publica* (Freistaat) erörtert wird; *Agricola*, eine Monographie über seinen Schwiegervater Agricola, den Britannienbesieger und Römer alter Art; *Germania*, eine ethnographische Studie. Tacitus erkennt mit der *Germania* bereits die künftige weltgeschichtliche Bedeutung der Germanen, er sieht ihre moralisch-politische Ähnlichkeit mit den Römern der Frühzeit und damit die große Bedrohung, die sie aufgrund ihrer moralischen Überlegenheit für den Bestand des gegenwärtigen entarteten Rom darstellen (vgl. S. 114f, Punkt 5). Von den beiden Hauptwerken sind nur Teile erhalten, von den *Historiae* (über 69-96n.Chr.) nur die Jahre 69 und 70, von den *Annales* (über 14-68n.Chr.) die Jahre 14 - 37 und 47 - 66. - Seine Hauptaufgabe sah Tacitus als Historiker darin, furchtlos, unabhängig und begründet zu beurteilen, in welchem Maße die in der Geschichte Handelnden *virtus* (Tüchtigkeit, Tugend) besaßen, d.h. dem Maßstab Altroms entsprachen. Mit Trauer erkennt er, daß einerseits *virtus* unter dem Prinzipat kaum noch verwirklicht werden kann, daß es aber andererseits ohne das Prinzipat keine Ruhe und Ordnung gäbe, und daß Eroberungen zwar *virtus* ermöglichen, doch mit *iustitia* (Gerechtigkeit) kaum vereinbar sind. Obwohl er die Republik und deren freiheitliche Verfassung weitaus höher schätzt, hält er also das Prinzipat, diesen Todfeind der Freiheit, für eine bittere Notwendigkeit. Sein Vorbild Sallust übertrifft er in der Kunst der dramatischen Schilderung und der Charakterisierung, in der historischen Bewertung erreicht er ihn nicht. So wurde sein Bild des Tiberius eindeutig widerlegt, ein Bild, das jedoch in seiner vielbewunderten großartigen Düsterkeit in einem anderen Sinne wahr ist: "Kein Moderner hat das Wesen der Tyrannei und ihrer Auswirkungen wahrer und gleichzeitig dramatisch packender beschrieben als Tacitus" (Golo Mann). In seiner Sprache voll dunkler Anspielungen entspricht die wuchtige, prägnante Knappheit der düsteren Härte seines Geschichtsurteils.

etwa 60 - 140

Juvenal (*D. Iunius Iuvenalis*), schildert in seinen Satiren schonungslos die Sittenverderbnis der römischen Gesellschaft.

etwa 62 - 114

Plinius der Jüngere (*C. Plinius Caecilius Secundus*), Neffe des älteren Plinius, Konsul und Statthalter. Eine Dankrede an Trajan und 120 Briefe, deren Veröffentlichung von vornherein beabsichtigt war, sind erhalten; sie sind z.T. an Trajan gerichtet und behandeln die verschiedensten Themen, z.B. das Christenproblem und den Vesuvausbruch.

etwa 75 - 150

Sueton (*C. Suetonius Tranquillus*), Minister Hadrians. Von seinen Schriften sind vor allem die zwölf Kaiserviten (*vita* = Lebensbeschreibung) von Cäsar bis Domitian erhalten.

121 - 180

Mark Aurel (*M. Aurelius Antoninus*), seit 161 Kaiser, schrieb seine noch heute viel gelesenen stoischen *Selbstbetrachtungen* in griechischer Sprache (vgl. S. 87).

2. Jh.

Gellius (*A. Gellius*), Seine *Noctes Atticae* enthalten eine Fülle von Zitaten aus älteren Autoren, von denen dadurch manches gerettet wurde.

2. Jh.

Apuleius, aus Madaurus, Nordafrika. Seine *Metamorphoses* (*Der goldene Esel*) sind der einzige noch vollständige lateinische Roman (darin das berühmte Märchen von *Amor und Psyche*), abgefaßt in einer "aus Schwülstigkeit und Vulgarismus eigentümlich gemischten und gedrechselten Stilart."

etwa 150 - 230	*Tertullian (Q. Septimius Florens Tertullianus)*, aus Karthago, ein leidenschaftlicher, sprachschöpferischer Apologet (Verteidiger) des Christentums, von dem viele Schriften erhalten sind.
etwa 310 - 395	*Ausonius (D. Magnus Ausonius)*, aus Bordeaux, Prinzenerzieher in Trier. Am bekanntesten ist sein Epos *Mosella*, die Schilderung einer Rhein- und Moselfahrt.
2. Hälfte 4. Jh.	*Ammianus Marcellinus*, aus Antiochia am Orontes, Offizier, bedeutendster Historiker seit Tacitus. Er schrieb über die Zeit von 96 - 378 n.Chr., erhalten nur 353 - 378.
348 - 420	*Hieronymus*, aus Dalmatien, einer der Kirchenväter. Seine Hauptleistung ist die *Vulgata*, die hervorragende Übersetzung der Bibel ins Lateinische.
354 - 430	*Augustin (Aurelius Augustinus)* aus Thagaste, Bischof von Hippo (beides Nordafrika), Philosoph und Theologe, "einer der tiefsten Geister aller Zeiten und Völker" (Glockner). Er hat, beeinflußt von mannigfaltigen geistigen Strömungen, aber besonders vom Neuplatonismus (vgl. S. 93), den christlichen Glauben philosophisch neu begründet und damit dem abendländischen lateinischen Christentum eine vom griechischen unabhängige Theologie geschaffen. Nicht mehr antik an Augustin sind sein leidenschaftliches "faustisches" Ringen mit den Problemen und die starke Beeinflussung seiner Gedankenwelt durch persönliches Erleben. Er schrieb ein nuancenreiches, klares Latein, dem allerdings seine frühere Tätigkeit als Professor der Rhetorik anzumerken ist. Von seinen etwa 100 Schriften kommt den *Confessiones* in 13 und der *Civitas Dei* in 22 Büchern wohl die größte Bedeutung zu. Die *Confessiones (Bekenntnisse)* sind eine - völlig unantik - an der seelischen Entwicklung orientierte Autobiographie (Beschreibung des eigenen Lebens), die Sachlichkeit, scharfe Beobachtungsgabe für verborgenste seelische Vorgänge und leidenschaftliche Offenheit auszeichnet. Mit der *Civitas Dei (Gottesstaat)*, einem in seiner Wirkung auf die Menschheit nur mit der Bibel und den Schrif-

ten Platons vergleichbaren Werk, hat Augustin die europäische Geschichtsphilosophie begründet (Vorläufer war Vergil, siehe S. 125); zur Verteidigung des Christentums setzt er sich darin mit allen wesentlichen Gedanken des Altertums auseinander ("ein gewaltiger Nachruf auf die Antike").

480 - 524

Boëthius (*Anicius Manlius Severinus Boëthius*). Das wichtigste seiner erhaltenen Werke, *De consolatione philosophiae*, schrieb er im Gefängnis, auf die Hinrichtung wegen angeblichen Hochverrats an dem Ostgotenkönig Theoderich wartend; die Nachwirkung dieses Buches war so groß, daß es bereits im Mittelalter ins Französische, Deutsche, Angelsächsische, Griechische und Hebräische übersetzt wurde.

Bildende Kunst

VORBEMERKUNG: DIE RÖMISCHE KUNST ALS PRODUKT EINER SCHON ALTERNDEN ZIVILISATION

Um römische Kunst in ihrer Besonderheit und in ihrem geschichtlichen Ablauf begreifen zu können, empfiehlt es sich, zunächst einen Blick auf unsere abendländische Kunstgeschichte zu werfen. Jeder weiß, daß hier ein Stilwandel von der romanischen Kunst über Gotik, Renaissance bis Barock und Rokoko stattgefunden hat. Seit der Französischen Revolution macht sich aber ein Bruch bemerkbar. Denn es gibt jene seit Beginn des Abendlandes in allen Kreisen und Klassen der Bevölkerung einheitliche, vom christlichen Glauben getragene Grundstimmung nun nicht mehr, die zur Zeit der Gotik oder des Barock in stilistisch ebenso einheitlich wirkenden Kunstwerken ihren Ausdruck fand. Daß sich dieses allen gemeinsame, religiös bestimmte, unreflektierte Grundgefühl, diese einheitliche Glaubensgewißheit, nun relativ schnell auflöste, war, kurz gesagt, das Ergebnis einer Änderung des kollektiven Bewußtseins, das sich aus einem bisher naiven Zustand zu einem seiner selbst bewußten umgewandelt hatte, wobei dieser Umwandlungsprozeß während des 18. Jh. von der Geistesbewegung der Aufklärung noch kräftig gefördert wurde.

Nun begannen also die Menschen ihren christlichen Glauben, überhaupt alles Überkommene nicht mehr als gegeben hinzunehmen, sie begannen zu reflektieren und sich zu verschiedenen 'Ismen' (Liberalismus, Sozialismus, Marxismus, Nationalismus) und anderen Weltanschauungen zu bekennen. An die Stelle der einen "heilen Welt" mit einem einzigen für alle und alles gültigen Maßstab für gut und böse und einem einzigen für schön und häßlich trat jetzt der "Pluralismus": eine Vielzahl von Weltbildern und Philosophien mit einer entsprechenden Vielzahl von einander widersprechenden Wertmaßstäben. Die bis in die tiefsten Seelenschichten greifenden, im wahrsten Sinne des Wortes erschütternden und verunsichernden Auswirkungen davon lassen sich im Bereich der bildenden Künste am leichtesten an der Architektur ablesen. Während nämlich vor der Französischen Revolution auch der schlichteste Zimmermann im letzten Dorf - in dieser allgemeinen Grundstimmung geborgen und gewissermaßen fest in sie eingebettet - stilsicher und mit einem Gespür für Proportionen seine ländlichen Fachwerkbauten so errichtete, daß sie noch jetzt das Auge erfreuen, begann zu Anfang des 19. Jh. die bis heute andauernde Zeitspanne, in der die Architektur sich von einer Abgeschmacktheit in die nächste treiben ließ. Die große Masse der im 19. und im 20. Jh. errichteten Gebäude ist jedenfalls alles andere als ein erfreulicher Anblick. Ausnahmen sind nur sehr selten. In den anderen Kunstbereichen liegt dieser Tatbestand längst nicht so klar zutage, die Tendenz dürfte aber ähnlich sein und Adornos Verdikt bestätigen, in der modernen Kunst gebe es nur höchste Könnerschaft oder elenden Kitsch.

Zu dem Zeitpunkt, da die Geschichte der römischen Kunst als eines eigenständigen Gebildes einsetzte, nämlich ungefähr gegen 100 v.Chr., hatte Rom, hatte sogar ganz Mittelitalien seine alte, unreflektierte Glaubenseinheit und -gewißheit schon verloren. Ein Großteil der eingesessenen Landbevölkerung war entwurzelt, hatte verarmt die Scholle, die

Gräber der Ahnen, die lokalen Kultstätten und die mit der alten Religion unlösbar verknüpfte landwirtschaftliche Tätigkeit hinter sich gelassen und versuchte - im günstigsten Falle! - in den großen Städten an fremden Göttern des Orients neuen Halt zu finden, während die Oberschicht wachsendes Interesse für die griechischen Philosophenschulen bekundete (vgl. S. 75ff). So kennt Roms spät geborene Kunst von ihrem Anbeginn an aus Mangel an jener gemeinsamen Grundbefindlichkeit nicht den gewissermaßen natürlich gewachsenen, sich organisch entwickelnden Ablauf der Kunstepochen wie die Griechen (geometr. Zeit, Archaik, Klassik, Hellenismus) und wir Abendländer vor der Französischen Revolution, sondern es kennt, wie wir im 19. und 20. Jh., nur den Wandel von Moden und Trends, die von einzelnen Modeschöpfern und Trendsettern (oft den Kaisern) initiiert, manipuliert oder gar kommandiert wurden. Notgedrungen fehlt der römischen Kunst gleichfalls die schlafwandlerische Stilsicherheit, das Gespür für angemessene Proportionen, das für unsere Kunst bis zum Ende des 18. Jh. selbst in ihren bescheidensten Erzeugnissen so charakteristisch ist. Demgemäß gilt für sie auch das oben angeführte Urteil Adornos. Es wäre daher unehrlich zu leugnen, daß der überwiegende Teil der Hinterlassenschaft Roms zwar aus mancherlei Gründen hochinteressant ist, aber kaum wegen seiner hohen künstlerischen Qualität.

Die römische Kunstgeschichte ist, grob gesagt, so etwas wie ein einziges, stark überdehntes 19. Jh. Für diese, zunächst gewagt erscheinende Etikettierung spricht manches, nicht nur die allzu große Bewußtheit mit ihrer Kehrseite, jener tiefsitzenden Stilunsicherheit, die ja mindestens ebenso für unser 20. Jh. gilt. Es spricht dafür auch die Bildungsbeflissenheit, mit der wieder und wieder griechisches Formengut zitiert wurde, und die dabei vielfach übertriebene, gedankenlose und nachlässige Anwendung des Ornaments, das so zur leeren Phrase verkam. Kurz: Zutiefst verunsichert tat man sich schwer, eine römischem Wesen gemäße Formensprache zu finden; und man verbarg gern vor sich und anderen diese Unsicherheit hinter geradezu "wagnerischem" bzw. "wilhelminischem" Theaterdonner und Imponiergehabe.

Nur vor dem Hintergrund dieser Vorbemerkung sind die anschließenden Ausführungen zu sehen. Auf diese Weise wird die Gefahr einer unzutreffenden Bewertung der römischen Kunst vermieden.

CHARAKTERISTISCHE BESONDERHEITEN RÖMISCHER KUNST ALLGEMEIN

Während ein griechisches Kunstwerk, z.B. ein ruhender Athlet, einen ruhenden Athleten darstellen soll und sonst nichts, gibt ein römisches Kunstwerk darüber hinaus *stets* einen Gedanken, eine Idee wieder: Die Statue des Kaisers kündet von der Erhabenheit des Reiches, die Steinbrücke über den reißenden Fluß von der selbst die Natur bezwingenden Macht Roms. Bei den Griechen also, die ja auch in den kompliziertesten philosophischen Überlegungen nie den Bereich des Anschaulichen und Plastischen verließen, drückt unmittelbar der plastisch geformte Körper einer Statue oder eines Tempels ihr Verhältnis zur Welt aus; bei den Römern tut dies erst die Idee, der die Gestalt des Kunstwerks lediglich als Vermittlerin dient. Die Aufgabe der Form ist demnach bei ihnen (wie auch bei uns) nur eine vordergründige, sie hat nur Stellvertreterfunktion. Daher fehlt ihnen und allen Späteren die vielbewunderte *plastische Kraft* der Griechen, deren Sinn für *das körperliche Volumen.* Dies ist ein wesentlicher Grund dafür, daß die Römer nur von der Oberfläche aus konzipieren: Die Fassade wird die Hauptsache am Gebäude, die Gesichtshaut das Wichtigste am Porträtkopf.

Andererseits betrachteten sie Dinge und Menschen nicht "an sich", losgelöst von der Umwelt, wozu die Griechen neigten, sondern in Beziehung zu ihr, was für die Kunst bedeutet: in Beziehung zum *Raum* und zum Beschauer. Negativ zeigt sich dieses von den Römern für die bildende Kunst erstmalig fruchtbar gemachte Gefühl für Raum, also *körperloses Volumen,* in dem Fehlen jeder echten, d.h. dem Raum gegenüber unabhängigen Plastik, positiv in der stark zu Raumtiefe und Perspektive neigenden Malerei und vor allem in der Architektur, in der diese Eigenschaft, gepaart mit römischem Herrschaftswillen, zu den ganze Landschaftsräume beherrschenden Tempelanlagen (z.B. in Terracina, Praeneste), Villen und Aquädukten, zu von der dominierenden Fassade eines Prachtbaus beherrschten Plätzen und zu großartig gewölbten Innenräumen geführt hat.

Römische Kunst ist vor allem Staatskunst, die repräsentieren, den Betrachter beherrschen, an ihn appellieren, bestimmte Ideen propagieren soll; sie ist anonym, weil der den Auftrag erteilende Beamte als Repräsentant des Staates mehr galt als der Künstler, weil das Kunstwerk weniger galt als die von ihm verkörperte und propagierte Idee. So ist römische bildende Kunst ihrem Wesen nach zweckgebunden, hat dienende Funktion, während die griechische um so Größeres leistete, je zweckfreier sie war.

BESONDERHEITEN DER RÖMISCHEN ARCHITEKTUR

Die großen Aufgaben der römischen Architektur waren neben dem Tempel, dem Hauptthema der griechischen Baukunst: Platzanlagen, Basiliken (Markthallen), Paläste, Tore (Triumphbögen, Stadttore), Grabbauten, Theater und besonders Ingenieurbauten (Brücken, Aquädukte, Thermen, Festungen); für die Ingenieurbauten machte ihr Wirklichkeitssinn (vgl. S. 34) die Römer besonders geeignet. Als charakteristische Merkmale ihrer Architektur erscheinen regelmäßig: Bogen- und Gewölbebau, Mörtelmauerwerk und - bei entsprechender Größe - Unterordnung unter ein System sich kreuzender Achsen, das die Bauanlagen symmetrisch gliedert, gegebenenfalls verschiedenartige Gebäude zu einem durchgeplanten Komplex vereinigt und weite Durchblicke gewährt. [1] Man entwickelte die Bauten aus der Fläche heraus, der Fläche als *Fassade* oder als Umgrenzung von *Raum,* den beiden immer wiederkehrenden Leitmotiven römischer Architektur. Säule, Pfeiler und Gebälk der Griechen sowie die eigenen Bauelemente Bogen, Nische und Exedra (entspricht etwa der späteren Apsis) dienten gemeinsam der rhythmischen Verkleidung der Flächen, wobei alle Einzelheiten in der bunten Fülle der Gesamtheit der Dekoration untergingen.

1) Dieses Achsensystem begegnet schon in der uralten Auguraldisziplin (Einteilung des Himmels in Beobachtungsbereiche), beim Haus (Hauptachse: *vestibulum - tablinum,* Querachse: *alae;* vgl. Abb. 70) und etruskischen Begräbnisgrüften und Tempeln, dem römischen Lager (vgl. Abb. 8), und Stadtanlagen; es lebt nach in den Basiliken des Mittelalters und den großen Anlagen des Barock.

Der Ausdruck der Bauten lag einmal in den *optischen* Mitteln der Fassaden, Durchblicke, Innendekorationen, sodann im *Raumgefühl,* das den Betrachter beim Eintreten in die Palasthallen, Thermen, Basiliken ergriff (und im Pantheon noch heute ergreift). Die Ausdrucksmittel des griechischen Tempels, der als ein aus einzelnen tragenden und lastenden Gliedern gefügter *Baukörper* gedeutet werden wollte, beschränkten sich dagegen auf das *Plastische.* Trotz Innenraumes war er insofern raumlos, als "Raum" nur negativ als "Zwischenraum" zwischen den Körpern empfunden wurde. Außerdem war ein griechisches Bauwerk als Teil einer durchgeplanten Platzanlage nicht denkbar, es blieb isoliert, dem Raum gegenüber unabhängig; so war z.B. ein griechischer Tempel ohne Rücksicht auf seine Umgebung stets nach Osten orientiert.

"Es gibt keine Denkmälergruppe der Antike, die sich an Eindringlichkeit, Prägekraft und Folgewirkung auch nur entfernt mit der römischen Architektur messen könnte" (H. Drerup). In der Tat scheint sich mit Ausnahme der Gotik keine abendländische Stilepoche bis hin zu der Propaganda- und Einschüchterungsarchitektur der modernen Diktaturen in der 1. Hälfte und den Fußballstadien in der 2. Hälfte des 20. Jh. ihrem Einfluß entzogen zu haben, wodurch zugleich deutlich wird, daß Folgewirkung nicht unbedingt auf künstlerischen Rang zurückzuführen ist, denn es pflegt gemeinhin nicht nur das Gute nachgeahmt zu werden.

BESONDERHEITEN DER RÖMISCHEN PLASTIK

Eine echte, d.h. dem Raum bzw. ihrer Umgebung gegenüber unabhängige Plastik besaßen die Römer nicht, wie schon bemerkt. Ihre Statuen standen in Nischen als Teil einer Wanddekoration, dienten als krönender Abschluß von Bauten oder als Schmuck von Märkten und Parkanlagen und deuteten zudem oft durch Gesten einen vor ihnen liegenden imaginären Raum an (z.B. Arringatore, Augustus von Prima Porta, Reiterstatue Mark Aurels). Statuen "an sich" waren einfach unvorstellbar. Bezeichnend für den mangelnden plastischen Sinn ist, daß man sich vorwiegend auf das Kopieren griechischer Werke beschränkte. Nur auf zwei Gebieten der Plastik war Rom schöpferisch, dem des Porträts und dem des historischen Reliefs. Aber auch hier hatte oft die Linie (die Runzel im Gesicht, der Faltenwurf der Toga) mehr Ausdruckswert als die eigentlich tastbaren Formen, oder abstrakte Kubismen ersetzten organische Gestaltung. Vorzüge der römischen Porträtplastik, bei der in Anknüpfung an die Totenmasken der Ahnenkults erstmalig in der Kunstgeschichte der Kopf bzw. die Büste zum Vertreter des ganzen Menschen werden konnte, war die große Kraft des Ausdruckes, feines Gespür für das Psychische und (besonders in der ausgehenden Republik und im 3. Jh.n.Chr.) die schonungslos und zugleich bis in die geringfügigsten Einzelheiten getreue Naturwiedergabe. [1] Die folgenden Merkmale waren charakteristisch für das römische Relief: entweder große Raumtiefe oder auf den Hintergrund wie aufgeklebt wirkende Figuren, die sehr handfeste Allegorie vieler staatlicher Reliefs, die Darstellung höchst alltäglicher Tätigkeiten (Backstubenbetrieb auf dem Grabmal des Eurysaces, das Leben und Treiben der Soldaten auf der Trajans- und der Markussäule). [2]

1) Ein Resultat der Unmittelbarkeit des römischen Wirklichkeitssinnes; vgl. die Seiten 1, 34, 67.
2) Allerdings entbehren die Alltagsbilder nur scheinbar der mythischen Verklärung, da alles Vergangene von vornherein mit dem Schimmer des Heiligen behaftet ist: vgl. S. 69.

BESONDERHEITEN DER RÖMISCHEN MALEREI

Raumtiefe und starke Heranziehung der Perspektive oder umgekehrt Wanddekoration mit Fassadenwirkung sind charakteristisch für römische Malerei; hinzukommt bisweilen das Zurücktreten des Menschen zugunsten der Natur, so daß die Landschaft zum Hauptthema wird (wie schon auf einigen etruskischen Grabfresken); echt römisch ist auch der Eindruck zauberhafter Unwirklichkeit auf manchen Bildern, der seine Ursache in der römischen Überzeugung von der Scheinhaftigkeit, der Stellvertreterfunktion des Diesseitigen hat (vgl. S. 67 und S. 124). - Erhalten sind Fresken (besonders aus Pompeji, Herkulaneum und Rom), Fußbodenmosaiken und aus der Spätzeit Wandmosaiken.

GESCHICHTLICHE ENTWICKLUNG DER KUNST IM ALLGEMEINEN

Römische Kunst ist uneinheitlich. Reichskunst, Volkskunst und Provinzialkunst existierten gleichzeitig nebeneinander in den mannigfaltigsten Schattierungen und Übergängen. Vor allem drei Faktoren beeinflußten die Entwicklung der Reichskunst, um nur von dieser zu sprechen:

1. Das von den Griechen übernommene Formengut; vom Beginn der Geschichte der römischen Kunst an, die sich erst gegen 100 v.Chr. von der übrigen mittelitalischen Kunst abzuheben begann, bis in die neronisch-flavische Zeit vollzog sich die Einschmelzung des griechischen Formenerbes, unmittelbar anschließend setzte schon sein Verschleiß ein.

2. Parallel und zugleich gegenläufig zu dem negativen Vorgang des Abbaus von griechischem Formengut erfolgte die zögernde Wendung der Architektur von außen nach innen, an deren Ende die innen so reichen, aber außen nackten Ziegelbauten Ravennas standen.

3. Gewisse, den jeweiligen Zeitgeist bestimmende Moden und Vorstellungen wirkten außerdem auf die Reichskunst ein. So wurde z.B. für Kunstwerke, die in Zusammenhang mit einem starken Staatsbewußtsein entstanden, seit Augustus ein kühlerhabener Klassizismus für angemessen befunden. Dieser Klassizismus konnte sich, infolge der hohen Geltung der Staatsidee in weitesten Kreisen, unter den ersten Kaisern vollkommen durchsetzen. In neronisch-flavischer Zeit hatte die Staatsidee kaum Autorität, ton- oder besser stilangebend war das üppig-prunkvolle Privatleben der Kaiser und der reichen Oberschicht: Der Zeitstil nahm daher vorwiegend barocke Züge an.[1] Die ersten Adoptivkaiser gaben der Staatsidee neue Impulse: Die offiziellen Porträts und Reliefs wurden im allgemeinen wieder klassizistisch; der private kaiserliche Lebensstil harmonierte aber nicht immer mit der Staatsidee, wie die rokokohafte Züge aufweisende Villa Hadrians in Tivoli zeigt. Auch das Volk wurde staatsmüder, und so verlor die Reichskunst gegenüber der naiven Volkskunst an Boden. In der Staatskrise des 3. Jh. gewann die Volkskunst fast völlig die Oberhand; hingegen gab es bezeichnenderweise noch einmal einen konstantinischen Klassizismus, der sich aber unter anderem wegen des inzwischen eingetretenen starken Abbaus des griechischen Formenerbes von dem der frühen Kaiserzeit wesentlich unterschied.

[1] Aber vereinzelte Reliefs aus dieser Zeit weisen wegen ihres hochoffiziellen Charakters klassizistische Formgebung auf.

GESCHICHTLICHE ENTWICKLUNG DER WANDMALEREI

Wir überblicken die Entwicklung der römischen Freskenkunst dank der Ausgrabungen in Pompeji bis zu dessen Untergang, 79 n.Chr., lückenlos. Von da an stützt sich die Forschung auf eine Kette mehr zufällig gemachter Funde. - Die Übergänge zwischen den einzelnen Stilen sind gleitend, was aber in dem folgenden Überblick nicht verdeutlicht werden kann. - Gültig für die gesamte Geschichte der römischen Wandmalerei war die dreiteilige Wandgliederung in Sockelzone, aufstrebenden Wandteil (also mit Vertikaltendenz) und oberen Abschlußstreifen.

1. pompejanischer Stil (Inkrustationsstil; etwa 150-80 v.Chr.)

Stuckrelief und Farbe täuschten eine marmorne Quaderwand vor, wie sie ganz ähnlich auch in griechischen Häusern derselben Zeit anzutreffen war.

2. pompejanischer Stil (Illusionsstil; etwa 80-15 v.Chr.)

Die Reliefierung des Stucks verschwand. Einzig die Malerei täuschte eine zunehmend in den Raum plastisch vorspringende architektonische Wandgliederung mit perspektivischen Verkürzungen und Schattenwurf vor. Die Sockelzone konnte dabei als zur Bühnenrampe verbreitert wirken, auf der der Maler Figuren agieren ließ. Oder der Wand wurden Durchblicke aufgemalt, die Scheinausblicke in landschaftliche Fernen gewährten. Oder auf die Gesimsvorsprünge der Sockelzone "stellte man" - so der illusionistische Effekt - Tafelgemälde mit mythischen Motiven.

3. pompejanischer Stil (Flächenstil; etwa 15 v.Chr.-55 n.Chr.)

Die Säulen und Gebälke, die bisher eine architektonische Wandgliederung als real vortäuschten, wurden zu dünnen, die Wand in einzelne Felder aufteilenden Bändern. Die Wandflächen belebten gerahmte Bilder mit mythischen Motiven.

4. pompejanischer Stil (Phantasiestil; etwa 55-80 n.Chr.)

Wandpartien, die ihren Flächencharakter nicht verleugneten, wechselten mit Scheinausblicken auf phantastische, sich in der Ferne perspektivisch verlierende Architekturen. Im 2. Stil wurde Realität vorgetäuscht, jetzt bekannte man sich zur Irrealität. Theatralisches Pathos, barocke Phantasie und ein impressionistisches Spiel mit Licht und Schatten waren kennzeichnend.

Unter Nero, also während des 4. Stils, hatte die römische Wandmalerei ihren Höhepunkt. Ihre Entwicklung nach dem Untergang Pompejis blieb nicht immer gradlinig. Es traten wiederholt Rückwendungen zu vergangenen Stilformen ein. Zeitweilig wurde der Marmorinkrustation und dem Stuckrelief als Wanddekor vor der Malerei der Vorzug gegeben. Seit etwa 350 malte man keine zwischen Menschen ausgetragenen Handlungen mehr: Auf einer einzigen Standebene aneinandergereiht und in frontaler Pose erstarrt, blickten die Gestalten den Betrachter aus großen Augen bedeutungsvoll an. Während die zwischenmenschlichen Ereignisse in der irdischen Welt belanglos geworden zu sein schienen, sollten die so gemalten Figuren auf eine jenseitige, immaterielle Welt verweisen. Für solche undifferenzierten Bildkompositionen bot sich das Wandmosaik als wirkungsvolleres Medium an. Es lief deshalb dem Fresko, das aber weiterexistierte, den Rang ab.

RÖMISCHE KUNSTWERKE. EINE ÜBERSICHT

Eingeklammert sind Werke, die nicht wegen ihrer Qualität, sondern wegen ihrer historischen Bedeutung, ihres guten Erhaltungszustandes oder ihrer Herkunft aus der **Germania Romana** (ehemals von Rom beherrschten Gebieten Deutschlands) genannt sind; bei fehlender Ortsangabe befindet sich das Werk in Rom selbst.

ITALISCH - ETRUSKISCHE EPOCHE

etwa 600 - 200 v.Chr.	Zeit der großen etrusk. Grabmalerei und -plastik
(etwa 500	Statue des Kriegers von Capestrano; picenisch-sabellisch)
nach 500	Monumentale Terrakottastatuen von Veji
5. Jh.	Kapitolinische Wölfin
4. Jh.	Chimaira von Arezzo
(4. Jh.	Die sogenannte Servianische Stadtmauer Roms)
4. Jh.	"Ficoronische Ciste" des Römers oder Latiners Novios Plautios
(etwa 300	Wandgemälde vom Esquilin)
3. Jh.	Bronzekopf des sog. Brutus im Konservatoren-palast
3. Jh.	Bronzekopf eines Knaben in Florenz
(Datierung beider Bronzeköpfe umstritten)	
(Ende 2. Jh.	Pompeji: älteste Basilika, die uns bekannt ist)
etwa 100	"Arringatore", Bronzestatue des Avle Metle vom Trasimenischen See

BEGINN DER EIGENTLICH RÖMISCHEN KUNST IN DER AUSGEHENDEN REPUBLIK (Ende 2. Jh. v. Chr. - etwa 30 v. Chr.)

144	Aqua Marcia: Aquädukt mit den ersten monumentalen Bögen der römischen Baukunst
142	Der Pons Aemilius, heute "Ponte rotto" geheißen, erhält Bögen und wird damit erste römische Bogenbrücke
etwa 80 - 40	Erste Blütezeit der röm. Porträtkunst, u.a. hervorragende Köpfe des Pompejus und Cicero
etwa 80	Fortunaheiligtum von Praeneste
etwa 80	Tempel des Jupiter Anxur in Terracina
78	Tabularium (Staatsarchiv) am Forum
etwa 70	Statue eines Feldherrn (Sullas?) aus Tivoli
etwa 70	Pompeji: Fresken der Mysterienvilla

AUGUSTEISCHE ZEIT (etwa 30 v. Chr. - etwa 50 n. Chr.)

30 - 20 v.Chr.	Cäsarkopf in Pisa
etwa 20 v.Chr.	Cäsarkopf im Vatikan
etwa 20 v.Chr.	Kopf Agrippas
20 - 10 v.Chr.	"Maison Carrée", ein römischer Tempel in Nemausus (Nimes)
20 - 10 v.Chr.	Togastatue des alten Augustus beim Opfer
13 - 11 v.Chr.	Marcellustheater
13 - 9 v.Chr.	Ara Pacis
etwa 10 v.Chr.	Hildesheimer Silberschatz
etwa 10 v.Chr.	"Aldobrandinische Hochzeit", ein von Goethe bewundertes Fresko aus Rom
etwa 10 v.Chr.	Stuckreliefs aus der Farnesina
Ende 1.Jh.v.Chr.	Wasserleitung Pont-du-Gard bei Nimes
(9 n.Chr.	Grabstein des M. Caelius aus Xanten; jetzt in Bonn)

10 n.Chr.	Gemma Augustea
etwa 14 n.Chr.	Panzerstatue des Augustus von Prima Porta
20 - 40 n.Chr.	Theater in Arausio (Orange), besterhaltenes Theater der Antike, seine Rückwand nach Meinung Ludwigs XIV. "die schönste Mauer Frankreichs"
25 - 50 n.Chr.	Silberschatz aus Boscoreale
30 n.Chr.	Porträt der alternden Livia

FLAVISCHE ZEIT (etwa 50 n. Chr. - etwa 100 n. Chr.)

etwa 60	Porträtkopf des Nero im Thermenmuseum
60 - 2. Jh.	Baalbek, großer Tempel
64 - 68	Domus Aurea, der nie vollendete Palast des Nero
	Pompeji: Vettierhaus; großer Saal neronisch, Ixionzimmer gegen 75 n. Chr.
etwa 80	Amphitheatrum Flavium, seit dem Mittelalter Kolosseum geheißen.
81	Triumphbogen des Titus
Ende 1. Jh. n.Chr.	Wasserleitung von Segovia (wird noch heute benutzt!)

TRAJANISCH-HADRIANISCHE ZEIT (etwa 100 - etwa 140 n. Chr.)

100 - 110	Trajanische Reliefs am Triumphbogen Konstantins
107 - 113	Appollodorus von Damaskus erbaut das Forum Trajans (und die Markthallen daneben), die großartigste römische Platzanlage.
etwa 115	Hervorragender Porträtkopf Trajans aus Ostia
etwa 115	Porträtkopf der Sabina, der Gattin Hadrians
etwa 120 - 130	Neubau des Pantheons mit einem der großartigsten Innenräume der Architekturgeschichte
120 - 136	Villa des Hadrian bei Tibur (Tivoli)
(130 - 139	Grabmal Hadrians = Engelsburg)

ANTONINISCH - SEVERISCHE ZEIT (etwa 140 - etwa 230 n. Chr.)

(etwa 150	Dionysosmosaik vor dem Südportal des Kölner Domes)
(etwa 150	Saalburg, römisches Grenzkastell bei Bad Homburg)
(etwa 150	Theater in Aspendos)

(164	Weihedenkmal für die Matronae Aufaniae aus Köln; jetzt Bonn).
(etwa 173	Reiterstandbild Mark Aurels)
etwa 180	Porträtbüste des Commodus als Herakles
etwa 180	Porta Nigra in Trier
nach 180	Markussäule
(etwa 190	Reliefs von Neumagen: Moselschiff, Schulunterricht, Pachtzahlung der Zinsbauern)
etwa 200	Theater von Sabratha in Nordafrika
(202	Triumphbogen des Septimius Severus)
etwa 210-220	Thermen des Caracalla

ZEIT DER SOLDATENKAISER (etwa 230 - etwa 290 n. Chr.)

In dieser Epoche:	Hervorragende Porträts der Kaiser Maximinus Thrax, Philippus Arabs, Trajanus Decius
(etwa 250	Secundinier - Grabmal in Igel bei Trier)
(etwa 270-280	Aurelianische Stadtmauer Roms)

SPÄTANTIKE (ab etwa 290 n. Chr.)

etwa 295-315	Kaiserpalast Diokletians in Spalato (Split in Dalmatien)
etwa 297	Galeriusbogen in Saloniki
etwa 300	Diokletiansthermen, größte je gebaute Thermen
etwa 300	Kaiserthermen in Trier, größte Thermen außerhalb Roms
etwa 300	Mosaiken von Piazza Armerina (Sizilien)
etwa 300	Tetrarchenreliefs in Venedig
nach 300	Dezennalienbasis
etwa 310	Aula Palatina, der riesige Audienzsaal des Kaiserpalastes in Trier (weitgehend erhalten)
etwa 310	Deckenfresko des Kaiserpalastes in Trier
etwa 310-320	Porphyrsarkophage der Helena und Konstantia (Mutter und Tochter Konstantins)

etwa 310 - 340	Basilika des Maxentius, größte antike gewölbte Marktbasilika (oft auch Basilika des Konstantin genannt)
314	Baubeginn der Lateranbasilika, der "Stammutter" aller christlichen Basiliken
etwa 330	Kolossalkopf Kaiser Konstantius' (Konservatorenpalast)
etwa 340	S. Constanza (Mausoleum der Konstantina)
359	Sarkophag des Junius Bassus
(etwa 370	Urbau von St. Gereon in Köln)
etwa 400	Zeit der Konsulardyptichen, aus Elfenbein geschnitzter Bucheinbände (z.B. Diptychon des Eucherius)
nach 400	Ende des individuellen Porträts. - Aufkommen des Goldgrundes auf den Mosaiken. (Neubeginn der Porträtkunst, Abbau des Goldgrundes erst am Ende des Mittelalters!)
etwa 430	S. Sabina (besterhaltenes Beispiel einer frühchristlichen Basilika)
etwa 455	Kolossalstatue des Kaisers Markianos (?) in Barletta (Süditalien)
5. und 6. Jh.	Bauten und Mosaiken in Ravenna

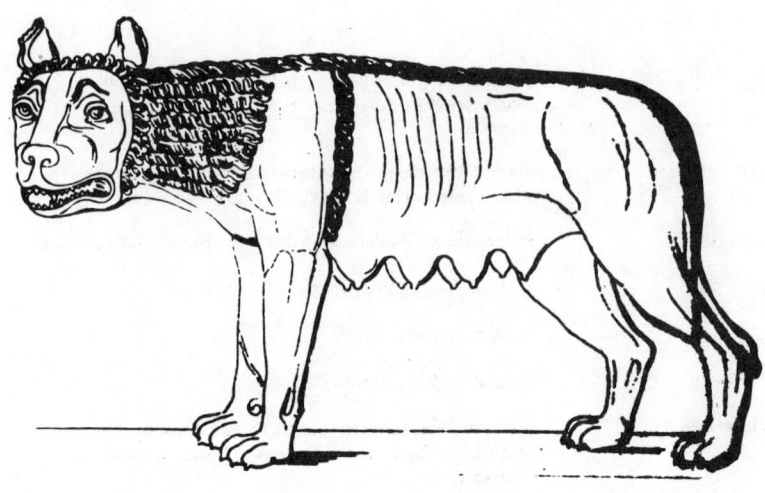

Abb. 26. Die kapitolinische Wölfin. Bronze aus etruskischer oder kampanischer Werkstatt (vermutlich 1. Hälfte des 5. Jh.v.Chr.).

Abb. 27. Ausschnitt aus der Darstellung der "Ficoronischen Ciste", eines zylindrischen Bronzegefäßes von 53 cm Höhe: die Argonauten im Landes der Bebryker. Werk des Latiners oder Römers Novios Plautios (4. Jh.v.Chr., vielleicht auch um 300 v.Chr.). Im Rhythmus der Komposition schon hier römisches Kunstwollen spürbar.

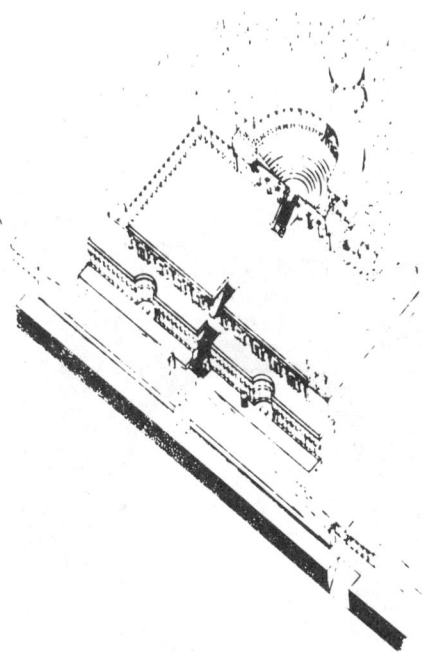

Abb. 28. Rekonstruktion des Inneren der Basilika von Pompeji (Ende des 2. Jh.v.Chr.).

Abb. 29. Zeichnerische Wiederherstellung des weithin die Landschaft beherrschenden Fortunaheiligtums von Praeneste (heute Palestrina; um 80 v.Chr.).

145a

Abb. 30. "Arringatore" genannte Bronzestatue eines Etruskers vom Trasimenischen See (um 100 v.Chr.).

Abb. 31. Marmorne Panzerstatue des Augustus von Prima Porta (um 14 n.Chr.). Die erhobene Linke beider Statuen setzt sie in Beziehung zur Umwelt.

Abb. 32. Ehrenbogen von 27 v.Chr. für Augustus in Ariminum (Rimini) am Anfang der von hier nach Rom führenden Via Flaminia. Die griechischen Bauelemente sind an diesem Frühwerk römischer Architektur noch ungeschickt verwendet: Die Halbsäulen tragen nicht das Giebeldreieck, sondern es droht gewissermaßen, zwischen ihnen hindurchzurutschen. - Die Zinnen ganz oben sind mittelalterlich.

145b

Abb. 33. Wandbild vom Speisesaal der Villa von Boscoreale bei Pompeji (zwischen 50 und 20 v.Chr. entstanden: 2. Stil). Die gemalte Scheinarchitektur ist durch Bühnendekorationen angeregt worden und spiegelt die Tendenz römischer Architektur zu axialen Durchblicken.

Abb. 34. Ara Pacis (Altar der Friedensgöttin; 13-9 v.Chr.). Der eigentliche Altar steht innerhalb der hier abgebildeten Mauerschranken. Neben dem Augustus von Prima Porta das bedeutendste erhaltene Werk augusteischer bildender Kunst.

Abb. 35. "Maison Carrée" in Nimes (Nemausus; Baubeginn 19 v.Chr.). Besterhaltener römischer Tempel. Er unterscheidet sich von griechischen Tempeln vor allem durch Podium, Halbsäulen an der Zellawand und durch die mit dem Hintereinander von Freitreppe, Vorhalle und Zella gegebene Frontalorientierung.

Abb. 36. Relief aus dem Durchgang des Triumphbogens (s. Abb. 39 - 41) mit Darstellung der Beute aus dem jüdischen Krieg.

146a

Abb. 37/38. Ein Vergleich des Pont du Gard (Teil der Wasserleitung für Nemausus = Nimes; Ende des 1. Jh.v.Chr.) und der Wasserleitung von Segovia (Baubeginn am Ende des 1. Jh.n.Chr.) zeigt, wie ein Jahrhundert in der Entwicklung der Ingenieurbaukunst zu kühneren und eleganteren Proportionen geführt hat.

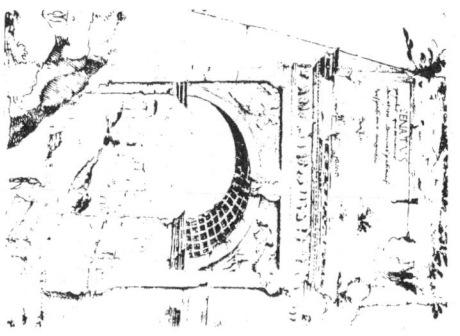

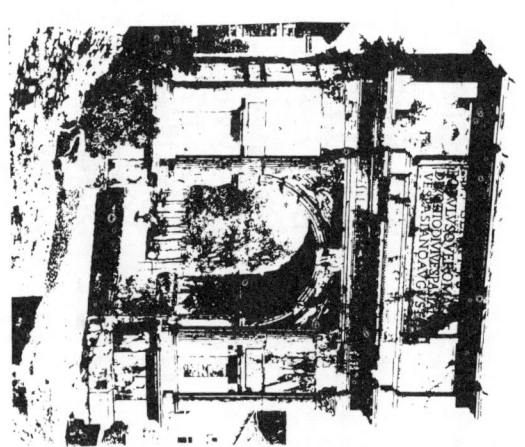

Abb. 39-41. Triumphbogen des Titus in seiner ursprünglichen Gestalt (Fertigstellung wohl erst unter Domitian, 81-96. n.Chr.) - im 16. Jh. - heute (die neuzeitlich ergänzten Bauteile heben sich durch hellere Farbe des Gesteins von den antiken ab).

147

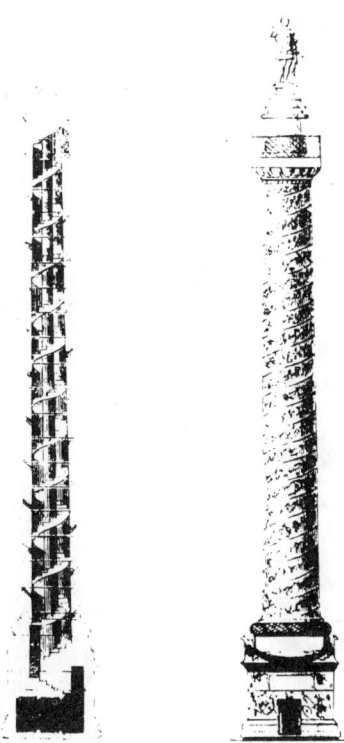

Abb. 42. Die 38 m hohe Trajanssäule vom Trajansforum. Das sie umwindende etwa 200 m lange Reliefband, das über 2500 Figuren trägt, ist eine steinerne Chronik der Dakerkriege (2. Jahrzehnt des 2. Jh.n.Chr.).

Abb. 43. Rekonstruktionszeichnung der fünfschiffigen Basilica Ulpia vom Trajansforum. Die Gesamtlänge der Basilika betrug etwa 200 m, die Breite des Mittelschiffs 25 m, 96 Säulen umstanden das Mittelschiff, die Dachziegel waren aus vergoldeter Bronze. Entgegen dieser Zeichnung hatte das Mittelschiff wahrscheinlich eine flache Kassettendecke, man konnte also nicht in den Dachstuhl von unten blicken.

147a

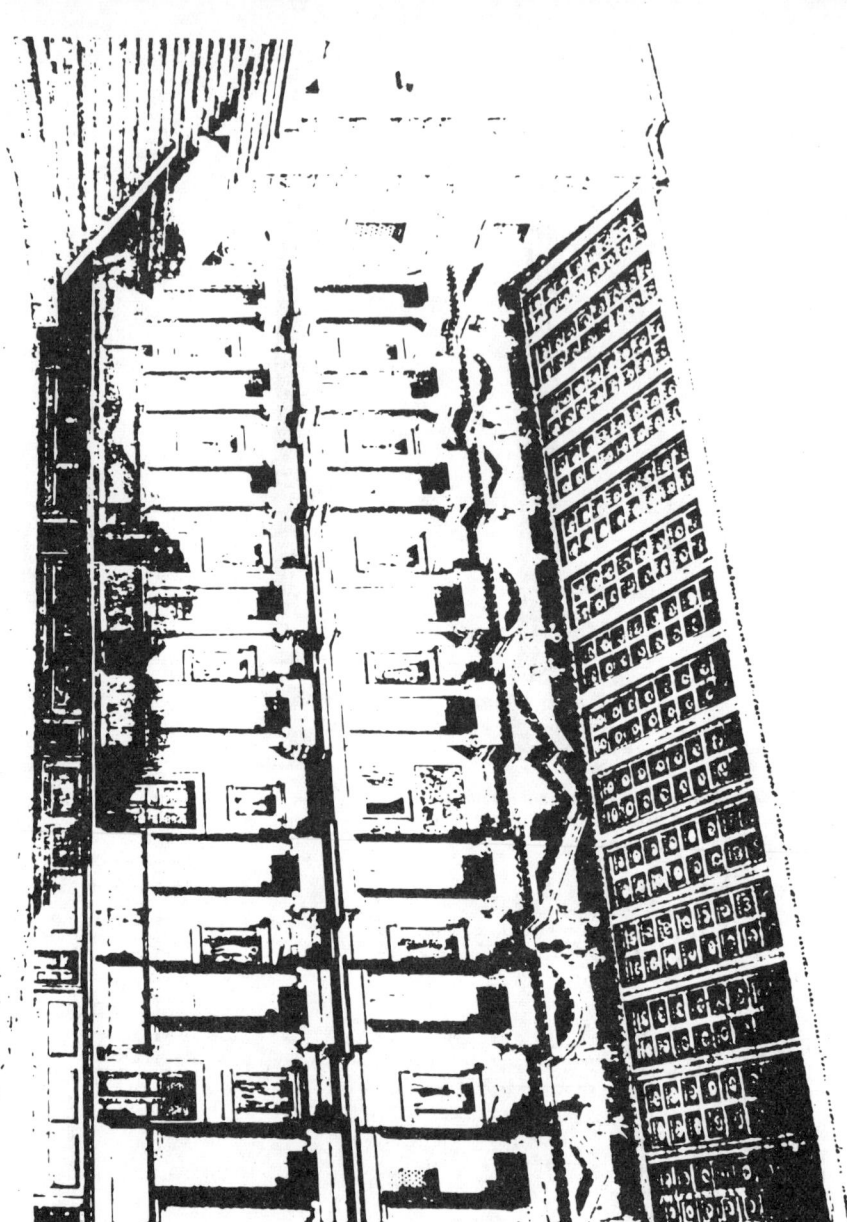

Abb. 44. Theater von
Aspendos. Blick vom
Zuschauerraum auf die
Bühnenwand. Säulen-
schäfte und Dach fehlen
heute (Mitte des 2. Jh.
n.Chr.).

148

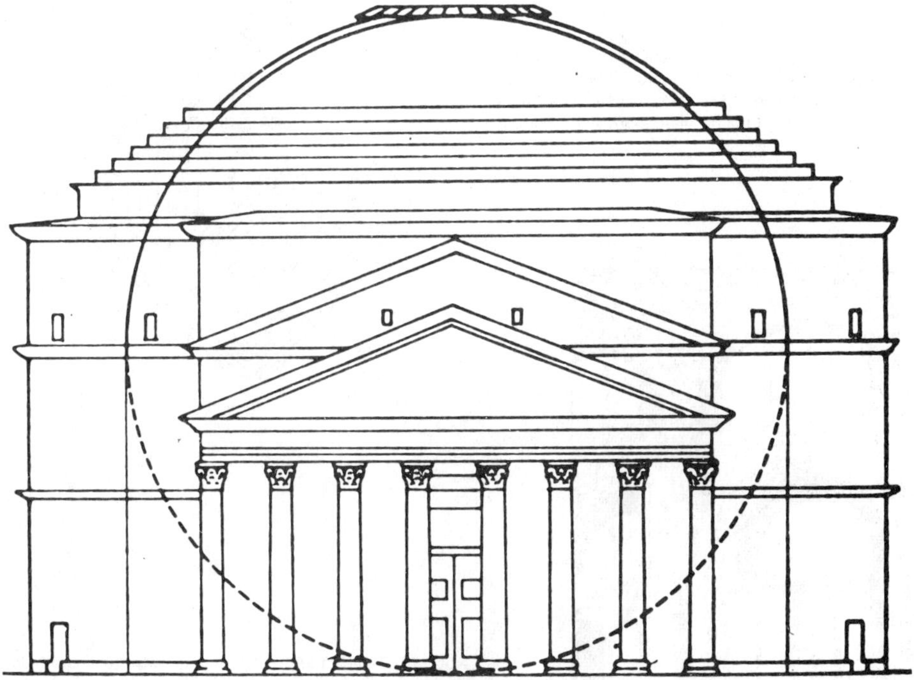

Abb. 45a/b. Pantheon. (3. Jahrzehnt des 2. Jh.n.Chr.). Der Innenraum dieses einzigartigen, seit der Antike intakt gebliebenen Bauwerks erhält nur durch eine Öffnung im Scheitelpunkt der Kuppel Licht. Der in die Außenansicht eingeschriebene Kreis deutet die Halbkugelform der Kuppel in ihren harmonischen Proportionsverhältnissen zum übrigen Baukörper an. Die Höhe des Innenraums ist gleich dem Durchmesser seiner Grundfläche und beträgt das Doppelte der Kuppelhöhe.

148a

Abb. 46. Reiterstandbild Mark Aurels von etwa 173 n. Chr. Einziges antikes Reiterbild, das niemals in die Erde kam und daher stärksten Einfluß auf die Entwicklung der Reiterstatue in der abendländischen Kunstgeschichte gewann.

Abb. 47. Rundtempel von Heliopolis = Baalbek. Baubeginn gegen 100, Abschluß nach 200. Ein römisches Bauwerk, das dem Geiste der abendländischen Barockepoche besonders nahe kommt.

Abb. 48. Tepidarium = leicht angewärmte Haupthalle der Caracallathermen (etwa 2. Jahrzehnt des 3. Jh. n.Chr.). Rekonstruktionsversuch. Das beginnende technische Zeitalter in der 2. Hälfte des 19. Jh. knüpfte bei seinen überdachten Ladenstraßen, Bahnhofs- und Ausstellungshallen bewußt an solche Bauwerke hinsichtlich ihrer Raumwirkung an.

148b

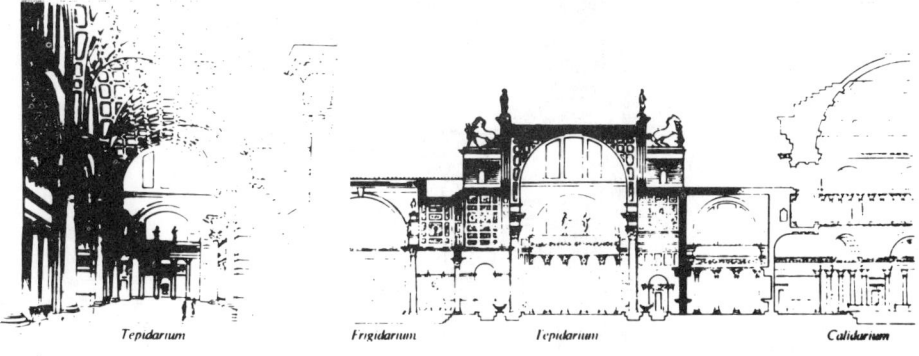

Tepidarium   Frigidarium   Tepidarium   Calidarium

Abb. 49. Caracallathermen. Im 32 m hohen und 54 m langen Tepidarium (vgl. Abb. 48) großartigste Anwendung des Kreuzgewölbes in der Antike. Das Einwölben durch Kreuzgewölbe ist eine besonders folgenreiche römische Erfindung.

Abb. 50. Porta Nigra in Trier (etwa 180 n.Chr.). Das oberste Stockwerk des linken Turms zeichnerisch ergänzt. Zweckmäßigkeit und Repräsentation verbinden sich bei diesem Stadttor zu bedeutender Wirkung (vgl. Abb. 69).

149

Abb. 51. Mausoleum Diokletians in Split, heute Kathedrale. Obwohl ein zentraler Kuppelbau wie auch das Pantheon, erzeugen die Unterschiede in Proportionen, Wandverkleidung und Lichtverhältnissen eine ganz anders geartete, schon an mittelalterliche Bauten gemahnende Raumwirkung (295-315 n.Chr.).

Abb. 52. Tetrarchenreliefs von Venedig. Den Körpern fehlt die Natürlichkeit des Organischen, den Gesichtern die Individualität (gegen 300 n.Chr.).

149a

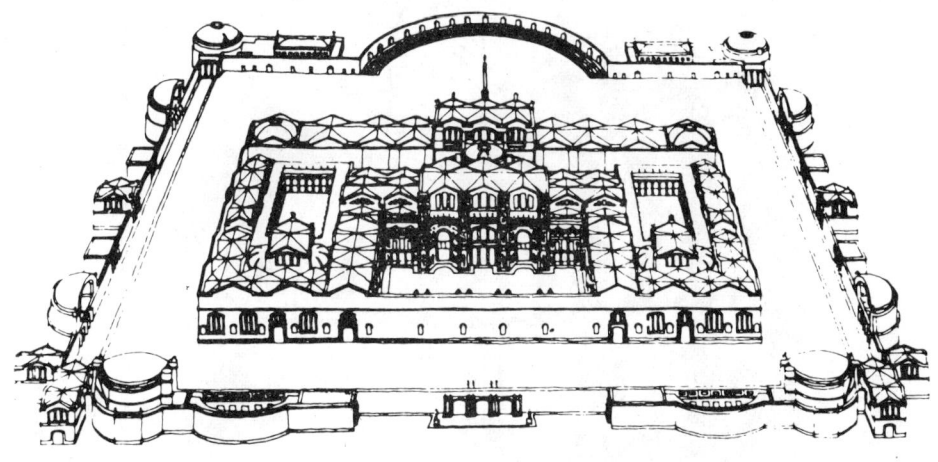

Abb. 53. Diokletiansthermen in Rom, die größten Thermen der Antike, in denen 3000 zugleich baden konnten (gegen 300 n.Chr.). Rekonstruktion der Gesamtanlage.

Abb. 54. Blick auf die große Ost- und kleinere Nordapsis des Caldariums der sog. Kaiserthermen in Trier (gegen 300 n.Chr.). Die Ostapsis ist teilweise in voller Höhe erhalten. Zunehmend - schon seit dem Pantheon wurde das deutlich - zeigt die Architektur Neigung, unter Vernachlässigung der äußeren Gestaltung den Innenräumen besondere Aufmerksamkeit zu schenken.

Abb. 55. Nordtor des Diokletianspalastes von Split (295-315 n.Chr.). Die Archivolten (Rundbögen) über den Säulen anstatt eines geraden Gebälkes und der Rundbogen über der Tür erinnern bereits an romanische Baugesinnung.

Abb. 56. Aus dem Diokletianspalast entwickelte sich im Mittelalter die Stadt Split. Im Hintergrund der achteckige Kuppelbau des Mausoleums (vgl. Abb. 51).

Abb. 57. Die Aula Palatina in Trier (um 310 n.Chr.). Dieser Audienzsaal des Kaiserpalastes ist mit Apsis 67 m lang, 28 m breit und 32 m hoch. Heute dient er als Kirche und ist neben der Porta Nigra der bedeutendste erhaltene Römerbau nördlich der Alpen.

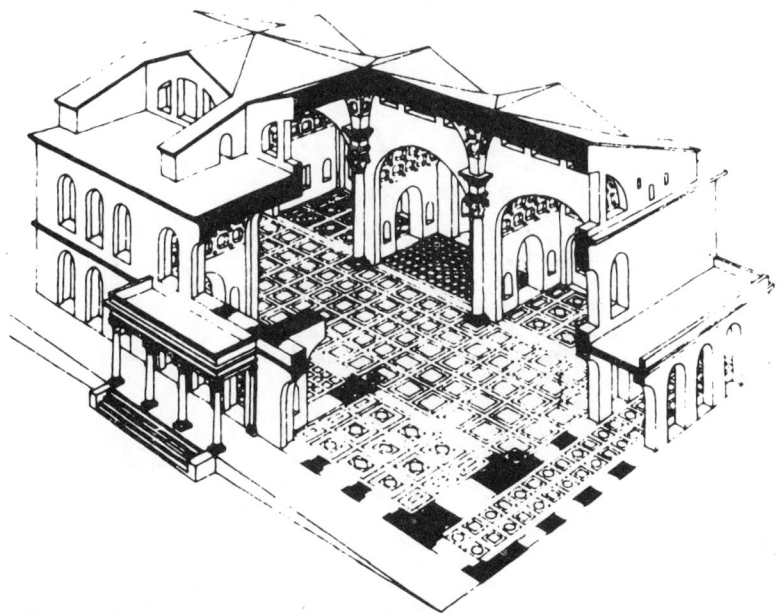

Abb. 58. Die Maxentius- bzw. Konstantinsbasilika (etwa 310-340 n.Chr.). Nur Nordtrakt erhalten. Größte antike gewölbte Marktbasilika. In der Westapsis (links oben; auf der Zeichnung unsichtbar) ursprünglich eine 10 m hohe Sitzfigur Konstantins.

150a

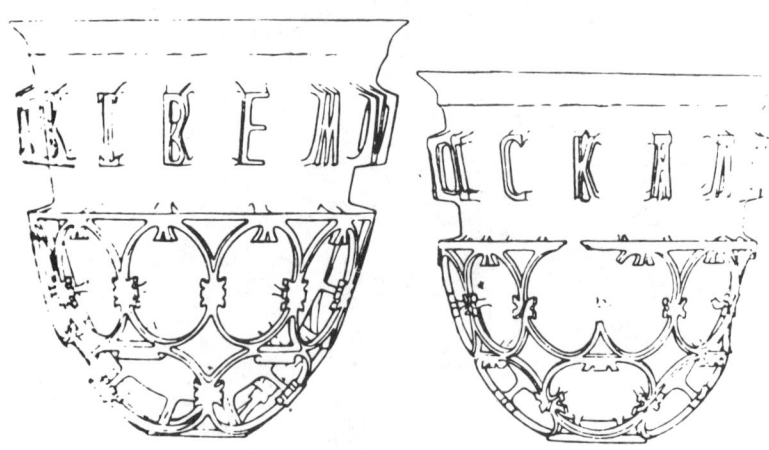

Abb. 59. Triumphbogen Konstantins (313 n.Chr.). Die meisten ihn schmückenden Architekturteile und Bildwerke sind "Spolien", d.h. man hat sie gemäß damals und bis ins Mittelalter häufig geübtem Brauch durch Ausschlachtung älterer Bauwerke gewonnen.

Abb. 60. Diatretgläser aus Kölner Werkstatt (1. Hälfte des 4. Jh.n.Chr.). Aus einem Gefäßkörper, bestehend aus verschiedenfarbigen Glasschichten, wurden in monatelanger Schleifarbeit Inschrift und verzierendes Netzwerk herausgeschliffen; beides ist nur durch feine Stege mit dem Becher selbst verbunden. Man fühlt sich an das Westwerk des Straßburger Münsters erinnert, dessen massivem Baukern in vergleichbarer Weise gotisches Maßwerk vorgesetzt ist.

150b

ORTE MIT BEDEUTENDEREM ARCHÄOLOGISCHEM BEFUND IN DER LATEINISCHEN WESTHÄLFTE DES REICHES [1)]

DEUTSCHLAND Haltern = Aliso (?), Xanten = Colonia Ulpia Traiana, Birten bei Xanten = Vetera, Neuß = Novaesium, Köln = Colonia Claudia Ara Agrippinensium, Bonn = Bonna, Trier (und Umgebung) = Augusta Treverorum, Neumagen = Noviomagus, Mainz = Mogontiacum, Worms = Borbetomagus, Saalburg (nördl. Frankfurt), Osterburken, Badenweiler, Augsburg = Augusta Vindelicum, Regensburg = Castra Regina, Kempten = Cambodunum, Epfach = Abodiacum; Obergermanischer Limes, Rätischer Limes.

ÖSTERREICH Wien = Vindobona, Carnuntum (im Wiener Becken), St. Pölten = Cetium, Lorch = Lauriacum (a.d. Enns), Linz = Lentia, Wels = Ovilava, Salzburg = Iuvavum, Aguntum (bei Lienz, Osttirol), Virunum (bei Klagenfurt), Teurnia (zw. Aguntum und Virunum), Flavia Solva (bei Leibnitz a.d. Mur).

SCHWEIZ Basel = Basilia, Kaiseraugst = Colonia Augusta Rauricorum, Windisch = Vindonissa, Zürich = Turicum, Bern-Engehalbinsel, Avenches = Aventicum, Genf = Genava, Martigny = Forum Claudii Vassensium, Schaan (in Liechtenstein).

HOLLAND/BELGIEN Nimwegen (und Umgebung) = Colonia Ulpia Noviomagus, der gesamte Bereich von Heerlen = Coriovallum, Maastricht = Mosae Traiectum, Tongern (= Aduatuca?) beiderseits der holländisch - belgischen Grenze.

BRITANNIEN Burgh Castle = Gariannonum, Richborough = Rutupiae, Dover = Dubris, Pevensey = Anderida, Portchester = Portus Adurni, Colchester = Camulodunum, London = Londinium, St. Albans = Verulamium, Canterbury = Durovernum, Winchester = Venta Belgarum, Silchester = Calleva Atrebatum, Bath = Aquae Sulis, Leicester = Ratae, Lincoln = Lindum, York = Eburacum, Corbridge = Castropidum (Northumberland), Caervent; Vallum Hadriani, Vallum Antonini.

FRANKREICH Narbonne = Narbo Martius, Nimes = Nemausus, Arles = Arelate, St. Rémy-de-Provence = Glanum, Orange = Arausio, Fréjus = Forum Iulii, Cimiez (bei Nizza) = Cemenelum, Vienne = Vienna, Lyon = Lugdunum, Autun = Augustodunum, Besançon = Vesontio, Alise-Ste-Reine = Alesia, Bordeaux = Burdigala, Périgueux = Vesunna, Saintes = Mediolanum, Sanxay (Dép.de la Vienne), Bavai (bei Lille) = Bagacum, Carpentras = Carpentorate, Vaison-la-Romaine = Vasio.

IBERISCHE HALBINSEL La Coruna = Brigantium, Numantia, Emporiae (nördl. Barcelona), Barcelona = Barcino, Tarragona = Tarraco, Centcelles (bei Tarragona), Murviedo = Saguntum, Segovia, Mérida = Emerita Augusta, Toledo = Toletum, Munigua (Sierra Morena), Cordoba = Corduba, Italica (bei Sevilla), Malaga = Malaca, Pamplona = Pompaelo.

JUGOSLAWIEN/ALBANIEN/UNGARN/RUMÄNIEN Pettau = Poetovio, Laibach = Emona, Cilli = Celeia, Pola, Solin = Salonae, Split = Spalatum, Epidaurus (bei Dubrovnik), Apollonia (in Albanien), Steinamanger = Savaria, Oszöny (beim Komorn) = Brigetio, Budapest = Aquincum, Porolissum (nördl. Klausenburg), Karlsburg = Apulum, Gradiste = Sarmizegetusa, Constanza = Tomi, Mangalia = Callatis, Adamklissi (Dobrudscha); nördlich des Donaulaufes von der Mündung der Drau bis zum Schwarzen Meer mehrere Befestigungslinien in der Art des obergermanischen Limes.

NORDAFRIKA El Araisch = Lixus, Cherchel = Caesarea, Volubilis, Tipasa (Algerien), Cirta, Philippeville = Rusicade, Lambaesis, Timgad = Thamugadi, Madaurus, Githis, Thugga, Bulla Regia, Sbeitla = Sufetula, Tebessa = Theveste, El Beida = Balagrae, Karthago, Sousse = Hadrumetum, El Djem = Thysdrus, Thenae, Sabratha, Leptis Magna.

---

1) Italien ausgenommen - Über die Grenze zwischen der lateinischen Westhälfte und der griech. Osthälfte des Reiches vgl. S. 110 - Eine Zusammenstellung wie diese muß notgedrungen immer auf einer subjektiven Auswahl beruhen.

Die städtebauliche Entwicklung Roms

SPÄTE KÖNIGSZEIT

Die Geschichte Roms als Stadt beginnt mit dem Ende des 7. Jh.v.Chr. (vgl. S. 2). Die schilfgedeckten Lehmhütten begann man durch ziegelgedeckte Häuser zu ersetzen, die aus luftgetrockneten Lehmziegeln errichtet waren. Vermutlich wurde damals auch das sumpfige Tal zwischen Kapitol und Palatium durch einen offenen, frühestens seit 200 v.Chr. überwölbten Kanal entwässert, die *cloaca maxima*. Das hier entstehende *forum* (Marktplatz) mit der sich darüber erhebenden Zitadelle auf dem Kapitol bildet den Kern Roms. Als erste Blütezeit der Stadt ist die Wende vom 6. zum 5. Jh.v.Chr. nachweisbar aufgrund der Reste von mindestens fünfzehn öffentlichen Großbauten aus etwa dieser Zeit. Von den rund 50000 Römern wohnten schon etwa 10000 in der Hauptstadt. Die *arx* (Burg) auf dem Kapitol und der eine oder andere Hügel waren mit Mauern befestigt, die Stadt insgesamt höchstens mit einem Erdwall. Die Hütten und nunmehr auch Häuser der Bauern, Fischer, Handwerker und Kaufleute standen vornehmlich auf den Hügeln, aber nicht ausschließlich; besonders im Forumstal nahm die Besiedlungsdichte seit der Entwässerung zu. Außer der seit je benutzten Furt am Tiberknie führte etwas flußabwärts eine hölzerne Fußgängerbrücke zum Nordufer, der *pons Sublicius*. Dieser Zeit, also der Zeit um 500 v.Chr., entstammt vielleicht noch die Gliederung in eine "Vierregionenstadt", die die Bereiche Caelius, Esquilin, Quirinal (mit Viminal) und Palatium umfaßte. Aventin und selbst das Kapitol waren nicht einbezogen. Außer dem Jupitertempel auf dem Kapitol, der 509 v.Chr. geweiht wurde (ältestes sicheres Datum der römischen Geschichte!) und mit 62,25 x 53,50 m damals der größte Tempel des nichtgriechischen Italien war, und dem Dianatempel auf dem Aventin lagen die bedeutendsten Heiligtümer am Forum: der Vestatempel neben der *domus regia*, dem Sitz des Königs, der Janustempel an der NO-Seite, sodann die großen, neuen Tempel des Kastor (484 v.Chr.) und des Saturn (497 v.Chr.). An das eigentliche Forum schloß sich im Norden das Comitium für Volksversammlungen an, an dessen Nordseite die *curia Hostilia* lag, das Beratungshaus des Senats. Vielleicht königszeitlich ist die *Tullianum* geheißene, noch heute erhaltene Zisterne an der Westseite des Comitiums; sie diente während der Republik und Kaiserzeit als Verließ und Hinrichtungsstätte innerhalb des Staatsgefängnisses, des *carcer* (u.a. für Jugurtha, die Catilinarier, Vercingetorix). Im *Circus Maximus* zwischen Palatium und Aventin fanden schon Rennspiele statt.

4. UND 3. JH.V.CHR.

Nach der Zerstörung Roms durch die Gallier (387 v.Chr.) wurde die neuerbaute Stadt von einer Mauer, der fälschlich dem König Servius Tullius zugeschriebenen 11,5 km langen "Servianischen Mauer" geschützt, die in einzelnen Partien noch erhalten ist. Sie umschloß nunmehr alle sieben Hügel (vgl. S. 2 u. Abb. 61) und damit ein Gebiet von 358,5 Hektar. Selbst das damalige Athen war kleiner, und die zweitgrößte nichtgriechische Stadt Italiens, Capua, war kaum halb so groß. Obwohl sicher größere Gebiete innerhalb des Mauerrings unbebaut waren, begannen infolge steigender Bodenpreise schon im 4. Jh. vereinzelt Mietshäuser die Einfamilienhäuser des Atriumtyps (vgl. S. 160) zu verdrängen; eine zusätzliche Wasserzufuhr wurde erforderlich, und 312 v.Chr. begann Appius Claudius Caecus die 16,5 km lange *aqua Appia* (vgl. Tabelle S. 7). In der 2. Hälfte des 3. Jh.v.Chr. war Rom eine volkreiche Stadt, in der es nunmehr zwei Wasserleitungen (*Anio Vetus,* seit 272 v.Chr.) und nach Livius schon dreistöckige Mietshäuser gab. 220 v.Chr. oder früher wurde vor der Stadt der *pons Mulvius* erbaut (ob schon in Stein, ist fraglich), am Tiber erstreckten sich Kais und Märkte, und um Forum und Comitium drängten sich zwischen den Tempeln und öffentlichen Gebäuden Privathäuser und Läden. Ein zweiter Zirkus entstand auf dem Übungsgelände vor der Stadt, dem Marsfeld (*Circus Flaminius,* 221 v.Chr.).

2. JH.V.CHR.

Nach dem Sieg über Hannibal entwickelte sich Rom schnell zur Weltstadt mit 100000 Einwohnern und mehr. Immer neue Scharen von Italikern und Fremden drängten sich in den Servianischen Mauerring. Ein Gewirr von äußerst engen und schmutzigen Gassen durchzog die volkreichen Quartiere. Das Palatium wurde zum vornehmen Wohnviertel. Nach hellenistischem Vorbild bauten die Zensoren neben großen Lagerhäusern, Wasserleitungen (*aqua Marcia,* 144 v.Chr.) und steinernen Brücken (*pons Aemilius,* 142 v.Chr.; *p.Sublicius* und *p.Mulvius* in Stein erneuert) Markthallen (*basilica Porcia* 184 v.Chr., *b.Aemilia* 179, *b.Sempronia* 170, *b.Opimia* 121, sämtlich am Forum) und Wandelhallen (*porticus Octavia* 168, *p.Minucia* 110, beide auf dem Marsfeld). 121 v.Chr. wurde der erste steinerne Triumphbogen über der Via Sacra für Q. Fabius Allobrogicus errichtet. Die Hauptstraßen erhielten Pflaster. Auf dem Marsfeld entstanden verschiedene Heiligtümer für fremde Götter.

ENDE DER REPUBLIK

Unter Sulla wurde der Ring der Servianischen Mauer zu eng, Rom hörte auf, Festung zu sein; neue Wohnviertel entstanden außerhalb der Stadtmauer, vor allem auf dem Marsfeld. Die Einwohnerzahl mag damals 400000 betragen haben. Das Forum erhielt von Sulla ein ganz neues Aussehen durch einen monumentalen Abschluß in Gestalt des bis heute erhalten gebliebenen Tabulariums (des Staatsarchivs) am Fuße des Kapitols und durch einige andere Umgestaltungen. Die übrigen Großen der ausgehenden Republik übertrafen ihn noch in der Errichtung prächtiger Bauten und Platzanlagen: Pompejus auf dem Marsfeld mit seinem von Säulenhallen umgebenen Theater, dem ersten steinernen Theater Roms, das 17000 Zuschauer gefaßt haben soll. Cäsar erstmalig mit einem eigenen, das alte Comitium verdrängenden Forum, an dem die gewaltige *basilica Iulia* (anstelle der *b. Sempronia*) lag, und auf dem Marsfeld errichtete er die *Saepta* (neutr.plur.), eine Abstimmungshalle für die Volksversammlungen. Die Wohnviertel waren inzwischen zu wimmelnden Ameisenhaufen geworden. Die primitiven, feuer- und einsturzgefährdeten, vorwiegend aus Balken und Lehm erbauten Mietshäuser (*insulae* genannt) hatten an Stockwerkzahl zugenommen. Ihre glaslosen Fensteröffnungen konnten höchstens mit Läden geschlossen werden. Heizung und Kochgelegenheit wurden notdürftig durch transportable Holzkohlenbecken ersetzt. Wasser mußte man sich aus den Brunnen auf der Straße holen; auch Abflußrohre fehlten in den Wohnungen. Aller Schmutz landete auf der engen (Durchschnittsbreite 4 m!), nicht einmal immer gepflasterten Gasse, in deren Mitte im günstigsten Falle ein offenes Rinnsal floß, das den Dreck an irgendeiner Stelle in die Kanalisation schwemmte.[1] Der Lärm, der Geruch und besonders das Gedränge nahmen immer mehr zu. Schließlich verbot Cäsar tagsüber den gesamten Wagen- und Lasttierverkehr; sein Verbot galt von nun ab für Jahrhunderte. Hohe Mieten, engste Wohnungen, die obendrein verwanzt waren, gehörten weiter zum Alltag des Durchschnittsbürgers. Die Gassen hatten oft keine Namen, Hausnummern fehlten ohnehin; an Straßenbeleuchtung war gar nicht zu denken. Die Gewerbetreibenden wohnten, wie noch heute in südlichen Städten, gassenweise nach Handwerken getrennt; ihre Arbeit, Handel und Verkauf, überhaupt fast das gesamte Leben spielte sich im Hauseingang und auf der Straße ab.

KAISERZEIT

Augustus konnte rühmend von sich sagen, er habe Rom als eine aus Lehmziegeln erbaute Stadt vorgefunden und als Stadt aus Marmor hinterlassen. Er vollendete die von Cäsar begonnenen Werke, restaurierte zahllose Tempel, gab ihnen Marmorverkleidung und marmorne Säulen, entfernte die letzten Privathäuser vom *forum Romanum*, baute das *forum Augusti*, sein Mausoleum, zwei Theater (davon ist das Marcellustheater recht gut erhalten) und ein Amphitheater, die berühmte großenteils erhaltene *ara Pacis*, erstmalig Thermen großen Stils, drei neue Wasserleitungen, dazu Tempel, Säulenhallen, Triumphbögen, Denkmäler, Brunnen, Parks und Gärten. Seine eigene Residenz auf dem Palatium hielt sich in sehr bescheidenem Rahmen. Die weit über den servianischen Mauerring hinausgewachsene Stadt teilte er in vierzehn *regiones*, die Höhe der *insulae* beschränkte er aus Sicherheitsgründen auf 70 Fuß (ca. 20 m), Trajan später auf 60 Fuß (17 - 18 m). Ob diese Vorschrift allgemein eingehalten wurde, bleibt fraglich.

Die Nachfolger des Augustus bis zu Septimius Severus hin bauten die Residenz auf dem Palatium immer weiter aus, so daß sie schließlich den ganzen Hügel mitsamt seinen Abhängen bedeckte. Nur die später von den Flaviern (also den Kaisern Vespasian, Titus, Domitian), Trajan und Hadrian überbaute Domus Aurea Neros lag am Südhang des Esquilin und in der Senke anstelle des späteren Kolosseums. Vespasian, Domitian und Trajan errichteten je ein Forum, das des Domitian vollendete sein Nachfolger Nerva. Das Trajansforum war das großartigste. Andere große und kleine Bauten und Anlagen überall in der Stadt trugen mit dazu bei, daß die Pracht des kaiserzeitlichen Rom von keiner Stadt vorher und nachher jemals erreicht wurde. Noch heute bewundert man das gewaltige 45 - 50000 Zuschauer fassende Amphitheatrum Flavium (das sog. Kolosseum,

---

1) Die Kanalisation war nämlich ursprünglich gar nicht für die Abwässer angelegt, sondern stellte die Drainage der natürlichen Quellen und Bäche im Stadtgebiet dar.

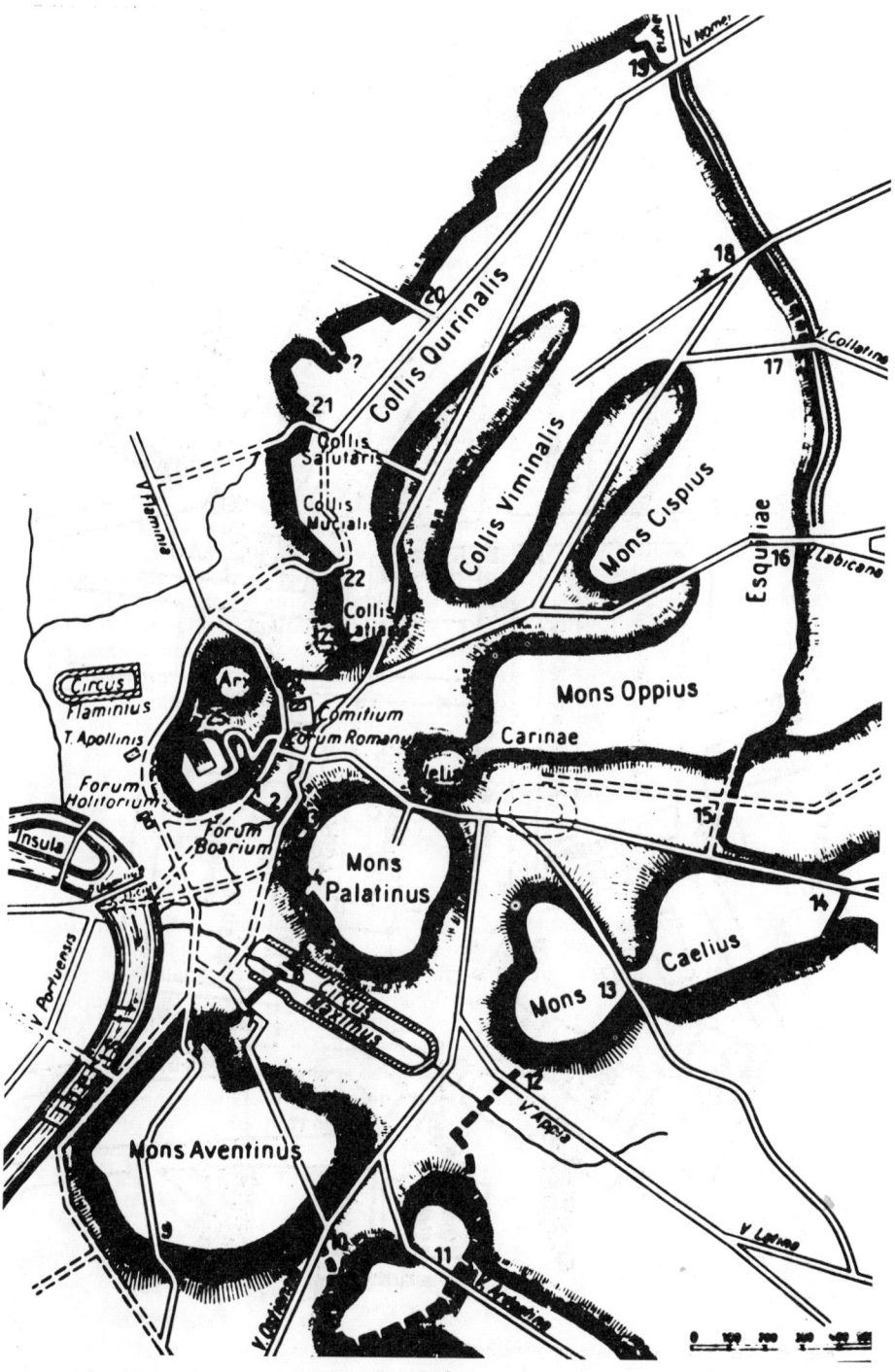

Abb. 61. Die Hügel Roms und der Verlauf der sog. Servianischen Stadtmauer.

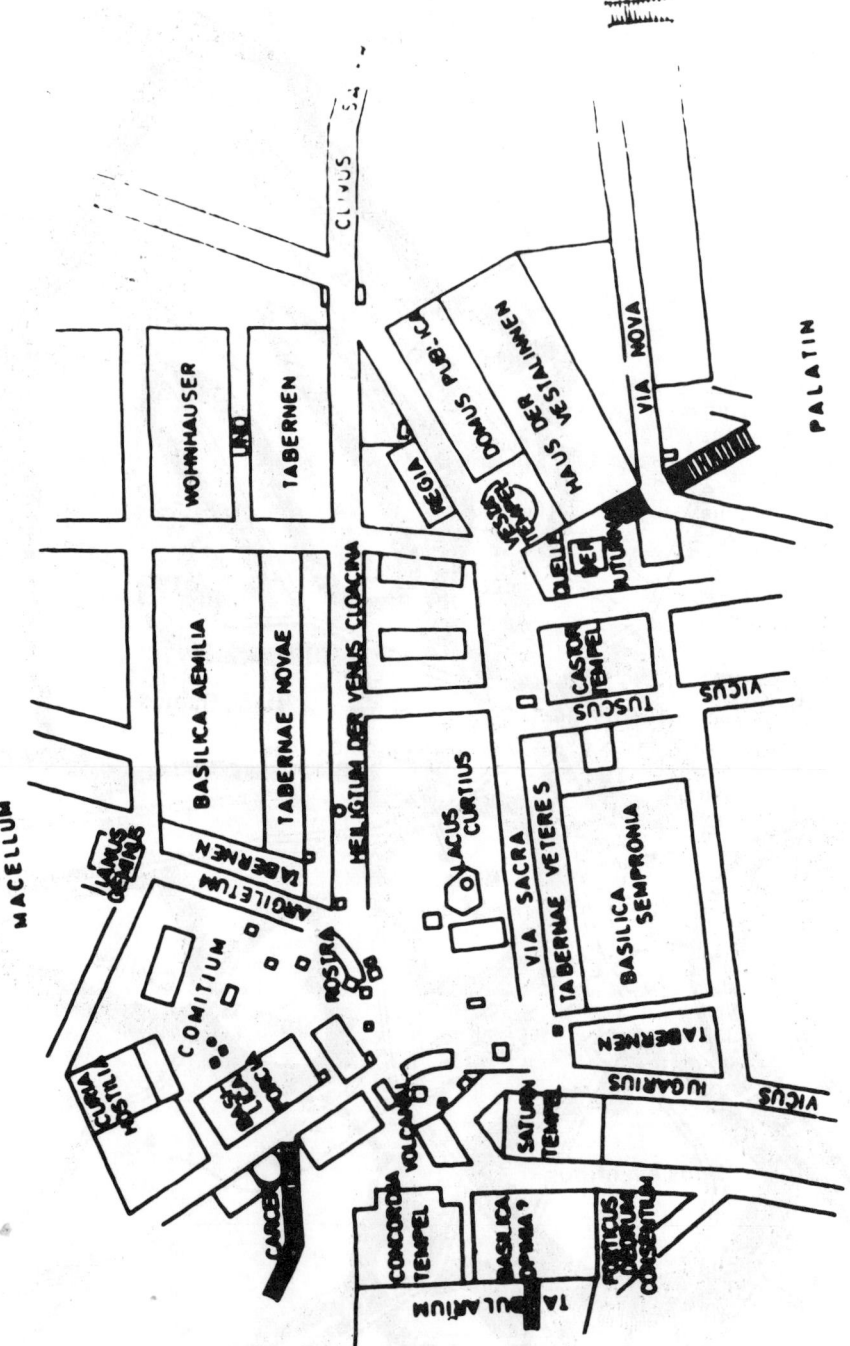

Abb. 62. Das Forum Romanum am Ende der republikanischen Zeit.

155a

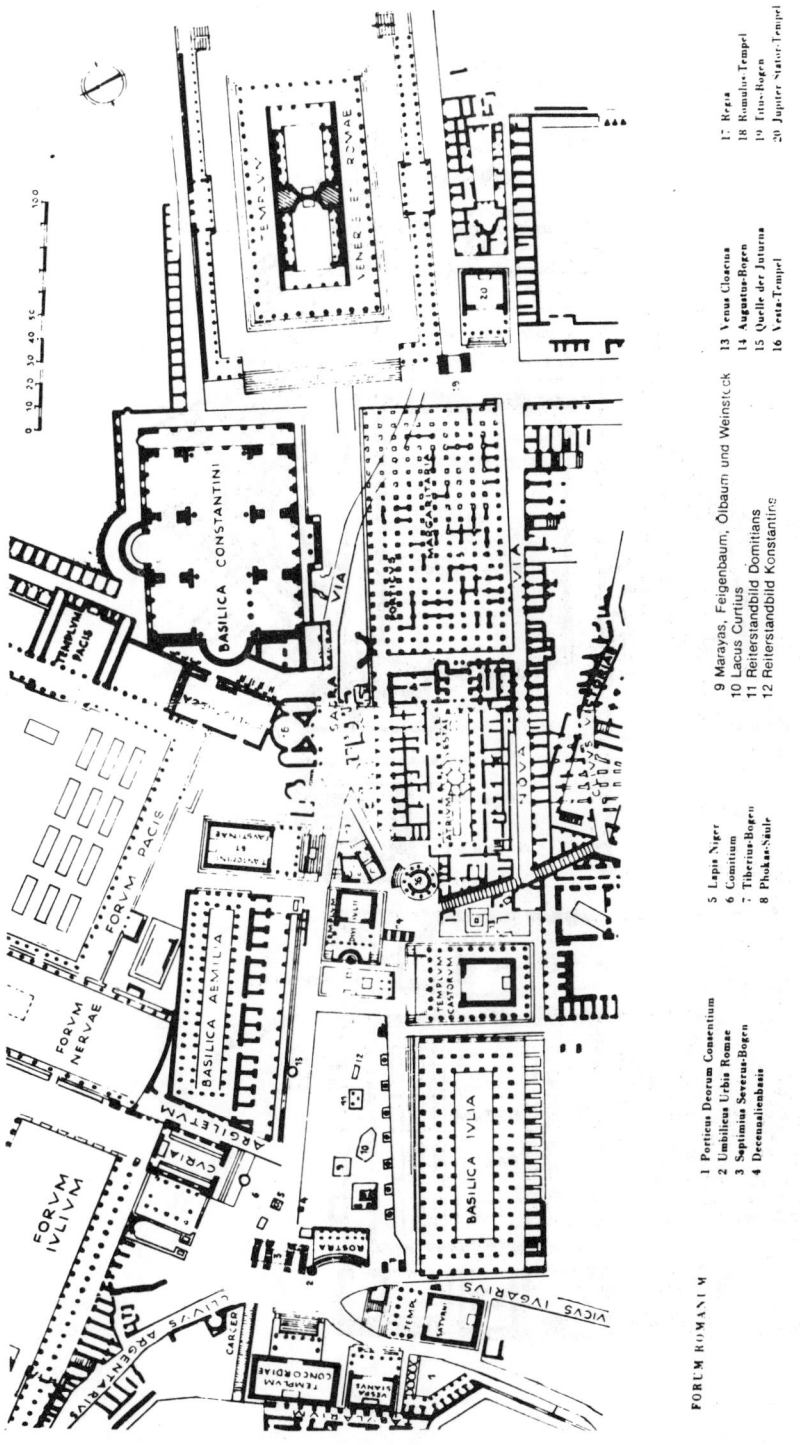

FORVM ROMANVM

1 Porticus Deorum Consentium
2 Umbilicus Urbis Romae
3 Septimius Severus-Bogen
4 Decennalienbasis

5 Lapis Niger
6 Comitium
7 Tiberius-Bogen
8 Phokas-Säule

9 Marsyas, Feigenbaum, Ölbaum und Weinstock
10 Lacus Curtius
11 Reiterstandbild Domitians
12 Reiterstandbild Konstantins

13 Venus Cloacina
14 Augustus-Bogen
15 Quelle der Juturna
16 Vesta-Tempel

17 Regia
18 Romulus-Tempel
19 Titus-Bogen
20 Jupiter Stator-Tempel

Abb. 63. Das kaiserzeitliche Forum Romanum.

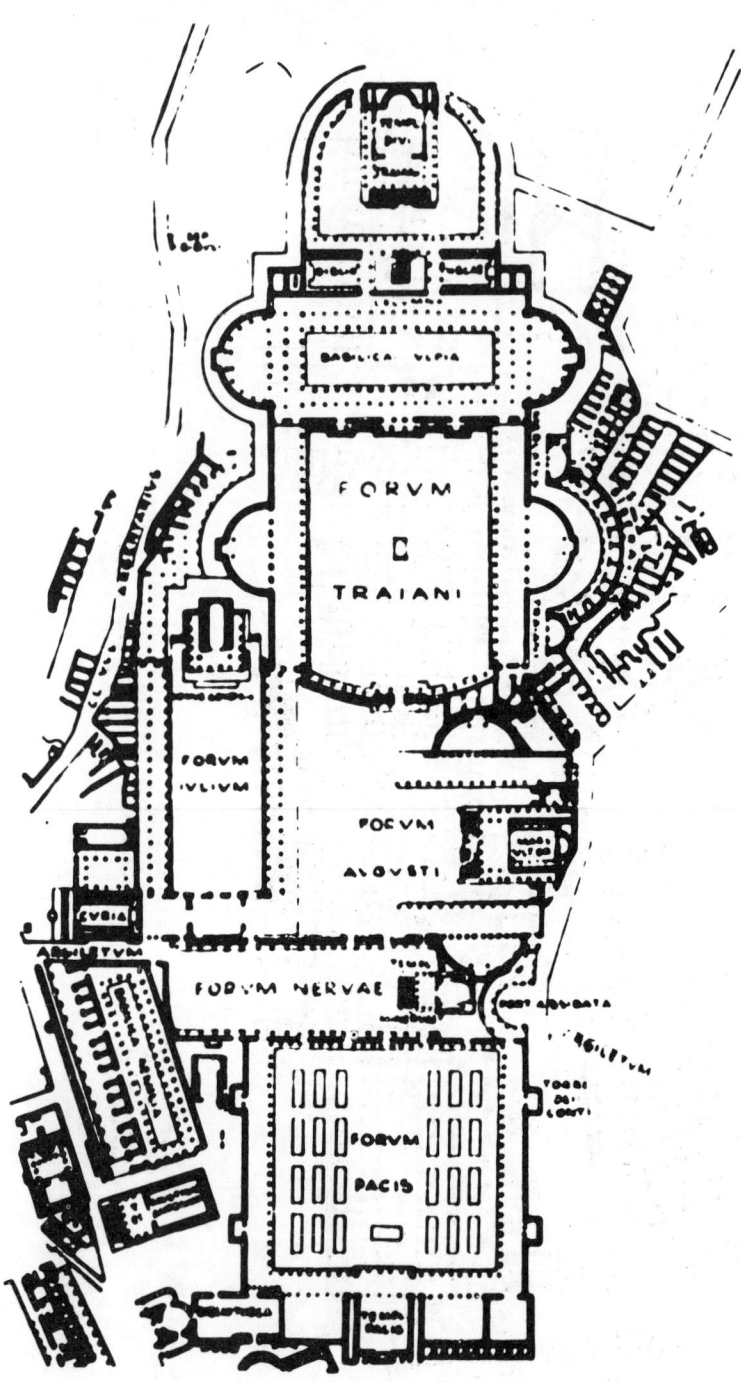

Abb. 64. Die Kaiserfora.

157

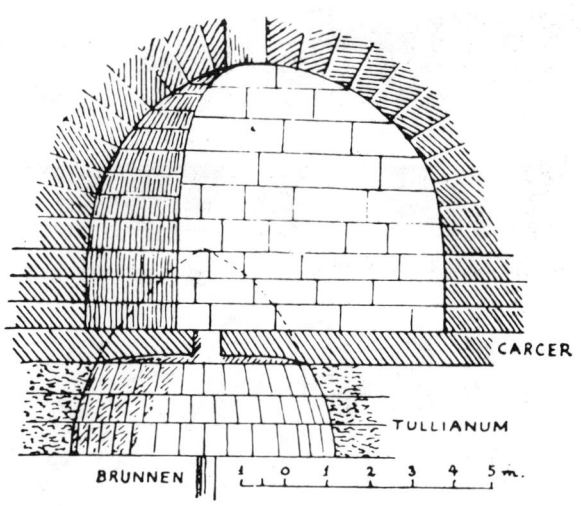

CARCER

TULLIANUM

BRUNNEN

1 0 1 2 3 4 5 m.

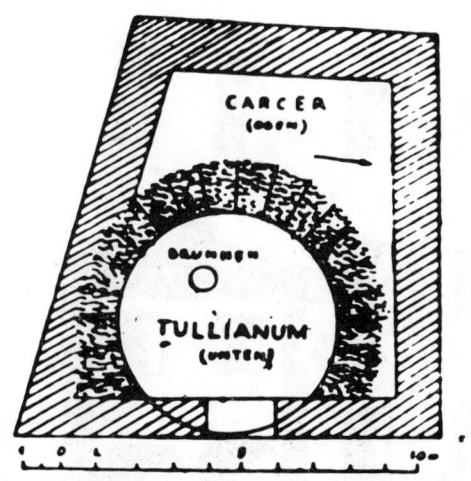

CARCER
(OBEN)

BRUNNEN

TULLIANUM
(UNTEN)

174. DAS TULLIANUM IN ROM.

Abb. 65. Von dem römischen Carcer ist ein im Grundriß trapezförmiger tonnenüberwölbter Raum von vermutlich 100 v.Chr. erhalten, unter dem sich eine vielleicht königszeitliche (also 6. Jh.v.Chr.), höchstens aber aus dem 4. Jh.v.Chr. stammende Zisterne, das Tullianum, befindet. Die Spitze ihres urtümlichen falschen Gewölbes wurde beim Bau des oberen Raumes beseitigt.

Abb. 66. Häuser am Südrand von Pompeji (1. Jh.v.Chr.). Die offenen Loggien gestatteten von hier einen weiten Blick über das Meer.

Abb. 67. Wohnhäuser aus Ostia (2. Jh.n.Chr.). Die durch die Zeichnung erweckte Illusion gläserner Fensterscheiben an Privathäusern ist unzutreffend. In der Antike findet man sie nur nördlich der Alpen.

Abb. 68. Hausfassade aus Ostia (kurz vor 150 n.Chr.). Im Erdgeschoß Läden, darüber Wohnungen.

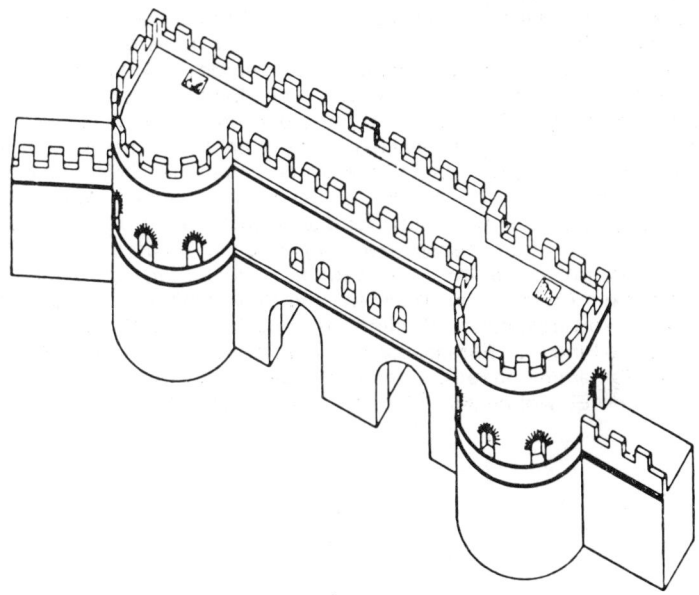

Abb. 69. Schema eines Doppeltores der Aurelianischen Stadtmauer Roms (2. Hälfte des 3. Jh.n.Chr.). Reiner Zweckbau im Gegensatz zur prinzipiell gleichartigen Porta Nigra in Trier (vgl. Abb. 50).

1. Jh.n.Chr.), das Pantheon, einen der schönsten je von Architekten ersonnenen Innenräume (2. Jh.n.Chr.), die Engelsburg (Grabmal Hadrians, 2. Jh.n.Chr.), die Thermen des Caracalla und des Diokletian (3. Jh.n.Chr.), die Rom erneut zur Festung machende Stadtmauer Aurelians (3. Jh.n.Chr.: 18,8 km lang, umfaßte eine Stadt von 1372,5 Hektar), die mächtigen Gewölbe der Maxentiusbasilika (des größten überdachten Gebäudes der Antike, 4. Jh.n.Chr.) und vieles andere mehr. Nach einer Liste des 4. Jh.n.Chr. besaß Rom damals 11 große Thermen neben nahezu 1000 kleineren Bädern, 11 Wasserleitungen, 1352 Laufbrunnen, 144 öffentliche Aborte mit Spülanlage, 10 Basiliken, 36 Ehrenbögen, 22 Reiterstatuen, 80 vergoldete und 74 goldelfenbeinerne Götterstatuen, 3785 bronzene Porträtstatuen, unzählige Marmorstatuen, 9 Tiberbrücken und 28 Bibliotheken. Ganz erhebliche Teile des Stadtareals wurden bedeckt von Heiligtümern, Fora, Thermen, Zirkus- und Theaterbauten, Mausoleen, überdachten Basaren, Basiliken, Magazinen, Palastbauten und großen Parks.

In einem starken Kontrast zu der Prachtentfaltung und Großzügigkeit dieser öffentlichen Anlagen standen die meisten der zwischen ihnen eingeklemmten Wohnviertel. Sie hatten sich seit dem Ende der Republik nur wenig zu ihren Gunsten verändert. Nach der oben genannten Liste waren 96 % der Wohnhäuser Mietskasernen (*insulae*), 4 % Einfamilienhäuser (*domus*). Der große Brand Roms unter Nero (64 n.Chr.) und die anderen Feuersbrünste, von denen Rom immer wieder heimgesucht wurde, führten beim Wiederaufbau kaum zu durchgreifenden Änderungen. Einen um so notwendigeren Ausgleich boten den Bewohnern Roms, die im 2. Jh.n.Chr. rund eine Million gewesen sein mögen (später nahm die Zahl ab), die Weiträumigkeit und die gesundheitsfördernden Einrichtungen mancher öffentlichen Anlagen, besonders der Thermen. Die größeren unter ihnen waren kostbar ausgestattet (die berühmte Laokoongruppe stand z.B. in den Thermen des Trajan!) und enthielten neben den eigentlichen Bädern (je nach der Wassertemperatur *caldarium, tepidarium, frigidarium* genannt) große Schwimmbecken (*natationes*), Wannen- und Schwitzbäder, Gymnastikhallen (*palaestrae*), Vortragsräume, Bibliotheken und Verkaufsstände. 608 n.Chr., mit der Aufstellung der Ehrensäule des byzantinischen Kaisers Phokas auf dem *forum Romanum,* endet die antike Baugeschichte Roms. Rom verödete langsam, seine Einwohnerzahl ging auf zeitweilig 17000 (14. Jh.) zurück.

Das römische Haus

Abgebildet sind Grundriß und Rekonstruktion eines italischen Hauses mit Peristyl, wie es im 2. Jh.v.Chr. üblich wurde. Das eigentliche italische Haus ist das auf dem Grundriß schwarz gezeichnete Vorderhaus. Das *atrium*, die große Halle, erhielt sein Licht aus einer in der Mitte angebrachten Dachöffnung und einstmals wohl auch aus Seiteneingängen oder Fensteröffnungen am Ende der *alae* (den Seitenflügeln des *atrium*), als die Dachöffnung noch ein kleiner Rauchabzug und das römische Haus noch kein städtisches Reihenhaus war. Das gesamte Leben spielte sich im *atrium* ab, dort standen auch Herd und Speisetisch. Das Haus war seiner Anlage nach orientiert auf das nur mit einem Vorhang zum *atrium* abgeschlossene *tablinum* [1]; von dort beherrschte man Haus, Eingang und durch das Fenster den stets hinter dem Hause liegenden Garten; deshalb war im *tablinum* auch das Lager des Hausherrn und seiner Gattin aufgeschlagen. In einer der beiden *alae* befand sich der Platz für die Ahnenbilder (vgl. S. 72). Die vom *atrium* abgehenden kleinen Nebenräume dienten zum Schlafen oder wirtschaftlichen Zwecken.

Solche im wesentlichen einräumigen Hallenhäuser bewohnten die Römer der frühen Republik. Zumindest seit dem 2. Jh.v.Chr. hausten die ärmeren Hauptstadtbewohner zunehmend in Mietshäusern; bei den Begüterten trat an die Stelle des alten Gärtchens nach griechischem Vorbild ein von einem *peristylium* (Säulenumgang) umgebener Ziergarten [2] mit weiteren Wohnräumen. Hierher verlagerte sich das Privatleben, während das *atrium* zu einer Art ins Große ausgedehntem Vestibül für den Publikumsverkehr wurde, also den Verkehr des Hausherrn mit Klienten, Geschäftsleuten und politischen Freunden. Man erweiterte die Lichtöffnung (*compluvium*), unter der sich jetzt ein Wasserbecken (*impluvium*) befand. Das ursprünglich nach außen geneigte Dach senkte sich jetzt teilweise (unser Bild) oder ganz nach innen zum *compluvium*. Das *tablinum* diente nunmehr als Empfangszimmer.

---

1) Orientiert wie das Feldlager zum *praetorium,* der etr. Tempel zur Zella, die etr. Begräbnisgruft zur Begräbnisnische, das Kaiserforum zu dem dazugehörigen Tempel, die kaiserl. Audienzhalle zur Exedra, die Basilika zur Apsis: diese Orientierungstendenz scheint also auf eine Grundbefindlichkeit römisch-italischen Wesens zurückzugehen.
2) Peristyl wurde auch der Säulenumgang *einschließlich* Ziergarten genannt (vgl. Grundriß).

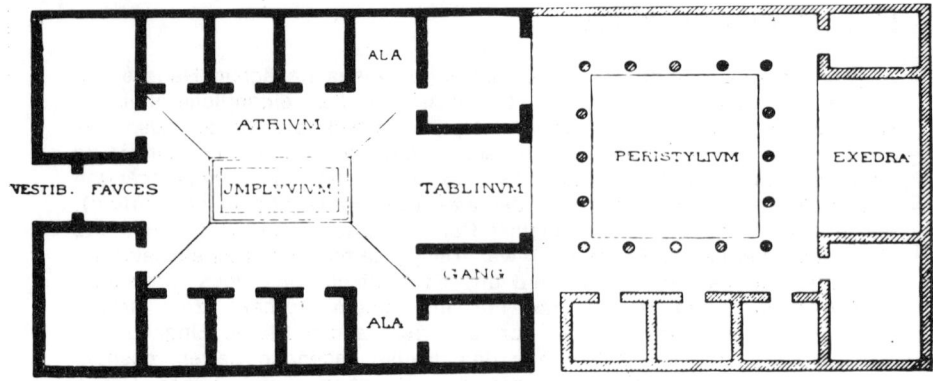

ALA

ATRIVM

VESTIB. FAVCES   IMPLVVIVM   TABLINVM

GANG

ALA

POSTICVM

PERISTYLIVM   EXEDRA

peristylium

atrium

vestibulum   impluvium   ala   tablinum   piscina   exedra

Abb. 70/71. Schema des römischen Hauses.

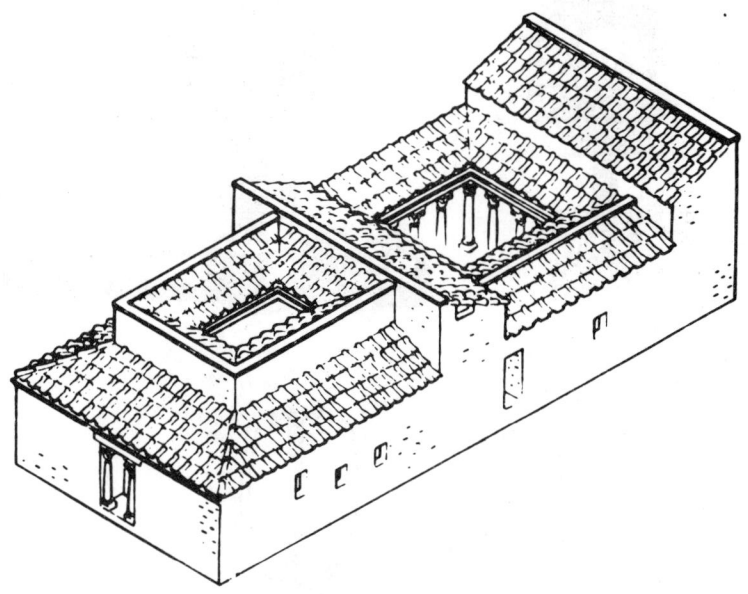

Abb. 72. Schema des römischen Hauses.

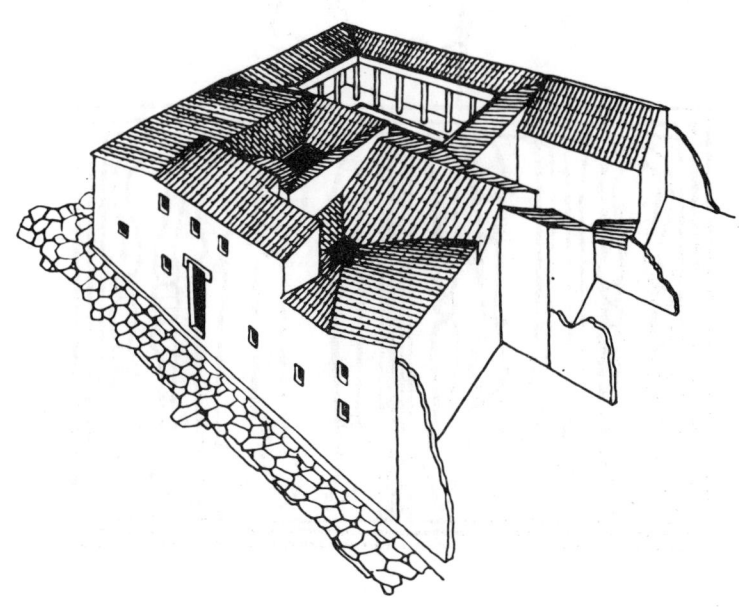

Abb. 73. Haus der reichen Vettier in Pompeji. Entstanden durch Zusammenlegung mehrerer Einzelhäuser, daher zwei Atrien und zwei Peristyle (das kleinere davon rechts oben ist auf unserem Bild nur als Innenhof kenntlich).

161a

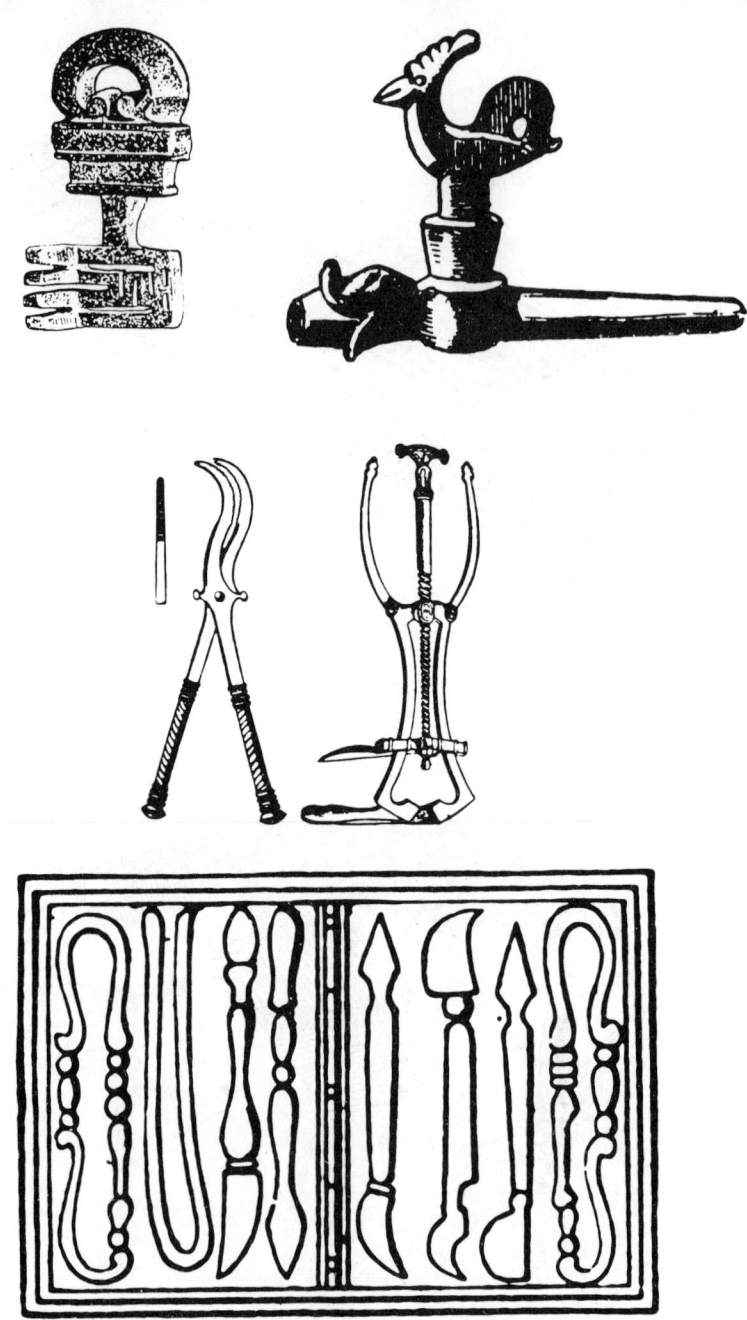

Abb. 74-76. Türschlüssel - Wasserhahn - medizinische Geräte.

Abb. 77. Rekonstruktion des Pharos vor Alexandria (280 v.Chr.).

Abb. 78. Leuchtturm von La Coruna = Brigantium (Spanien) in seinem heutigen Zustand. Außentreppe abgebrochen, Hohe 41 m. Erbaut etwa 100 n.Chr.

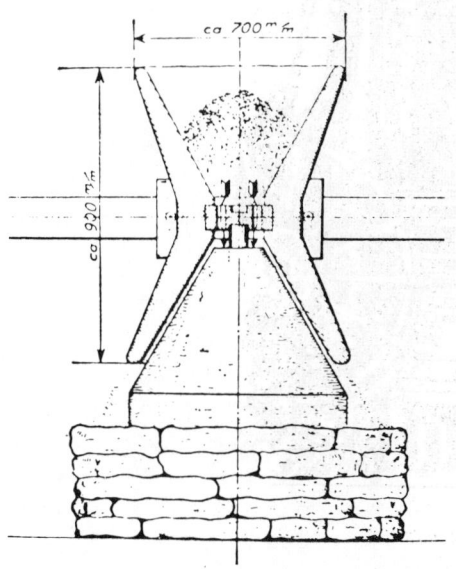

Abb. 79. Göpelmühle aus Pompeji. Die nach links und rechts sich erstreckenden Balkenstücke sind Teile der Deichseln für die Zugtiere.

162a

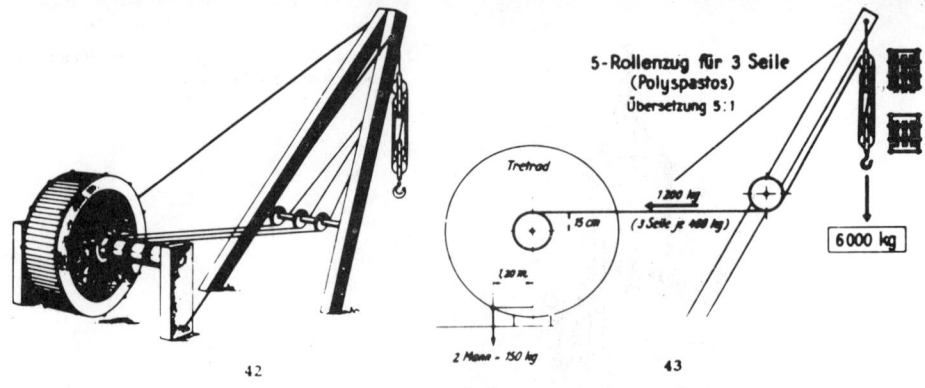

5-Rollenzug für 3 Seile
(Polyspastos)
Übersetzung 5:1

Tretrad

5 cm

1200 kg

(3 Seile je 400 kg)

1,30 m.

6000 kg

2 Mann = 150 kg

42

43

Abb. 80. Arbeitsweise des Abb. 81 gezeigten großen Baukranes, dessen Antriebskraft von einer mit Sklaven betriebenen Lauftrommel (hier als "Tretrad" bezeichnet) erzeugt wird.

Abb. 81. Großer Baukran. Relief vom Ende des 1. Jh.n.Chr.

162b

Abb. 82. Badeanlage des Limeskastells Würzberg im Odenwald mit Hypokaustenheizung.

TECHNIK

Nicht der Reichtum an Sklaven, wie oft behauptet wird, sondern die antike Naturauffassung verhinderten eine Weiterentwicklung der Technik. Voraussetzungen unserer modernen Technik sind:

1. Die völlige Vergegenständlichkeit der Natur durch Verlust ihres göttlichen Gehalts; während die antiken Götter - auch die der Philosophen - selber Teil der Welt waren, in ihr wohnten und wirkten, werden seit je der christliche Schöpfergott und seine Schöpfung als klar voneinander getrennt vorgestellt.

2. Beschränkung der naturwissenschaftlichen Überlegungen seit Beginn der Neuzeit auf rein quantitative, in mathematischen Gesetzlichkeiten faßbare Naturvorgänge; man verzichtete also auf nicht beweisbare, darüber hinausgehende Spekulationen, anfänglich, weil nach der auf der Lehre vom Sündenfall beruhenden Ansicht der Vorläufer und Begründer der modernen Naturwissenschaft uns Menschen der Zugang zur ganzen Wahrheit doch verwehrt bleibe, später, weil sich die Fruchtbarkeit dieses Denkansatzes erwiesen hatte.

Allerdings scheinen auch die griechischen Atomisten Leukipp und Demokrit (5.Jh.v. Chr.) die Naturvorgänge schon rein quantitativ, also unter Leugnung des Vorhandenseins qualitativer Unterschiede, interpretiert zu haben (vgl. S. 87).   Das ist aber umstritten. Jedenfalls konnten sie sich im Altertum nicht durchsetzen. Die Natur galt mithin nicht in neuzeitlicher Weise als ein großer Mechanismus, sondern man hielt sie schlichtweg für göttlich oder für einen lebendigen Organismus, dessen Wesen auf nicht weiter analysierten "Lebensvorgängen" statt auf physikalischen Gesetzen beruht. So glaubte man auch, man überliste gewissermaßen mit den Maschinen, die es damals gab, die Natur, anstatt den maschinellen Arbeitsvorgang auf allgemeine Naturgesetze zurückzuführen. Einen Fortschritt modernen Ausmaßes konnte es daher auf diesem Gebiet in der Antike nicht geben, und es blieb bei einzelnen, wenn auch teilweise beachtlichen Leistungen.
Die Römer waren zu praktisch eingestellt, um, aufbauend auf den Erkenntnissen der Griechen, die Naturwissenschaften weiter voranzutreiben. Eine Mathematik oder Astronomie der Römer existiert daher nicht, auch gaben sie sich nicht mit technischen Spielereien ab; aber im Festungs-, Straßen-, Wasserleitungs-, Brücken-, Gewölbebau und überall sonst, wo es sich um große, ihnen lohnend erscheinende Aufgaben handelte, waren sie hervorragende Techniker.

Die Griechen und Römer bzw. die mediterrane Vorbevölkerung übernahmen aus dem Orient folgende Errungenschaften:

Rad, Wagen, Glas, aus Planken gebaute und mit Segeln versehene Schiffe, exakte Vermessung beim Tunnelbau (so daß der Tunnel von beiden Seiten zugleich begonnen werden konnte), Sonnen- und Wasseruhr, Blitzableiter, Asphalt, Mörtel, gebrannte Ziegel, echtes Gewölbe (Ägypten 7. Jh.), falsches Gewölbe (Mesopotamien 4. Jahrtausend), Blasebalg, die Kenntnis der Metalle Gold, Silber, Kupfer, Zinn, Blei, Eisen (auch als eine Art Stahl; Gußeisen jedoch erst neuzeitlich), Töpferdrehscheibe, Drehbank, Flaschenzug, die sogenannte archimedische Schraube zum Bewässern, Wasserleitungen, Rammböcke und fahrbare Sturmtürme für Belagerungen, Brieftauben, das Buch in Form der Papyrusrolle, das Färben von Textilien, Wein, Bier, öffentliche Thermen (Hethiterreich), Kanalbau (erster schiffbarer Suezkanal um 1250 v.Chr.), bewußte Stadtplanung (Hippodamos v. Milet im 5. Jh.v.Chr. also nicht der erste Stadtplaner), genaue Kalenderberechnung. - Im Kreta des 2. Jahrtausends kannte man bereits Toiletten mit Wasserspülung, in Etrurien schon Handkurbel, Zahnprothese, Kerze, in Gallien Hufeisen.

Übersicht über naturwissenschaftlich-technische Errungenschaften und Leistungen der griechisch-römischen Welt.

Zeit	Errungenschaft	Herkunft/Erfinder
Ende 6. Jh.	Bau einer Schiffsbrücke über den Bosporus für Dareios' I. Skythenfeldzug.	Mandrokles von Samos
Ende 5. Jh.	Erste einfache Automaten, Antrieb durch Wasser, Sand, Hirse (durch Gewichte bzw. Feder erst nachantik).	Athen
	Im Hellenismus Weiterentwicklung dieser Automaten zu raffinierten Apparaten: Weihwasserautomat, selbsttätiges Puppentheater, komplizierte astronomische Uhren, Weckeruhren, Taschenwasser- und Taschensonnenuhren. (Die Vorstellung von der Erde als Kugel seit dem 5. Jh.v.Chr. in Griechenland allgemein verbreitet).	besonders Alexandrien
nach 400 v.Chr.	Torsionsgeschütze	Syrakus
nach 400 v.Chr.	Schall als Schwingung erkannt; erste Anwendung der Mathematik auf mechanische Probleme.	Archytas v. Tarent
etwa 350 v.Chr.	Tägliche Achsendrehung der Erde erkannt.	Herakleides Pontikos
Zeit des Hellenismus ohne genauere Datierung	Hodometer: Meilenzähler auf Wagen und Schiffen.	Griech. Welt
	Dampfturbine (kommt nicht zur praktischen Anwendung).	Alexandria?
	Druckwasserleitungen; in Pergamon wurde z.B. ein Höhenunterschied von 200 m mit 20 atü bewältigt.	Griech. Welt
	Fahrstuhl; nachgewiesen nur im Kaiserpalast in Rom im 1. Jh.n.Chr.	Griech. Welt
	Drehschloß in der Art heutiger Türschlösser; nachgewiesen erst in Pompeji.	Griech. Welt
	Zink, jedoch nur als Bestandteil von Messing.	Griech. Welt
	Radtrommel ("Tretmühle"), in der Menschen in einer Richtung laufen, ein Antriebsaggregat, vorwiegend für Hebemaschinen ("Kräne") benutzt.	Griech. Welt
etwa 300 v.Chr.	Mühlen von Hand- auf Göpelbetrieb umgestellt (von Eseln betrieben).	Griechenland
etwa 300 v.Chr.	Schraube	Griech. Welt
etwa 300 v.Chr.	Wasserfester Mörtel, häufig unter Zusatz von Kies und Split zu betonartigem Gußmauerwerk verwendet (ältestes erhaltenes Gußmauerwerk der Welt: Sockel des Kastortempels in Rom von 117 v.Chr.).	Italien
etwa 300 v.Chr.	Gradeinteilung des Erdglobus.	Dikaiarch v. Messene

Zeit	Errungenschaft	Herkunft/Erfinder
etwa 300 v.Chr.	"Koloß" von Rhodos, nicht ganz 40 m hohe Bronzestatue des Gottes Helios, gefertigt aus 200 t Bronze (Freiheitsstatue in New York 46 m hoch).	Chares von Lindos
etwa 280 v.Chr.	Turm auf der Insel Pharos vor Alexandria, etwa 150 m hoch, seit dem 1. Jh.n.Chr. Leuchtturm, der 57 km weit leuchtete. [1]	Sostratos von Knidos
3. Jh.v.Chr.	Erdumfang richtig errechnet.	Eratosthenes von Kyrene
3. Jh.v.Chr.	Heliozentrisches System mathematisch bewiesen.	Aristarch von Samos
3. Jh.v.Chr.	Wasserorgel (Luftstrom wird durch Wasserdruck erzielt), Pumpe, Feuerspritze erfunden.	Ktesibios von Alexandria
3. Jh.v.Chr.	Konstruktion und Verbesserung mannigfacher Verteidigungs- und anderer Geräte, "archimedisches Prinzip" zur Ermittlung des spezifischen Gewichtes, Errechnung des Kreisumfangs.	Archimedes von Syrakus
Ende 3. Jh.	Kriegsschiff von 140 m Länge und 17,5 m Breite; Schiffe dieser Größe gab es erst wieder im 18. Jh.n.Chr.	Alexandria (Auftrag Ptolemaios' IV.)
Ende 3. Jh.	Die Öllampe kommt auf.	Griechenland
2. Jh.v.Chr.	Entscheidende Verbesserung des Schreibuntergrundes Tierhaut zum "Pergament".	Pergamon
2. Jh.v.Chr.	Wassermühle, selbsttätiges Wasserschöpfrad.	Mesopotamien
2. Jh.v.Chr.	Genaue Berechnung der Entfernung Mond - Erde, des Monddurchmessers, des Sonnenjahres (nur Abweichung von etwa 6,5 Min.), der Präzession, der Tagundnachtgleichen.	Hipparch von Nikäa
2. Jh.v.Chr.	Hypokausten- (Unterflur-) heizung für Thermen, später auch für Wohnhäuser.	Griech. Welt
145 v.Chr.	Aqua Marcia, eine 94 km lange Wasserleitung für Rom. [2]	Rom
etwa 100 v.Chr.	Begründung der Seefahrt über das offene Meer nach Indien durch Entdeckung der Monsunwinde.	Grieche unbekannter Herkunft namens Hippalos
1. Jh.v.Chr.	Glasbläserei	Syrien oder Ägypten

[1] Die übrigen der Sieben Weltwunder neben "Koloß" und Pharosturm: Artemision von Ephesus, Mausoleum von Halikarnass, Zeusbild des Pheidias in Olympia, Pyramiden, hängende Gärten der Semiramis in Babylon.

[2] Die kaiserzeitlichen für Köln 110 km und für Karthago 138 km lang.

Zeit	Errungenschaft	Herkunft/Erfinder
1. Jh.v.Chr.	Gläserne Fensterscheiben, benutzt in Thermen und anderen öffentlichen Großbauten, nicht jedoch während des Altertums in Privathäusern des Mittelmeergebietes.	?
um Chr. Geb.	Überdachung großer quadratischer Räume durch Kreuzgewölbe.	Italien
um Chr. Geb.	Schraubenpresse, Weinkelter	Griech. Welt
Kaiserzeit, ohne genauere Datierung	Bohrungen in der Sahara bis zu 200 m Tiefe.	Römisch
	Entwicklung des Kodex, also des Buches in seiner heutigen Form, in der beginnenden Kaiserzeit; im 4. Jh. setzt es sich endgültig durch.	Italien
	Mähmaschine	Gallien
	Von der Neuzeit bisher bei weitem noch nicht wieder erreichte Großzügigkeit der Wasserversorgung der Großstädte.	
1. Jh.n.Chr.	Orgel, früh von den christl. Gemeinden benutzt.	?
1. Jh.n.Chr.	Kolosseum: größtes Amphitheater der Antike mit an die 50000 Sitzplätzen, flutbarer Arena, Vorrichtungen, die Kulissen lautlos hochsteigen und versinken zu lassen.	Rom
1. Jh.n.Chr.	Gewölbe in einer Halle des Domitianspalastes hat 36 m Spannweite.	Rom
2. Jh.n.Chr.	Brücke von Alcantara in Spanien hat 35 m und Kuppel der hadrianischen Thermen am Arvernersee hat 38 m Spannweite.	Römisch
3. Jh.n.Chr.	Windmühle	Persien?
	Emaillieren von Bronze	Gallien oder Britannien
4. Jh.	Neuartiger Blasebalg ermöglicht Stahlerzeugung in größerem Umfang.	?
4. Jh.	Transport und Aufrichtung eines 450 t schweren Obelisken im Kolosseum. [1]	Rom
7. Jh.n.Chr.	"Griechisches Feuer." [2]	Oström. Reich

1) Die monolithe (also aus einem einzigen Stein bestehende) Kuppel auf dem Grabmal Theoderichs: 276 t!

2) Ein Seekampfmittel, entfernt den modernen Flammenwerfern vergleichbar; das vorwiegend aus Öl bestehende Brennmaterial war mit damaligen Mitteln nicht zu löschen.

Kleidung

Antike Kleidung war nicht geschneidert, daher fast nahtlos, hatte keine Knöpfe und keine Taschen, war ursprünglich nur aus Wolle und im allgemeinen ungefärbt. Hüte setzte man kaum auf, man schlug im Bedarfsfalle meist das Obergewand über den Kopf. Die Schuhsorten reichten von leichten Sandalen bis zu äußerst derbsohligen genagelten Soldatenschnürstiefeln, deren Oberleder aber stets durchbrochen blieb und deren Sohlen in einem Stück geschnitten waren, so daß also ein besonderer Absatz fehlte. Socken und Strümpfe kamen im 2. Jh.n.Chr. auf, Hosen im Zivilleben erst im 3. Jh..[1] Besondere Nachtgewänder gab es nicht. - Anfänglich trugen die römischen **Männer** einen Lendenschurz und darüber bisweilen ein Umschlagtuch, nämlich die spangenlos auf der linken Schulter und dem linken Oberarm getragene, unter der rechten **Achsel** durchgeschlungene *toga*. Die Frauen hatten ein kurzärmeliges, knöchellanges Hemd, die *tunica*, und darüber als Umschlagetuch die *stola*. In der ausgehenden Republik zogen die Männer eine knielange *tunica* dem Lendenschurz vor. Purpurstreifen an *tunica* und *toga* zeigten Rang, Amt und Alter an (vgl. S. 6, 10, 26 u. 179). Männer und Frauen umhüllten sich bei Regen und Kälte mit einem dritten als Mantel dienenden Gewandungsstück, meist *paenula* geheißen.

Mit der beginnenden Kaiserzeit blieb die *toga* zunehmend offiziellen und feierlichen Anlässen vorbehalten, wurde zum »Staatsfrack«; Drapierung und Faltenwurf nahmen dabei immer kompliziertere Formen an. Statt ihrer kamen praktischere griechische oder barbarische Obergewänder in Mode. Neben die Wolle traten Leinen, Baumwolle, Seide, Leder, seit Ende des 1. Jh.n.Chr. auch in verschiedenen Farbtönen. Seit dem 3. Jh.n.Chr., als man langärmelige Tuniken, Strümpfe, lange Hosen, aber keine Toga mehr trug und die Gewänder färbte, bestickte und mit Gold durchwirkte, kann von antiker Kleidung im eigentlichen Sinne nicht mehr gesprochen werden.

---

[1] Über Soldatenkleidung vgl. S. 45 - 50.

Mahlzeiten, Ernährung

lentaculum = Frühstück. Nach dem Aufstehen begnügte man sich mit ein wenig Brot und Käse, Brot und Obst oder gar nur einem Schluck Wasser. - *Prandium* = lunch. Am späten Vormittag aß man kaltes Fleisch (oder Eier, Fisch, Käse) mit Gemüse, Brot und Obst und trank dazu ein wenig verdünnten Wein. - *Cena* = dinner. *lentaculum* und *prandium* waren formlose Mahlzeiten, die man auch wohl im Stehen einnahm, die *cena* am frühen Abend bedeutete den Römern mehr. Seit dem 2. Jh.v.Chr. lagen dabei die Männer nach griechischem Vorbild, die Frauen erst seit der beginnenden Kaiserzeit, die Kinder saßen weiterhin. Man aß auch nicht mehr im *atrium,* sondern in einem eigens dafür vorgesehenen Raum, dem *triclinium,* genannt nach den dort aufgestellten gleichnamigen Speisebetten (griech. *triklinon*), auf denen je drei Personen Platz hatten. Vorher hatte man gebadet oder ließ sich zumindest von einem Sklaven die Füße waschen. Gäste brachten ihre *mappa* (= Serviette) von daheim mit. Das Tafelgeschirr war irden, aus Silber oder Gold. Löffel für die Suppen gab es, Messer und Gabel hatte nur der tranchierende Sklave, so daß man die vorher in Häppchen zerlegte Speise mit den Fingern essen mußte. Speisereste warf man unter den Tisch. Es wurden Vorspeise (*gustatio*), Hauptgänge (*fercula,* orum), Nachspeise (*mensa secunda*) gereicht.

Die Römer waren im Essen zumeist anspruchslos. Um so mehr fiel der enorme Tafelluxus auf, den einige Reiche seit der ausgehenden Republik trieben. Kartoffeln, Bananen, Tomaten, Kaffee, Tee, Kakao, Zucker, Vanille, hochprozentigen Alkohol (und Tabak!) kannten sie nicht. Erdbeeren, Himbeeren, Stachelbeeren nur als Wildfrüchte; Zitronen und Apfelsinen waren ganz selten. Die Hauptnahrung bestand aus Getreide, ursprünglich fast nur in Form von dickem Mehlbrei (*puls*), seit dem 2. Jh.v.Chr. zunehmend auch als Brot, Hauptgetränk war der meist verdünnte Wein. Fett gab vor allem die Olive. Eiweiß lieferten billig Käse und Fisch, teuer Geflügel und Schwein; Rind aß man selten. An Gemüsesorten herrschten vor: Hülsenfrüchte, Kohl, Zwiebeln, Rüben (weitere Lebensmittel S. 169). Das immer passende Gewürzmittel (wie bei uns etwa Maggi und Worcestersoße) war *garum,* eine Soße, gewonnen aus in Salz eingelegten gegorenen Fischinnereien; im übrigen würzte man mit allen möglichen auch heute noch bekannten Körnern und Kräutern. Gesüßt wurde mit Honig, Rosinen, Datteln. Weil sich in den Mietshäusern nur notdürftige Kochmöglichkeiten boten, spielten die *thermopolia,* die Garküchen, eine große Rolle.

Wirtschaft

VON ANBEGINN BIS 200 V.CHR.

Bei den Bauern der römischen Frühzeit, die nur für den Eigenbedarf produzierten, rechnet man mit einem Durchschnittsbesitz von annähernd 2 Hektar (7 *iugera*) Ackerland. Hinzu kam die Mitbenutzung der Gemeindeweide. Der mäßige Wohlstand beruhte damals auf: Salzhandel mit Salz aus den Salinen von Ostia (die *via Salaria* überquert bei Rom den Tiber), Einkünften aus einigen italischen Bergwerken, Zolleinnahmen von Straßen, Häfen, Märkten, Brücken und Kriegsbeute. Etrurien exportierte in einiger Menge Metallwaren. Die einheitliche Bewaffnung, die bei der schweren Infanterie seit Einführung der Zenturiatkomitien gegen 500 v.Chr. vorauszusetzen ist, führte zu den Anfängen einer bescheidenen Rüstungsindustrie. Aber erst die Einführung des Münzgeldes, 269 v.Chr., und der Bedarf der Heere und Flotten der punischen Kriege gaben der Entstehung einer Massenfertigung stärkere Impulse. - Seit rund 300 v.Chr. konnte das wachsende Rom vom Hinterland nicht mehr hinreichend ernährt werden: Das Getreide kam zunehmend aus Kampanien und noch während des 3. Jh. auch aus der Gallia Cisalpina und Sizilien.

VON 200 V.CHR. BIS AKTIUM

Seit Anfang dieser Epoche kommt als Getreidelieferant für die Stadt Rom Nordafrika hinzu. - Ein Sklavenreichtum wie niemals vorher und nachher ist charakteristisch für die letzten beiden Jahrhunderte der Republik: 209 v.Chr. erbeutete man aus Tarent 30.000 Sklaven, 167 v.Chr. aus Epirus 150.000 und 146 v.Chr. aus Karthago 50.000; man rechnet im 1. Jh.v.Chr. mit 3 Millionen Sklaven in Italien südlich des Apennin; auf Delos, dem größten Sklavenmarkt, wurden täglich bis zu 10.000 Sklaven umgeschlagen. - Der ungeheure Sklavenreichtum, die billigen Getreideimporte aus Übersee sowie die Überbeanspruchung des bäuerlichen Mittelstandes, der ja die Masse der Legionssoldaten für die ständigen Kriege zu stellen hatte, führte zu einem grundlegenden Wandel der landwirtschaftlichen Struktur Italiens. Weithin brachen die Kleinbetriebe zusammen, und statt ihrer florierten nunmehr die Großgüter, deren Sklaven nach punischer Manier bis zur "Amortisation" ausgebeutet wurden, d.h. bis sie sich auf möglichst wirtschaftliche Weise zu Tode gearbeitet hatten. Die in Stadtnähe rentablen Kleinbetriebe und die Ansiedlung von rund 250.000 Veteranen von Sulla bis Augustus auf Parzellen von 20 - 30 *iugera* Größe (30 *iugera* = 8 Hektar) verhinderten in Italien den völligen Untergang bäuerlich betriebener Landwirtschaft.

Öl und Wein Italiens wurden "in alle Welt" exportiert. Intensivere Bodenausnutzung und Verfeinerung der Produktion in hellenistischer Weise setzten ein: Bewässerung, Drainage, Zweiernwirtschaft, Dreifeldersystem, Gründüngung mit Klee und Lupine, Düngung mit ägyptischem Ammoniak (Natron) und Kalk, planmäßige Hochzüchtung von Pflanzen und Tieren, Benutzung neuartiger Geräte. Neben die alten Pflanzensorten Weizen, Gerste, Hirse, Bohne, Erbse, Linse, Kohl, Zwiebel, Knoblauch, Apfel, Birne, Feige, Pflaume, Olive, Wein (Rübe, Möhre, Rettich, Kürbis, Gurke vielleicht auch alt) traten Spargel, Trüffel, Champignon, Kirsche, Mandel, Quitte (Zitrone blieb ganz vereinzelt; Pfirsich und Aprikose erst seit dem 1. Jh.n.Chr.). Bienen, Schnecken, Fische wurden gezüchtet; in der Poebene gab es viel Schweinemast, in Süditalien riesige Schafherden.

An Fertigwaren exportierten Etrurien und dann zunehmend Kampanien massenweise Bronze- und Eisengeräte sowie Keramik, besonders *terra sigillata* (moderner Terminus für glänzend rote, reliefierte Keramik). Die Töpfereimanufakturen waren meist klein, die größten zählten etwa 100 Arbeiter. Die wachsende Macht Roms ermöglichte eine überlegene Stellung des römischen Kaufmanns in den Provinzen und anderswo. Rom wurde zum Zentrum eines intensiven Fernhandels, der sich über Zwischenhändler auf ganz Europa mit Ausnahme des Nordostens, auf Afrika bis in Gebiete Zentral-, Ost- und Westafrikas, auf Asien bis nach Vorder- und Hinterindien (Baumwolle), Ceylon und China (Seide) erstreckte. Überall dort, wo Handelsbeziehungen zum römischen Reich bestanden, findet man heute noch römische Münzen, sogar auf Island, die meisten jedoch in Indien und Südrußland (Getreide). Voraussetzung dieses Fernhandels war ein hoher Entwicklungsstand des Bankgewerbes (z.B. bargeldloser Zahlungsverkehr) und der kaufmännischen Buchführung. Doch, verglichen mit heute, war der Umfang des Handels gering; die Transportkosten für Massengüter lagen zu hoch, weil zu Lande das einzige Transportmittel der Ochsenkarren blieb. Bei Mißernten traten daher während der gesamten Geschichte des Imperiums immer wieder regionale Versorgungskrisen auf. Handel in nach unseren Verhältnissen beachtlichem Maßstab gab es eigentlich nur bei der Versorgung der großen Städte des Reiches mit Getreide, Öl, Wein und Fleisch. So belief sich allein der jährliche Getreidebedarf der Hauptstadt Rom auf 500.000 Tonnen bzw. 1.400 Schiffsladungen (pro Schiff etwa 370 Tonnen).

Obwohl enorme Kapitalien nach Italien flossen, beschränkte sich der Kreis der Nutznießer nur auf eine ganz dünne Schicht von Senatoren und Rittern, die mit Lieferung von Kriegsmaterial und Truppenverpflegung, mit Ausbeutung der Provinzen, Bauunternehmungen (Tempel, Theater, Markthallen, Straßen, Plätze, Wasserleitungen, Mietskasernen, Kanalisation, Villen; Crassus beschäftigte in Rom 500 Bauarbeiter, über Crassus siehe S. 234), Steuereinnahmen, Darlehensgeschäften, Kriegsbeute, Kunstraub sowie Im- und Export riesige Vermögen aufhäuften und ein üppiges Luxusleben führten. Cicero z.B., bei weitem nicht der Reichste, besaß 8 - 10 über Italien verteilte großartige Landsitze. Alle übrigen dagegen, die nicht diesem kleinen Kreis angehörten, waren einer fast ununterbrochenen Kette von Krisen, Kriegen und inneren Unruhen ausgesetzt, so daß sich ihr bißchen Besitztum zumeist verringerte oder gar in nichts auflöste, wie es ja bei der Masse des italischen Bauernstandes der Fall war (siehe oben).

VON AKTIUM BIS 200 N.CHR.

Wenn auch nun durch die geregelten Verhältnisse die größte Not der Ärmsten in den großen Städten des Reiches gelindert wurde und der Wohlstand in Italien und allmählich auch in den Provinzen zunahm, blieben weiterhin diejenigen, denen es gut ging, in der Minderzahl. Aber immerhin existierten oder entstanden im Reiche nahezu 1000 Städte mit einer relativ kaufkräftigen Mittel- und Oberschicht. Dazu kamen Hunderttausende von regelmäßig besoldeten Beamten, Offizieren und Soldaten. Hier noch einige Angaben zu den Vermögen damaliger Großkapitalisten: Senator Cornelius Lentulus, dessen Vermögen sich auf etwa 400 Millionen Sesterzen belief, galt zu Beginn des 1. Jh.n.Chr. als äußerst reich. Das Vermögen Senecas, des Philosophen und Neroerziehers, wird auf 300 Millionen Sesterzen geschätzt. Der jüngere Plinius, der auch nicht gerade arm war, besaß am Ende des 1. Jh.n.Chr. ein Vermögen von ungefähr 20 Millionen Sesterzen. Nero ließ einst 6 Leute töten, die zusammen die Hälfte der Provinz Afrika besaßen; diese Provinz war erheblich größer als das heutige Tunesien.

Entsprechend der für antike Verhältnisse günstigen Besitzstruktur entwickelte sich der Warenbedarf. Daher entstand im 1. und 2. Jh.n.Chr. eine Hochblüte des Handels und der Herstellung von Massenartikeln wie nie zuvor und nachher in der Antike. Die Sklavenmassen nahmen wegen des Rückgangs der Kriege zwar erheblich ab, aber der wirtschaftliche Aufschwung Italiens hielt zunächst an; um Rom entstand eine ausgedehnte Villenlandschaft mit Gärten und Parks; die Metall-, Keramik- und jetzt auch Glasindustrie machte Kampanien zum größten Ballungsgebiet und Industriezentrum der Antike. Doch die Provinzen fingen an, ihre Bedarfsartikel selber zu erzeugen, so daß seit dem Ende des 1. Jh.n.Chr. Italiens Wirtschaft immer weniger exportieren konnte, stagnierte und die Städte langsam zu schrumpfen begannen. Im 2. Jh.n.Chr. war die Blütezeit der meisten Provinzen; vielerorts wurde die Landwirtschaft intensiviert, ihre Erzeugnisse veredelt, Industrien aufgebaut, die aber in Ermangelung von Sklaven vermittels beauftragter Heimarbeit produzierten. Italien und die Provinzen, auch die Provinzen untereinander, glichen einander also immer mehr an; eine zunehmende Nivellierung innerhalb des Imperiums fand demnach statt. Abseits der Städte und Verkehrsadern herrschten jedoch mancherorts weiterhin bis über die Antike hinaus prähistorische Zustände und dementsprechend auch Tauschhandel, wie Ausgrabungen erwiesen haben; besonders in Spanien, Gallien und auf dem Balkan war dies aufgrund unzureichender oder gänzlich fehlender Infrastruktur der Fall.

Charakteristische Erzeugnisse der einzelnen Provinzen: Ägypten und Cyrenaica: vor allem Weizen und Leinentextilien, daneben Baumwolle, Glas-, Elfenbein-, Edelsteinwaren, Ammoniak und der praktisch nur dort vorkommende Papyrus. Syrien: purpurgefärbte Textilien (auch aus Baumwolle und Seide), Parfüms, Salben. Kleinasien: viel Wolle und Leinentextilien, daneben Marmor und Kaviar. Griechenland: Textilien, Marmor, Kunstwerke. Nordafrika: vor allem Weizen und Olivenöl, daneben Perlen, Schwämme, Marmor, Pferde, wilde Tiere für die Arenen. Britannien: Metalle, Wolle, Tierhäute. Gallien und Rheinland: Wollstoffe, *terra sigillata,* Glas, Messinggeräte, Schweine. Spanien: der Monte Testaccio in Rom besteht vorwiegend aus den Scherben spanischer Amphoren, was auf den Verzehr von Unmassen spanischen Weines und Öls in der Stadt Rom schließen läßt. Im wirtschaftlichen Wettbewerb der Reichsgebiete untereinander konnten im 2. Jh.n.Chr. mit dem immer noch relativ glänzend dastehenden Italien ungefähr gleichziehen: Nordafrika, Syrien, Westkleinasien und das Rhein-Mosel-Gebiet; Trier war damals nach Rom und Capua die größte Stadt in der westlichen Reichshälfte (damals auch Bau der Porta Nigra).

DIE KRISE DES 3.JH.

Zunächst seien die äußeren Gründe des am Ende des 2. Jh.n.Chr. einsetzenden allgemeinen Niedergangs angeführt: Der schon vorher stetig wachsende Druck der Randvölker auf das Imperium, besonders der Germanen und Perser, steigerte sich ganz erheblich. Ganze Provinzen wurden überrannt und geplündert. Roms seit Augustus stillschweigend geübter Brauch, Zahlungen an Randvölker zu leisten - zu deren Beschwichtigung, zur Stiftung von Unfrieden unter ihnen, zum Erkaufen freien Abzuges von eingekesselten Truppen oder zum Freikauf Tausender von Kriegsgefangenen - nahm ein bisher ungeahntes Ausmaß an. Das bedeutete einen Abfluß der im Imperium empfindlich knapp werdenden Edelmetalle, der verstärkt wurde durch die vielen barbarischen Söldner, die aus römischen Diensten mit erspartem Sold und Beutegut heimkehrten. Das bedeutete gleichzeitig stark erhöhten Steuerbedarf. Das Anziehen der Steuerschraube in dieser Zeit bis zu einem kaum noch tragbaren Maß gründete außerdem auf dem enormen Bedarf der in steter Bedrängnis befindlichen Reichsverteidigung an Rüstung und Sold, auf willkürlichen Solderhöhungen der miteinander rivalisierenden Kronprätendenten und Kaiser, auf den Wiederaufbaukosten verheerter Randprovinzen und auf der Finanzierung einer alle und alles kontrollierenden aufgeblähten Bürokratie. Dieser alles lähmende Steuerdruck und die vieles erschwerende Macht der Bürokraten traf eine durch Epidemien und Barbareneinfälle dezimierte Bevölkerung. Der Mangel an Steuerzahlern war zugleich ein Mangel an Arbeitskräften, was wiederum zu einem Mangel an Agrar- und Industrieprodukten und damit zu einem Rückgang des Handels führte. Hinzu kamen Fluchtbewegungen innerhalb des Reiches vor Steuereintreibern und wiederholte Geldentwertungen infolge der Massenprägung minderwertiger Münzen durch den geldbedürftigen Staat. Also eine Verkettung von Gründen, deren wechselseitige Wirkung aufeinander eine stetige Steigerung zum Schlimmen hin bewirkte. Zu dieser Wirtschaftskatastrophe mag die von den Römern gedankenlos betriebene Umweltzerstörung in Gestalt und als Folge der Abholzung der meisten Wälder in den Ländern am Mittelmeer - der Holzbedarf der Thermen nahm zuletzt gigantische Ausmaße an - noch das ihrige beigetragen haben.

Soweit die äußeren Gründe, die aber nicht zum Kern der Dinge führen. Unter ihnen befindet sich nämlich nur ein einziger unausweichlicher Sachzwang: die zunehmende Bedrohung durch Germanen und andere Völker. Alle anderen Ursachen machen lediglich klar, daß dem Reich inzwischen längst jene für die Frühzeit bis zur Niederwerfung Karthagos so charakteristische Zähigkeit und Elastizität abhanden gekommen war. Mit anderen Worten: Eine mittlerweile alt und hochkompliziert gewordene Lebensform, der Wirtschaft und Staat als zwei ihrer wichtigsten Bereiche angehörten, hatte ihre Fähigkeit zu Anpassung und Regeneration ganz und gar eingebüßt. Noch präziser formuliert: Nicht die antike, mit christlichen und anderen orientalischen Komponenten angereicherte griechisch-römische Lebensform hatte diese Fähigkeit verloren, sondern die in die Tradition dieser Lebensform hineingeborenen Menschen, von denen in diesem Zusammenhang allerdings nur die damals maßgeblichen interessant sind. Ihr Weltbild, das teilweise Konsequenz ihrer Umwelterfahrungen, zu einem wesentlicheren Teil Ergebnis der zu der Zeit verbreiteten und verkündeten Lehren war, ließ sie keinen Ausweg aus der gegenwärtigen Notlage sehen. Und selbst wenn einer von ihnen so viel Unabhängigkeit des Denkens besessen hätte - bei der in jenen Jahrhunderten allgemein herrschenden Bewußtseinslage mehr als unwahrscheinlich -, einen solchen Ausweg zu erkennen: Sie hätten ihn kaum eingeschlagen, weil er die radikale Aufgabe ihres gesamten Zivilisationsaufbaus bedeutet hätte.[1] So gab es nur noch zwei Wege: E n t w e d e r Untergang bei überhandnehmendem Außendruck mit der Gelegenheit zum Neuanfang auf der Grundlage eines ganz anders gearteten (aus germanisch-keltischer Tradition kommenden) Verhältnisses zur Welt - dies der Weg der westlichen Reichshälfte - o d e r Übergang in Richtung auf eine stetig zunehmende Erstarrung, die fast alle schöpferischen Impulse versiegen und das Leben zu dem Formalismus einer einzigen, großen Zeremonie gerinnen ließ, wie es Byzanz widerfuhr.[2]

Münzen, Masse, Gewichte

GELDWESEN

Im ältesten Rom gab es die "Viehwährung" - daher das Wort *pecunia* (= Geld, von *pecus* = Vieh) - und daneben die Bezahlung mit rohem Metall (*aes rude*), das jeweils dem vereinbarten Preis entsprechend zurechtgestückt und abgewogen wurde.[3] Im 5. Jh.v.Chr. bestimmte ein Gesetz die Gleichung: 1 Rind = 10 Schafe = 100 Pfund Bronze. Gegen 300 v.Chr. kamen pfundschwere, mit Stempeln versehene, genormte Bronzebarren auf (*aes signatum*). 269 v.Chr., also wenig später, folgten regelrechte bronzene bzw. kupferne, silberne und goldene Münzen. Rechnungseinheit bis zur Zeit des C. Gracchus (123-121 v.Chr.) war der kupferne *as*. Den *as* gab es noch bis ins 3. Jh.n.Chr., aber von C. Gracchus an bis tief in die Kaiserzeit wurden größere Geldbeträge immer in Sesterzen angegeben. Der *sestertius* (aus *semistertius, erg. nummus* = Münze), der "Dritthalbe", entsprach zu Beginn seiner Prägung gegen 200 v. Chr., wie der Name sagt, 2 1/2 Assen, schon wenig später 4 Assen, wobei es dann blieb.[4] Die gebräuchlichste Silbermünze Roms, nach der aber, im Gegensatz zu As und Sesterz, das Geld nicht gerechnet wurde, war der gegen 200 v.Chr. entstandene *denarius* (*nummus*) im Wert von ursprünglich 10 Assen, wie der Name zeigt, bald darauf von 16, so daß der Denar immer 4 Sesterzen entsprach. Goldmünzen kamen erst seit Cäsar in größerer Zahl in Umlauf. Von der ungeheuren Goldbeute aus den Heiligtümern Galliens ließ er die *aurei* (*nummi*) schlagen.

Von Cäsar bis ins 3. Jh.n.Chr. sah das römische Münzsystem also so aus:

1 Aureus (Gold) = 25 Denare = 100 Sesterzen = 400 Asse
1 Denar (Silber) = 4 Sesterzen = 16 Asse
1 Sesterz (Bronze) = 4 Asse (Kupfer oder Bronze)

1) Wir kennen diese Problematik nur allzu genau, weil auch wir mit unserem europäisch-abendländischen Weltverständnis an ein Ende gelangt sind. Nur völlige Abkehr von diesem Weltbild läßt den kommenden Generationen noch Lebensmöglichkeiten auf Unserem Planeten übrig. Trotzdem können wir uns bis jetzt nicht aufraffen.
2) Die über ein Jahrtausend hin kaum veränderten Strukturen der Ikonenmalerei spiegeln die Erstarrung der byzantinischen Welt wieder. - Jahrhunderte- oder gar jahrtausendelang erstarrte Kulturen sind uns aus Ägypten, Indien, China und vom Islam her vertraut.
3) *Aes-timare* bedeutete urspr.: das Erz zerschneiden = den Bronzewert einer Sache bestimmen; in klassischer Zeit heißt *aestimare* bekanntlich schätzen, meinen; vgl. ferner *pendere* = abwiegen = zahlen.
4) *Sestertius*, m. = 1 Sesterz; *sestertium*, n. = 1000 Sesterzen (aus dem gen.plur.masc. *sestertiorum*); Sestertium mit Zahladverb davor (auf *-iens*) = 100000 Sesterzen. Also: *ducenta sestertia* = 200000 Sest., *deciens sestertium* 1000000 Sest.

Ein Wertvergleich des römischen Geldes mit unserem heutigen Geld ist unmöglich. Unser Warenangebot deckt sich nämlich in kaum einem Artikel mit dem damaligen, außerdem waren Menge und Umlaufgeschwindigkeit des Geldes damals viel geringer. Um aber eine annähernde Vorstellung zu gewinnen, kann man zwei Wege einschlagen. Bei dem einen nimmt man als Ausgangspunkt die heute wohl bekannteste Goldmünze, den Krüger Rand. Er wiegt 1 Unze = 31,10 g, also ziemlich genau das Vierfache des Aureus (ca. 8 g); den gerade gültigen Kurswert des Rand kann man an jedem Bank- oder Sparkassenschalter erfahren. Bei dem anderen Weg geht man von den niedrigsten Tagelohnsätzen des 1. Jh.n.Chr. aus, die in Rom zwischen 1/2 und 2 Sesterzen lagen und vermutlich eine Familie, wenn auch äußerst knapp, unterhalten konnten. - Im Währungschaos des 3. Jh.n.Chr. endete die Geschichte des römischen Geldwesens. - Unser Wort Münze kommt von *moneta* = Münzprägestätte, Geldstück; die römische Prägestätte war nämlich im Tempel der Iuno Moneta auf dem Kapitol.

MASSE UND GEWICHTE

Maße und Gewichte waren nicht einheitlich genormt, sondern örtlich und zeitlich verschieden. Die hier angegebenen Daten sind also nur Annäherungswerte.

Gewichte

römisch	deutsch	Wert
uncia	Unze Pfund =	27,29 g
libra	Pfund = 12 Unzen	327.45 g
mina	Mine	436,6 g
talentum	Talent = 60 Minen	26,2 kg

1 Talent Silber entspricht bei Vermögensangaben etwa 6.700 Denaren (1 Den. = 3,9 g)

Längenmaße

römisch	deutsch	Wert
pes	Fuß	30 cm
passus	Doppelschritt	1,5 m
mille passus	Meile	1,5 km

Flächenmaß

iugerum	Joch, Morgen	2.500 qm

Hohlmaße

für Getreide

modius	Scheffel	8,73 l

für Flüssigkeiten

congius		3,28 l
urna	Wasserkrug	13,09 l

[*Nachtrag bei Drucklegung:* Wegen der unsicheren Verhältnisse in Südafrika sei angemerkt, daß neben dem Krüger Rand auch die kanadische Goldmünze Maple Leaf genau eine Unze wiegt.]

Verkehrswesen

LANDVERKEHR

In Rom waren die Gassen sehr eng. Damit ein Verkehrschaos vermieden wurde, durften deshalb seit Cäsar keine Wagen tagsüber durch die Stadt fahren. Außerhalb der Hauptstadt durchzogen die Römer seit Anbeginn ihr Herrschaftsgebiet aus militärischen Gründen mit Straßen. Die erste durch Pflasterung und Schotterung witterungsunabhängig gemachte Heerstraße war die Via Appia (312 v.Chr.). Die Straßen liefen möglichst schnurgerade ohne viel Rücksicht auf Sümpfe und Gebirge dahin, einmal auf Grund praktischer Erwägungen, sodann zur Demonstration der die Natur überwindenden Macht Roms; sie waren schmal (3 - 7 m), aber mit ihren mächtigen Brücken, Viadukten, streckenweisen Betonierungen und vereinzelt sogar mit Blei ausgegossenen Pflasterfugen solider als wohl alle Straßen späterer Zeiten. Am Rande standen zur Orientierung Meilensteine. Das Straßennetz des Kaiserreiches umfaßte schließlich rund 100000 km Haupt- und 200000 km Nebenstraßen.

Für den *cursus publicus*, den von Augustus eingerichteten staatlichen Kurierdienst (Vorgänger: Hethiter, Perser, Diadochenstaaten), der nur Beamte und Briefe der Staatsverwaltung befördern durfte, standen am Straßenrande in Abständen Rasthäuser (*mansiones*) und in kürzeren Entfernungen Wechselstationen (*mutationes*) für die Pferde.[1] Für die Beförderung von privaten Briefen gab es keine eigene Einrichtung. Auf Privatreisende waren Fuhrunternehmer eingestellt, die untereinander in Verbindung standen. Auch für sie gab es *mutationes* und *mansiones* am Wege. Man konnte in den *raedae*, den Reisekutschen ursprünglich gallischer Konstruktion, mit ihren Glasfenstern, Klapptischen, Sesseln oder gar Liegen recht komfortabel, sicher (Räuber gab es kaum vor dem 3. Jh.n.Chr.) und schnell reisen: 30 - 45 km Tagesdurchschnitt je nach Straßenverhältnissen; 60 - 75 km kaiserliche Kuriere (berittene Kuriere erreichten bisweilen über 150 km!).

SEEVERKEHR

Der rege Seeverkehr auf dem Mittelmeer wurde zumeist mit kleinen, dickbauchigen und langsamen Segelschiffen bestritten, deren Länge rund 20 m, Ladefähigkeit 200 - 500 t und Geschwindigkeit 2 - 4 Knoten betrug. Kompaß, Stevenruder zum Steuern und die Fähigkeit, gegen den Wind anzukreuzen, fehlten; erst das ausgehende Mittelalter lernte sie kennen. Die Häfen hatten z.T. künstliche Hafenbecken, Molen und seit dem 1. Jh. n.Chr. auch Leuchttürme; denn seitdem fuhr man auch nachts und sogar winters. Für reiche Passagiere gab es auf manchen Schiffen luxuriöse

---

[1] "Pferd" leitet sich her von *paraveredus*, dem damaligen Reit- und Kurierpferd für den Dienst auf Nebenstrecken. - Die verbreitete Ansicht, unser Wort "Post" sei auf die angeblichen Bezeichnungen *mansio posita* bzw. *mutatio posita* zurückzuführen, ist irrig. Die Geschichte des Wortes "Post" läßt sich nur bis etwa 1200 n.Chr. zurückverfolgen, wo es als "poste" im Italienischen auftaucht.

Kajüten und Aufenthaltsräume. Ärmere Leute reisen in der Kaiserzeit tagelang bis zu tausend auf einem Schiff. Auf dem Tiber und den großen Strömen des Reiches gab es viel Binnenschiffsverkehr; aber mit Ausnahme des von Trajan wiederhergestellten Vorläufers des Suezkanals (vgl. S. 163) fehlten schiffbare Kanäle.

REISEPLANUNG, TOURISMUS

Es gab Karten mit eingezeichneten Orten, Straßen, Entfernungsangaben; sie waren stark verzerrt, um die Buchrollenform beizubehalten (*itinerarium pictum*). [1] Bücher beschrieben seit der Kaiserzeit dazu Wegeverhältnisse, Unterkünfte, Schiffs- und Wagenverbindungen (*itinerarium adnotatum*). Bildungsbeflissene männliche und weibliche Reisende, die seit der ausgehenden Republik in immer größerer Zahl die denkwürdigen Stätten Griechenlands und Ägyptens besuchten, konnten Reisehandbücher mit ausführlichen Erklärungen zur Geschichte und Baukunst kaufen. Für sie gab es seit Nero etwa auch regelrechte Hotels, vorher war man auf private Gastfreundschaft oder auf mehr oder weniger fragwürdige Herbergen angewiesen.

REISEZEITEN

Die folgenden Reisezeiten sind historisch belegt: Rom - Brundisium bzw. Brundisium - Rom: Horaz in 15 Tagen, Tagesdurchschnitt 36 km (Hor. sat I, 5), Briefpost Ovids in 9 Tagen, Tagesdurchschnitt 60 km (Ovid. Pont. IV 5,7), Cato zu Pferde in 5 Tagen, Tagesdurchschnitt 121 km (Plut. Cat. mai. 14; anderer Streckenverlauf als um Chr. Geb.!). Rom - Sagunt in Spanien: Cäsar in 17 Tagen, Tagesdurchschnitt 114 km (Oros. VI 16,6). Rom - Genf: Cäsar in 8 Tagen, Tagesdurchschnitt 150 km (Plut. Caes. 17).

1) Die oft abgebildete Tabula Peutingeriana aus dem Jahre 1264 ist die Kopie einer solchen römischen Routenkarte des 3. Jh.n.Chr. (Datierung unsicher). Vgl. Abb. 84

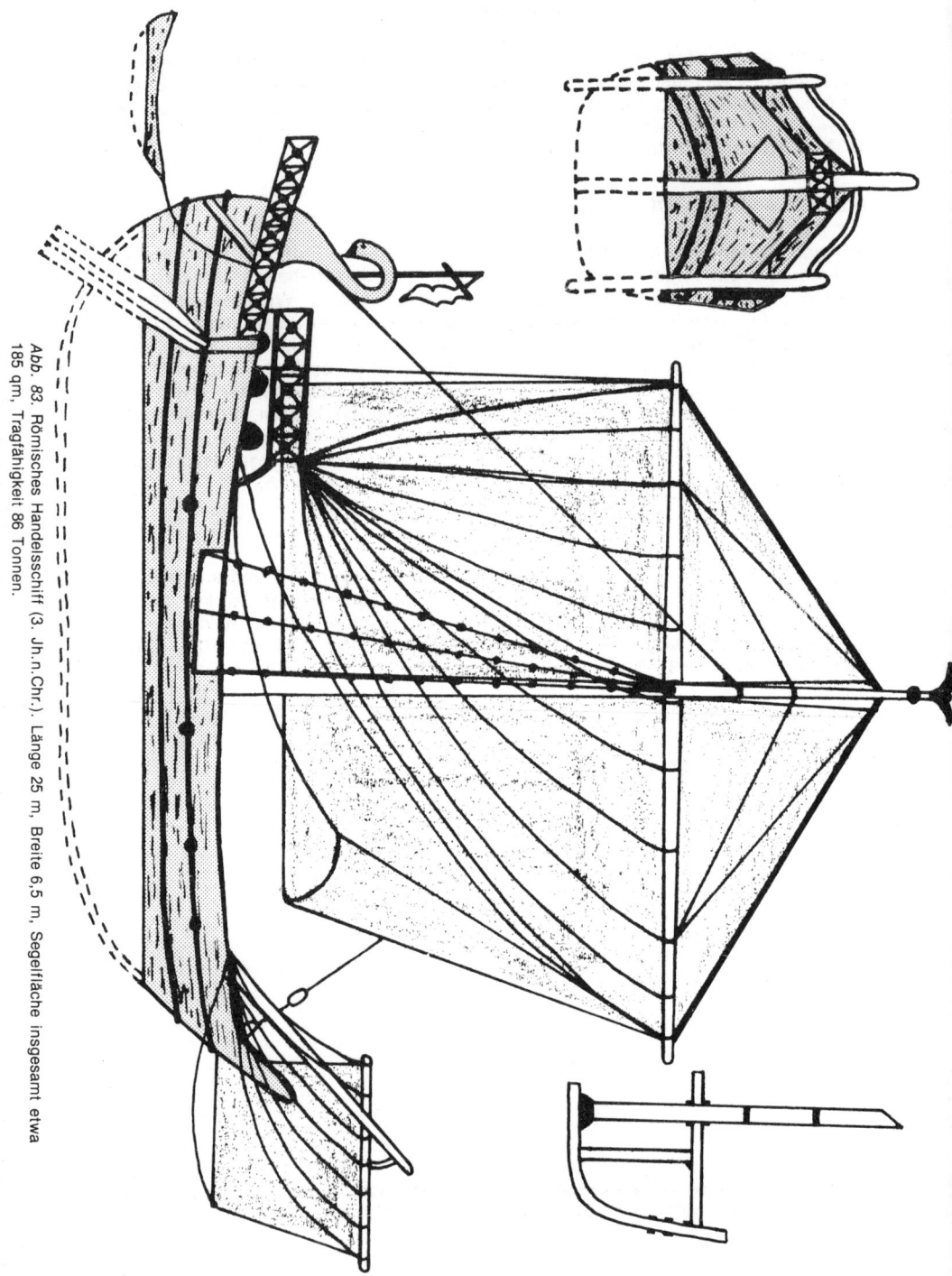

Abb. 83. Römisches Handelsschiff (3. Jh.n.Chr.), Länge 25 m, Breite 6,5 m, Segelfläche insgesamt etwa 185 qm, Tragfähigkeit 86 Tonnen.

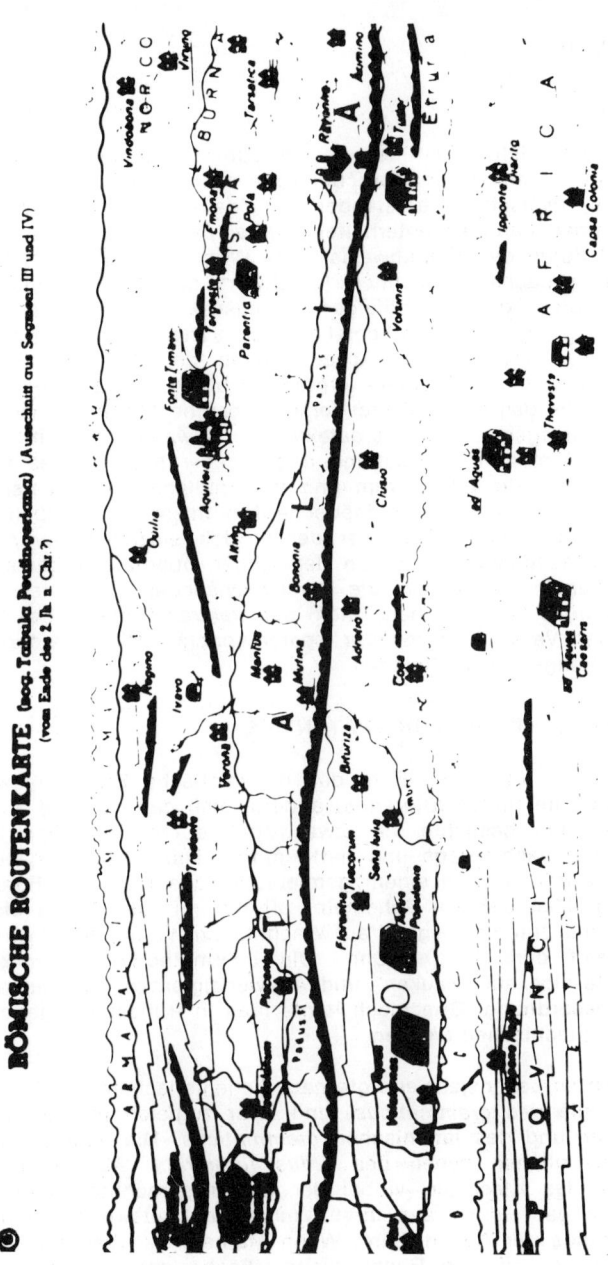

Abb. 84. Teil der Tabula Peutingeriana. Sie zeigt oben das Weltmeer, dann einen schmalen Landstreifen nördlich der Donau, anschließend Süddeutschland, Österreich, Oberitalien, Nordafrika. Die durch die Buchrollenform bedingte Verzerrung wird deutlich. Bei einer Breite von nur 34 cm beträgt die Gesamtlänge der Tabula Peutingeriana 6,82 m. Abgebildet ist das Straßennetz zwischen Indien und dem Atlantik. Vorbild war Agrippas auf dem Marsfeld ausgestellte Weltkarte von 12. v.Chr. (vgl. S. 176, Anm. 1 und S. 246).

178

Erziehung

FRÜHZEIT

Da man nachweislich seit dem 7. Jh.v.Chr. lateinisch schreibt, werden neben dem reinen Privatunterricht wohl auch schon recht früh kleine, einklassige Privatschulen entstanden sein, deren Lehrer jeweils von mehreren vornehmen Familien unterhalten wurde, damit ihre Kinder dort Lesen (erschwert durch die Schreibweise ohne Worttrennung und Satzzeichen!), Schreiben, einfachstes Rechnen (erschwert durch die römischen Zahlzeichen!) übten, die Zwölftafelgesetze auswendig lernten (so noch bis Cicero! vgl. S. 39). Daneben begleiteten die Jungen den Vater aufs Forum, in den Senat und auf den Acker, um in der Welt der Erwachsenen heimisch zu werden. Außerdem lernten sie bis zum Ende des 4. Jh.v.Chr. Etruskisch, die damalige feinere Verkehrssprache Mittelitaliens. Nach dem feierlichen Ablegen der *toga praetexta,* des Gewandes der Kindheit, traten die jungen Römer in das Gefolge angesehener Freunde des Hauses ein und begleiteten sie aufs Forum und ins Feldlager, um staatsmännische, militärische, juristische und rednerische Kenntnisse zu erwerben. Wichtiger noch als solche Kenntnisse war der in den einzelnen *gentes* (Sippen) verschieden ausgeprägte und von den Ahnen überlieferte bäuerlich-aristokratische Lebensstil, zu dem die Heranwachsenden unter stetem Hinblick auf die *exempla* (vorbildlichen Taten) der *maiores* (Ahnen), des Vaters und der nächsten Verwandten mit der später sprichwörtlich gewordenen altrömischen Strenge erzogen wurden.

VOM 3. JH.V.CHR. BIS ZUR SPÄTANTIKE

Im 3. Jh.v.Chr. übernahm Rom das hellenistische Erziehungswesen. Die Elementarschule (*ludus litterarius*) änderte sich dadurch und auch späterhin kaum. Man besuchte sie etwa vom siebten bis elften Lebensjahr morgens und nachmittags und hatte mithin keine Hausaufgaben. In der Kaiserzeit wurde gern in einem gemieteten Ladenraum am Forum Schule abgehalten. Man saß auf Schemeln, oft nur mit den Knien als Schreibunterlage und übte vorwiegend auf Wachstafeln. Wandtafeln (*titulus, i*) gab es erst seit dem 3. Jh.n.Chr.. Die Lehrmethode des *magister ludi* beschränkte sich auf "Pauken" und Auswendiglernen; Prügelstrafen waren an der Tagesordnung; Griechisch lernte man in frühester Jugend zu Hause bei einem griechischen Sklaven.

Mit dem elften Lebensjahr erfolgte nach hellenistischem Vorbild der Eintritt in die Schule des *grammaticus*, und zwar zugleich in die Schulen des griechischen und des lateinischen *grammaticus*. Die äußeren Unterrichtsverhältnisse glichen denen des *ludus litterarius*. Aber nun trieb man Grammatik, las Klassiker, wobei der Lehrer sprachliche und inhaltliche Erklärungen gab, lernte aus ihren Werken viel auswendig und übte die Anfangsgründe der Aufsatzlehre. Wenn Mathematik überhaupt unterrichtet wurde, dann nur ganz am Rande; weitere Fächer gab es nicht, aber bei der inhaltlichen Erklärung der klassischen Texte kam manches aus Mythologie, Geographie, Geschichte usw. zur Sprache. Sport wurde unabhängig von der Schule auf dem Marsfeld betrieben. Der Unterricht beim lateinischen Grammatiker war völlig parallel dem des griechischen; bei dem einen las man besonders Homer, die Tragiker Aischylos, Sophokles, Euripides und den Komödiendichter Menander, beim anderen anfangs Livius Andronicus, Ennius, Terenz und Plautus (vgl. S. 116f), in der Kaiserzeit vor allem Vergil und Terenz (vgl. S. 124f). Prosa wurde nicht gelesen.

Zwischen dem 17. und 20. Lebensjahr etwa besuchte man die Rhetoren-schule; auch hier gab es seit dem 1. Jh.v.Chr. die Ausbildungsmöglich-keit in beiden Kultursprachen, vorher nur in Griechisch. Die klassischen Prosawerke wurden gelesen, soweit sie "rhetorisch ergiebig" waren; in äußerst schematischer, aber gründlicher Weise wurde höhere Aufsatzlehre und Theorie der Rhetorik getrieben, und als Krönung veranstaltete der *rhetor* mit seinen Studenten Redeübungen (*declamationes*). Man führte sie bisweilen einem breiteren Publikum vor, das zum Entsetzen geschmackvol-lerer Zeitgenossen an den rhetorischen Kunststückchen und dem häufig an Groschenromane gemahnenden Inhalt seine Freude hatte. [1]

Ein regelrecht wissenschaftliches Studium war nur in Griechenland mög-lich, und zwar auf den Gebieten Philosophie und Medizin. Seit dem Ende des 2. Jh.v.Chr. traf man römische Philosophiestudenten in Athen und Rhodos. - Das *tirocinium fori* (eig. Lehrzeit auf dem Forum), d.h. die besonders der Frühzeit eigentümliche Sitte, sich dem Gefolge eines angesehenen und kenntnisreichen Mannes anzuschließen, um von seinem Vorbild zu lernen, erhielt sich auf juristischem Gebiet bis weit in die Kaiserzeit (vgl. S. 40).

Die typischen Züge des römischen Bildungswesens sind: keine staatlichen Schulen (in der Kaiserzeit allerdings zunehmend Förderung durch Staat und Stadtgemeinden), kein Schulzwang (trotzdem im 1. und 2. Jh.n.Chr. keine Analphabeten unter der freien Bevölkerung der lateinisch und griechisch sprechenden Städte), keine Prüfungen und Zeugnisse, wegen der relativ hohen Kosten für die Lehrer Bildungsprivileg der Reichen, starre Unveränderlichkeit des Bildungsbetriebs bis in die Spätantike, bis etwa 300 n.Chr.. Zweisprachigkeit in der lateinischen Westhälfte des Reiches, kein Sport und kaum Naturwissenschaften in der Schule, statt dessen einseitig sprachlich-literarische Ausrichtung. Diese Einseitigkeit geht von dem an sich nicht falschen Grundsatz aus, daß man sich in jedem Falle, ganz gleich, worüber man sich mündlich oder schriftlich äußern will, klar, geordnet und nicht vollkommen stillos ausdrücken sollte, daß demzufolge

1) Zwei charakteristische Themen: "Soll ein Mann, der den Sohn des Tyrannen tötete und dadurch den Selbstmord des Gewaltherrschers veranlaßte, den auf den Kopf des Unterdrückers ausgesetzten Preis verdienen?" - "Soll der Stiefsohn, den die neue Mutter aus dem Herzen und dem Hause des Vaters vertrieben hat, dieser seine ärztliche Kunst zur Verfügung stellen, soll er ihr verzeihen oder sich rächen?"

Rhetorik die "Grundwissenschaft", der Ausgangspunkt für alle übrigen Wissenschaften sei. Aber über diesen Ausgangspunkt gelangte man eben kaum hinaus, so daß die reine Formalbildung das Inhaltliche bei weitem überwog. [1]

Die Pflege der griechischen Sprache und Literatur, die auch dann von den Römern beibehalten wurde, als sie die Griechen kulturell längst eingeholt hatten, ist begründet in dem auf den Scipionenkreis (vgl. S. 76) zurückgehenden, bis ins 20. Jh. gültig gebliebenen humanistischen Bildungsbegriff. Diese gebildeten Römer des 2. Jh.v.Chr. waren nämlich der Überzeugung, man könne wahrhafte Menschlichkeit, *humanitas,* nur durch Beschäftigung mit griechischer Literatur, Kunst und Wissenschaft erlangen. Unter *humanitas* verstanden sie eine Lebenseinstellung, die alles tierisch Ernste, nur dem materiellen Zweckdenken Verhaftete, Ungeistige, Intolerante, Verkrampfte und Fanatische meidet.

---

1) Bei uns Deutschen ist es umgekehrt, daher sind unsere wissenschaftlichen Werke als Lektüre oft ungenießbar im Gegensatz zu denen der Romanen und Angelsachsen, die mehr in antiker Bildungstradition stehen.

Schrift, Buch, Textüberlieferung

Nach dem gegenwärtigen Stand unserer Kenntnisse wird lateinisch seit dem 7. Jh.v.Chr. geschrieben. Das dazu benutzte Alphabet ist ein griechisches, das entweder unmittelbar aus der Griechenstadt Cumae, nördlich Neapel, oder mittelbar über die Etrusker nach Latium kam. Die Buchschrift Roms war die Kapitale; sie bestand ausschließlich aus den von uns so genannten großen lateinischen Druckbuchstaben. Daneben gab es für den Privatgebrauch die Kursive, deren Buchstaben aber im Gegensatz zu unserer Schreibschrift nicht zusammenhingen, und ferner eine Kurzschrift, die Ciceros Sklave Tiro aus schon vorhandenen Anfängen entwickelt hatte. Man las im allgemeinen laut, um den Klang der Sprache zu hören und um die Texte, denen systematische Interpunktion und oft auch die Abstände zwischen den Wörtern fehlten, leichter zu entziffern.

Älteste Buchform in Mittelitalien war die Leinwandrolle. [1] Sie wurde abgelöst von der Papyrusrolle, der in der Antike gebräuchlichsten Art des Buches. Der Papyrus wurde hergestellt aus einer ägyptischen Schilfgattung, der Papyrusstaude. Deren Halme wurden wie Spargel oder Rhabarber geschält. Was dann übrig blieb, wurde in Streifen geschnitten, die man durch Aneinanderkleben und Glätten in eine Schreibfläche, eben den Papyrus, verwandelte. Eine Rolle (= *volumen,* von *volvere* = *rollen*) war im Durchschnitt 7 - 10 m lang und 20 - 30 cm hoch. Man beschrieb sie von links nach rechts kolumnenweise, und zwar nur einseitig, weil die Tinte (*atramentum,* von *ater* = schwarz) durchdrang. Rubriken (*rubricae*) waren damals, wie der Name sagt, durch rote Schrift hervorgehobene Stellen. Aus der abgelegten Rolle hing ein *index* oder *titulus* heraus, ein Zettel mit Angabe von Verfasser und Werk. Als Schreibfeder diente ein zugespitzter Rohrstengel (*calamus*). Für Notizen und Schreibübungen wurden mit schwärzlichem Wachs beschichtete Holztafeln benutzt, die ein erhöhter Rand einfaßte (*tabellae ceratae; cerae*). Der *stilus,* der Griffel für diese Tafeln, war hinten spachtelartig verbreitert zum Löschen der Schrift. [2] Ösen in den Rahmen der Holztafeln ermöglichten das Zusammenschnüren zweier oder mehrerer zu Notiz"blöcken" = *codices* (*codex* ursprünglich: *Klotz, Block*). Am Ende der Republik gab es auch Notizblöcke aus zusammengehefteten Pergamentblättern, also Blättern aus Tierhaut, die nach einer aus Pergamon stammenden Erfindung zu einer Art Papyrusersatz hergerichtet waren. Aus diesen Pergamentkodizes hatten sich bereits am Ende des 1. Jh.n.Chr. in Italien regelrechte Bücher in unserem Sinne entwickelt, die aber vorerst nur für billige Buchausgaben benutzt wurden. Im 4. Jh.n.Chr. verdrängte der praktischere und haltbarere Pergamentkodex endgültig die Papyrusrolle. [3]

---

1) Erhalten in einem einzigen Exemplar, der etruskisch beschrifteten "Agramer Mumienbinde".
2) Im Spätlatein hieß *stilus* auch Schreibübung, woraus sich dann weiter die heutige Bedeutung des Wortes "Stil" entwickelt hat.
3) Papyrus war für *codices* wenig geeignet, weil er nicht beiderseits beschreibbar und für die Buchbindung zu brüchig war; Pergament hingegen hatte sich nur mühsam zu längeren Schriftrollen zusammenleimen lassen. - Papier, eine chinesische Erfindung, gelangte zuerst im 9. Jh.n.Chr. durch Vermittlung der Araber nach Europa.

Bücherschreiben brachte dem Verfasser kein Honorar ein, und sein geistiges Eigentum wurde rechtlich nicht geschützt, wie es auch keine Verlagsrechte gab. Scharen von Schreibern vervielfältigten bei den Verlegern die Texte durch Abschrift oder nach Diktat. Der älteste uns bekannte Verleger war der römische Ritter T. Pomponius Atticus, der vermutlich die Werke von Varro, Catull, Nepos und mit Sicherheit die von Cicero vertrieb. Ein Ritter stellte unter Verlegern eine Ausnahme dar, in der Regel waren es Freigelassene. In der Kaiserzeit erreichten Auflagen nicht selten eine Höhe von 1000 Exemplaren und mehr. Auch ein Durchschnittsbürger konnte sich Bücher leisten. Viele besaßen Hunderte von ihnen, einzelne reiche Leute sogar Zehntausende. In den öffentlichen Bibliotheken, die es in der griechischen Welt seit dem Hellenismus und in der römischen seit der Kaiserzeit in großer Zahl gab, lagerten sehr beträchtliche Mengen, so in der Bibliothek von Pergamon 200000 und im Museion in Alexandria 500000. Die Stadt Rom soll im 4. Jh.n.Chr. 28 öffentliche Bibliotheken besessen haben. Da die Bücher nur von Hand vervielfältigt wurden, war das größte Problem des antiken Buchwesens die Reinhaltung der Texte von Fehlern. Doch schon seit dem 2. Jh.v.Chr. übernahmen in Rom nach griechischem Vorbild Grammatiker und Philologen die Kontrolle über die lateinische Literatur, so daß seitdem neben vielen billigen und fehlerhaften Ausgaben auch teure, aber sorgfältig edierte Ausgaben erhältlich waren. Die öffentlichen Bibliotheken stellten nach Möglichkeit nur solche ein.

Was heute an Texten der heidnischen lateinischen Literatur erhalten ist, hat eine zweifache Auslese glücklich überstanden. Die erste ergab sich aus dem Prozeß der Übertragung aus den schnell brüchig werdenden kurzlebigen Papyrusrollen in Pergamentkodizes zwischen etwa 300 und 550 n.Chr.. Nur ein ganz enger Kreis von Menschen leitete diesen Prozeß ein. Denn einzig und allein, was eine Anzahl hochgebildeter Mitglieder des damaligen stadtrömischen Senatsadels zusammen mit einigen Gelehrten für würdig der Erhaltung und Abschrift befand, hatte die erste Kontrolle passiert. Dank dem Geschmack und der Bildung dieser Leute war die getroffene Auslese im allgemeinen höchst sinnvoll. Ihre Textausgaben wurden mit philologischer Gründlichkeit vorgenommen und sind dementsprechend fehlerarm. Diese Senatoren waren im Westreich in jenen dunklen Jahrhunderten die einzigen, die für eine intensive Beschäftigung mit der Literatur vergangener Zeiten guten Willen, Muße und außerdem Geld übrig hatten. Was der Senatsadel für überlieferungswert hielt, wurde unter dem maßgeblichen Einfluß des Senators und Schriftstellers Cassiodor, der sich nach seiner Ministertätigkeit unter Theoderich in ein Kloster zurückgezogen hatte, in den Klöstern des Abendlandes gesammelt und vervielfältigt. Aber es war noch nicht endgültig gerettet, denn nun entstand eine zweite Verlustmöglichkeit durch Klosterplünderungen und besonders durch

Palimpsestierung im 7. und 8. Jh.n.Chr., d.h. manche *codices* wurden nach Abschaben des alten heidnischen Textes mit irgendwelcher christlichen Literatur neu beschriftet. [1] Armut an Pergament und ein vorübergehendes Nachlassen klösterlicher Geisteskultur infolge der Völkerwanderung waren die Ursachen dieses Vorgangs. So ist damals noch manches Wertvolle verloren gegangen, z.B. auch an Werken von Cicero, Sallust, Livius, Seneca und Tacitus. Einiges entging nur dadurch dem Untergang, daß sich eine Abschrift in einem der Klöster Irlands befand, wohin die Völkerwanderung mitsamt Plünderungen, Verarmung und geistigem Niedergang nicht vordrang (vgl. S. 206).

Die sogenannte karolingische Renaissance bedeutete, daß das Interesse für die Literatur der Alten neu erwachte; daher ging seit dieser Zeit, das haben Untersuchungen mittelalterlicher Literaturzitate mit einiger Sicherheit ergeben, nichts Nennenswertes mehr von der antiken Literatur verloren. Ebenso sicher ist erwiesen, daß in der Regel nur ein einziges Kodexexemplar des 4. - 6. Jh.n.Chr., das in der Karolingerzeit neu entdeckt und abgeschrieben wurde, Ahnherr heidnisch-lateinischer Schriftstellertexte ist! Etwa ein Dutzend der *codices* des 4. - 6. Jh.n.Chr. hat sich bis heute vollständig erhalten. Ältere Zeugnisse antiker Lateinliteratur gibt es nur noch bruchstückweise auf Papyrusrollen- und Kodexresten.

---

1) Das griech. Wort *palimpsestos* bedeutet: wieder sauber geschabt.

Personennamen

Für die indogermanischen Völker gelten gemeinhin zweistämmige Eigennamen als charakteristisch. Hier einige deutsche, griechische und keltische Beispiele: *Bert-hold, Brun-hild, Fried-rich; Xeno-phon, Peri-kles, Aristarchos; Cavar-illus, Celt-illus, Virido-marus, Virido-vix.* Bei den Römern waren sie nicht üblich. Ihre Vorfahren dürften bereits mit der Gewohnheit einstämmiger Eigennamen über die Alpen gekommen sein. Das läßt sich daraus erschließen, daß die den Römernamen *Papirius, Passius, Peccius, Senicius, Puponius, Cassius, Albicus* zugrundeliegenden Wortstämme in den folgenden vorgermanischen Namen wiederkehren, deren Gebrauch z.T. bis in die Gegenwart für Nordwestdeutschland und Holland nachweisbar ist: *Papis* (Personenname aus dem heutigen Ortsnamen *Päpsen* erschlossen), *Patto* (altsächsisch), *Piko* (altsächsisch), *Sinke* (westfriesisch, noch gebräuchlich), *Poppo* (ostfriesisch, noch gebräuchlich), *Hessen* (Name des spät germanisierten Volksstammes), *Alfuc* (altsächsisch).

Die Römer waren ursprünglich alle ebenso einnamig wie ihr sagenhafter Gründer Romulus. In geschichtlicher Zeit jedoch trug jeder freigeborene männliche Bewohner Mittelitaliens, gleichgültig, ob er zu den Latinern, Etruskern, Sabinern oder zu einem anderen Volke gehörte, zumindest zwei Namen, den Vor- (*praenomen*) und den Stammnamen (*nomen gentilicium*). Oft trat noch ein Beiname (*cognomen*) hinzu. Die etruskische Herkunft dieses Namenssystems wird neuerdings angefochten. In der Kaiserzeit trug der einzelne nicht selten eine Mehrzahl von Vor-, Bei- und sogar Stammnamen. Damit wurde das alte System unsinnig und verfiel. Man war daher am Ende der Antike wieder bei der Einnamigkeit angekommen.

1. Vornamen. Zur Zeit Sullas verfügten die Römer nur noch über 18 männliche Vornamen; von denen waren die gebräuchlicheren *Aulus* (*A.*), *Gaius* (*C.*), *Gnaeus* (*Cn.*), *Decimus* (*D.*), *Lucius* (*L.*), *Marcus* (*M.*), *Manius* (*M.'*), *Publius* (*P.*), *Quintus* (*Q.*), *Sextus* (*S.*), *Titus* (*T.*), *Tiberius* (*Ti.* oder *Tib.*). Infolge der geringen Anzahl der Namen sind die Abkürzungen eindeutig. Die Zahlennamen *Quintus, Sextus, Decimus* lassen darauf schließen, daß bei den phantasielosen Römern in früher Zeit die Sitte bestand, die Söhne vom fünften an nur noch zu numerieren. In einigen Familien waren ganz bestimmte Vornamen Tradition geworden, so kennen wir die *Cornelii Scipiones* nur mit den Vornamen *Publius, Gnaeus* oder *Lucius*; der ungewöhnliche Vorname *Appius* begegnet zuletzt nur noch bei den *Claudii Pulchri*. [1]

2. Stammnamen. Die Entstehung der Stammnamen kurz vor Beginn des Einsetzens der Quellen ist ersichtlich aus ihrer durchschaubaren Form. Es sind Adjektivbildungen, meist mit der Endung -ius. Ihre adjektivische Funktion bleibt auch lebendig: *gens Iulia, basilica Aemilia, lex Porcia.* Oft

---

1) Parallele aus der Gegenwart: Der männliche Vorname Hoimar dürfte nur noch bei der Familie v. Ditfurth gebräuchlich sein.

liegt ihnen bei ihrer Entstehung der Name des Vaters zugrunde. Das ist z.B. offensichtlich bei den *nomina gentilicia* wie *Tullius, Marcius, Quinctius, Octavius,* die auf die Individualnamen *Tullus, Marcus, Quintus, Octavus* zurückgehen. Charakteristischer Viehbesitz führte zu den Namen *Asinius* (asinus = Esel), *Equitius* (equus = Pferd), *Ovidius* (ovis = Schaf), *Porcius* (porcus = Schwein). Das oskisch-umbrische Wort für fünf, *pompe,* hört man aus den Namen *Pontius, Pompilius* und *Pompeius* heraus, sie erinnern also an lateinisch *Quintilius* und *Quinctius.* Freigelassene erhielten die *nomina gentilicia* ihrer ehemaligen Herren. Frauen waren in republikanischer Zeit meist einnamig, sie trugen nur den Namen des väterlichen Geschlechts, hießen also z.B. *Caecilia, Valeria, Iulia, Cornelia, Tullia.*

3. Beinamen. Die Beinamen kamen im 4. Jh.v.Chr. auf, sie waren nicht obligatorisch; manche aus der Familie der *Pompei* hatten keinen, gleiches gilt für den Kimbernsieger C. Marius. Ursprünglich dienten sie der Unterscheidung, wenn bei zwei Männern Vor- und Stammname gleich waren. Ihrer satirischen Ader entsprechend schätzten die Römer Beinamen wie *Dummkopf* (Brutus), *Dicker* (Crassus), *Schlappohr* (Flaccus), *Stammler* (Balbus), *Schieler* (Strabo), *Plattfuß* (Plautus), *Glatzkopf* (Glabrio). Sie können auch dem Ackerbau entnommen sein: *Cicero* (cicer = Kichererbse), *Piso* (pisum = Erbse), *Lentulus* (lens = Linse). Außerdem gab es noch manche andere Möglichkeit der Beinamensbildung. In vielen Familien, besonders denen der Nobilität, bürgerten sich solche an sich für den einzelnen bestimmten Beinamen als erblich ein, so daß die einzelnen Zweige vornehmer Geschlechter an ihren festen Beinamen kenntlich waren. Man unterschied z.B. *Claudii Marcelli* und *Claudii Nerones, Aemilii Lepidi* und *Aemilii Paulli, Cornelii Scipiones* und *Cornelii Cethegi, Iunii Bruti* und *Iunii Silani.* Diesen festen Beinamen fügte man oft, um wieder eine Unterscheidung zwischen den einzelnen Personen zu ermöglichen, individuelle Beinamen hinzu, etwa Namen nach charakteristischen Leistungen und Eigenschaften wie *Africanus, Creticus, Allobrogicus, Censorius, Cunctator.*

Spiele

Spiele gehörten zum religiösen Leben. Sie waren Teil der regelmäßigen Feste zu Ehren der Götter, wurden aber auch außerhalb des Festkalenders bei Triumphen, Tempeleinweihungen und ähnlichen außerordentlichen Anlässen zusätzlich gegeben. Während der ganzen römischen Geschichte kamen die höchsten Würdenträger als Zuschauer, weil die Spiele Bestandteil des Staatskultes waren. Drei Arten von Spielen wurden aufgeführt: Zirkusspiele im Zirkus (*ludi circenses*), Gladiatorenkämpfe im Amphitheater (*munera gladiatoria*) und Theaterstücke im Theater (*ludi scaenici*). Alle Spiele zogen sich über Stunden, wenn nicht gar Tage hin. Schon nachts drängte sich das Volk herbei, um für den nächsten Tag einen guten Platz zu bekommen.

Am ältesten waren die *Zirkusdarbietungen*. Sie lassen sich bis in die Königszeit zurückverfolgen. Zu ihnen gehörten Wettspiele mancherlei Art zu Fuß und zu Pferde sowie Agone, also athletische und musische Wettkämpfe in griechischer Weise, in erster Linie aber die beliebten Wagenrennen. Man lenkte die einachsigen Rennwagen, die meist von Zwei- oder Viergespannen gezogen wurden, stehend. Sieben Runden mußten in der Hauptstadt Rom im Circus Maximus gefahren werden (etwa 8,5 km). Seit dem 1. Jh.n.Chr. hatten sich die Gespannbesitzer in die Vereine der Weißen, Roten, Grünen und Blauen zusammengeschlossen, für die die Zuschauer leidenschaftlich Partei ergriffen. Als Konstantinopel die Hauptstadt Ostroms geworden war, nahm das Volk dort die Kämpfe zwischen den Grünen und den Blauen jahrhundertelang ernster als die Politik. Einmal, nämlich 532 n.Chr., entwickelte sich daraus ein blutiger Bürgerkrieg, bei dem ein Teil der Hauptstadt in Flammen aufging. - Die Wagenlenker waren ursprünglich Sklaven, später bemühten sich auf diese Weise selbst Kaiser um die Volksgunst.

In den *munera gladiatoria* ging es immer um Leben und Tod. Es fanden Einzelkämpfe zwischen Berufsgladiatoren, Verbrechern und wilden Tieren statt, sodann wurden auch Tierhetzen veranstaltet, außerdem wurden bisweilen sogar ganze Schlachten zu Lande oder zu Wasser ausgefochten; schließlich spielte man auch wohl Mythen mit tödlichem Ausgang nach: z.B. Absturz des Dädalus, Zerfleischung des Orpheus, Verbrennung des Herakles. Gladiatorenkämpfe stammen aus Etrurien. In Rom sind sie seit etwa der Mitte des 3. Jh.v.Chr. nachweisbar, als bei den Leichenfeiern vornehmer Römer einige Kriegsgefangenenpaare gegeneinander antraten. Von der Wende zum 1. Jh.v.Chr. bis zum Verbot des Honorius 404 n.Chr. gehörten sie zum festen Bestand öffentlicher Spiele. Wie auch die Rennwagenfahrer waren die Gladiatoren anfänglich Sklaven, später freie Berufskämpfer; unter Kaisern wie Nero und Commodus trieb es selbst Ritter und Senatoren in die Arena. Die unfreien Gladiatoren der republikanischen Zeit wurden unter zuchthausmäßiger Bewachung einer harten Schulung unterzogen. Es gab für sie 15 verschiedene Bewaffnungsarten: Man kämpfte als Gallier, Thraker, Samnit, als *retiarius* mit Dreizack und

Netz usw., und zwar meist mit einem anders bewaffneten Gegner. Zu Beginn der Spiele zogen die Gladiatoren in schimmernder Rüstung in die Arena ein, und unter der Kaiserloge sagten sie ihren bekannten Spruch: *"Ave imperator, morituri te salutant"* ("Sei gegrüßt, Kaiser, die Todgeweihten salutieren vor dir"). Ein Gladiator kann das Amphitheater nur entweder als Sieger (*victor*), als Begnadigter (*missus*) oder als Toter (*mortuus*) verlassen. Der veranstaltende Beamte bestimmte Begnadigung oder Tod, richtete sich aber nach dem Volk, das mit Tücherschwenken Begnadigung und mit der Geste des nach unten gehaltenen Daumens (*pollicem vertere*) den Tod forderte. Ein erfolgreicher Berufsgladiator der Kaiserzeit pflegte enorme Summen zu verdienen; bei seinem Anblick schlugen die Frauenherzen höher. Von einer pompejanischen Inschrift kennen wir einen, der in 107 Kämpfen siegte. - Für diese entsetzlichen Schaustellungen brachte man in Rom regelmäßig die lahme Entschuldigung vor, der Anblick von Wunden und Tod halte das Volk kriegstüchtig. Auch unter den gebildeten Römern hat es zu allen Zeiten nur ganz wenige entschiedene Gegner gegeben. In der von griechischer Kultur bestimmten Osthälfte des Reiches fehlen durchweg Amphitheater, also hatte dort die Unsitte der Gladiatorenkämpfe auch beim Volk kaum Anhänger gefunden.

Die *ludi scaenici*, die Theaterspiele, bestanden seit der Mitte des 3. Jh.v.Chr. in Aufführungen von Tragödien und Komödien. Die Blütezeit des römischen Theaters lag schon im 2. Jh.v.Chr., also zu Zeiten der Plautus, Terenz, Pacuvius und Accius (vgl. S. 116f). In der frühen Kaiserzeit hörte die Aufführung von Komödien und Tragödien auf. An die Stelle der Komödie trat der Mimus, eine Art äußerst grobschlächtigen, mit Gesangs- und Tanzeinlagen aufgelockerten Schwanks; die Tragödie ersetzte der Pantomimus, also das stumme Spiel eines einzigen Schauspielers, das aber nach Möglichkeit höchst aufwendig mit großer Ausstattung, Ballettszenen und betörender Musik in Szene gesetzt wurde.

Schauplatz aller drei Arten von Spielen, also Zirkus-, Gladiatoren- und Theaterspielen, waren während der Kaiserzeit in Rom und den anderen großen Städten des Reiches gewaltige Anlagen. Der Circus Maximus, das langgestreckte Stadion - wie wir heute sagen würden - zwischen Palatium und Aventin, soll im 4. Jh.n.Chr. 385000 Zuschauer gefaßt haben. Das römische Theater der Kaiserzeit war keine muschelförmige Mulde in einem Berghang wie das griechische Theater, sondern ein mächtiges mehrstöckiges Gebäude. Der stets halbkreisförmige Grundriß war durch die Form des Zuschauerraumes mit seinen emporsteigenden Sitzreihen vorgegeben. Den vorderen Abschluß des Zuschauerraumes bildete die hohe Szenenfassade, vor der man spielte. Zu Beginn der Aufführung wurde der Vorhang nicht hochgezogen wie bei uns, sondern heruntergelassen. Das Theater hatte entweder ein festes Dach oder eines aus darübergespannten Zeltbahnen. 14000 Zuschauer, also ein mehrfaches der heutigen größten Theater, faßte

Abb. 85. Schreibgeräte (pompejan. Wandbild). Von links: Tafel mit Spachtel zum Glätten des Wachses, aus vier gewachsten Tafeln zusammengebundener Kodex, doppeltes Tintenfaß, an dem ein Schreibrohr lehnt, Buchrollen, aus der unteren hängt ein *titulus*, im Vordergrund drei Griffel mit verschieden geformten Enden zum Löschen der in Wachs geritzten Schrift.

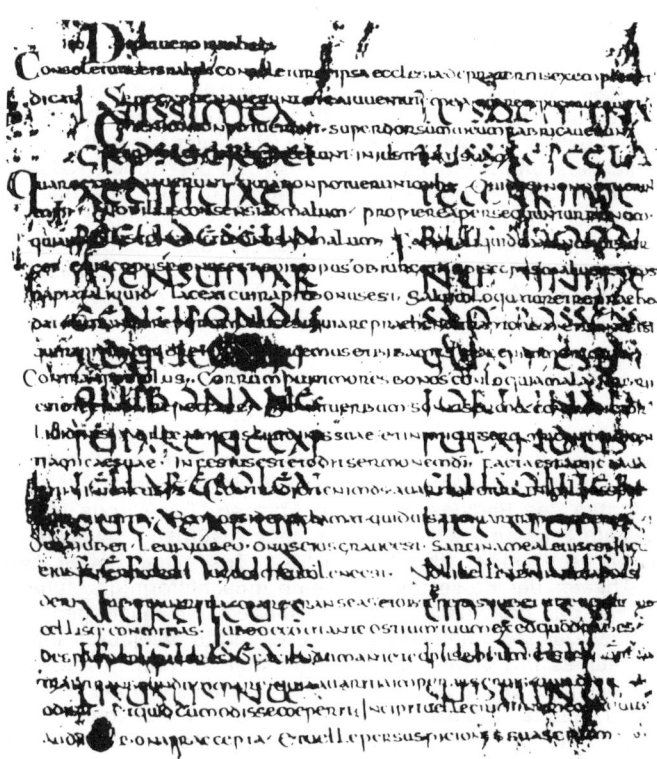

Abb. 86. Palimpsest. Unter einem christlichen Text des 8. Jh. liest man zweispaltig von Cic.rep. I 26 das letzte Wort (*latissime*) und § 27 bis *iure pro suis vindicare* in einer Schrift des 4. Jh.

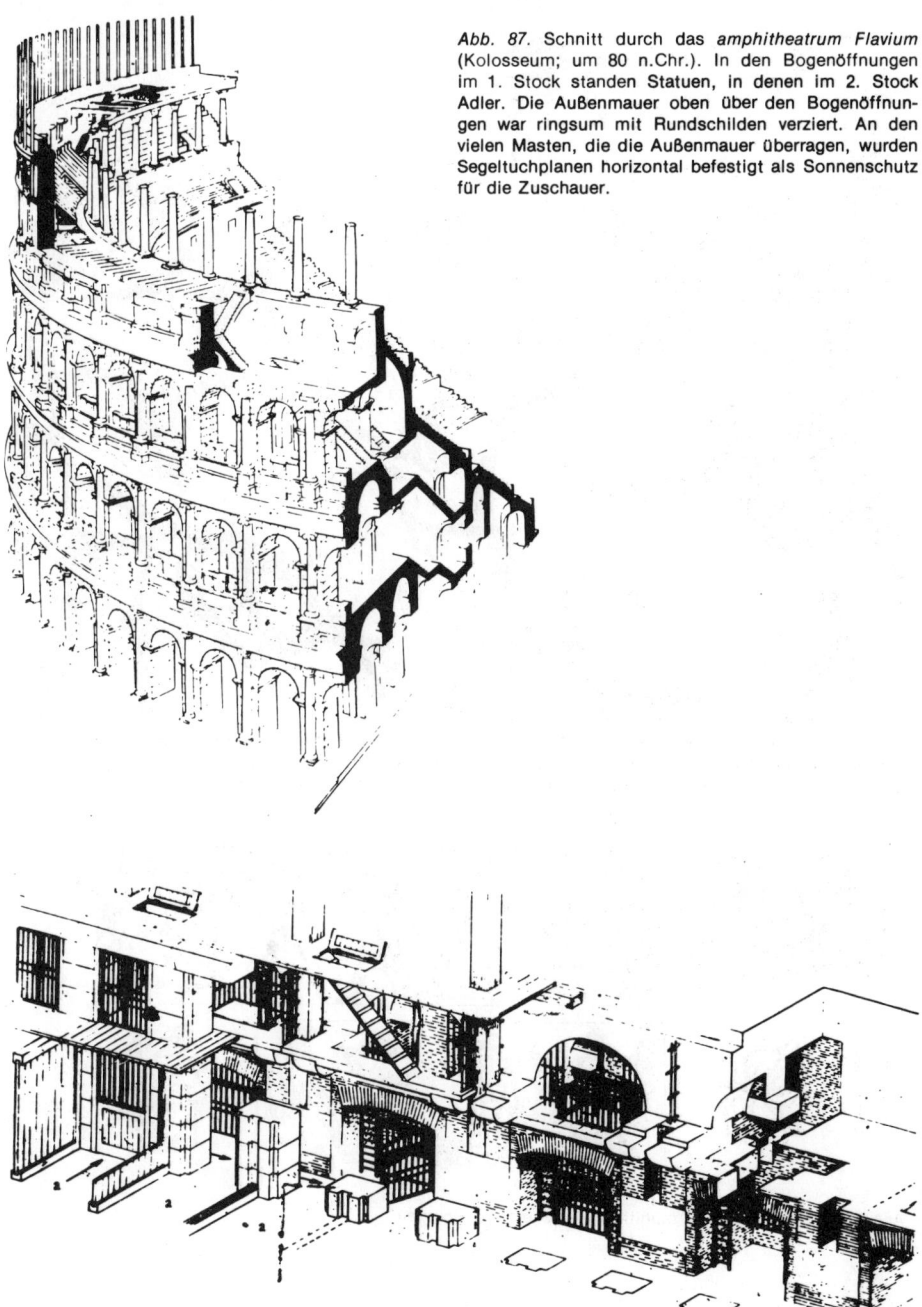

Abb. 87. Schnitt durch das *amphitheatrum Flavium* (Kolosseum; um 80 n.Chr.). In den Bogenöffnungen im 1. Stock standen Statuen, in denen im 2. Stock Adler. Die Außenmauer oben über den Bogenöffnungen war ringsum mit Rundschilden verziert. An den vielen Masten, die die Außenmauer überragen, wurden Segeltuchplanen horizontal befestigt als Sonnenschutz für die Zuschauer.

Abb. 88. Tierkäfige unter dem Kolosseum, die hochgezogen werden konnten. Aus den hochgezogenen Türen gelangten die Tiere über Laufstege durch Klappen im Boden in die Arena (zwei Bodenklappen, ein Laufsteg erkennbar!).

190

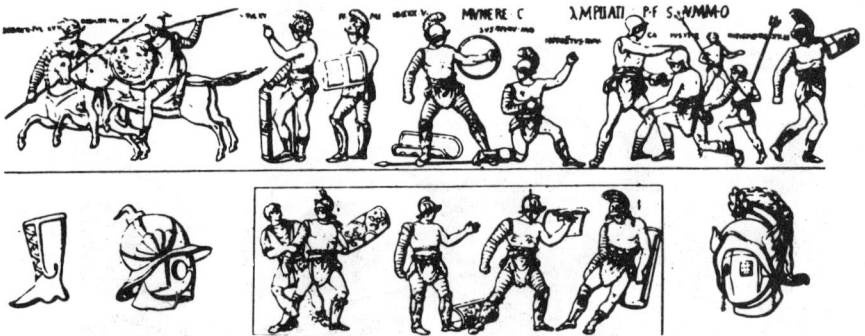

Abb. 89. Tierkämpfe (Relief aus der Zeit um Chr.Geb.). Außer dem bereits gestürzten Manne im Schuppenpanzer sind alle Kämpfer ungepanzert. Löwe, Bär und Panther tragen einen Ring auf dem Rücken, mit dem sie angebunden werden konnten. Der Bär schleift seinen Strick noch nach.

Abb. 90. Kampfspiele im Amphitheater. Reliefs aus Pompeji.

das unter Augustus erbaute Marcellustheater. Die Stätte der *munera gladiatoria*, das Amphitheater, was wörtlich übersetzt "Rundum-Theater" hieße, bestand gewissermaßen aus zwei zusammengeschobenen Theatern, denen die abschließenden Szenenfassaden fehlten, so daß sich der Grundriß eines vollen Rundes bildete, der allerdings meist zum Oval abgeändert war. Das mächtige Amphitheatrum Flavium - seit dem Mittelalter Kolosseum geheißen - mit seiner Arenagrundfläche von 3600 qm und Sitzreihen für 45 - 50000 Zuschauer war ein technisches Wunderwerk. Obwohl sich unterhalb der Arena Käfige für Hunderte von wilden Tieren, Räume für Gladiatoren, Verbrecher, zahlreiches Personal, für Requisiten, außerdem auch Versenkungsmöglichkeiten und Leichenkammern befanden, konnte die Arena für Naumachien (Seeschlachten) in kürzester Frist geflutet und ebenso schnell nachher wieder abgelassen werden.

Die folgenden aus der Antike überlieferten Zahlen lassen erahnen, welches Ausmaß das Blutvergießen bei den *munera gladiatoria* annehmen konnte: Cäsar hat einmal 640 Gladiatoren gegeneinander kämpfen lassen, an einer von ihm angeordneten Naumachie waren sogar 3000 Menschen beteiligt, die Mehrzahl allerdings als Ruderer. Pompejus ließ einmal innerhalb von fünf Tagen 17 Elefanten, 600 Löwen und 410 Panther neben zahlreichen anderen Tieren in die Arena treiben. Unter Augustus kam es schon zu Spielen, in denen 1000 Gladiatoren miteinander fochten. Selbst die Mittelstadt Pompeji mit ihren 8 - 10000 Einwohnern konnte es bei einem Fest auf 70 Gladiatoren bringen. Augustus rühmt sich in seinem Tatenbericht der 10000 Gladiatoren, die während seiner Regierung aufgetreten sind. Unter Claudius hatte eine Naumachie im Fucinersee einmal 19000 Mitwirkende. Bei dem hunderttägigen Fest zur Eröffnung des Kolosseums 80 n.Chr. wurden 5000 Tiere getötet. 117 Tage lang dauerten die Spiele unter Trajan im Jahre 109 n.Chr. zur Feier des Sieges über die Daker; hierbei traten 9824 Gladiatoren auf. Am Ende der Republik hatte Rom schon 65 Spieltage im Jahr, seit dem 2. Jh.n.Chr. wird das Verhältnis der Spieltage zu den Arbeitstagen mindestens 50 : 50 gewesen sein!

Die Ursache für die Veranstaltung solcher kostspieligen Massenmorde durch bedeutende Staatsmänner wie Cäsar, Augustus, Trajan liegt in dem leidigen Freizeitproblem der weitgehend beschäftigungslosen hauptstädtischen Bevölkerung: Es scheint die einzige damals bekannte Möglichkeit gewesen zu sein, das Volk wirkungsvoll abzulenken und so Ruhe und Ordnung in den dichtbesiedelten Quartieren der Riesenstadt aufrechtzuerhalten.

Gegner Roms

DIE GERMANEN

Als "Germanen" bezeichneten sich zur Zeit Cäsars Völker im Gebiet der *Gallia Belgica* westlich des Rheins (vgl. S. 207). Cäsar, der diesen Namen in die Völkerkunde einführte, brauchte ihn pauschal für alle nichtkeltischen Völker des Nordens. Heutzutage wird der Germanenbegriff sprachwissenschaftlich gefaßt, und man versteht unter Germanen eine Völkergruppe, die sich von den übrigen Mitgliedern der großen indogermanischen Sprachfamilie durch jeweilige Betonung der Stammsilbe der Wörter und bestimmte andere sprachliche Besonderheiten abhebt. Diese Eigenheiten der Sprache - die übrigens jene "Germanen" westlich des Rheins wohl kaum besaßen (vgl. S. 207) - enstanden mit der sogenannten germanischen Lautverschiebung. Sie vollzog sich zwischen etwa 500 v.Chr. und Christi Geburt. Ihr Ausgangspunkt lag irgendwo im Elbe-Oderraum.

Aus folgenden Kulturkreisen des 1. Jahrtausends v.Chr. scheint sich der Kern dessen, was wir heute unter Germanentum verstehen, gebildet zu haben:

1. Ein eisenzeitlicher Kulturkreis, der Ostmecklenburg, das nordöstliche Brandenburg und Teile Hinterpommerns umfaßt.

2. Göritzer Kulturkreis (Odermündungsgebiet, Ostbrandenburg).

3. Billendorfer Kultur (das südliche Brandenburg und Sachsen bis zur Mulde).

4. Hausurnenkultur (Harzvorland bis zur Saalemündung).

5. Kulturkreis zwischen Harz und Thüringer Wald.

6. Nordischer Kulturkreis (Dänemark, Schleswig-Holstein,. Stader Geest, Lüneburger Heide, Westmecklenburg).

Die Träger dieser Kulturen waren sprachlich wohl großenteils nahe verwandt. Doch angesichts ihrer kulturellen Verschiedenartigkeit wird man nicht mehr behaupten können, daß "die" Germanen als einheitliches Volkstum am Anfang standen. Die in den Schulbüchern meist noch vertretene Auffassung ist also nicht mehr haltbar, die Auffassung nämlich, daß allein der nordische Kulturkreis, dessen Bronzeschmuck und -geräte [1] sowie Kleidersitten uns aus den jütischen Moorfunden so vertraut sind, der Kern des späteren Germanentums sei. Bei ihm ist es sogar innerhalb der sechs genannten Kulturen besonders fraglich, ob er einen aktiven Beitrag zur Bildung des Germanentums geleistet hat, da der archäologische Befund auch als eine gewaltsame Unterwerfung der Nordleute durch die germanische Jastorfkultur gedeutet werden kann. Die Jastorfkultur ist die früheste prähistorische Kultur, deren Träger mit Sicherheit Urgermanen sind. Sie ist seit dem 7. Jh.v.Chr. in Südjütland nachweisbar. Woher sie kommt und aus welcher älteren Kultur sie sich entwickelt hat, ist dunkel. Sie taucht später überall da auf, wohin suebische Stämme gezogen sind. Die Ursachen, die ursprünglich verschiedenartige Völkerschaften zu einem

---

1) Z.B. die prächtigen Gürtelscheiben und die Luren.

geschlossenen neuen Kulturkreis mit gleicher Sprache, fast gleicher materieller Kultur und gleichem Lebensgefühl zusammengeschlossen haben, sind im Falle der Germanen ebenso unbekannt wie im Falle der Kelten (vgl. S. 201). Der militärische Sieg einer dieser Völkerschaften über alle restlichen ist jedenfalls als Ursache ausgeschlossen. Wichtig für die Frage nach der Herkunft der Germanen, wenn auch noch nicht befriedigend erklärbar, ist übrigens die Entdeckung, daß die Fachausdrücke für die Seefahrt und alles, was mit dem offenen Meer zu tun hat, Fremdwörter im Germanischen sind. [1]

In den Jahrhunderten vor Christi Geburt erweiterten die noch in der Bildung begriffenen Germanen ihr Siedlungsgebiet: nach Süd- und Mittelschweden, um den Harz herum nach Thüringen und das Werratal flußabwärts ins nordwestliche Hessen, über den Thüringer Wald bei Schmalkalden und über die nördliche Rhön nach Südwesten durch das Fliede- und Kinzigtal an den unteren Main, an der Nordseeküste entlang an die Unterläufe von Rhein, Maas und Schelde. Allerdings ist der Vorstoß an der Nordseeküste entlang nur sprachgeschichtlich, nicht archäologisch belegt. Kurz vor 100 n.Chr., also als Tacitus' *Germania* erschien (vgl. S. 130), wohnten die Germanen außerhalb ihrer Stammlande im Maintal und in Teilen Böhmens, Niederösterreichs und der Slowakei bis zur Donau; und irgendwo am Dnjestr südlich Lemberg siedelten noch die Bastarner. [2] Die Oberläufe von Oder und Weichsel und den deutschen Teil des Donaulaufs hatten sie noch nicht erreicht. Sie wohnten also zur Zeit des Tacitus außerhalb ihrer Urheimat noch vorwiegend in einzelnen Flußtälern und fruchtbaren Beckenlandschaften inmitten fremder Völker, ohne eine zusammenhängende Flächenbeherrschung erreicht zu haben. Von der auf Cäsar zurückzuführenden Ansicht, der Rhein sei die Grenze zwischen Germanen und Galliern, muß man sich freimachen. Sie galt auch 100 n.Chr. noch nicht. Erst der Druck, der im 2. und 3. Jh.n.Chr. von der römischen Grenze an Rhein, Limes und Donau ausging, machte Cäsars Behauptung wahr.

Die Niederlande und Nordwestdeutschland zwischen Rhein, Lahn und der Weser - Aller - Leinelinie unterlagen in taciteischer Zeit gerade einem allmählichen Germanisierungsprozeß. Genau wie in den germanischen Kernlanden gab es sowohl hier als auch in größeren Gebieten links des Unter- und Mittelrheins (vgl. S. 207) in den Jahrhunderten v.Chr. recht unterschiedliche Kulturkreise, die sprachlich eng verwandt waren. Die Sprache war indogermanisch und muß der der oskisch-umbrischen Italiker sehr ähnlich gewesen sein. Sprachliche "Leitfossilien" dieser Völkergruppe

1) Z.B. See, Kahn, Takel, Tau, Topp, Beting, Aal.
2) Sie sind - noch vor den Kimbern, Teutonen, Ambronen (Ende des 2. Jh.v.Chr.) und den Sueben unter Ariovist (Mitte des 1. Jh.v.Chr.) - die frühesten geschichtlich bekanntgewordenen Germanen; denn sie erschienen schon gegen 230 v.Chr. am Schwarzen Meer. Ihr Germanentum ist allerdings noch weit umstrittener als das der Kimbern und ihrer Begleiter. Kimbern, Teutonen und Ambronen sind daher zweifelhaft, weil es indogermanische Stämme mit eben diesen drei Namen damals mehrfach in Europa gab (vgl. S. 214), weil die antiken Quellen diese Stammesbezeichnungen ohne jede Spur germanischer Lautverschiebung wiedergeben und weil keiner der bekanntgewordenen Personennamen aus diesen Stämmen germanisch zu sein scheint. Die frühesten "sicheren" Germanen sind die Sueben des Ariovist, dessen Name übrigens auch gar nicht germanisch klingt (gleichen Namens war nach antiker Quelle ein Arzt aus dem keltischen Britannien).

sind u.a. die zahlreichen mit *apa* (vgl. lat. *aqua* = Wasser) zusammenge-
setzten Gewässernamen, die außerhalb dieses Gebietes selten sind[1], und
die große Fülle der Ortsnamen mit *P* im Anlaut, die darauf schließen läßt,
daß hier die Germanisierung nach der germanischen Lautverschiebung
stattfand, weil diese ja indogermanisches *p-* zu *f-* verwandelt hätte. [2] Die
Germanenkriege der Römer unter Augustus und Tiberius und die zeitwei-
lige römische Besatzung hatten diese Völker durcheinandergeworfen und
teilweise stark geschwächt, wenn auch der Cherusker Arminius, der selber
aus einer Sippe mit teils germanischen (Ingwiomer, Segimer, Segimund,
Segithank), teils vorgermanischen Namen (Segestes, Thusnelda, Thumeli-
cus, Arminius)[3] stammte, sie befreit hatte. Daher machte der Germanisierungsprozeß jetzt rasche Fortschritte. Er hatte vorher schon begonnen, wie
wir aus Cäsar wissen, der von einem Druck der Sueben auf die diesen
Nordwestvölkern zugehörigen Ubier, Usipeter und Tenkterer berichtet, und
wie die eben genannten Cheruskernamen und auch der archäologische
Befund es bestätigen. Die Sprache der Vorbevölkerung wird sich freilich in
manchen entlegenen Gegenden noch Jahrhunderte gehalten haben, besonders in einsamen Moorgebieten des Nordens und in einzelnen Tälern des
Sauerlandes, Bergischen Landes und Westerwaldes. [4] Die Germanisierung
seit den Römerkriegen ist archäologisch erwiesen. Sie wird zum Teil
gewaltsam, zum größeren Teil aber friedlich vollzogen worden sein, indem
zunächst die führenden Familien der Nordweststämme die Lebensformen
des germanischen Adels von jenseits der Aller und Leine übernahmen, sich
mit ihm verschwägerten oder landsuchende germanische Bauern in verödeten Gegenden ansiedelten. [5] Jedenfalls waren nun die Friesen, Chauken,
Cherusker, Chatten, Sugambrer, Bruokterer, Usipeter und Tenkterer "Germanen" geworden![6] Aber in manchem unterschieden sie sich auch

---

1) Z.B. im Niederwesergebiet Wersabe, Rechtebe, in Westfalen Lippe, Ennepe, Kierspe, im
Rheinland Honnef, Gellep.
2) Z.B. Peine bei Hannover, Pye und Powe bei Osnabrück. Die Ortsnamen Pogum, Petkum,
Pewsum, Pilsum (sämtlich bei Emden) stammen zwar erst aus germanischer Zeit, aber sie sind
mit damals in der Gegend noch gebräuchlichen vorgermanischen Personennamen gebildet.
3) Vielleicht hatten ihm die Römer den in Italien gebräuchlichen Namen Arminius gegeben,
während sein wahrer Name Segi- bzw. Siegfried war, entsprechend den anderen mit Segi-
gebildeten Namen in seiner Familie. Vielleicht trug er auch beide Namen, einen vorgermanischen und einen germanischen ähnlich dem sagenhaften Trojanerprinzen Paris-Alexander.
4) Eine ziemlich große Anzahl von Wörtern ihrer Sprache hat sich in die sie verdrängenden
germanischen Dialekte hinüberretten können. Einige von ihnen seien hier aufgezählt, deren
vorgermanischer Lautstand durch Gegenüberstellung ihrer germanischen Entsprechung besonders deutlich wird: Kring(el) - Ring/Kumme, Kump - Humpen/Kate, Kotten - Hütte/Pfote -
Fuß/Plaggen, Placken - Flecken/Plätzchen, Platz (Gebäck) - Fladen/Pelle - Fell.
5) Durch Cäsar kennen wir einen Weg der Germanisierung genauer, wie er damals wohl
mancherorts in Europa nördlich der Alpen beschritten wurde, nicht nur in Gallien bei den
Sequanern, die die Sueben des Ariovist aufnahmen, und in Böhmen bei den Bojern, deren
Einlieger die suebischen Markomannen des Marbod waren: Eine begrenzte Schar germanischer
Krieger mit Anhang wird als Bundesgenosse für den Kampf mit mächtigen Gegnern willkommen
geheißen und mit Land versehen. Diese holen aber Verstärkung nach und machen allmählich die
ehemaligen Herren des Landes zu ihren Unterworfenen.
6) Bei den ebenfalls zu den Nordweststämmen gehörigen Nemetern, Tribokern, Wangionen,
Ubiern, Batavern, Kanninefaten und Mattiakern war der Germanisierungsprozeß gehemmt, weil
ihre Wohnsitze nach Christi Geburt entweder innerhalb des römischen Imperiums oder noch in
seinem Einflußbereich lagen.

weiterhin von den "ursprünglichen" Germanen. Sie wanderten nicht in ferne Länder wie die Sueben, die teilweise nach Spanien zogen, wie die suebischen Langobarden, deren Wanderung in Italien endete, wie die Wikinger, die in Frankreich, Rußland und auf Sizilien neue Staaten gründeten, von den Goten, Wandalen und den anderen sogenannten Ostgermanenvölkern ganz zu schweigen, die sämtlich in die Ferne zogen und untergingen. Diese spät germanisierten Stämme des Nordwestens blieben möglichst daheim, höchstens dehnten sie sich aus, ohne den Zusammenhang mit dem Stammland zu verlieren; so war es später bei den Franken. Sie räumten auch nicht so gründlich mit der Vorbevölkerung auf, daß selbst deren Ortsnamen verschwanden, wie wir es bei der suebischen Landnahme in Südwestdeutschland beobachten können. Nirgends zogen sie außerdem so restlos ab, daß das Land verödete und Slawen die alte Heimat besetzten. [1]

Wie bereits bemerkt, sind die Germanen zu Anbeginn keine Einheit gewesen. In der frühen Kaiserzeit, also etwa zur Zeit des Tacitus, konnte man vier Gruppen von ihnen unterscheiden: Die nach unseren derzeitigen Kenntnissen "germanischsten" Germanen waren die aus der Jastorf-Kultur hervorgegangenen, zwischen Aller und Saale im Westen und der Oder im Osten beheimateten Elbgermanen oder Sueben, zu denen die Semnonen, Langobarden, Markomannen und Hermunduren zählten. Die Nordseegermanen setzten sich zusammen aus den Angeln, Sachsen [2], anderen kleinen Stämmen nördlich der Unterelbe, den in der Germanisierung begriffenen Chauken und Friesen und anderen Stämmen dieser Herkunft nördlich der Mittelgebirgszone. Die übrigen zur Zeit des Tacitus noch nicht ganz zu Germanen gewordenen Stämme des Nordwestens, also in der münsterschen Tieflandbucht und im Mittelgebirge östlich des Rheins, zählten ihrer kaiserzeitlichen Kulturhinterlassenschaft nach zu der neuen Gruppe der Westgermanen. Zwischen Oder, Weichsel, San und Bug hatten sich seit 100 v.Chr. die Ostgermanen zu formieren begonnen. Sie setzten sich zusammen aus einem einheimischen vorgermanischen Substrat großenteils wohl baltischer und venetischer Volkszugehörigkeit und ger-

---

1) Aber auch auf geistigem Gebiet sind sie bis heute unbeweglicher geblieben: Die bedeutenden Nordwestdeutschen Hebbel, Storm, Thomas und Heinrich Mann, Brahms, Niebuhr, Mommsen, Droysen sind Schleswig-Holsteiner, Wilhelm Raabe, Wilhelm Busch, Scharnhorst, Gauss sind östlich oder unweit der Leine beheimatet. Anders als in Schleswig-Holstein und Osthannover - Braunschweig sind in Ostfriesland, Oldenburg, dem Emsland und der Gegend um Bremen, also den Kerngebieten vorgermanischer Besiedlung in Nordwestdeutschland, überragende Begabungen nur selten anzutreffen. Man vergleiche dagegen den geradezu sprichwörtlichen Genie-reichtum Schwabens. Ähnlich scheint es übrigens in den Niederlanden zu sein: Das Kulturzentrum, die Heimat der großen Männer sind vor allem in den an der Nordseeküste gelegenen, früh mit dem Germanentum in Berührung gekommen Provinzen Nord- und Südholland, nicht der an vorgermanischen Ortsnamen so reiche Moor- und Geestgürtel der östlichen Niederlande oder etwa Friesland im Norden.
2) Nicht zu verwechseln mit dem späteren, fast das ganze westliche Niederdeutschland bewohnenden Großstamm!

manischen Zuwanderern, die die Führung ergriffen.[1] Die früher als gesichert angesehene Herkunft dieser Germanen aus Skandinavien gilt als sehr unwahrscheinlich: Skandinavien war nur südlich der Linie Oslo - Upsala auf einem schmalen Küstenstreifen dünn germanisch besiedelt. Es war zur Abgabe nennenswerter Bevölkerungsmengen noch nicht fähig. Die auf die Goten, Burgunder, Rugier, Wandalen hinweisenden Insel- und Landschaftsnamen Gotland, Bornholm, Rügen, Wendsyssel (in Nordjütland) legen wohl eher eine ostgermanische Besiedlung vom europäischen Kontinent aus nahe, als daß sie die skandinavische Urheimat oder eine Wanderetappe dieser Stämme auf dem Wege vom hohen Norden nach Mitteleuropa bezeichnen. Als Heimat des germanischen Kernes der Ostgermanen bleibt nur das Elbe-Odergebiet übrig, obwohl sich das noch nicht belegen läßt.

In der zweiten Hälfte des 2. Jh.n.Chr. setzte ein grundlegender Wandel in der germanischen Welt ein. Das nordöstliche Mitteleuropa zwischen Elbe und Weichsel begann zu veröden. Die Ostgermanen, nunmehr großenteils zusammengefaßt in den beiden neuen Großstämmen der Goten und Wandalen, setzten sich in Bewegung; ebenfalls die bisher in der ostelbischen Heimat verbliebenen Elbgermanen, die sich vorwiegend zu dem Großstamm der Alemannen zusammenschlossen. Im Westen bildeten sich im Laufe des 3. Jh.n.Chr. auf weitgehend westgermanischer Grundlage der Großverband der Franken und auf nordseegermanisch-westgermanischer der der Sachsen[2]. Die ethnische Zusammensetzung dieser neuen großen politischen Organisationsformen ist im einzelnen nicht gesichert, sicher ist nur, daß die einst nördlich der Unterelbe beheimateten Sachsen und die im Oder-Weichselgebiet seit 100 v.Chr. ansässigen Goten und Wandalen mit den großen Stammesbildungen der späteren Zeit nur zu einem Bruchteil gleichzusetzen sind. Die Schlagkraft der Germanen, und damit die Gefahr für Rom, hatte sich mit dieser Umgliederung bedeutend verstärkt, obwohl die damalige Gesamtbevölkerung Germaniens auf nicht mehr als ein bis drei Millionen geschätzt wird.

Die Germanen, die ja zumindest während der Endphase ihrer Lautverschiebung, also um Christi Geburt, annähernd eine Spracheinheit dargestellt haben müssen, erreichten im 2. Jh.n.Chr. Einheitlichkeit in Kleidung, Waffen und der Beherrschung technischer Kenntnisse, während Hausbau, Siedlungsformen und Religion immer verschieden blieben. Die wichtigsten Bekleidungsstücke des Mannes waren damals die lange und im Sommer kurze Hose, die im Kampf meist nicht getragene Jacke mit Ärmeln sowie das Manteltuch mit den ungefähren Maßen 2 x 2 m; bevorzugtes Material: Wolle. Die Frau trug Rock und kurzärmelige Bluse; bevorzugtes Material: Leinen. Die Männerhaartracht des sogenannten Suebenknotens war weit über die Sueben hinaus verbreitet. Die Bewaffnung bestand im Normalfalle

1) Übrigens war die an der Weichsel beheimatete Gesichtsurnenkultur an der Bildung des Ostgermanentums wie auch an der des Slawentums beteiligt. Dies wurde zwischen den beiden Weltkriegen Anlaß zu einer erbitterten Kontroverse zwischen der polnischen und der deutschen Bodenforschung; was die einen als urgermanischen Lebensraum bezeichneten, beanspruchten die anderen mit demselben Recht für das Urslawentum.
2) Den Sachsen schloß sich aber auch ein im Lüneburgischen verbliebener Stammesteil der elbgermanischen Langobarden an.

nur aus der Lanze oder bei Begüterten aus Lanze und Schild - wobei der mit einem Mittelbuckel ausgerüstete Schild in für das germanische Draufgängertum sehr bezeichnender Weise mehr zum Angriff als zur Deckung benutzt wurde -, höchstens 25 % der Fußkämpfer besaßen außerdem das kurze Schwert, Reiterkrieger gehörten stets einer gehobenen Schicht an; sie fochten mit dem leichten Wurfspeer, Lanze und Kurzschwert.[1] Mit Wällen versehene Festungen sind in größerer Zahl nachgewiesen, oft jedoch zog man sich auch in Moore und undurchdringliche Wälder zurück. Der Durchschnittsgermane war ein armer Bauer, aber ein freier Mann. Er wohnte meist in einem kleinen Dorf von höchstens vier Höfen oder auf einem Einzelhof[2]. Kinderreichtum, aber auch Kindersterblichkeit waren groß. Von drei Neugeborenen starb in der Regel eines als Säugling, ein zweites als Kind. Außerdem wurden oft Säuglinge weiblichen Geschlechts oder solche, die schwach zu sein schienen, ausgesetzt. Wer das 20. Lebensjahr erreicht hatte, hatte als Mann eine Lebenserwartung von insgesamt 45 Jahren, als Frau von insgesamt 38 Jahren, da etwa jede dritte Frau im Kindbett starb. Mehr als 60 Morgen Ackerland (= 15 Hektar) besaß der Germane selten. Wegen seines primitiven Hakenpfluges, mit dem er längs und quer pflügen mußte, bevorzugte er leichte Sandböden. Gerste, Hafer, Hirse, Roggen, Feldbohnen kamen zum Anbau. Vom 3. Jh. n.Chr. an begann der vier Zugtiere erfordernde, schwere gallische Räderpflug sich allgemein durchzusetzen, mit dem man nur in einer Richtung pflügte und auch schwere Böden bearbeiten konnte. Man kannte Düngung mit Rasenplaggen, Mergel und Kalk. Privatbesitz des Ackerlandes war die Regel. Nur wandernde Stämme hatten Ackerland im Kollektivbesitz; Cäsar und Tacitus haben bei ihrer Schilderung germanischer Sitten und Gebräuche deren Gewohnheiten irrtümlich auf ganz Germanien übertragen. Der durchschnittliche Besitz an Großvieh waren sechs bis zwölf Rinder.
Seit dem 1. Jh.v.Chr. begann sich eine Adelsschicht von den übrigen gemeinfreien Bauern abzuheben. Zunehmend wurden Adelskrieger und überregionale Fürsten mit Reitergefolgschaft kulturbestimmend, wie reiche Grabfunde beweisen. Die Entwicklung begann bei den Ost- und Elbgermanen, die sich von der ritterlichen Kultur des südosteuropäischen Keltentums hatten beeinflussen lassen. Erst seit dem ausgehenden 2. Jh.n.Chr. machte sich dieser Kultureinfluß auch bei den spät germanisierten Völkern des Nordwestens bemerkbar. Die wachsenden Ansprüche der neuen Führungsschicht und die lange gemeinsame Grenze mit der Kulturmacht Rom machten nunmehr einen eigenen Handwerkerstand erforderlich. Lateinische Wörter für technische Dinge neben solchen aus den Bereichen Lagerleben, Handel und Garten drangen ein. Unter den Handwerkern aber zogen die schmuck- und waffenliebenden adligen Herren besonders Schmiede aller Art an sich. Das ist gut an eroberten keltischen Gebieten, also dem Maingebiet, Thüringen und Böhmen, zu beobachten. Dort arbeiteten die keltischen Schmiede für ihre neuen Herren weiter, während im übrigen die der germanischen weit überlegene keltische Kultur zusammenbrach: Die befestigten Städte verödeten, an Stelle der Geldwirtschaft trat wieder der primitive Tauschhandel, und der bereits erreichte hohe technische Kenntnisstand ging verloren; nur auf dem Gebiet der Metallverarbeitung konnte

---

1) Im 1. Jh.n.Chr. wechselte man vom kelt. Langschwerttyp unter dem Eindruck römischer Kampfesweise zum Kurzschwert über. Pfeil und Bogen kannte man nur als Jagdwaffen, Widerristhöhe der Pferde höchstens 1,35 m.
2) Einige Großsiedlungen mit 10 - 40 Gehöften sind aber auch nachgewiesen.

er, wie gesagt, gehalten werden. Auch innerhalb des vorgermanischen Nordwestens war in der Mittelgebirgszone westlich der Leine und südlich der Lippe unter Einfluß der benachbarten Kelten bei den hier vor Christi Geburt beheimateten Nemetern, Tribokern, Wangionen, Ubiern, Mattiakern und Sugambrern bereits die Stufe der *oppidum*-Kultur mit stadtartigen Zentren und Geldwirtschaft erreicht worden. Hier wurde sie gleichfalls in der Zeit der Römerkriege um Christi Geburt preisgegeben und eine vergleichbare Kulturhöhe erst wieder im frühen Mittelalter erreicht. Bezeichnend, daß die Töpferscheibe erst gegen 400 n.Chr. wieder aufkam, während die Kelten sie bereits vor Chr. Geb. benützten.

Wie schon bemerkt, ist die Religion der Germanen niemals gleichartig geworden. Für die Nordseegermanen und die neuerdings germanisierten Stämme des Nordwestens waren Fruchtbarkeit spendende Muttergottheiten charakteristisch: Nerthus bei den kleinen Stämmen nördlich der Unterelbe, Baduhenna bei den Friesen, Tanfana bei den Marsern. Hierzu gehören auch die zahlreichen Muttergottheiten, deren Kult im römisch besetzten Rheinland bezeugt ist. Das ursprüngliche Haupt der überregionalen großen Götter muß der allen Indogermanen gemeinsame Gott Ziu-Tyr gewesen sein, dessen Name denen des Zeus und Jupiter sprachverwandt ist. Er hatte sich vielfach zum Gotte des Rechts und Things gewandt, bei den Sachsen war er in der Karolingerzeit Kriegsgott. Eine größere Rolle spielten der Donnergott Donar-Thor und der Reiter-, Krieger- und Totengott Wodan-Odin, dessen Bedeutung mit dem Aufkommen der Reiter- und Adelskultur stark zunahm. Frija war die Gattin des obersten Himmelsgottes, ursprünglich also des Ziu, später des Wodan, als dieser von den meisten Germanenstämmen als höchster Gott angesehen wurde. Als primitive religiöse Unterschicht hatte sich aus ältesten Zeiten der Glaube an Riesen, Zwerge und Elfen erhalten. In der Mythologie Skandinaviens, über die wir bekanntlich am besten Bescheid wissen, war noch deutlich die Dreischichtigkeit der Götterwelt spürbar, die die mehrfache völkische Überschichtung, als deren Resultat die Germanen der Kaiserzeit anzusehen sind, widerspiegelt; zuunterst die Alfen (= Elfen; vgl. auch Alptraum), dann die Wanen = die Götter der Fruchtbarkeitskulte (z.B. Njördr, ein männlicher Gott, der sich aus der Göttin Nerthus umgebildet hatte) und zuoberst die Asen wie Wodan, Donar, Tyr, Frija.[1] - Von Menschen, vor allem Kriegsgefangenen, die geopfert wurden, wird in den antiken Quellen mehrfach berichtet. Seen, Moore und Sümpfe hatten große Bedeutung für die germanische Religion, wie dort in großer Zahl gefundene Weihegaben beweisen. Die von Tacitus behauptete Bildlosigkeit des Kultwesens ist durch in Mooren gefundene Holzidole aus teilweise vortaciteischer Zeit widerlegt worden.

---

[1] Aus den Namen Ansgar, Anselm geht hervor, daß den Westgermanen Name und Begriff der Asen auch vertraut war.

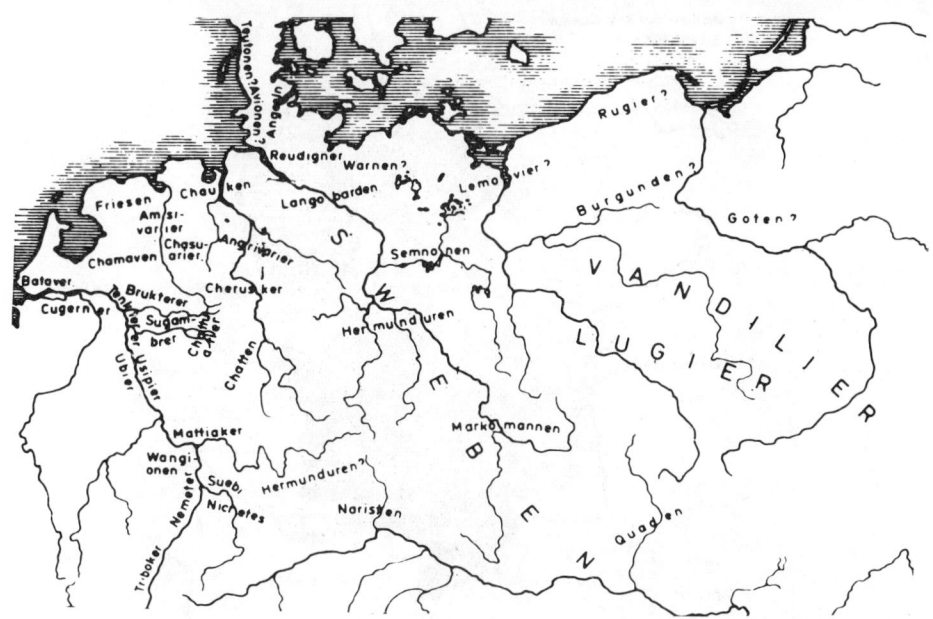

Abb. 91. Wohnsitze der von den Römern für germanisch gehaltenen Stämme im 1. Jh.n.Chr.

Abb. 92. Rekonstruktion einer Häusergruppe des 3. Jh.v.Chr. aus Ezinge, Provinz Groningen. Sämtliche hier dargestellten Gebäude vertreten in Grundriß und Dachkonstruktion die Vorform eines Haustyps, der in weiten Gebieten Norddeutschlands und der Niederlande noch heute verbreitet ist (sog. Niedersachsenhaus).

199

Abb. 93. Wohnsitze der gallischen und belgischen Stämme Mitte des 1. Jh.v.Chr. Außer dem schwarz. gekennzeichneten Gebiet im Süden, der Gallia Narbonensis (seit 121 v.Chr. Provinz), hat Cäsar 58-51 v.Chr. das ganze Land zwischen Pyrenäen und Rhein erobert.

Abb. 94. Statue eines Galliers aus Vacheres (kurz vor Chr.Geb.). Über einem langärmligen Kittel trägt er ein Kettenhemd. Halsring, Schild, Schwert, Mantel sind außerdem erkennbar.

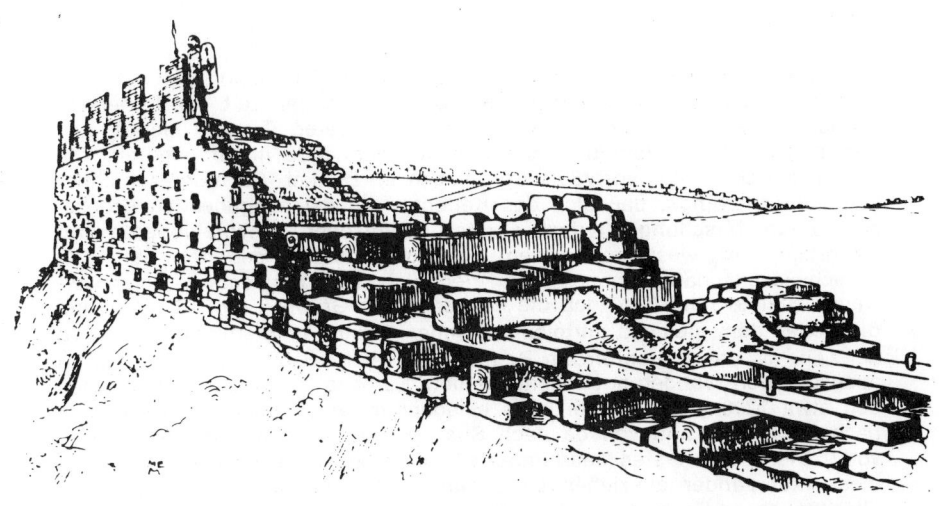

Abb. 95. Rekonstruktion eines *murus Gallicus,* des bei keltischen Festungen oft anzutreffenden Mauer-aufbaus aus Steinen, Erde und Holzbalken.

DIE KELTEN

Südwestdeutschland und das westliche Österreich sind die ältesten nachweisbaren Wohnsitze der Kelten. Das war in der Zeit der früheisenzeitlichen Hallstattkultur (750-450 v.Chr.), zu deren Trägern neben den Kelten auch im ostalpin-kroatischen Raum wohnende Illyrer gehören. Die Schicksale der Kelten vor 750 v.Chr. liegen im Dunkel. Die Vorgeschichtler vermuten allerdings, daß sich das Keltentum in der ausgehenden Bronzezeit durch Mischung illyrischer oder venetischer Urnenfelderleute mit Vertretern der westeuropäischen Hügelgräberkultur gebildet hat. Die Sprachwissenschaft dagegen kann lediglich aus der engen Sprachverwandtschaft erschließen, daß die Italiker beider Gruppen (vgl. S. 103) und die Kelten dem gleichen mitteleuropäischen Urraum entstammen. Schon zu der Zeit, als das Keltentum im Begriffe war, sich zu bilden, begann es, in ausgedehnten Wanderungen weite Gebiete Europas zu erobern. So drangen seit etwa 1200 v.Chr. immer neue einander teilweise überlagernde Wellen nach Frankreich und von da nach Spanien und zu den Britischen Inseln vor. [1] Die in den ersten Jahrhunderten (vielleicht bis etwa 600 v.Chr.?) in diese drei Länder ausziehenden Scharen brachten aus der Heimat eine altertümlichere Form der keltischen Sprache mit, die die spätere Lautverschiebung von *q* zu *p* noch nicht mitgemacht hatte. Das heutige Irisch und Schottisch hat sich aus der Sprache dieser frühen Eroberer entwickelt. Sie hatten das Reiten und die dazugehörige Hosentracht auf dem Kontinent nicht mehr kennengelernt: daher noch heute die hosenlose Männertracht in Schottland! Die seit Ende des 6. Jh.v.Chr. nachdrängenden, aus einem Gürtel zwischen Champagne und Böhmen stammenden P-Stämme, bei denen also z.B. *Pferd* nicht mehr *equos* (vgl. lateinisch *equus*) lautete, sondern *epos*, setzten sich auf dem Kontinent und in den meisten Gebieten Britanniens mit ihrer Sprache endgültig durch, so daß das heutige Keltisch in Wales und in der Bretagne, deren Bewohner im frühen Mittelalter vor den Angeln und Sachsen aus England geflohen sind, dieser Sprachschicht entstammt. Der große Stamm der Sequaner in Gallien hat sicher auch einen P-Dialekt gesprochen. Eine mögliche Erklärung für seinen Stammesnamen wäre die Übertragung dieses Namens, den vorher ein Stamm der älteren Keltenschicht getragen haben kann [2], jedenfalls steht er auch im Zusammenhang mit dem Flußnamen Sequana, den die letzte und maßgebliche Einwanderungswelle in dieser Lautform vorgefunden und beibehalten hatte. Gegen 450 v.Chr. wird die keltische Landnahme in Spanien zum Abschluß gekommen sein; die Hälfte des jetzigen deutschen Sprachgebiets war damals von keltischen Stämmen besiedelt, und Frankreich, England und Irland waren auch bereits keltisch, aber die Wanderbewegungen und das Eintreffen neuer Wellen hielten bis ins 3. Jh. v.Chr. an. Stärker keltisiert wurde in Frankreich das Gebiet zwischen der Garonne im Süden und der Seine und Marne im Norden.

---

1) Als Griechen um 600 v.Chr. in Südfrankreich Massilia (Marseille) gründeten, wohnten ringsum noch die vorindogermanischen Ligurer. Dorthin waren damals also die Kelten noch nicht gelangt. Hannibal dagegen traf 218 v.Chr. dort nur noch auf Gallier.
2) Halbwegs vergleichbar wäre der Umstand, daß die heutigen Sachsen und die Sachsen Siebenbürgens blutsmäßig nicht auf den nordwestdeutschen Sachsenstamm zurückzuführen sind, oder daß der Name der germanischen Bayern auf den der keltischen Bojer zurückgeht.

In Aquitanien, also zwischen Garonne, Pyrenäen und Atlantik, war die Keltisierung der baskisch-iberischen Vorbevölkerung schwach. Im Norden enden die charakteristischen keltischen Ortsnamen auf -dunum, -lanum, -magus zwar erst etwa an der Linie Amiens - Luxemburg, aber Cäsar läßt das Belgerland bereits an der Seine und Marne beginnen: Gallier wurden also von den Belgern nachträglich zwischen Seine und Somme verdrängt bzw. überlagert. Vom Anfang der La-Tène-Zeit, also von 450 v.Chr. an bis ins beginnende 3. Jh.v.Chr., ergossen sich große Scharen von Kelten über Italien und Südosteuropa. Die diesmal nachweisbaren Auswanderungszentren lagen beiderseits von Oberrhein und oberer Donau. 387 v.Chr. hielt ein gallischer Heerführer Rom sieben Monate besetzt, und 279 drang Brennos in Griechenland bis Delphi vor.[1] Oberitalien, die *Gallia Cisalpina* der Römer, wurde für die nächsten Jahrhunderte keltisch. Auch im Ostalpengebiet konnten sich Kelten halten. Auf dem Balkan wurden sie, die gegen 300 v.Chr. große Teile Ungarns, Jugoslawiens und Rumäniens besaßen, großenteils von dem dort dominierenden Illyrertum aufgesogen. In Südrußland bildete sich damals eine keltoskythische und in Bulgarien eine keltothrakische Mischbevölkerung. Die anatolischen, aus dem Brief des Paulus bekannten Galater hatten am Ende des 4. Jh.n.Chr. noch ihre keltische Sprache bewahrt.

Bei der gewaltigen Größe des nunmehr keltischen Gebiets konnte im allgemeinen nur eine die Kultur bestimmende keltische Herrenschicht die Vorbevölkerung überlagern. Keltisch bis in die unteren Volksschichten hinein waren wohl nur Ostfrankreich, Südwestdeutschland und das westliche Österreich. Auch innerhalb des Landes, das nach Vorstellung der Römer das keltische Kernland war, nämlich des französischen Gebiets zwischen Garonne und Seine - Marne, gab es Gegenden mit einer nach Ausweis der Ortsnamen nur ganz dünnen Keltenschicht: die Bretagne, die übrige Atlantikküste und im Zentralmassiv das Gebiet der Vellaver und der durch den gallischen Freiheitshelden Vercingetorix berühmt gewordenen Arverner.

In der Hallstattzeit (750-450 v.Chr.) waren die östlich der Kelten wohnenden Illyrer diesen zunächst kulturell noch überlegen, aber die Kelten brachten es schnell zu einer blühenden eigenen Kultur. Schon im 6. Jh.v.Chr. gab es große Fürstensitze in Ostfrankreich, am Oberrhein und am Oberlauf der Donau wie z.B. die Heuneburg, die nach ihren Abmessungen und dem Format ihrer luftgetrockneten Ziegel nur von einem griechischen Baumeister errichtet sein kann. Mehrere sehr reich ausgestattete Fürstengräber dieser Zeit sind gefunden worden. Griechische und etruskische Keramik und Bronzeware wurde damals in nicht geringer Menge eingeführt. Unverkennbar ließ sich das einheimische Handwerk in Technik (z.B. Töpferscheibe) und Dekor davon beeinflussen. Einen weitaus nachhaltigeren Einfluß, nicht nur auf die Kunst, sondern auf die gesamte Weltanschauung, übten die in Südrußland beheimateten Reitervölker der Kimmerier und Skythen aus, die seit dem Ende des 8. Jh.v.Chr. wiederholt in den mitteleuropäischen Raum vorstießen. Ihr Eindruck auf die Kelten war mindestens ebenso tief wie der Attilas (des Königs Etzel der Sage) und der Hunnen auf die Germanen der Völkerwanderungszeit; er führte u.a. zur Entstehung einer adligen Kriegerkaste, die zu Roß oder auf dem

---

1) Den Namen Brennus hat Livius vom Delphi-Brennos auf den Romeroberer übertragen.

Streitwagen ins Gefecht zog und mit dem eisernen Langschwert focht. Das Pferd wurde seitdem zum Standeszeichen des Adligen; die Zucht und Dressur von Pferden und ihre Rolle in der Religion rückten von jetzt an in den Mittelpunkt keltischen Lebens.[1] Die eigentliche Blütezeit des Keltentums und seiner Kultur war die La-Tène-Zeit. Sie dauerte von 450 v.Chr. bis etwa Christi Geburt und ist benannt nach dem Fundort La Tène am Neuenburger See in der Schweiz. Die Kelten waren politisch zwar nicht geeint, fühlten sich aber zusammengehörig wie die Griechen in den Kleinstaaten der klassischen Zeit, und tatsächlich bot ihre Kultur in allen Phasen der La-Tène-Periode von der Garonne bis zum Balkan und darüber hinaus bis nach Kleinasien ein einheitliches Bild. So waren sie in kultureller Beziehung gewissermaßen die ersten Einiger Europas. Die Handelsbeziehungen innerhalb der keltischen Welt und nach außerhalb, besonders zur Mittelmeerwelt, waren rege. Es entstand ein ausgedehntes, die keltischen Stämme verbindendes, mit Wagen befahrbares Wegenetz, wohlversehen mit Brücken und Furten. Massengüter wurden auf dem Wasserwege transportiert. Adlige Zollpächter oder auch Stämme erhoben Weg- und Brückenzölle und an Stapel- und Umschlagplätzen Liegegebühren. Selbstgeschlagene Münzen erleichterten seit etwa 150 v.Chr. den Handel. Bekannt sind die "Regenbogenschüsselchen", gewölbte Goldmünzen, die besonders bei den Kelten Böhmens und Ungarns im Verkehr waren. Der zuerst auf den Adel beschränkte Wohlstand begann nach 300 v.Chr. auch die breiten Massen zu erfassen. Die Bevölkerungsdichte nahm zu. Frankreichs Einwohnerzahl wird zu Beginn von Cäsars Eroberungskrieg auf 15-25 Millionen Einwohner geschätzt. Das ist sehr viel. Jedenfalls war im 15. Jh.n.Chr. die Einwohnerzahl Frankreichs nicht größer. Seit dem 2. Jh.v.Chr. bezogen immer mehr Leute in den bei allen Keltenstämmen gebräuchlichen Fluchtburgen Dauerquartier. So entstanden stadtähnliche befestigte Siedlungen, deren Ausdehnung mittelalterliche Städte oft übertraf und deren Einwohnerzahl sie zumindest erreichte. Eine 15 v.Chr. von Tiberius eroberte Stadt der Vindeliker (bei Manching unweit Ingolstadt) bedeckte eine Fläche von über 350 Hektar innerhalb eines 7 km-Mauerringes und ist damit die größte aller bisher bekannten prähistorischen Siedlungen Europas und doppelt so groß wie das mittelalterliche Köln oder Nürnberg. In abgelegenen Gebieten wohnten hauptsächlich Bauern in solchen stadtähnlichen Ansiedlungen, je dichter man aber an die zivilisierten Bereiche der Mittelmeerwelt herankam, auf um so mehr Werkstätten, Kaufläden, Marktplätze, Herbergen, Adelshöfe und Tempel traf man in ihren Mauern. Diese Mauern selber waren vielfach in einer charakteristischen Weise errichtet, die Cäsar b.g. 7,23 anläßlich der Belagerung von Avaricum (Bourges) beschreibt. Es waren breite, begehbare Mauern, die beiden Außenseiten mit fast senkrechtem, sorgfältig aufgeschichtetem Trockenmauerwerk verblendet, dazwischen eine Füllung aus Erde und Schotter, alles zusammengehalten und verklammert durch horizontale Holzrahmenkonstruktionen, deren Balkenköpfe zu beiden Seiten aus dem Mauermantel herausragten (vgl. Abb. 95). Im Gegensatz zu diesen beachtlichen Festungsanlagen sind die anspruchslosen, aus Fachwerk oder Trockenmauern errichteten Wohnhäuser kaum einer Erwähnung wert. Auch

1) Seitdem hat sich in Europa über Jahrtausende hin fast bis zur Gegenwart die enge Beziehung zwischen Adelskaste und Pferd erhalten: Noch die deutschen Reiterregimenter nach dem 1. Weltkrieg wiesen einen besonders hohen Prozentsatz an Adligen unter ihren Offizieren auf.

Möbel fehlten fast völlig in ihnen. So saßen die Kelten nicht einmal beim Mahle, sondern hockten seltsamerweise auf dem Boden; eine Sitte, die unter den indogermanischen Völkern sonst ohne Beispiel ist.[1] Aber die Mahlzeiten wiederum waren reich an verschiedensten Fleischsorten, und Bier wurde dazu in Mengen getrunken. Auch der Verbrauch an importiertem Wein war hoch. Eigenen Weinanbau gab es jedoch noch nicht. Sonst aber leistete die Landwirtschaft in mancher Hinsicht sogar mehr als die der zivilisierten Mittelmeerwelt; die Schweinezucht in der *Gallia Cisalpina,* die Pferdezucht der Treverer, der gallische Räderpflug, der auch die schwersten Böden nicht nur ritzte, sondern regelrecht umbrach, waren berühmt. Die Anwendung der Sense ermöglichte bereits die Schaffung von größeren Heuvorräten und damit intensive Viehzucht. Das gesamte keltische Ackergerät war so perfekt, daß es bis zur Entwicklung landwirtschaftlicher Maschinen, also fast bis heute, nahezu unverändert blieb. Am meisten aber leisteten die Kelten im Wagenbau und in der Metallgewinnung und -verarbeitung. Im Wagenbau waren sie so überlegen, daß im Lateinischen die meisten Wagenarten keltische Namen trugen (vgl. S. 104, Anm. 1). Der gallische Eisen-, Bronze- und Goldschmied war ein gesuchter Mann an den Höfen des In- und Auslandes. Der kunstreiche, verschlagene, "welsche" Schmied wurde für die Germanen zum festen Begriff, wie Wieland, Mime und andere germanische Sagengestalten noch ahnen lassen. Vielfach kam er auch als ein Späher und Vorbote keltischer Invasionen. In Ätz- und Emaillierungstechnik, in Metalleinlegearbeiten und besonders in der Gestaltung von phantastisch wuchernden, mit dämonisch blickenden Fratzen und unheimlichen Fabelwesen durchsetzten Ornamenten war er Meister. Die Prunksucht der oft mit Bronze- und Goldschmuck geradezu überladenen und in knallig bunte Gewänder gehüllten Gallier kannte allerdings auch kein Maß. Charakteristischster Keltenschmuck, gewissermaßen ihr nationales Erkennungszeichen, war der Wendelring, lateinisch *torquis*, ein schwerer, strickartig gedrehter, sich um den Hals legender Reif aus Bronze oder Gold. Die Eisenverhüttung und -verarbeitung ging nicht mehr handwerklich vonstatten, sondern hatte bereits industrielle Formen angenommen. In der Vindelikerstadt bei Manching gab es 6 m breite und bis zu 80 m lange Fabrikhallen. Dementsprechend hatte sich im letzten Jahrhundert v.Chr. die Bewaffnung keltischer Heere vervollständigt. Jeder Fußkämpfer besaß ein langes, mindestens 1 m messendes Hiebschwert, einen Speer und einen manndeckenden Ovalschild, dessen Handgriff auf der Innenseite häufig als Geldbörse diente. Die Mehrzahl verfügte außerdem über Panzer und Helm. In Britannien gab es damals noch Streitwagenkämpfer. In den vorhergehenden Jahrhunderten traf man sie auch bei den Festlandskelten noch an; so hatten z.B. die Römer im 3. Jh.v.Chr. in den Schlachten gegen die Gallier der Poebene noch mehrfach mit ihnen zu tun.

In der Bronzezeit waren die Urgermanen mit den Vorfahren der Kelten noch nicht in Berührung gekommen, wohl aber mit den Italikern (vgl. S. 103). Das änderte sich in der Eisenzeit. Daher ist das Wort für Bronze, deutsch *Erz*, lateinisch *aes,* den Germanen und Italikern gemeinsam, aber das Wort *Eisen* Germanen und Kelten. Die gemeinsame Grenze lag in Sachsen und Thüringen. Der dortige Stamm der keltischen *Volcae* wurde für die

---

1) Auf hockende Männer trifft man auch heute noch in Wales und anderswo auf den Britischen Inseln, z.B. an Bushaltestellen.

Germanen zur Bezeichnung der Kelten überhaupt: *Welsche*. Germanen und Kelten haben aus dieser Zeit viele gemeinsame Wörter, die den anderen Indogermanen unbekannt sind, aber nur zwei Wörter davon tragen die Merkmale einwandfrei keltischen Ursprungs: *Reich* und *Amt*; drei keltische sind germanischen Ursprungs, die keltischen Wörter, die den germanischen *breeches* (also *Hosen*), *Hemd* und *Seife* entsprechen. Bei aller Kulturüberlegenheit der Kelten läßt sich also eine nachhaltige Wirkung auf die Germanen mit sprachwissenschaftlichen Mitteln nicht mehr nachweisen. Trotzdem hat es diese Wirkung zweifellos gegeben. Sie beschränkte sich nicht nur auf die Bewunderung der Kunstfertigkeit keltischer Handwerker, tiefen Eindruck machte auf die armen Vettern vor allem auch das abenteuerliche und ritterliche Leben des keltischen Adels, der es sich leisten konnte, nur dem Pferd, dem Krieg und der Jagd zu leben, und der großartig und mit allem Gepränge Hof zu halten wußte. Seine Lebensweise wurde jedenfalls auch bei ihnen bald Mode (vgl. S. 197).

Die wirtschaftliche Grundlage des keltischen Adels war sein oft großer Landbesitz, auf dem eine Vielzahl höriger Bauern diente. Gesund war diese Gesellschaftsstruktur nicht. Sie hat ihre Ursache in der stürmischen Besetzung weiter Teile Europas durch zahlenmäßig unterlegene Keltenscharen, die als eine mehr oder weniger dünne Adelsschicht die einheimische Bevölkerung überlagerten. Hierin lag schon ein Keim des Untergangs. Einen anderen barg die äußerst lockere politische Organisation der Stämme; Teile des Bojerstammes waren z.B. über die ganze damalige Keltenwelt verstreut: Gallien, Böhmen, Norikum, Kleinasien. Den Kelten am verhängnisvollsten aber war ihr eigener Charakter. Diesem Volke fehlten nach der übereinstimmenden Beobachtung verschiedener antiker Gewährsmänner alle Eigenschaften, die die Römer in so reichlichem Maße besaßen und die in der Geschichte die Voraussetzung für eine dauerhafte Existenz sind: Nüchternheit, Zähigkeit, Bedächtigkeit, Ausdauer, Besonnenheit, Sinn für Maß. Statt dessen scheinen sie träumerisch, von einer nirgends sonst bei den Indogermanen Europas anzutreffenden ausschweifenden Phantasie, leichtsinnig, labil, prahlerisch, ruhmsüchtig, dabei aber hochbegabt und witzig gewesen zu sein.

Zu den fremdartigen uneuropäischen Zügen, die uns nun schon mehrfach begegnet sind, gehören auch einige Besonderheiten der keltischen Religion. Manche ihrer Götter waren nämlich Mischwesen, halb menschen-, halb tiergestaltig, wie man sie auch im alten Ägypten hatte. Ferner ist kultischer Kannibalismus bezeugt: das Trinken vom Blut des Feindes; die Schädel toter Feinde wurden auch als Trinkschalen benutzt oder an Häuser und Tempel genagelt. Beim Tod des Mannes folgte ihm seine Ehefrau.[1] Ungewöhnlich ist außerdem das Vorhandensein einer mächtigen Priesterkaste, nämlich der Kaste der Druiden. Diese Priester, denen wie den Schamanen Sibiriens alle möglichen Weisheiten und Kräfte zugeschrieben

[1] Erwiesen an Grabstätten der Marne-Kultur; vgl. Cäsars Mißverständnis, b.g. 6,19.

wurden, besaßen einen Einfluß, der weit über die Grenzen der einzelnen Stämme hinausging, auch auf politischem Gebiet. Wohl mit Recht haben die Römer die Druiden für gefährliche Gegner ihrer Unterwerfungspläne gehalten. Überall in Gallien traf man auf eine Unzahl von lokalen Gottheiten und Kulten, die einander recht ähnlich waren. Trotz trümmerhafter Überlieferung sind uns 374 verschiedene Götternamen bekannt. Götterdreiheiten waren nicht selten, z.B. die Göttertrias Esus, Teutates und Taranis oder die immer zu dritt verehrten Matronengottheiten des römischen Rheinlandes. Viele der Lokalgötter setzten die Römer dem Merkur oder dem Mars gleich. - Bezeugt ist übrigens auch der Glaube an Seelenwanderung.

Heute leben auf den Britischen Inseln und in der Bretagne noch 2 Millionen Menschen mit keltischer Muttersprache. Es ist nur noch eine Frage der Zeit, daß auch sie - selbst in Irland - von englisch oder französisch sprechendem Volkstum endgültig aufgesogen werden. Der Niedergang des Keltentums begann etwa 300 v.Chr. mit seiner energischen Bekämpfung in Italien durch die Römer. Als Cäsar das französische Gallien eroberte, hatten die Kelten hier ebenfalls ihre Blütezeit hinter sich. Das hatte sich an ihrer Unfähigkeit gezeigt, sich der durchziehenden, verhältnismäßig wenigen Kimbern zu erwehren, und auch jetzt wieder, als Cäsar kam, vermochten sie nicht, mit den ihnen zahlenmäßig weit unterlegenen Germanenscharen des Ariovist fertigzuwerden. Sicher ist Cäsars Beobachtung zutreffend, daß der Volkscharakter der Kelten sich von dem der übrigen Nordvölker, die er unter der Sammelbezeichnung Germanen zusammenfaßte, sehr wesentlich unterschied. Die Kelten als Träger eines eigenständigen Volkstums hatten keine Zukunft mehr, während das Germanentum noch große Kraftreserven barg; das scheinen damals die Römer und auch die Kelten selber gespürt zu haben.

Als am Ausgang der Antike die abgelegene irische Insel von den Wirren der Völkerwanderung verschont blieb, übernahmen hier in der Zeit von 400 - 800 n.Chr. noch einmal Kelten die geistige und religiöse Führung Europas. Von hier aus sowie von dem ehemals keltischen England und von Frankreich aus, wo sich das lange unterdrückte spezifisch Keltische in Kunstwollen und Geisteshaltung damals wieder hervorwagte, und außerdem mittelbar über das Germanentum, dessen ritterliches Adelskriegertum ja nur unter keltischer Einwirkung entstanden war, leistete das Keltentum neben Antike, Germanen- und Christentum einen ganz erheblichen - in seiner Bedeutung meist unterschätzten - Beitrag zu der in der Entstehung begriffenen abendländischen Welt. Deutlich wird das nicht nur an der Verbreitung der Artus-Sage, sondern z.B. auch an den Nachwirkungen des keltischen Ornamentstils auf die irische Buchmalerei und vor allem auf das dekorative Element im romanischen Baustil.

DIE BELGER

Ihrer Kulturhinterlassenschaft und ihrer Sprache nach waren die Belger weder Kelten noch Germanen. Man muß da allerdings differenzieren. Die Südbelger żwischen Seine und Somme, die *Bellovaker, Suessionen, Veliokasser, Kaleten* hatten zwischen 150 und 125 v.Chr. Kelten überlagert. Vielleicht hatten sie sogar die keltische Sprache der Vorbevölkerung übernommen. Denn, wenn auch die typischen keltischen Stadtsiedlungen, die *oppida,* bei ihnen nicht nachweisbar sind, so trifft man doch noch viele keltische Ortsnamen in diesem Bereich (vgl. S. 202). Gleiches gilt für die belgischen *Treverer,* deren keltischer Dialekt im Raume Trier für die Zeit um 400 n.Chr. sogar bezeugt ist, wenn man Hieronymus glauben darf. Die *Moriner, Nervier, Menapier, Atuatuker, Remer* rühmten sich ihrer germanischen Abkunft. Demnach waren diese belgisierte Germanen, die Remer nach Lage ihrer Wohnsitze sogar ein belgisch-keltisch-germanisches Mischvolk! Als "reine" Belger bleiben eigentlich nur die *Ambianer, Atrebaten* und *Viromanduer* übrig; denn die auch noch im antiken Belgerland, und zwar zwischen Ardennen und Rhein wohnenden *Eburonen, Segner, Condrusen, Paemanen* und *Caerosen* nannten sich selbst "Germanen". Sie waren freilich keine nach unserer Auffassung, die wir unter "Germanen" eine bestimmte Sprachgemeinschaft verstehen, zu der diese oben genannten Völker kaum zählten; sie gehörten nämlich nach Ausweis der Ortsnamenforschung zu der gleichen Völkergruppe, die größtenteils zwischen Rhein und Aller siedelte und dort vom 1. Jh.n.Chr. an erst langsam germanisiert wurde (vgl. S. 193f). Natürlich ist auch die germanische Abkunft der Moriner, Nervier, Menapier, Atuatuker, Remer nur im Sinne einer engen Verwandtschaft mit den Eburonen usw. aufzufassen. Zu den Bewohnern der *Gallia Belgica* scheinen also indogermanische Völker von verschiedener Herkunft und Zusammensetzung gezählt zu haben, nämlich 1) "keltische" Südbelger, 2) den Völkern zwischen Rhein und Aller verwandte Stämme, die nicht belgisiert sind, 3) Stämme gleicher Abkunft, die aber belgisiert sind, und 4) "eigentliche" Belger, deren Belgertum sich aber bisher einer genaueren Definition entzieht.[1] Man hat den Eindruck, als ob Cäsar - und in seinem Gefolge alle anderen antiken Gewährsmänner ebenfalls - aus Gründen der Vereinfachung ein Gebiet, das an sich von nicht einmal annähernd ethnischer Einheitlichkeit war, unter einem Sammelbegriff zusammengefaßt haben. - Belger, vornehmlich Atrebaten, wanderten übrigens im Laufe des 1. Jh.v.Chr., sowohl vor Cäsars Eroberung Galliens als auch nachher, in großen Scharen nach Britannien aus.

---

1) Nicht gerade vereinfacht wird die Problemlage dadurch, daß eine frühe Germanisierung (hier aber das Wort nach moderner Auffassung gebraucht!) an den Unterläufen von Rhein, Maas und Schelde anhand der Ortsnamen feststellbar ist. - Übrigens ist der Name Belger in dem Namen des Ortes Villigst (an der Ruhr) enthalten; das vorindogermanische (!) st-Suffix, mit dem der Ortsname gebildet ist, weist auf ein außerordentlich hohes Alter hin.

DIE KARTHAGER

Seit dem 12. Jh.v.Chr. holten die Phönizier aus dem spanischen Tartessos mit ihren Schiffen Silber, Eisen, Zinn und Blei (vgl. Hesekiel 27,12). Da in der frühen Handelsfahrt die Schiffe abends möglichst an einen sicheren Strand gezogen werden sollten, waren Gades in Spanien, Lixus und Utica in Nordafrika wohl schon seit dem 12. Jh. phönizisch. Die Gründung Karthagos von der phönizischen Stadt Tyrus aus um 800 v.Chr. ist möglicherweise eine Folge der damaligen Unterdrückung Phöniziens durch die Assyrer, die viele Menschen zur Auswanderung veranlaßt haben mag. Schon 100 Jahre nach seiner Gründung war Karthago reich und mächtig dank seiner guten Häfen und seiner günstigen Lage an der schmalsten Stelle des Mittelmeeres, an der der gesamte Handelsverkehr ins westliche Mittelmeerbecken überwacht werden konnte. Damals, im 7. Jh.v.Chr., besetzten die Karthager Sardinien und die Balearen. Irgendwann im 7. oder 6. Jh. legten sie auch Stützpunkte im Westen Siziliens an - nämlich Eryx, Trapani, Segesta, Palermo - und auf Korsika, Malta und Pantelleria. Sie hatten schon die anderen Phönizierstädte Nordafrikas überflügelt, und ab 550 v.Chr. erkannten diese Karthago als ihr Haupt an, dessen Oberherrschaft über sie aber, besonders über Utica, bis zum Ende locker blieb. Karthagos Kriegsflotte beherrschte nun das westliche Mittelmeer und schirmte seine Kaufleute gegen Konkurrenz ab. Seit Ende des 6. Jh.v.Chr. gehörte auch Südspanien mit Gades und Ibiza (Ebysos bzw. Ebusus) zu seinem Herrschaftsbereich. Konkurrenten waren an den Küsten des Tyrrhenischen Meeres die Etrusker und vor allem die Griechen, die innerhalb der karthagischen Interessensphäre im Westen außer Süditalien, Ostsizilien und Massilia noch einige kleinere Handelsniederlassungen in Nordostspanien und Südgallien besaßen. Mit den etruskischen Städten einigte sich Karthago durch vertragliche Abgrenzung der beiderseitigen Interessen. Die neue Allianz bewährte sich 536 v.Chr., als man gemeinsam ein Vordringen der Griechen nach Korsika mit der siegreichen Schlacht von Alalia verhinderte. Als die Römer gegen 500 v.Chr. das politische Erbe der Etruskerstädte antraten, verbündeten sich die Karthager auch mit ihnen durch Vertrag. Feinde wurden beide Partner erst, als Rom im 3. Jh.v.Chr. nach Sizilien überzugreifen drohte. Zu Beginn des 5. Jh.v.Chr. trafen die Karthager Absprachen mit den persischen Großkönigen Dareios und Xerxes, um die Griechen auch von Sizilien zu vertreiben. Fast 100 Jahre dauerten die von beiden Seiten grausam geführten Kämpfe, an deren Beginn die mit der Salamisschlacht (480 v.Chr.) etwa gleichzeitige Niederlage der Karthager bei Himera stand; aber keine der beiden Parteien konnte den Gegner aus Sizilien vertreiben. Die Karthager hatten im Verlauf der Kämpfe alle großen Griechenstädte Siziliens geplündert und viele Schätze, unter ihnen zahlreiche bedeutende Kunstwerke, nach Afrika verschleppt. Erst nach der Zerstörung Karthagos 146 v.Chr. ließ der jüngere Scipio diese Kunstwerke großenteils nach Sizilien zurückschaffen.

Wie die Bodenfunde zeigen, brachen die Karthager ihre bisher lebhaften Handelsbeziehungen zu den Griechen im 5. Jh.v.Chr. abrupt ab. Von ihnen oder über sie, die im ganzen östlichen Mittelmeer den Handel an sich gerissen hatten, wollten die Karthager selbst die Grundnahrungsmittel, Getreide und Öl, nicht mehr beziehen. Deshalb eroberten sie nun einen großen Teil des heutigen Tunesien und begannen mit einer intensiven eigenen Landwirtschaft. Bisher hatte das karthagische Hoheitsgebiet unmittelbar hinter der Stadt aufgehört. Zur Erschließung neuer Geldquellen und zur Intensivierung alter Handelsbeziehungen wurden im 5. Jh.v.Chr. zwei bedeutende Expeditionen unternommen: die des Himilkon, die an der Westküste Spaniens und Galliens bis zur Insel Quessant nahe Brest, einem Umschlagplatz für britisches Zinn, vordrang, und die des Hannon, welche die Goldfelder Senegals erschloß. 332 v.Chr., mit der Eroberung von Tyros durch Alexander, endeten die seit der Gründung Karthagos bestehenden politischen, wirtschaftlichen und religiösen Beziehungen zur Mutterstadt. Der Handel mit den Griechen hatte sich dagegen mit dem beginnenden 4. Jh.v.Chr. wieder normalisiert. Seit 396 v.Chr. besaß Karthago sogar ein eigenes Griechenviertel. Mit dem nach Alexanders des Großen Tod entstehenden Ptolemäerreich knüpfte es besonders enge wirtschaftliche Beziehungen. Überhaupt übernahm Karthago jetzt alle Errungenschaften der hellenistischen Zivilisation, so daß sich Stadt und Bürger äußerlich kaum von anderen hellenistischen Großstädten und deren Bewohnern unterschieden, als die Auseinandersetzung mit Rom begann.

Ungeklärt, wie im Grunde so vieles an der karthagischen Geschichte, ist die Frage, wann Karthago seinen Besitz in Südspanien verlor. Denn als die Barkiden nach 241 v.Chr. mit der Eroberung spanischen Kolonialbesitzes begannen, konnten sie als Ausgangsbasen nur noch einige karthagische Küstenstädte wie z.B. Gades (heute Cadiz) verwenden.

Zur Zeit der Kriege mit Rom stellten die Karthager bis in die höchsten Schichten hinein längst eine Mischung aus Nachfahren der eingewanderten Phönizier mit nordafrikanischen Umwohnern dar. Die Griechen und die Römer entwickelten folgendes wohl nicht ganz aus der Luft gegriffene Charakterbild von ihnen: klug, aber mit Neigung zu Verschlagenheit und Hinterlist, äußerst zäh, oder besser gesagt: von einer finsteren Verbissenheit, dazu nachtragend im Haß und nicht selten äußerst grausam. Die Archäologie kann noch einen wesentlichen Charakterzug beisteuern: Ihr Sinnen und Trachten war einseitig nur auf Besitz und Macht gerichtet, Spuren schöpferischer Leistung auf künstlerischem, technischem oder wissenschaftlichem Gebiet sucht man vergeblich; alle wertvollen Fundstücke sind importiert, nicht einmal gute Nachahmungen gelangen den Karthagern.

Die Religion des späten Karthago war phönizisch-numidisch-hellenistisch gemischt. Als höchste Gottheiten sind überliefert Baal Hammon (mit Kronos oder Saturn gleichgesetzt), Tanit (auch Juno oder Coelestis = die Himmlische genannt), Melkart (Herakles), Eschmun (Asklepios). Die Bezeichnung "Säulen des Herakles" für die Straße von Gibraltar ist auf die beiderseits der Straße, in Lixus und Gades, gelegenen Melkart-Heiligtümer zurückzuführen. Es ist bezeichnend für den finsteren Geist Karthagos, daß von den griechischen Gottheiten vor allem die chthonische Göttertrias,

Demeter-Dionysos-Kore Eingang fand. Auffällig auch die zahlreich gefundenen Amulette, mit denen man sich abergläubisch behängte, und die anhand aufgefundener Opferöfen mit Brand- und Knochenresten nachgewiesenen grauenhaften Kinderopfer. Dagegen beruht die Vorstellung vom Gotte Moloch, der wahllos seine Opfer verschlingt, auf einem Irrtum: "Molk" hieß nur ein bestimmter Opferritus.

Anfänglich wurde Karthago von Königen beherrscht, zeitweise auch von Tyrannen nach Art griechischer Städte, von etwa 450 v.Chr. an muß die Verfassung eine Art gemäßigte Aristokratie gewesen sein mit Senat, Volksversammlung und zwei jährlich wechselnden, vom Volke gewählten *Sufeten* als obersten Exekutivbeamten und Richtern. Heerführer wurden auch vom Volke gewählt, sie behielten ihr Kommando jeweils bis zum Ende des Feldzuges. Der furchtbare Söldneraufstand nach dem Ende des 1. punischen Krieges, den erst Hamilkar Barkas niederschlug, die Angst, daß sich Vergleichbares wiederholen könne, verhalf den Mitgliedern des Barkidenhauses für die nächsten Jahrzehnte zu einer von Staatskontrollen weitgehend unabhängigen Feldherrnstellung.

Schon seit dem 6. Jh.v.Chr. bestanden Karthagos Heere fast nur aus Söldnern, nämlich Numidern, Iberern, Balearen, Griechen, später auch Galliern und italischen Kampaniern. Kriegselefanten hatten sie, wie auch die Römer, zuerst in den Heeren des Pyrrhos gesehen, als dieser auf Sizilien kämpfte. Ob ihre seitdem benutzten eigenen Elefanten indische oder afrikanische waren, ist ungeklärt. Die Kampfesweise der Karthager wurde überwiegend bestimmt durch den Geist der punischen Heerführer und den zumeist aus Afrikanern bestehenden Kern des Heeres. Sie war der der Römer entgegengesetzt. Nicht der frontal geführte Kampf, Schlachtreihe gegen Schlachtreihe, sollte die Entscheidung bringen; das Ziel war vielmehr, den Gegner zu täuschen, in eine Falle zu locken, ihn von der Seite und im Rücken zu packen und einzukesseln, wie es am Trasimenischen See und bei Cannae in ganz großem Stile gelungen ist. Einen charakteristischen Einkesselungsversuch aus dem 1. pun. Krieg schildert Cato in den *Origines* (frg. 83 P.̇ = Gellius III, 7). Die Flotten setzten im Seekrieg ebenfalls gern zur Umklammerung an. Wenn die Verhältnisse keine Einschließung im großen ermöglichten, verzichtete man auf eine Feldschlacht und versuchte durch ständige Beunruhigung, überraschende Überfälle auf ahnungslos dahinziehende Truppen, Vernichtung kleinerer, abseits operierender Einheiten, Abschnüren der Nachschubwege, äußerst grausame oder im Gegenteil höchst milde Behandlung der Gefangenen den Widerstandswillen des Gegners langsam zu zersetzen. Hannibal hat diese überlieferten Methoden der Kriegsführung genial anzuwenden gewußt. Für ihn ist außerdem charakteristisch, daß er nach Weise hellenistischer Heerführer eine innerhalb des Gesamtheeres zahlenmäßig kleine Elitetruppe hielt, die unter allen Umständen den ihr zugewiesenen Kampfauftrag erfüllte. Seine größte Leistung besteht darin, daß er, soweit wir jedenfalls wissen, als erster Feldherr Truppenbewegungen durchführen ließ, während die Schlacht schon entbrannt war. Vor ihm konnten die für die Schlacht zu Beginn getroffenen Dispositionen nachträglich nicht mehr

korrigiert werden. Der ältere Scipio hat diese Neuerung Hannibals übernommen (vgl. S. 52). Mit ihr beginnt die Geschichte der modernen
Strategie. Unverständlich bei Hannibal ist, daß er sich trotz Karthagos
jahrhundertelanger Erfahrung im Seekrieg ausschließlich auf Operationen
zu Lande beschränkte und dabei sogar die verlustreiche Alpenüberquerung
in Kauf nahm.

Die Grundlage der karthagischen Wirtschaft bildete von Anfang an der
Metallhandel. Karthago beschaffte in sicherer Monopolstellung Buntmetal-
le aus Spanien, Britannien, Afrika und verkaufte sie mit großem Gewinn
weiter an die am östlichen Mittelmeer gelegenen Gebiete mit hochent-
wickelter Zivilisation und dementsprechendem Bedarf. Von dorther impor-
tierte es Fertigwaren und Lebensmittel für den eigenen Verbrauch und für
den Weiterverkauf an die Metallieferanten. Seit dem 5. Jh.v.Chr. erzeugte
es in dem neuerworbenen afrikanischen Hinterland Lebensmittel in zuneh-
mendem Maße selbst. Bezeichnend für den hohen Kenntnisstand auf
diesem Gebiet ist das ausführliche Werk des gegen 200 v.Chr. lebenden
Mago über die Landwirtschaft, das die gesamte bisherige einschlägige
Fachliteratur des Hellenismus überflüssig machte und daher mehrfach ins
Lateinische und Griechische übertragen wurde. Aber die brutale Art der
Karthager ist berüchtigt, mit der sie auf ihren Großgütern in Afrika, Sizilien
und Spanien die Überschüsse erzielten, indem sie gekaufte Sklaven und
eingeborene Leibeigene nach genauer vorheriger Kalkulation sich planmäßig zu Tode arbeiten ließen. In entfernter gelegenen Gebieten ihres
afrikanischen Besitzes trieben sie rücksichtslos oft 50 % und mehr der
Ernten als jährliche Tribute von der einheimischen Bevölkerung ein. Die
seit 396 v.Chr. eingewanderten Griechen verhalfen Karthago zu einer
eigenen Produktion von Glas- und Purpurwaren. Im wesentlichen blieb es
aber bis zum Ende dabei, daß die Karthager Fertigwaren, die nicht allzu
primitiv waren, von auswärts bezogen, seit dem 3. Jh.v.Chr. vor allem von
ihrem engen Handelspartner, dem ägyptischen Ptolemäerreich.

Vor Ankunft der Phönizier war vermutlich schon die Byrsa, die spätere
Zitadelle Karthagos, von Afrikanern besiedelt. Sie lag inmitten der Stadt
auf einem steilen Burghügel und hatte einen Mauerumfang von 3 km. Die
Stadtmauer der gesamten Stadt erstreckte sich zuletzt über 33 km und
umschloß eine Fläche von 150 - 200 Hektar. Da die Stadt, wie berichtet
wird, sehr enge Gassen und teilweise sechsstöckige Häuser hatte, muß
mit etwa 400000 Einwohnern gerechnet werden; Strabon schätzte die
Einwohnerzahl allerdings auf 700000. Die Altstadtviertel heutiger nordafrikanischer Großstädte können etwa eine Vorstellung von der Besiedlungsdichte und Bebauungsart des vorrömischen Karthago geben. Karthago
heißt "Neustadt". Ob es "Neustadt" im Verhältnis zur Mutterstadt Tyros
genannt wurde oder zur Byrsa, der vorgefundenen Afrikanersiedlung, ist
ungeklärt. Nicht nur auf dem Boden Karthagos, sondern in ganz Nordafrika
hat man nur wenig Vorrömisches gefunden. Immerhin wird aus den
wenigen Funden deutlich, daß Karthago bis 400 v.Chr. sein phönizisches
Aussehen bewahrte und sich von da an in der gesamten materiellen Kultur
zu einer Stadt griechischer Prägung entwickelt hat. Die aus punischen

Werkstätten stammenden Funde sind von minderwertiger Qualität, selbst Nachahmungen griechischer Arbeiten mißlangen, wie vorher bereits erwähnt. Die griechische Geisteswelt blieb den Puniern völlig verschlossen. Auch besaßen sie keine oder jedenfalls keine nennenswerte eigene schöngeistige Literatur, wohl aber Fachliteratur, wie Magos Werk über die Landwirtschaft zeigt.

Nach der Zerstörung Karthagos hat sich die phönizische Sprache in den anderen Städten Nordafrikas und bei der teilweise punisierten Landbevölkerung noch lange halten können. Die letzte punische Inschrift stammt vom Ende des 2. Jh.n.Chr. Die Sprache selbst wird sich aber wohl bis zum Eindringen der Araber hier und dort haben halten können. Das wenige, was es neben Sprache und Religion an spezifisch Punischem in der Gesittung der Stadtbevölkerung Nordwestafrikas gab, verlor sich schon zu Beginn der Kaiserzeit im Provinzialrömischen.

DIE NUMIDER UND MAUREN

In der Antike war die Sahara eine von Gewässern durchzogene Grassteppe. Der Waldreichtum Nordafrikas war so groß, daß Elefanten in großen Mengen Nahrung fanden und noch bis in die Spätantike die Thermen der Stadt Rom mit afrikanischem Holz geheizt wurden. Die Bevölkerung sah "europäischer" aus als in der Gegenwart, denn es fehlte der durch jahrhundertelangen Sklavenimport entstandene heutige Negereinschlag und ein hoher Prozentsatz war blond.[1] Zwischen Mauren und Numidern besteht völkisch kein Unterschied. ("Numider" ist entweder ein afrikanisches Wort oder wahrscheinlicher identisch mit dem griechischen "Nomade" = umherschweifender Hirte.) Sie müssen mit den Iberern Spaniens verwandt gewesen sein. Noch heute sind sprachliche Beziehungen zwischen Spanien und Nordafrika, nämlich zwischen den Berberdialekten und dem Baskischen, erkennbar. In der Sahara lebten Viehzüchter, die ihre festen Sommer- und Winterweiden hatten, also keine Nomaden im eigentlichen Sinne waren. Teilweise wurde auch Ackerbau betrieben, besonders dort, wo die Punier und später die Römer ihren Einfluß stärker geltend machten. Die Viehherden bestanden aus Rindern oder aus kleinwüchsigen Kaltblutpferden. Kamel- bzw. Dromedarhaltung kam erst in der Kaiserzeit langsam auf. Der nordafrikanische Durchschnittskrieger war der Reiter eines solchen kleinen Kaltblüters, den er nur mit der Gerte lenkte; Sattel, Zaumzeug und Sporen kannte er nicht. Seine Waffen waren Spieß oder Wurflanze, Dolch und kleiner Rundschild. Politisch waren die Nordafrikaner nach Stämmen organisiert. Die Königsdynastien, von denen wir hören, stützten sich auf Stämme oder Stammesbünde. Eigene Städte besaß die einheimische Bevölkerung nicht; sie waren immer Gründungen von Einwanderern. Infolge der schon von den Puniern eingeführten Intensivierung des Ackerbaus konnte sich Nordafrika in der Römerzeit zur Kornkammer entwickeln; seit Mitte des 1. Jh.n.Chr. lieferte es 2/3 des Bedarfs der Stadt Rom. Ende des 2. Jh.n.Chr. waren 15 % der Senatoren und Ritter des Reiches Afrikaner. Die bedeutendsten "Römer" Afrikas sind Augustin, Terenz, Apuleius, Tertullian (siehe Literaturgeschichte S. 116ff) und Kaiser Septimius Severus gewesen.

---

1) Die großen blonden Cromagniden Nordafrikas, an deren grobgeschnittenen Gesichtern die besonders breiten Kinnladen auffallen, haben sich am längsten auf den Kanarischen Inseln rein erhalten können, nämlich bis zur Besetzung durch die Spanier. Aber auch in der Kabylei und anderswo auf dem Festland gibt es jetzt noch unter der Berberbevölkerung nicht wenige Hellfarbige.

DIE HISPANIER

Im Süden und im Osten der Pyrenäenhalbinsel wohnten in der Antike Iberer. Im Osten sollen sie an der Mittelmeerküste entlang in einem schmalen Streifen bis zu den Pyrenäen gesiedelt haben. Sie waren in einer nicht näher bestimmbaren Form mit den Numidern und Mauren Afrikas bzw. mit deren Nachfahren, den heutigen Berbern, sprachverwandt. Die geographische Lage hat ihre Kultur früh den Einflüssen anderer Mittelmeerkulturen (Kreta, Griechenland, Phönizien) ausgesetzt, so daß sie den Entwicklungsstand einer blühenden Hochkultur erreichten, zahlreiche Städte besaßen und ein eigenes Schriftsystem benutzten. Ihre Schrift ist entziffert, aber die Sprache bleibt noch unverständlich. Kerngebiet war die fruchtbare und an Bodenschätzen reiche *Baetica,* also das Land um den Baetis (= Guadalquivir). Die Blütezeit der Iberer lag zwischen 500 und 200 v.Chr.. Politisch waren sie teils in monarchisch beherrschte Stämme, teils in Stadtrepubliken aufgeteilt. Am Landschaftsbild der Baetica fielen die vielen Türme und kleinen Kastelle auf, die dem Schutz der reichen Fruchtebene vor räuberischen Bergstämmen dienen sollten. Ab 195 v.Chr. war die Baetica friedlicher Teil des römischen Imperiums, während im übrigen Spanien erst mit Augustus endgültig Ruhe einkehrte. Die Iberer haben sich bald so gründlich romanisieren lassen, daß ihre eigene reiche Kultur in der römischen Provinzialkunst keine Spuren hinterließ. Ende des 2. Jahrtausends und in der ersten Hälfte des 1. Jahrtausends v.Chr. standen am Baetis in einer geographisch bisher nicht näher geklärten Lage die Stadt Tartessos und das ausgedehnte Königreich gleichen Namens in Blüte. Ihr großer Reichtum war weithin berühmt. Ab etwa 500 v.Chr. existierte Tartessos nicht mehr. Die Ursache ist ungeklärt: Entweder waren die Karthager oder keltische Bergstämme die Zerstörer. In irgendeiner Weise verwandt mit den Iberen waren die Baskonen oder Vaskonen und deren Nachfahren, die heutigen Basken.In der Antike reichte ihr beiderseits der Pyrenäen liegendes Gebiet im Süden noch bis an den Mittellauf des Ebro. Sie haben bis heute ihre vorrömische Sprache bewahrt.

Sämtliche übrigen uns bekannten Völker der Pyrenäenhalbinsel sind indogermanischer Herkunft oder waren jedenfalls indogermanisch überlagert. Es ist ungenau, alle Indogermanen, die irgendwann während der 1. Hälfte des 1. Jahrtausends v.Chr. in die Halbinsel einwanderten, als Kelten zu bezeichnen, denn Stammesnamen wie Nervier (Belger?), Eburonen (Volk der vorgermanischen Nordwestgruppe?), Kimbern (vorgermanisches Nordseevolk?) lassen für einen Teil der Einwanderer auf eine andere Herkunft schließen. Alle diese Völker mitteleuropäischer Herkunft lebten vorwiegend als Viehzüchter und Jäger auf der damals noch waldreichen Halbinsel. Die einzelnen Stämme befehdeten sich ständig. Ihre Dörfer waren oft befestigt. Im Nordosten der spanischen Hochebene hatte sich nach der Mitte des 1. Jahrtausends v.Chr. das Mischvolk der Keltiberer gebildet. Sie besaßen sogar regelrechte Städte. Im Stammesgebiet der Arevaker lag Numantia, die berühmte Stadt, die Rom 133 v.Chr. erst nach zehnjährigem Kampfe erobern konnte. Andere gefährliche Gegner Roms waren die ob ihrer

Guerillataktik gefürchteten Lusitaner im heutigen Portugal und die Asturer und Kantabrer in Nordwestspanien. Wenn diese unzivilisierten Völker Spaniens einmal überwunden waren, hoben Karthager und Römer gerne bei ihnen Fußtruppen aus, denn deren Qualität stand selbst der mittelitalischer Kerntruppen nicht nach. Der ältere Scipio hat im 2. punischen Krieg den *gladius* von den Keltiberern übernommen, das Schwert des römischen Legionärs für die nächsten 400 Jahre. - Bedeutende Spanier der Antike waren Seneca, Martial, Lukan (vgl. Literaturgeschichte S. 128ff) und die Reihe der großen Adoptivkaiser von Trajan bis Mark Aurel.

Zeittafel zur römischen Geschichte

DIE SIEBEN KÖNIGE ROMS

753 [1]   **Romulus** gründet Rom auf dem Palatium. Als Gründungsdatum wurde später der 21. April gefeiert. Anwachsen der Gemeinde durch Aufnahme von Flüchtlingen aus anderen Städten. Vereinigung der Latiner des Palatium und der Sabiner des Quirinal zu e i n e m Gemeinwesen unter dem Doppelkönigtum des Romulus und des Sabiners Titus Tatius.

König **Numa Pompilius**, ein Sabiner aus Cures, hält die unter Romulus kriegerisch gewordenen Römer zu friedlicher Lebensführung an und bringt Ordnung in das Kultwesen.

Der 3. König, der Latiner **Tullus Hostilius**, ist wieder besonders kriegerisch: Vernichtung des Hauptortes der Latiner, Alba Longa.

Der Sabiner **Ancus Marcius**, Enkel des Numa, ist ein Friedensfürst. Vergrößerung Roms durch Ansiedlung der Bewohner kleiner Nachbarorte. Gründung der Hafenstadt Ostia.

Tarquinius Priscus, ein Etrusker, gibt Rom ein regelrecht städtisches Gepräge. Vermehrung des Senats auf 300 Mitglieder. Etruskisches Brauchtum dringt in Staat und Kultus ein. Ermordung des Tarquinius durch die Söhne des Ancus.

Ihm folgt **Servius Tullius**, im Königshaus des Tarquinius aufgewachsener Sohn eines Gottes und einer Sklavin. Auf ihn wird die erst nach dem Gallierbrand (387 v. Chr.) errichtete "servianische" Stadtmauer und vor allem die "servianische" Verfassung zurückgeführt. Ermordung durch seinen Schwiegersohn, den Sohn des Tarquinius Priscus.

Dieser Mörder, **Tarquinius Superbus**, ist der letzte König. Er ist ein in auswärtigen Kriegen erfolgreicher, aber durch sein tyrannisches Regiment verhaßter Despot. Vertreibung des Tarquinius und seiner Familie durch L. Iunius Brutus.
510   Rom wird Republik.

ROM EROBERT ITALIEN · STÄNDEKÄMPFE

494   Beginn der Ständekämpfe; Entstehung des Volkstribunats.

451/450   Zwölftafelgesetzgebung (vgl. S. 35).

396   Vernichtung von Veji, der etruskischen Nachbarstadt und Nebenbuhlerin Roms.

387   Die Römer werden von nach Mittelitalien eindringenden Galliern an der Allia geschlagen; diese zerstören Rom.

367   Die Plebejer erhalten Zugang zum Konsulat.

343-290   Samnitenkriege. Rom, das schon seit der Königszeit Latium, Etrurien und andere benachbarte Gebiete zu unterwerfen suchte, **ist nach dem Samnitenkrieg Herr Mittelitaliens.**

---

1) Daten, Personen und Ereignisse der Königszeit sind ungesichert; für die Daten gilt das sogar noch bis zum Beginn des 3. Jh.v.Chr.

287   Die Plebiszite, d.h. die Beschlüsse der Plebs, erhalten Gesetzeskraft. **Die Plebejer von nun an den Patriziern gleichberechtigt** (Ende der Ständekämpfe).

282-272   Krieg mit Tarent und König Pyrrhos. Rom ist nach dem siegreichen Abschluß dieses Krieges **Herr Italiens vom Nordhang des Apennin bis zur "Stiefelspitze"; damit ist die italische Phase der römischen Geschichte beendet.**

ROMS AUFSTIEG ZUR WELTMACHT

264-241   1. punischer Krieg; Sizilien und wenig später Sardinien und Korsika werden römisch. Damit **hat Rom erstmals außeritalische Besitzungen,** die es als Untertanenländer, "Provinzen", verwaltet.

225-222   Oberitalien, die sog. Gallia Cisalpina wird großenteils erobert.

218-201   2. punischer Krieg.

216   Sieg Hannibals bei Cannae.

202   Entscheidender Sieg Scipios bei Zama (Afrika). Rom hat mit diesem Krieg nach Spanien und Afrika übergegriffen, **beherrscht das westliche Mittelmeer und ist Großmacht** gleich den hellenistischen Diadochenstaaten Makedonien, Syrien, Ägypten.

192-189   Krieg gegen Syrien; Syrien als Großmacht ausgeschaltet, der Vordere Orient von jetzt an römische Interessensphäre.

168   Durch die Entscheidungsschlacht bei Pydna ist Makedonien ausgeschaltet: **Rom ist ohne Konkurrenten und damit Weltmacht.**

146   Endgültige Vernichtung Karthagos. - Zerstörung Korinths (**letztes Datum der Geschichte des griechischen Mutterlandes**).

133   Zerstörung Numantias in Spanien.

DAS JAHRHUNDERT DER BÜRGERKRIEGE

133   Der Volkstribun Tiberius Sempronius Gracchus bemüht sich um eine Sozialreform mit Landverteilung an die verarmte Unterschicht Italiens; er wird erschlagen; **dies ist der Beginn 100-jähriger innerer Unruhen und Bürgerkriege.**

123-121   Gajus Gracchus setzt das Werk seines Bruders fort und wird ebenfalls erschlagen.

113-101   Krieg gegen die Kimbern und Teutonen, wandernde Nordvölker, die Siedlungsland suchen, die ersten Vorboten der germanischen Völkerwanderung. Anläßlich dieses Krieges Heeresreform des Marius: **die nunmehrigen Berufsheere werden ein Instrument zur Vernichtung der Republik.**

111-105   Krieg gegen Iugurtha; Numidien wird römische Provinz.

91-88   Bundesgenossenkrieg; **alle freien Bewohner Italiens südlich des Apennin von nun an römische Bürger.**

88-64   Kriege gegen Mithradates von Pontos.

88-82	Bürgerkrieg zwischen Popularen (Anhängern gracchischen Gedankengutes) unter Marius und Optimaten (Vertretern der Senatsaristokratie) unter Sulla; die jeweiligen Sieger bringen Tausende ihrer Gegner um (Proskriptionen).
82-79	Diktatur und reaktionäre Reformen Sullas.
77-62	Sicherung der außeritalischen Besitzungen Roms durch die Feldzüge und organisatorischen Maßnahmen des "Reichsfeldherrn" Pompejus.
73-71	Großer Sklavenaufstand unter Spartacus.
60	Die 3 mächtigsten Römer, Pompejus, Crassus, Cäsar bilden Aktionsgemeinschaft, um ihren Willen gegen die Senatsaristokratie durchzusetzen (sog. 1. Triumvirat).
58-51	Cäsar erobert das für den Abwehrkampf des Imperiums gegen die in den folgenden Jahrhunderten ständig wachsende Germanengefahr wichtige Gallien: **Schaffung der Rheingrenze.**
56	Erneuerung des Triumvirats.
53	Tod des Crassus; zunehmender Gegensatz Pompejus-Cäsar.
49-45	Bürgerkrieg zwischen Cäsar und der Senatsaristokratie, mit der Pompejus verbündet ist.
48	Entscheidender Sieg Cäsars über Pompejus bei Pharsalos.
44	Am 15. März Ermordung des siegreichen Diktators Cäsar.
44-30	Bürgerkrieg zuerst zwischen Cäsarmördern und Cäsarerben, dann zwischen den Cäsarerben untereinander, aus dem Oktavian (ab 27 "Augustus") als Sieger hervorgeht.
42	Entscheidender Sieg der Cäsarerben Oktavian und Antonius über die Cäsarmörder Brutus und Cassius bei Philippi.
31	Entscheidender Sieg Oktavians über Antonius und Kleopatra bei Aktium: **Damit Ende des Jahrhunderts der Bürgerkriege, Ende der republikanischen Epoche.**

ROM UNTER DEM JULISCH-CLAUDISCHEN KAISERHAUS

	Die Phase einer nach außen hin aktiven Politik Roms ist nun endgültig beendet; auch im Innern gibt es vor 284 keine einen grundlegenden Wandel schaffenden Kräfte mehr. **Die politischen Ziele sind nunmehr Wahrung des**
31 v. Chr.	**imperialen Besitzstandes und innere Wohlfahrt.**
- 14 n. Chr.	Augustus; augusteische Klassik der Literatur und bildenden Kunst.
Etwa 6 v.Chr.	Geburt Christi.
9 n.Chr.	Vernichtung eines römischen Heeres durch Arminius im Teutoburger Wald; Folge davon: **Germanien entgeht damit endgültig der Romanisierung.**

14-37	Tiberius
37-41	Caligula (geistig nicht normal)
41-54	Claudius
54-68	Nero (zunehmender Cäsarenwahn), letzter Kaiser des julisch-claudischen Kaiserhauses.

KAISER AUS DEM HAUSE DER FLAVIER

68/69	"Dreikaiserjahr": Galba/Otho/Vitellius
69-79	Vespasian
70	Zerstörung Jerusalems.
79-81	Titus
79	Der Vesuv vernichtet Pompeji und Herculaneum.
81-96	Domitian; Beginn der Limesanlagen.

ADOPTIVKAISER

Unter diesen Kaisern, die den jeweils Geeignetsten als Nachfolger adoptierten, gibt es, trotz verschiedener schwerer Kriege an den Grenzen, **die längste friedliche Blütezeit,** die das Mittelmeergebiet in seiner gesamten Geschichte bis heute erlebt hat.

96-98	Nerva
98-117	Trajan. Schwere Kriege gegen die Daker und Parther. Größte Ausdehnung des Reiches.
117-138	Hadrian. Vollendung des Limes; Befestigungen in der Art des Limes auch in Britannien, Dakien, Syrien, Nordafrika.
138-161	Antoninus Pius
161-180	Mark Aurel. Schwere Kämpfe gegen die Markomannen an der Donau und gegen die Parther; eine Pest reißt große Lücken in die Truppen und in die Zivilbevölkerung im ganzen Reich.

JAHRHUNDERT DER SOLDATENKAISER

Mit Mark Aurels Fehler, seinen eigenen Sohn als Nachfolger zu bestimmen, endet die glückliche Epoche der Adoptivkaiser. Das nun kommende Jahrhundert ist gekennzeichnet durch andauernde schwere und schwerste Abwehrkämpfe an fast allen Grenzen des Reiches und Bürgerkriege, durch zunehmende **wirtschaftliche Not,** durch das Abreißen der Tradition auf vielen Gebieten der antiken Kultur und durch die **Allmacht der Truppen,** die willkürlich über die Kaiser verfügen, so daß kaum einer dieser Soldatenkaiser (die uns großenteils in hervorragenden realistischen Porträts erhalten sind) eines natürlichen Todes stirbt.

180-192	Commodus (entarteter Sohn des Mark Aurel). Rasch einsetzender Niedergang.
192/193	Pertinax, Didius Iulianus

193-211 Septimius Severus

211-217 Caracalla (entarteter Sohn des Septimius Severus)

212 **Constitutio Antoniniana: alle freien Reichsangehörigen erhalten das römische Bürgerrecht.**

217/218 Macrinus

218-222 Elagabalus

Etwa Die Germanen schließen sich zu schlagkräftigen, den Römern äußerst ge-
200 fährlichen Großstämmen zusammen.

222-235 Alexander Severus

226 Gründung des Neupersischen Reiches unter den Sassaniden: ein Feind, der den Römern noch gefährlicher werden sollte als die Parther.

235-238 Maximinus Thrax

238-244 Gordianus III.

244-249 Philippus Arabs

249-251 Decius. 250 erste allgemeine Christenverfolgung

251-253 Gallus

253-260 Valerianus. 260 gerät V. in die Gefangenschaft der Sassaniden

253-268 Gallienus

268-270 Claudius II. Gothicus

270-275 Aurelianus

275/276 Tacitus

276-282 Probus

282-284 Carus und Carinus

NEUORGANISATION DES REICHES-UNTERGANG WESTROMS

Den in alle Lebensbereiche gewaltsam eingreifenden Reformen der beiden großen Illyrer Diokletian und Konstantin gelingt es noch einmal, die Verhältnisse **durch Zwang, Druck und Freiheitsberaubung** zu stabilisieren und sogar eine kurze Blüte (unter Konstantin und Theodosius) heraufzuführen. Der Verlegung des Schwerpunktes des Reiches von Italien an den Bosporos ist es zu verdanken, daß der Osten des Reiches sich noch das ganze Mittelalter hindurch halten konnte. - Das Christentum wird Staatsreligion.

284-305 Diokletian.

303 Letzte große Christenverfolgung.

313	**Toleranzedikt von Mailand** (vgl. S. 93).
323-337	Konstantin der Große setzt sich nach langen Machtkämpfen ab 323 als Alleinherrscher durch.
325	Konzil von Nicaea.
340-361	Konstantius, Sohn des Konstantin, setzt sich nach Machtkämpfen gleich seinem Vater als Alleinherrscher durch.
361-363	Julianus Apostata (= der Abtrünnige) möchte dem heidnischen Glauben wieder zu Ansehen verhelfen.
364-375	Valentinianus I.
375	Einbruch der Hunnen nach Europa: Beginn der Völkerwanderung.
379-395	Theodosius; Blüte der östl. Reichshälfte; Verbot des heidnischen Glaubens, **Christentum wird Staatsreligion.**
395-423	Endgültige Reichsteilung ab 395; Honorius, der jüngere Sohn des Theodosius, herrscht in der Westhälfte. Verlegung der Residenz nach Ravenna.
410	Die Westgoten erobern vorübergehend die Stadt Rom.
425-455	Valentinianus III. (in Westrom).
455	Plünderung Roms durch die Wandalen.
475/476	**Romulus Augustulus,** Sohn eines Führers germanischer Hilfsvölker, **letzter weströmischer Kaiser;** der germanische Söldnerführer Odoaker setzt ihn ab. Träger der römischen Kultur im Westen von nun an die Kirche, Träger des Reichsgedankens werden später die deutschen Kaiser.

Anhang

NAMHAFTE GESTALTEN DER RÖMISCHEN GESCHICHTE VON APPIUS CLAUDIUS BIS HADRIAN IN LEBENSDATEN

APPIUS CLAUDIUS CAECUS

Familie patrizisch.

312 v.Chr.	Zensur des Appius Claudius; sie ist bemerkenswert durch Neuerungen auf den Gebieten Bauwesen, Religion, Politik. Dabei besonders beachtlich: Bau der *aqua Appia* (älteste Wasserleitung Roms), Bau der *via Appia* (älteste durch Schotterung und teilweise Pflasterung befestigte Heerstraße Italiens), Aufnahme von Söhnen Freigelassener in den Senat.
307	Konsul.
Etwa 300	A. sorgt für Veröffentlichung des Kalenders mit den Gerichtstagen und Veröffentlichung der Rechtsformeln, die bisher Geheimbesitz der oft im Interesse der Nobilität parteiischen *pontifices* (vgl. S. 36) waren.
299	*Interrex* (Interimsregent bei Ausfall beider Konsuln).
296	Konsul zum 2. Mal.
295	Prätor.
292-285	Irgendwann in dieser Zeit Diktator.
280	Der fast Erblindete hält im Senat eine Rede gegen das Friedensangebot des Pyrrhos. Seitdem eiserner Grundsatz römischer Politik: kein Friede mit einem Gegner, der nicht völlig besiegt ist. Diese Rede ist die 1. schriftlich überlieferte Rede der römischen Literatur. Über A.s weitere literar. Tätigkeit: S. 115.

Appius Claudius Caecus, die 1. in ihrer individuellen Besonderheit klar faßbare Persönlichkeit der römischen Geschichte, war ein sozial denkender genialer Neuerer in der Politik, im Rechtswesen, in der Literatur und in der Anwendung des Ingenieurbaus.

FLAMINIUS

C. Flaminius entstammt einer plebejischen Familie.

232	Als Volkstribun bringt er gegen den Widerstand des Senats ein Gesetz durch, nach dem an bedürftige Bürger Land vom *ager Gallicus et Picenus* (Gegend von Rimini) verteilt werden sollte.
227	Prätor und 1. Statthalter der neuen Provinz Sizilien.
223	Konsul; Fl. führt zum 1. Mal ein römisches Heer auf das Nordufer des Po und schlägt die gallischen Insubrer. Triumph gegen den Willen des Senats. Bau der *via Flaminia* (Rom - Sena Gallica, später Rom - Ariminum, heute Rimini).
221	Fl. *magister equitum* (vgl. S. 6) seines politischen Gegners, des Diktators Q. Fabius Maximus.
220	Als Zensor baut Fl. den *Circus Flaminius.*
218	Als einziger Senator unterstützt Fl. das Gesetz des Volkstribunen Claudius, das Senatoren das Betreiben von Handel in größerem Stile verbot (vgl. S. 26). Hierdurch entsteht die Ritterschaft als gesonderter Stand.

| 217 | Konsul zum 2. Male; Fl. fällt mit dem größten Teil seines Heeres in der Kessel-schlacht am Trasimenischen See im Kampf gegen Hannibal. |

Flaminius war mit seinem entschiedenen Eintreten für die Belange des Volkes gegen den Eigennutz der Nobilität ein Fortsetzer der Politik des Appius Claudius. Die Zeitgenossen führten die Katastrophe am Trasimenischen See auf seine Mißachtung des vor jeder wichtigen Amtshandlung erforderlichen religiösen Zeremoniells zurück. Daß der zu unkonventioneller Denkweise neigende Flaminius sich darüber hinweggesetzt hat, ist durchaus glaubhaft. Flaminius war "die erste wirklich cäsarische Erscheinung Roms" (Oswald Spengler).

MARCELLUS

	M. Claudius Marcellus entstammt einem plebejischen Zweig der Claudier. Teilnahme am 1. punischen Krieg (264-241).
Etwa 226 v.Chr.	Kurulischer Ädil; irgendwann in dieser Zeit wird M. auch Augur.
Etwa 224	Prätor.
222	M. siegt als Konsul bei Clastidium über die gallischen Insubrer und besiegt und tötet deren Führer Viridomarus im Zweikampf; Triumph.
216-208	M. ununterbrochen Heerführer im Krieg gegen Hannibal.
216	Prätor zum 2. Male. Er verteidigt das südliche Kampanien und verhindert erfolgreich die Einnahme Nolas durch Hannibal.
214	Konsul zum 3. Male (ungeklärt, wann M. zum 2. Male Konsul war). Oberbefehl auf dem sizilischen Kriegsschauplatz.
213-211	Belagerung und Einnahme von Syrakus (Archimedes). Überführung von Kunst-schätzen nach Rom.
210	Konsul zum 4. Male.
208	Konsul zum 5. Male. M. fällt bei Venusia.

Wenn man von dem Hannibal an Feldherrngenie etwa gleichkommenden älteren Scipio Africanus absieht, so waren auf römischer Seite Marcellus, das "Schwert Roms", und Fabius Cunctator, der "Schild Roms", die beiden tüchtigsten Heerführer im 2. pun. Krieg. Höhepunkte im Leben des Marcellus waren der Sieg in Schlacht und Zweikampf bei Clastidium (Naevius dichtete ihm zu Ehren seine Tragödie "Clastidium") und die Einnahme von Syrakus.

FABIUS CUNCTATOR

	Etwa 280 v.Chr. Q. Fabius Maximus Verrucosus geboren als Sproß einer der ältesten und berühmtesten Patrizierfamilien Roms.
Ab 265	Augur.
233	Konsul. Sieg und Triumph über die Ligurer.
230	Zensor.

228	Konsul zum 2. Male.
221	Diktator.

217   Diktator zum 2. Male. Nach der vernichtenden Niederlage des Flaminius am Trasimenischen See macht man mit Bedacht den Augur F. zum Diktator, weil diese Katastrophe mit religiösen Verfehlungen des Flaminius in Zusammenhang gebracht wird. Hinhaltende Kriegführung des F., Vermeidung einer Schlacht in richtiger Erkenntnis der überlegenen Feldherrnkunst Hannibals; F. daher *Cunctator* (Zauderer) genannt.

216   Nach Cannae sorgt F. für Besonnenheit in Rom. Ab 216 ist er *pontifex*.

215   Konsul zum 3. Male. F. schirmt in Kampanien Rom gegen Hannibal ab; Eroberung mehrerer abgefallener Städte.

214   Konsul zum 4. Male. Kriegführung in Unteritalien.

213-210   Weitere Truppenkommandos.

209   Konsul zum 5. Male. Eroberung Tarents, des damaligen Hauptstützpunktes der Karthager: Triumph. F. von nun an *princeps senatus* (ranghöchster Senator, vgl. S. 13).

203   F. gestorben.

Fabius' hinhaltende Kriegführung machte nach Cannae Schule, verhinderte weitere schwere Niederlagen Roms und band Hannibal auf dem italischen Kriegsschauplatz. Er galt als der "Schild Roms". Der konservative Fabius war ebenso Gegner der sozialreformerischen Vorhaben des C. Flaminius wie der weitausgreifenden imperialen Pläne des älteren Scipio Africanus.

DER ÄLTERE SCIPIO AFRICANUS

Etwa 235 v.Chr.   P. Cornelius Scipio geboren; er entstammt einer Patrizierfamilie, die besonders im 3. Jh.v.Chr. bedeutende Männer hervorgebracht hat.

(218   Daß Sc. in der Schlacht am Ticinus seinen verwundeten Vater, den Konsul P. Scipio, gerettet hat, ist spätere Erfindung.)

216   Kriegstribun in der Schlacht bei Cannae.

213   Ädil.

Ab 211   Mitglied der Bruderschaft der Salier (vgl. S. 84).

210-206   Oberkommandierender mit prokonsularischem Imperium auf dem spanischen Kriegsschauplatz, nachdem sein Vater und sein Onkel dort 211 gefallen sind. Umschulung der Truppen auf eine elastischere, vom bisherigen Schemadenken freie Kampfesweise (vgl. S. 52).

209   Einnahme Neukarthagos durch kühnen Handstreich.

208   Sieg über Hasdrubal bei Baecula; erstmalige Anwendung der neuen Strategie.

206   Meuterei der Soldaten Sc.s in Sucro. - Sieg bei Ilipa: Karthago muß den spanischen Kriegsschauplatz verloren geben.

205   Konsul. Auf Sizilien übt er seine Truppen für den bevorstehenden Endkampf in Afrika. Meuterei in Lokroi.

204	Sc. setzt nach Afrika über.
203	Erfolgreiche Umfassungsschlacht auf den großen Feldern.
202	Entscheidender Sieg über den inzwischen aus Italien heimgekehrten Hannibal bei Zama; seitdem Sc. *Africanus* genannt.
199	Zensor und von nun an *princeps senatus* (vgl. S. 13).
194	Konsul zum 2. Male.
190/189	Legat und Berater seines Bruders, des Konsuls L. Scipio, im Krieg gegen Syrien (192-189).
187 und 184	Prozesse gegen Sc. und seinen Bruder: sie werden der Unterschlagung von syrischer Beute bezichtigt.
184	Sc. entzieht sich dem Prozeß, indem er Rom verläßt.
183	Sc. stirbt auf seinem Landgut bei Liternum (Kampanien).

Scipio war neben Cäsar der genialste Feldherr Roms, was Strategie, Taktik und Organisation betrifft; in der Menschenführung fehlte ihm die gleiche Sicherheit, wie die Vorfälle in Sucro und Lokroi zeigen. Wie jeder Große der Weltgeschichte besaß er einen unbedingten Glauben an sich und seine Mission. Die daraus resultierende Selbstherrlichkeit brachte ihn in Gegensatz zu vielen seiner Standesgenossen; sie läßt es auch denkbar erscheinen, daß er die ihm vorgeworfenen Unterschlagungen begangen hat, weil er sich als über den Gesetzen stehend empfand. Wesentliche Ursache seines Erfolges war die Leichtigkeit, mit der er sich von tradierten Vorstellungen zu lösen vermochte. Seine Beschäftigung mit griechischer Philosophie förderte diese Anlage noch. Scipio stand an der Spitze der Römer, die entschieden für eine Weltmachtpolitik eintraten. - Für das Volk wurde er schon zu Lebzeiten zu einer legendären Erscheinung, einer Art unfehlbarem Übermenschen. - Trotz des durch die Bilder in vielen Geschichtsbüchern erweckten Anscheins: Es gibt keine Porträtbüste Scipios. Scipio war die erste Persönlichkeit der römischen Geschichte, die sich über die tradierten Ansichten ihres Standes hinwegzusetzen vermochte.

DER ÄLTERE CATO

234 v.Chr.	M. Porcius Cato in Tusculum geboren; seine Familie zum dortigen Landadel oder Großbauerntum gehörig.
Etwa 217	Beginn seiner Militärzeit.
214	Militärtribun.
207	Teilnahme an der Schlacht bei Sena Gallica. - Etwa in dieser Zeit holt ihn der Patrizier L. Valerius Flaccus nach Rom und ermöglicht ihm den Eintritt in die Ämterlaufbahn.
205	Als Quästor dem P. Cornelius Scipio zugeteilt; Beginn einer lebenslangen Feindschaft zwischen beiden.
199	Ädil.
198	Prätor und Statthalter in Sardinien.
195	Konsul; erfolgreiche Kriegführung in Spanien.
194	Triumph.
191	Als Militärtribun Teilnahme am Krieg gegen Antiochos von Syrien; kühnes Umgehungsmanöver Catos bei den Thermopylen.

187	Beginn der jahrelangen Auseinandersetzung mit Scipio Africanus und seinem Bruder, an der Cato führend beteiligt ist (sog. Scipionenprozesse).

184	Zensor; Höhepunkt seiner politischen Laufbahn; neben der des Appius Claudius (312 v.Chr.) bedeutendste Zensur der römischen Geschichte: u.a. strenge *lectio senatus,* bei der 7 Senatoren ausgestoßen wurden, Bau der Basilica Porcia. C. erhält den Beinamen *Censorius.*

167	C.s berühmte Rede für Schonung von Rhodos.

155	C. sorgt für Ausweisung der attischen Philosophengesandtschaft (vgl. S. 76).

150	C. erlebt den Beginn des 3. punischen Krieges, auf den er jahrelang hingearbeitet hatte durch seine ständige Mahnung im Senat, Karthago müsse vernichtet werden.

149	C. gestorben.

Cato war zeitlebens ein intensiver Hasser. Die Mitglieder der Nobilität haßte er, soweit ein Mißverhältnis zwischen ihrer Fähigkeit und ihrem Anspruch bestand; die Griechen haßte er, weil ihre Zivilisation der Erhaltung der ererbten Römertugenden schadete; die Karthager haßte er aus mannigfaltigen Gründen. - Catos Hauptleistung ist sein erbitterter Kampf für die Erhaltung der Vätertugenden gegen die immer mehr eindringenden zweifelhaften Errungenschaften der hellenistischen Spätkultur. - Über seine literarische Bedeutung S. 116.

FLAMININUS

Etwa 228 v.Chr.	T. Quinctius Flamininus geboren; Familie patrizisch.

208	Kriegstribun unter Marcellus.

205/204	Proprätor und Stadtkommandant von Tarent.

198	Konsul und Oberbefehlshaber im 2. makedonischen Krieg (200-197) gegen Philipp V. Mit diplomatischem Geschick bringt Fl. die mittelgriechischen und peloponnesischen Verbündeten Philipps zum Abfall.

197	Im Juni entscheidender Sieg über Philipp bei Kynoskephalai. Friedensschluß: Philipp verliert (bis auf 5000 Mann) sein stehendes Heer, seine Flotte und die Hegemonie über Griechenland, zahlt 1000 Talente, darf aber Makedonien behalten.

196	Im Sommer verkündet Fl. auf den Isthmischen Spielen unter dem Jubel der Tausende von Festbesuchern die Freiheit Griechenlands vom makedonischen Joch. Von vielen griechischen Gemeinden wird Fl. mit geradezu göttlichen Ehren überhäuft.

195	Sieg über den spartanischen Tyrannen Nabis.

194	Fl. räumt mit seinen Truppen Griechenland. Triumph.

192-190	Fl. bereist in diplomatischer Mission die griechische Welt.

189	Zensor.

184	Der Zensor Cato stößt L. Flamininus, Konsul von 192, Bruder des T.Fl., schimpflich aus dem Senat.

183	Fl. fordert als römischer Gesandter von König Prusias von Bithynien die Auslieferung Hannibals.

174	Tod des Fl.

Der ehrgeizige und begabte Heerführer und Diplomat, der noch nicht dreißigjährig unter Umgehung der Prätur Konsul wurde, der begeisterte Griechenfreund Flamininus genoß zeitweilig in Rom und im Ausland ein fast ebenso großes Ansehen wie der ältere Scipio Africanus. Die Ausstoßung seines Bruders aus dem Senat war für ihn ein schwerer Schlag und war von Cato auch als ein solcher gedacht.

AEMILIUS PAULLUS, DER SIEGER VON PYDNA

Etwa 228 v.Chr.	L. Aemilius Paullus geboren als Sohn des 216 bei Cannae gefallenen Konsuls L. Aemilius Paullus; Familie patrizisch.
195	Quästor.
193	Ädil.
191	Prätor und Statthalter von *Hispania ulterior*.
190/189	Als Proprätor bekämpft er erfolgreich die Lusitaner (im heutigen Portugal).
182	Konsul.
181	Als Prokonsul besiegt er die Ligurer im westlichen Oberitalien. Anschließend Triumph.
168	Konsul zum 2. Mal. Mit dem Sieg über König Perseus bei Pydna führt er die Entscheidung im bisher erfolglos verlaufenden 3. makedonischen Krieg herbei. Anschließend Bildungsreise mit 2 Söhnen zu den berühmtesten Stätten Griechenlands.
167	Triumph über Makedonien.
167/166	Neuordnung der Verhältnisse in Makedonien und Griechenland.
164	Zensor.
ab 162	Augur.
160	Tod des P.; bei den Leichenspielen Aufführung der *Adelphoe* des Terenz.

Zurückhaltung (dies der Grund, weshalb er erst so spät zum Konsul gewählt wurde), charakterliche Integrität, große Tüchtigkeit und Philhellenentum wurden dem Aemilius Paullus nachgesagt. Der jüngere Scipio Africanus, der durch Adoption in die Familie der *Cornelii Scipiones* kam, ist sein leiblicher Sohn.

DER JÜNGERE SCIPIO AFRICANUS

185 v.Chr.	P. Cornelius Scipio als Sohn des L. Aemilius Paullus, des Siegers von Pydna, geboren. Durch Adoption ist er Enkel des älteren Scipio Africanus.
168	Teilnahme an der Schlacht bei Pydna. Bildungsreise mit Vater und Bruder zu den berühmten Stätten Griechenlands.
166	Polybios, griechischer Offizier und nachmaliger Historiker, kommt als Geisel nach Rom; starker Einfluß des Polybios auf den mit ihm befreundeten Sc.
151	Kriegstribun in Spanien; er zeichnet sich durch persönliche Tapferkeit aus: Besiegung eines riesigen Ibererhäuptlings im Zweikampf, Erstbesteigung der Stadtmauer bei der Einnahme von Intercatia.

149	Kriegstribun im 3. pun. Krieg (149-146); er fällt abermals durch Tapferkeit und Führungsqualitäten auf.
147	Wegen seiner Qualitäten wird er vorzeitig Konsul und erhält das Oberkommando im 3. pun. Krieg.
146	Einnahme und Vernichtung Karthagos; Sc. erhält den Beinamen Africanus.
142	Sc. verwaltet streng das Zensorenamt.
141/140	In diplomatischer Mission in Ägypten, Syrien, Pergamon, Griechenland.
136	Sc. setzt Ungültigkeitserklärung des schmachvollen Friedensvertrages des Mancinus mit den Bewohnern von Numantia durch.
134	Konsul zum 2. Male. Er übernimmt das Oberkommando in Spanien gegen Numantia.
133	Einnahme und Vernichtung Numantias. - Sc. stellt sich gegen die Reformen seines Schwagers Tib. Gracchus, soweit die überlieferte Verfassung und das Verhältnis zu den italischen Bundesgenossen gefährdet werden.
129	Sc. tot, vielleicht ermordet von Anhängern der gracchischen Politik.

Scipio besaß andere militärische Qualitäten als sein Adoptivgroßvater: 1) Zweimal hat er ein bei der Kommandoübernahme fast untaugliches Heer durch eiserne disziplinarische Maßnahmen wieder in Zucht gebracht und zum Sieg geführt, vor Karthago und vor Numantia. 2) Seine größten militärischen Erfolge waren nicht Schlachten, sondern Eroberungen von Festungen. 3) In seiner Jugend bewies er große persönliche Tapferkeit. - Weitaus wichtiger für die Nachwelt als seine militärischen Verdienste ist Scipios Vorliebe für die griech. Kultur gewesen, die er im Kreise gleichgesinnter Freunde, im sog. Scipionenkreise, pflegte (vgl. S. 76). Über die Schriften Ciceros nämlich, der später sein geistiges Erbe antrat, und über Augustin, der seinerseits wieder auf Cicero fußte, sollte er einen maßgeblichen Einfluß auf die nächsten 2000 Jahre europäischer Geistesgeschichte ausüben. - Ebenfalls folgenreich, aber auf verhängnisvolle Art, war seine Opposition gegen die gracchischen Reformbemühungen; denn bei der sich gerne an Vorbildern orientierenden Verhaltensweise seiner Landsleute mußte diese Einstellung des zwischen dem älteren Scipio und Cäsar angesehensten Römers Schule machen.

Stammtafel der Cornelii Scipiones und Sempronii Gracchi

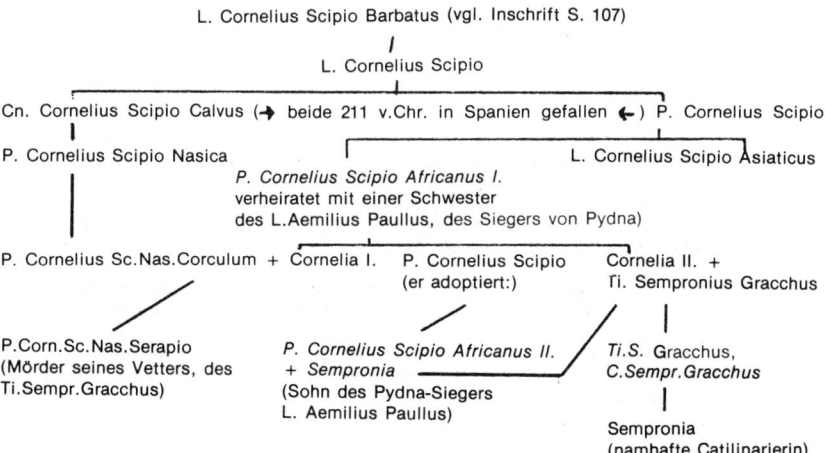

Etwa 162 v.Chr.	Tib. Sempronius Gracchus geboren; Famiiie der Nobilität angehörig, aber plebejisch; seine Mutter Cornelia ist die Tochter des älteren Scipio Africanus, seine Schwester hat den jüngeren Scipio Africanus geheiratet.
146	Kriegsdienst im 3. punischen Krieg unter seinem Schwager Scipio in Afrika.
137	Quästor unter dem Konsul Hostilius Mancinus vor Numantia. Nach Einkesselung der 30000 Römer handelt Tib. mit den siegreichen Numantinern die Kapitulation aus, die bald darauf von seinem Schwager Scipio und dem Senat als Schmach empfunden und daher annulliert wird. - Tib. wird deshalb später in Rom unter Anklage gestellt.
133	Tib. Volkstribun. Er bringt ein Ackergesetz durch zur Wiederherstellung des italischen Bauernstandes, der infolge des ständigen Kriegsdienstes seiner Söhne, der Konkurrenz des Großgrundbesitzes und der billigen Getreideimporte aus den Provinzen zugrunde geht. Parzellierung der weiten Gebiete römischen Staatslandes ist daher geplant, die bisher an Großgrundbesitzer oder an verbündete Gemeinden verpachtet worden sind. Ein Teil des durch Vererbung an Rom gefallenen pergamenischen Königsschatzes soll zur Ausrüstung der Neusiedler verwendet werden. Das Gesetz kommt durch, obwohl Tiberius' Kollege Octavius sein Veto einlegt. Tib. läßt ihn absetzen. Dies ist verfassungswidrig. Gegen die Verfassung ist auch, daß er seine Wiederwahl für 132 betreibt. Am Tage der Wahl wird er von einer Schar von Gegnern unter Führung seines Vetters, des *pontifex maximus* P. Cornelius Scipio Nasica Serapio, zusammen mit 300 Anhängern erschlagen.
132	Viele Anhänger des Tib. werden angeklagt und hingerichtet.

Das Ackergesetz ist zunächst in Kraft getreten und die mit seiner Durchführung betraute Dreimännerkommission hat ihre Arbeit aufgenommen: Die Zensuslisten der nachfolgenden Zeit zeigen eine Zunahme der Bauernbevölkerung an.

Etwa 153 v.Chr.	C. Sempronius Gracchus geboren. Er ist der jüngere Bruder des Tib. Gracchus (vgl. oben).
133	Nach dem Tod seines Bruders ist er Mitglied der Dreierkommission zur Durchführung des Ackergesetzes.
126-124	C. Quästor auf Sardinien. Man löst ihn dort absichtlich nicht ab, um ihn der Hauptstadt fernzuhalten.
124	C. kehrt von sich aus heim, ohne einen Nachfolger abzuwarten. Er bewirbt sich erfolgreich um das Volkstribunat.
123	Volkstribunat. Sein Ziel ist Fortsetzung der Politik seines Bruders. Zunächst gewinnt er die Gunst der Massen durch ein Gesetz, nach dem an das Volk billig Getreide verkauft werden muß. Sodann bemüht er sich um Vereinigung der Interessen des Volkes mit denen des Ritterstandes, um die Vorherrschaft des Senats zu brechen; so sorgt er z.B. dafür, daß den Rittern die Steuerpachten der reichen Provinz Asien zugesichert werden und daß die Geschworenengerichte von Rittern besetzt werden, die dadurch (bei Repetundenklagen, vgl. S. 36) die senatorische Provinzialverwaltung kontrollieren können. Um die italischen Bundesgenossen nicht zu schädigen, strebt er Ansiedlung vor allem außerhalb Italiens an.

122	C. abermals Volkstribun (verfassungswidrig). Der Senat vermindert C.s Beliebtheit, indem er einen anderen Volkstribunen Anträge stellen läßt, die über die des C. noch hinausgehen. Unpopulär ist auch C.s Antrag auf Ausweitung des Bürgerrechts auf einen Teil der Italiker. Jedenfalls kann C. seine Wiederwahl für 121 nicht durchsetzen.
121	Im Streit um das Zustandekommen der Kolonie Karthago kommt es zu Ausschreitungen, in denen C. sich töten läßt, um nicht in die Gewalt seiner Gegner zu geraten. 3000 seiner Anhänger fallen.

Gajus war als Staatsmann umsichtiger, als Redner besser und in seinem Vorgehen zielbewußter als sein Bruder Tiberius. - Das Ackergesetz wurde niemals offiziell aufgehoben, aber seine Durchführung bald vernachlässigt. - Mit den Gracchen beginnt die 100 Jahre andauernde Konfrontation Populare - Optimaten.

MARIUS

157 oder 156 v.Chr.	C. Marius unweit Arpinum geboren; seine Familie zum dortigen Landadel oder Großbauerntum gehörig.
134	M. zeichnet sich vor Numantia als Soldat aus; seitdem scheint die Familie der *Caecilii Metelli* seinen Aufstieg zu fördern.
119	Volkstribun; er bringt ein Gesetz gegen Wahlkorruption durch. Irgendwann in dieser Zeit heiratet er Julia, eine Tante Cäsars.
115	Prätor und Statthalter des jenseitigen Spanien; dort erfolgreiche Kriegführung und korrekte Amtsverwaltung.
109	In Afrika im Kampf gegen Jugurtha Legat unter Q. Caecilius Metellus Numidicus.
107	Konsul und Oberbefehlshaber im Kampf gegen Jugurtha.
107-105	Erfolgreicher Abschluß des seit 111 andauernden Jugurtha-Krieges.
104	Triumph.
104-101	M. ununterbrochen Konsul, um die gefährlichen Kimbern und Teutonen niederzuringen; in diesem Zusammenhang umfassende Heeresreform (vgl. S. 44).
102	Entscheidender Sieg über die Teutonen bei *Aquae Sextiae.*
101	Entscheidender Sieg über die Kimbern bei *Vercellae;* Triumph. Wiederwahl zum Konsul für das Jahr 100.
100	Bündnis mit dem radikalen Volkstribunen Saturninus, um für die Veteranen Siedlungsland zu erhalten. Als Unruhen entstehen, läßt M. Saturninus fallen und verfolgt ihn sogar auf Senatsgeheiß; dadurch Verlust seiner bisherigen Popularität.
90	M. übernimmt ein Truppenkommando im Bundesgenossenkrieg.
88	Auf Antrag des Volkstribunen Sulpicius soll Sulla den ihm bereits übergebenen Oberbefehl im Krieg gegen Mithradates an Marius abgeben; Marsch Sullas auf Rom; Flucht des Marius nach Afrika.
87	Rückkehr des M. und Einnahme Roms gemeinsam mit Cinna, einem der beiden Konsuln des Jahres 87. Grausame Rache an seinen politischen Gegnern in einem 5 Tage und 5 Nächte dauernden Morden.
86	M. tritt sein 7. Konsulat an, stirbt aber schon am 13. Januar.

Die großen Leistungen Marius' sind die Besiegung der Kimbern und Teutonen und seine umfassende Heeresreform, die das Aussehen der römischen Armee bis in die Kaiserzeit hinein bestimmt hat. Als Politiker hat M. völlig versagt. - Trotz des durch die Bilder in vielen Geschichtsbüchern erweckten Anscheins: es gibt von Marius keine beglaubigte Porträtbüste.

SULLA

138 v.Chr.	L. Cornelius Sulla geboren; Familie patrizisch, aber aus diesem verarmten Zweig der *gens Cornelia* war seit dem Ende des 3. Jh.v.Chr. keiner mehr zu Ämtern und Ehren gelangt.

107   Quästor unter Marius im Krieg gegen Jugurtha (111-105),

106   ab 106 als Proprätor.

105   Bocchus von Mauretanien liefert dem waghalsig und raffiniert verhandelnden S. Jugurtha aus.

104-101   Legat des Marius im Kampf gegen Kimbern und Teutonen.

93   Prätor.

92   Proprätor und Statthalter Kilikiens.

Seit 89 oder früher   Im Bundesgenossenkrieg (91-88) operiert S. erfolgreich und ist bei seinen Soldaten sehr beliebt.

88   Konsul. S. erobert Kampanien und belagert mit 6 Legionen Nola (noch im Bundesgenossenkrieg). - Der Volkstribun Sulpicius Rufus sorgt für die Aberkennung des S. übertragenen Oberbefehls im Krieg gegen Mithradates von Pontos zugunsten des Marius. S. marschiert vom Lager vor Nola aus auf Rom und erwirkt die Ächtung des Marius.

87   Abreise mit dem 6-Legionen-Heer (etwa 30000) nach Griechenland. In seiner Abwesenheit Machtübernahme und Gewaltherrschaft der Marianer in Italien.

86   S. nimmt nach langer Belagerung Athen; blutige Plünderung. Er besiegt in mehreren Schlachten die gewaltigen Heere des Mithradates in Griechenland.

85   Abmarsch nach Asien. Im August Friede von Dardanos etwa auf der Basis des *status quo ante.*

85/84   Wiederherstellung der röm. Herrschaft in Griechenland und Asien.

83   S. landet im Frühjahr in Italien mit 40000 Soldaten. Beginn der Kämpfe gegen die zahlenmäßig anfangs weit überlegenen Marianer.

82   Nach mehreren siegreichen Schlachten erbitterte Entscheidungsschlacht an der *porta Collina* vom 1.11. bis in den Morgen des 2.11. und Einzug in Rom; Niedermetzelung der in der Schlacht gefangenen 6000 Samniten. -

81   S. Diktator. Von nun an blutige Proskriptionen bis zum 1.6.81, bei denen 4700 Mitglieder der gegnerischen Führungsschicht umgebracht werden; außerdem rücksichtslose Enteignung ganzer Landschaften zwecks Ansiedlung von 120000 Veteranen. Gleichzeitig Reformen zur Sicherung der Senatsherrschaft, dabei Entmachtung des Volkstribunats. - Am 29. und 30.1. Triumph über Mithradates.

79   S. legt die Diktatur nieder. Ausschweifendes Leben auf seinem Landgut bei Puteoli.

78   Tod durch Lungentuberkulose. Staatsbegräbnis; S. der 1. Cornelier, der entgegen der bisherigen Familientradition verbrannt wurde.

Sulla, in seinen jungen Jahren ein verwegener Reiterführer, war später ein hervorragender Feldherr. Er war so beliebt bei den einfachen Soldaten, daß sie trotz mancher schwierigen Situation nie meuterten und daß insgesamt 16 Legionen der Marianer im Laufe der Kämpfe ihre eigenen Heerführer verließen, um zu ihm überzulaufen. Er hatte ein ausgeprägtes Sendungsbewußtsein, glaubte sich vom Schicksal besonders begünstigt; unter den Römern nannte er sich deshalb *Felix,* unter den Griechen *Epaphroditos* (der von Aphrodite Geliebte). Diesen Beinamen hatte er sich zuerst zugelegt im Propagandakrieg gegen Mithradates, der unter den Griechen als "neuer Dionysos" für sich warb. Seine Propaganda als Günstling der Aphrodite wurde unterstützt durch sein glänzendes Aussehen, seine goldblonden Haare und seine rosige Haut: so konnten nur Götterlieblinge aussehen! Er bereicherte sich ungeheuer im Orientkrieg und bei den Proskriptionen; er starb als reichster Mann Roms. Seine Grausamkeit wirkte selbst auf seine Zeitgenossen, die manches gewohnt waren, abstoßend. Sein Versuch, die alten geregelten Verhältnisse wiederherzustellen, mußte scheitern, da er selber mit vielen Traditionen gebrochen und dadurch verhängnisvolle Präzedentien geschaffen hatte. S. war sehr gebildet, liebte den Umgang mit Schauspielern und hat 22 Bücher Memoiren verfaßt, die aber verloren gingen. - Trotz des durch die Bilder in vielen Geschichtsbüchern erweckten Anscheins: Eine beglaubigte Porträtbüste von Sulla ist bisher nicht aufgetaucht, man hat aber Münzbilder.

SERTORIUS

Etwa   Q. Sertorius geboren, der Herkunft nach ein ritterbürtiger Sabiner aus Nursia.
122 v.Chr.

Seit 104   Dienst im Heer des Marius im Kampf gegen die Kimbern und Teutonen.

98   Militärtribun in Spanien.

90   Quästor. Im Bundesgenossenkrieg (91-88) Legat.

88   Sulla bewirkt, daß seine Bewerbung um das Volkstribunat erfolglos bleibt. S. wird Anhänger des Marius, erweist sich aber in den folgenden Jahren als Gegner jeder Brutalität.

83   Prätor; angesichts der Mißerfolge der Marianer im Kampf gegen Sulla in Italien geht er nach *Hispania citerior,* denn für diese Provinz war er als Statthalter vorgesehen.

81   Vor seinem sullanischen Nachfolger entweicht er nach Mauretanien.

80   Die Lusitaner wählen S. zu ihrem Führer im Freiheitskampf gegen Rom und holen ihn nach Spanien zurück.

80-72   In dieser Zeit erringt S. eine große Zahl von Siegen über gegen ihn gesandte Heere der römischen Zentralregierung in offener Feldschlacht, in Belagerungs- und Guerilakämpfen. Zeitweilig geht er Bündnisse mit Mithradates und den Seeräubern ein.

Ab 79   Hauptgegner des S. ist zunächst Q. Metellus Pius.

77   Perperna führt dem S. die letzten Lepidus-Anhänger zu (vgl. S. 235)

76   Pompejus trifft in Spanien ein; aber auch ihm ist im Verein mit Metellus kein entscheidender Erfolg beschieden.

72   Perperna ermordet S. Nun erst können Pompejus und Metellus den Krieg beenden.

S. betrachtete seinen Kampf gegen die Regierung Sullas und der Sullaner in Rom als legitim. Sein letztes Ziel war von Spanien aus der Marsch auf Rom. Bei Römern und Spaniern war er gleich beliebt. Nach Cäsar, Sulla und Lucullus war er der genialste römische Feldherr und Politiker der ausgehenden republikanischen Epoche.

LUCULLUS

Etwa 117 v.Chr.	L. Licinius Lucullus geboren als Sproß einer der Nobilität angehörigen Plebejerfamilie.
91-88	Teilnahme am Bundesgenossenkrieg als Kriegstribun.
87-84	Quästor und Proquästor unter Sulla im 1. mithradatischen Krieg. Aus dem Nichts beschafft er dem von Italien abgeschnittenen Sulla eine Kriegsflotte und erobert in tollkühnen Fahrten Städte und Inseln an der Küste Kleinasiens.
84-80	Proquästor unter Murena in Asien.
79	Ädil.
78	Prätor. Im Testament Sullas ist L. als Vormund seines Sohnes und als Herausgeber seiner Memoiren bestimmt.
77	Proprätor in Afrika.
74	Konsul. Er hält gegen erbitterten Widerstand die sullanische Bestimmung eines entmachteten Volkstribunats aufrecht. Für den erneut ausgebrochenen Krieg gegen Mithradates erhält L. die Provinzen Asia, Kilikien (später auch Bithynien) sowie außerordentliche Vollmachten.
73	Entsetzung des belagerten Kyzikos. Vernichtung der Flotte des Mithradates vor Lemnos. L. besetzt Bithynien.
72	Siegreicher Vormarsch in Pontos; Eroberung von Kabeira.
71	Mithr. räumt im Frühjahr Pontos völlig und flieht zu seinem Schwiegersohn Tigranes nach Armenien.
71/70	In diesen beiden Jahren ist L. mit der Neuordnung von Bithynien und Pontos beschäftigt. Im Winter 71/70 hält er sich in Asia auf und erläßt dort scharfe Edikte gegen den Zinswucher römischer Bankiers (Senkung des Zinssatzes von 48 % auf 12 %); seitdem der römische Ritterstand mit ihm verfeindet.
69	Fortsetzung des Krieges mit dem Ziel, Mithr. gefangenzunehmen, da anders keine Aussicht auf ein Kriegsende. Einmarsch in Armenien; im Herbst Einnahme von Tigranokerta.
68	Siegreicher Vormarsch ins armenische Hochland. Aber die Königsstadt Artaxata vermag L. nicht mehr zu erobern, da seine von den Strapazen der endlosen Märsche und von dem frühen Wintereinbruch mitgenommenen Soldaten sich weigern weiterzumarschieren. Preisgabe Armeniens. Mithradates kehrt in sein Reich Pontos zurück.
67	L. wird vom Senat seiner Stellung enthoben.
66	Kommandoübergabe an Pompejus.
63	Triumph des L. Der Konsul Cicero hat den Triumph gegen den Willen des Pompejus und seiner Anhänger durchgesetzt.
Etwa 56	Tod des L.

Integre Persönlichkeiten wie der Marianer Sertorius und der Sullaner Lucullus konnten sich im damaligen Rom trotz bester Befähigung nicht durchsetzen; außerdem: "Lucullus, der feingebildete Griechenfreund und geschmackvolle Lebemann, war ein kluger Stratege und tüchtiger Organisator, aber keine Führernatur, die das Heer hätte begeistern.... können." (J. Vogt) - L. hat die Kirsche nach Europa gebracht.

CRASSUS

Etwa 115 v.Chr.	Geburt des M. Licinius Crassus; Familie plebejisch, aber schon seit längerem zur Nobilität gehörig.
83/82	Bewährung als Truppenführer im Bürgerkrieg auf sullanischer Seite, besonders in der Schlacht an der *porta Collina* vor Rom (1.11.82).
81	Crassus fällt in Ungnade bei Sulla wegen maßloser Bereicherung bei den Proskriptionen; nach Sullas Tod ist er der reichste und einer der wirtschaftlich und politisch einflußreichsten Männer Roms (u.a. besaß er eine Unmenge von Mietshäusern in Rom).
72/71	Crassus schlägt als Prokonsul den Sklavenaufstand unter Spartacus nieder.
71	Crassus verbündet sich mit Pompejus.
70	Konsulat des Crassus und Pompejus; das von Sulla entmachtete Volkstribunat erhält seine alten Rechte zurück. Seit diesem Konsulat C. und P. Rivalen um den Rang des führenden Mannes im Staat.
65	Zensor. - Seit dem Konsulat fördert C. in ziellosem Hin und Her alle möglichen Bewegungen und Leute, die Pompejus oder den Senat schwächen, seine Stellung aber stärken können. Er nutzt dabei aus, daß ein großer Teil des Senats bei ihm Schulden hat oder ihm sonstwie wirtschaftlich verpflichtet ist. Auch gebärdet er sich zeitweilig als Haupt der Popularen und arbeitet mit dem jungen, an ihn haushoch verschuldeten Cäsar zusammen und fördert die
65/63	Umsturzversuche von 65 und 63, an welchen beiden der berüchtigte Catilina beteiligt ist.
60	Crassus, Pompejus, Cäsar verbünden sich zu einem Geheimbund, dem sog. 1. Triumvirat.
56	Erneuerung des Triumvirats in Luca.
55	2. Konsulat mit Pompejus. Crassus läßt sich für 5 Jahre die Statthalterschaft über Syrien mit außerordentlichen Vollmachten übertragen; sein Ziel: an militärischer Macht und Ruhm Pompejus zu übertreffen.
54/53	Feldzüge gegen die Parther.
53	Am 9. Juni vernichtende Niederlage des Crassus bei Carrhae (eine der größten Katastrophen der römischen Kriegsgeschichte). Durch Verrat wird er auf dem Rückzug ermordet.

Crassus war ehrgeizig und verstand es, Macht zu erringen, aber schon hierbei mangelte es ihm an planmäßigem Vorgehen. Noch weniger wußte er, was er mit der errungenen Macht anfangen sollte; ihm fehlte also eine klare politische Zielsetzung.

POMPEIUS

106 v.Chr.	Cn. Pompejus am 29. Sept. als Sohn des Cn. Pompejus Strabo (Konsul von 89, gestorben 87) geboren; Familie plebejisch und erst seit kurzem zur Nobilität gehörig.
89-87	P. beginnt als 17-jähriger im Stab seines Vaters seine militärische Laufbahn; dieser führt im Krieg gegen die Bundesgenossen (91-88) und gegen die Marianer ein 75 000-Mann-Heer.

83	P. stellt sich Sulla, der gerade wieder italischen Boden betritt, an der Spitze einer eigenen 3-Legionen-Armee, die er in Picenum aus der Klientel seiner Familie gebildet hat, zur Verfügung. Er wird betraut mit der Niederwerfung der Marianer...
83/82	In Etrurien,
81	....in Sizilien und Afrika. - Seine Soldaten geben ihm den Beinamen Magnus.
79	Am 12. März Triumph, obwohl P. noch kein senatorisches Amt bekleidet hat und Sulla es nur ungern sieht.
77	Nach Besiegung des Rebellen Lepidus (die Rolle des L. vergleichbar der des späteren Catilina, vgl. S. 236) erhält P. das *proconsulare imperium*, geht nach Spanien und bringt dort den Kampf gegen die Marianer unter Sertorius zum Abschluß.
71	Auf dem Rückweg von Spanien Vernichtung der letzten Spartacusanhänger in Oberitalien. - 2. Triumph. - P. erzwingt das Konsulat für 70 vom Senat.
70	Konsulat des P. und des Crassus; Wiederherstellung des von Sulla entmachteten Volkstribunats. Wiederaufnahme der Ritter in die Geschworenengerichte, in denen seit Sulla nur Senatoren saßen.
67	P. erhält ein *imperium* mit bisher unerhörten Vollmachten gegen die Seeräuber (z.B. unterstehen ihm 24 (!) Legaten mit prätorischem *imperium*), die er in einem glänzend organisierten Krieg von nur dreimonatiger Dauer endgültig vom Mittelmeer vertreibt.
66	Die Vollmachten von 67 werden noch erweitert für den Kampf gegen Mithradates VI. von Pontos und Tigranes von Armenien. Mithradates wird besiegt und flieht (63 Selbstmord auf der Krim), Tigranes unterwirft sich und darf König Armeniens bleiben.
65-62	Gründliche Neugliederung des gesamten römischen Besitzes im vorderen Orient.
62	P. kehrt zurück und entläßt sein Heer, anstatt - womit viele gerechnet hatten - die Macht an sich zu reißen.
61	3. Triumph. - Da der Senat seinen Veteranen Siedlungsland verweigert und seine Neuordnung im Orient nicht bestätigt, wendet sich P. von den Optimaten ab und Crassus und Cäsar zu.
60	Geheimes Bündnis von P., Crassus, Cäsar, das sog. 1. Triumvirat.
59	P. heiratet Cäsars Tochter Julia. Cäsar sorgt als Konsul für die Ansiedlung von Pompejus' Veteranen und die Ratifizierung seiner Ordnung des Ostens.
56	Erneuerung des Triumvirats in Luca.
55	2. Konsulat des P. und des Crassus. Einweihung des Theaters des P. auf dem Marsfeld. - P. bekommt für 54-50 beide Spanien als Statthalter zugewiesen.
54	P. bleibt jedoch in Rom und entsendet lediglich Legaten. - Tod seiner Gemahlin Julia.
53	Tod des Crassus im Partherkrieg. Da Julia und Crassus gestorben: Entfremdung von Cäsar; P. nähert sich den Optimaten.
52	Zur Bekämpfung der nahezu anarchischen Zustände in Rom ist P., gestützt auf die Optimaten, alleiniger Konsul: dies Höhepunkt seiner Macht und Unentbehrlichkeit!
49	Seit der Rubikonüberschreitung Cäsars am 10. Jan. Bürgerkrieg zwischen den Optimaten unter P. einerseits und Cäsar andererseits. - P., kaum gerüstet, setzt sich vor Cäsar nach Griechenland ab und sammelt dort ein Heer.
48	Cäsar erleidet eine Schlappe beim Versuch, P. in Dyrrhachion einzuschließen. Am 9.8.: Schlacht bei Pharsalos; P. ist entscheidend geschlagen, flieht nach Ägypten und wird dort am 28.9., im Moment der Ankunft in Alexandria, auf Veranlassung ägyptischer Minister ermordet.

P. war ein erstklassiger Feldherr, Flottenführer, Organisator, aber kein Politiker für eine derartig schwierige Krisensituation. Sein Unglück ist, daß er zwangsläufig ständig mit seinem genialen Gegenspieler Cäsar verglichen wird.

CATILINA

Etwa 110 v.Chr.	L. Sergius Catilina geboren; Familie patrizisch, aber seit Jahrhunderten kein Sergier über die Prätur hinausgelangt.
89	Teilnahme am Bundesgenossenkrieg (91-88) als Kriegstribun oder Auxilienpräfekt.
83-81	C. kämpft tapfer im Bürgerkrieg auf Seiten Sullas, ist aber auch einer von dessen bereitwilligsten Schergen; er bringt angeblich seinen eigenen Bruder und Q. Caecilius, den Gatten seiner Schwester, um; nachweislich martert er M. Marius Gratidianus, Marius' Neffen, auf Befehl Sullas zu Tode. Durch die Proskriptionen gelangt er zu großem Reichtum.
73	C. und die Vestalin Fabia werden angeklagt, miteinander Liebesbeziehungen gehabt zu haben. Freispruch nach Verteidigung durch Q. Lutatius Catulus, dessen Vater durch Marius Gratidianus in den Tod getrieben worden war.
68	C. Prätor.
67/66	Als Proprätor und Statthalter in Afrika bereichert sich C. ungeheuer.
66	Wegen eines deshalb eingeleiteten Repetundenverfahrens kann C. sich nicht um das Konsulat für 65 bewerben. Seine politischen Freunde aus der Optimatenpartei wollen ihn nicht vor dem Verfahren bewahren, weil ihr Ansehen bereits durch den Versuch, den Prozeß gegen den berüchtigten Verres niederzuschlagen (70 v.Chr.), stark gelitten hat. C. daher von nun an erbitterter Gegner der Optimaten.
66/65	Beteiligung C.s an einem für den 1. Jan. 65 geplanten Staatsstreich, der nicht zur Ausführung kommt. Mitverschwörer sind einige korrupte Politiker, die, ebenso wie C., wenig Chancen haben, legal das Konsulat zu erreichen. Mitwisser und Drahtzieher sind evtl. auch Crassus und Cäsar.
65	Wegen des noch schwebenden Verfahrens auch Bewerbung für 64 unmöglich. Doch nun erfolgt Freispruch nach Bestechung der Richter.
64	Die Bewerbung um das Konsulat für 63 (mit Crassus' Unterstützung) scheitert an der allzu skrupellosen Wahlagitation. - Heirat der Orestilla, angeblich nach Ermordung des Sohnes. - Freispruch C.s in einem Prozeß wegen Ermordung Proskribierter, während die anderen beiden Angeklagten verurteilt werden. Vorsitzender des Gerichts: Cäsar.
63	*Juli*: C., nunmehr von Crassus alleingelassen, hält in seinem Hause kurz vor den Wahlen eine Versammlung ab, in der er unter seinem Konsulat Schuldentilgung in Aussicht stellt. Konsul Cicero verschiebt daraufhin den Wahltermin und beantragt erfolglos im Senat eine Streichung C.s von der Kandidatenliste. Bei den etwas verschobenen Wahlen wird C. nicht gewählt. Seitdem plant er erneut einen Putsch. *20./21. Okt.*: Nachts kommen Crassus und andere Senatoren zu Cicero mit anonymen Briefen, die die Vorbereitung eines Staatsstreiches vermuten lassen. *21. Okt.*: Senat beschließt Verhängung des Ausnahmezustandes (*senatus consultum ultimum*). *27. Okt.*: In Faesulae tritt ein catilinarisches Aufständischenheer unter Waffen. *28. Okt.*: Die für diesen Tag geplante Erhebung der Aufständischen in Rom und an verschiedenen Stellen Italiens und die Niedermetzlung sämtlicher Optimaten können nicht stattfinden. *Ende Oktober*: Überall in Italien Aufstellung von Regierungstruppen.

1. Nov.: Ein Anschlag der Catilinarier auf die feste Bergstadt Praeneste bei Rom wird vereitelt.

5./6. Nov.: Nachts Versammlung der Häupter der Verschwörung im Hause des Laeca.

7. Nov.: Morgens mißglücktes Attentat auf Cicero. Abends 1. catilinarische Rede Ciceros vor dem Senat (Datierung nicht ganz sicher).

7./8. Nov.: Nachts Abreise C.s nach Faesulae.

8. Nov.: Ciceros 2. catilinarische Rede vor dem Volk.

Mitte November: Ankunft C.s in Faesulae; er wird zum Staatsfeind erklärt.

2./3. Dez.: Cicero läßt nachts die Allobroger-Gesandtschaft, die ihm ihre Mitarbeit angeboten hat, auf dem *pons Milvius* abfangen; wichtige Dokumente bekommt er dadurch in die Hände.

3. Dez.: Die Häupter der Verschwörung werden, soweit in Rom befindlich, verhaftet; sie sind vor dem Senat geständig und werden zu Staatsfeinden erklärt. Abends Ciceros 3. catilinarische Rede vor dem Volk.

4. Dez.: Fortsetzung der Untersuchung im Senat.

5. Dez.: Über das Schicksal der Verhafteten entscheidende Senatssitzung; Reden Cäsars und Catos, Ciceros 4. catilinarische Rede.

5./6. Dez.: Nachts Hinrichtung der Catilinarier.

62   *Januar:* Rückzug Catilinas und seines Heeres in Richtung *Gallia cisalpina.*
Februar: In der Schlacht bei Pistoria fällt Catilina mit 3000 seiner Anhänger, der Rest entkommt.

CICERO

106   M. Tullius Cicero geboren am 3. Jan. auf dem väterlichen Landgut bei Arpinum; Familie dem Ritterstande angehörig. C. erhält eine gute Ausbildung in Philosophie und Jurisprudenz, vor allem aber in Rhetorik.

89   Kriegsdienst im Bundesgenossenkrieg (91-88).

81   Seine 1. Rede als Anwalt: *Pro Quinctio.*

80   Erfolgreiche Verteidigung des *Sex. Roscius Amerinus* gegen Sullas Günstling Chrysogonus.

79-77   Studium und Reisen in Griechenland, Kleinasien, Rhodos; in Athen lernt er Atticus kennen, den Freund und Verleger, dem er später brieflich seine geheimsten Gedanken anvertraut hat.

77   Rückkehr. Heirat der Terentia.

76   Geburt der Tochter Tullia.

75   Quästor in Sizilien.

70   C. siegt als Anwalt der Sizilianer im Prozeß *gegen Verres;* er gilt seitdem als größter Redner Roms.

69   Kurulischer Ädil.

66   C. *praetor urbanus;* mit *De imperio Cn. Pompei,* seiner 1. politischen Rede, plädiert er für den Oberbefehl des Pompejus im Krieg gegen Mithradates.

65   Geburt des Sohnes Marcus.

63   Konsul; Entdeckung und Bekämpfung der Verschwörung Catilinas: *Orationes in Catilinam;* seitdem hält C. sich irrtümlich für einen bedeutenden Staatsmann.

62   C. Hauptbelastungszeuge im Prozeß gegen Clodius (Bona-Dea-Skandal: Clodius hatte verkleidet an einer nur Frauen zugänglichen Kulthandlung teilgenommen); von nun an haßt dieser ihn.

60	Trotz Angebots nimmt C. nicht an dem Bündnis von Crassus, Pompejus, Cäsar (Triumvirat) teil; damit ist er von der Teilhabe an der politischen Macht ausgeschaltet.
58	Volkstribun Clodius hat deshalb gegen ihn freie Hand und erreicht seine Verbannung wegen unrechtmäßiger Hinrichtung der Catilinarier; C. geht nach Thessalonike und Dyrrhachion.
57	Rückkehr.
56	Das erneuerte Triumvirat läßt C. drohend wissen, er habe "Linientreue" zu wahren; er fügt sich. Politisch entmachtet, entfaltet er bis zu seinem Lebensende eine reiche schriftstellerische Tätigkeit.
55-52	*De re publica.*
Ab 53	Augur.
51/50	Prokonsul in Kilikien.
49/48	C. nimmt im Bürgerkrieg zunächst abwartende Stellung, geht dann zu Pompejus nach Dyrrhachion; an diesem Ort bleibt er bis Okt. 48.
48/47	Von Okt. 48 - Sept. 47 wartet C. in Brundisium. Nach der Begnadigung durch Cäsar Rückkehr nach Rom.
47	Scheidung von Terentia.
46	*Brutus. Orator.* - Heirat seines Mündels Publilia.
45	Im Febr. Tod der Tochter Tullia; seitdem hat er seine Gemahlin Publilia fortgeschickt und nicht wieder zurückgeholt. - *Hortensius. De finibus bonorum et malorum. Tusculanae disputationes.*
44	*Cato maior. Laelius. De officilis.* Im März begrüßt C. begeistert die Ermordung des Tyrannen (Cäsar).
44/43	Seit Ende 44 bekleidet C. endlich die ersehnte Stellung als Führer des Senats im Kampf gegen M. Antonius: *14 Philippische Reden gegen Antonius* (nur zum Teil gehalten).
43	Durch die Bildung des 2. Triumvirats C. erneut entmachtet und somit der Rache des Antonius preisgegeben: am 7. Dez. wird er ermordet.

CÄSAR

100 v.Chr.	Am 23. Juli C. Iulius Caesar geboren; Familie patrizisch; eine Schwester seines Vaters war Gemahlin des Marius, seine 2. Gattin Pompeja Enkelin Sullas, sein Schwiegersohn Pompejus, und sein Großneffe war Augustus.
84	C. heiratet Cornelia, die Tochter Cinnas (vgl. S. 230).
82/81	C. von Sulla geächtet, dann begnadigt.
80-78	Kriegsdienst in Kleinasien; er zeichnet sich vor Mytilene aus, daher Verleihung der *corona civica* (vgl. S. 55). *Ehrenkranz für den Retter eines Bürgers in der Schlacht*
78	Nach Sullas Tod Rückkehr aus Kleinasien nach Rom.
77	C. klagt den Konsular Cn. Cornelius Dolabella wegen Ausbeutung der Provinz Makedonien an.
75	Reise nach Rhodos, um dort Rhetorik zu studieren; C. vorübergehend von Seeräubern gefangen.
74	C. unterbricht sein Studium bei Beginn des 3. mithradatischen Krieges, um in die Provinz Asia eingedrungene pontische Truppen zu vertreiben.

69	Quästor in *Hispania ulterior.* Tod seiner 1. Gemahlin Cornelia.
67	Heirat der Pompeja.
65	Kurulischer Ädil; er gewinnt die Gunst des Volkes durch glänzende Spiele.
63	Wahl zum *pontifex maximus.* In der Senatssitzung am 5. Dez. nimmt C. Stellung gegen die geplante Hinrichtung der Catilinarier.
62	C. *praetor urbanus.* Scheidung von Pompeja wegen eines vermuteten Verhältnisses zu dem berüchtigten Clodius.
61	Proprätor von *Hispania ulterior;* Feldzug gegen die Lusitaner.
60	Geheimes Bündnis mit Pompejus und Crassus, das sog. 1. Triumvirat.
59	Konsul. Heirat der Calpurnia.
Ab 58	C. als Prokonsul Statthalter über beide Gallien und Illyricum, zunächst bis zum 1. März 54.
58	Feldzüge gegen die Helvetier und gegen Ariovist.
57	Feldzug gegen die Belger.
56	Erneuerung des Triumvirats. Feldzüge in der Bretagne, Normandie und in Aquitanien.
55	Feldzug gegen die Usipeter und Tenkterer. 1. Rheinübergang. 1. Britannienexpedition. - Die Konsuln Pompejus und Crassus verlängern C.s Statthalterschaft um 5 Jahre.
54	2. Britannienexpedition. Im Winter Aufstände in Gallien; Ambiorix vernichtet 15 Kohorten unter Sabinus und Cotta. - Tod von C.s Tochter Julia, der Gattin des Pompejus.
53	Strafexpeditionen gegen die Aufständischen. 2. Rheinübergang. Vernichtung der Eburonen. - Tod des Crassus nach der verlorenen Schlacht bei Carrhae.
52	Niederschlagung einer großen Aufstandsbewegung unter Vercingetorix in Gallien (vgl. S. 260).
51	Abschließende Kämpfe in Gallien. Publikation der 7 Bücher *Commentarii de bello Gallico.*
49	Am 7. Jan. beschließt der Senat, C. habe sein Heer zu entlassen. Am 10. Jan. überschreitet C. den Rubikon, den Grenzbach zwischen der Provinz *Gallia citerior* und dem damaligen Italien. In 2 Monaten Eroberung ganz Italiens. Anschließend Eroberung Spaniens. - C. Diktator.
48	Konsul zum 2. Male; Niederlegung der Diktatur. Er erleidet eine Schlappe beim Versuch, Pompejus in Dyrrhachion einzuschließen. Am 9. Aug. entscheidender Sieg über Pompejus bei Pharsalos. - Seitdem C. wieder Diktator. - Pharnakes, Sohn des großen Mithradates, will das Reich seines Vaters zurückerobern und erringt im Dez. einen entscheidenden Sieg über C.s Legaten Cn. Domitius Calvinus bei Nikopolis in Kleinarmenien.
48/47	Bei der Verfolgung des Pompejus (am 28.9. in Alexandria ermordet) landet C. in Ägypten und greift in die Thronstreitigkeiten zugunsten Kleopatras ein; Liebesromanze C.s mit dieser.
47	Am 23. Juni Geburt des Kaisarion, des Sohnes von C. und Kleopatra. - Blitzfeldzug C.s gegen Pharnakes, vernichtender Sieg über ihn bei Zela (*veni, vidi, vici*), Pharnakes bald darauf von Rebellen getötet. - Am 28. Dez. Landung in Afrika.
46	Am 6. April Sieg über das große in Afrika gesammelte Heer der Senatspartei bei Thapsus. Triumph in Rom.

45	Am 17. März Sieg über ein von den Söhnen des Pompejus in Spanien gesammeltes Heer bei Munda. Im Oktober Rückkehr nach Rom. C. Diktator auf Lebenszeit.
44	Beim Luperkalienfest, am 15. Febr., bietet der Konsul M. Antonius C. das Königsdiadem an. Am 15.3., den Iden des März, Ermordung C.s durch Verschwörer unter Führung des Brutus und Cassius.

DER JÜNGERE CATO

95 v.Chr.	M. Porcius Cato geboren; die plebejische Familie seit seinem berühmten Urgroßvater Cato Censorius zur Nobilität gehörig. C. erhält eine gründliche philosophische und rhetorische Ausbildung.
72	C. zeichnet sich aus im Kampf gegen Spartacus.
67	Militä tribun in Makedonien; von dort bringt er den damals berühmten Stoiker Athenodoros nach Rom mit.
65	C. ordnet als Quästor energisch die staatlichen Finanzen.
63	In einer berühmten Rede veranlaßt C. am 5. Dez. den Senat, die Hinrichtung der Catilinarier zu beschließen.
62	Volkstribun.
61	C. weist Pompejus ab, als der um die Hand einer seiner Nichten bittet.
60/59	C. führend im Widerstand des Senats gegen die Machenschaften der Triumvirn, aber erfolglos.
58-56	C. in Sondermission auf Zypern; dieser Auftrag nur ein Vorwand, praktisch ist es eine von dem Volkstribunen Clodius durchgesetzte Verbannung, weil er am 5.12.63 die Hinrichtung der Catilinarier durchgesetzt hatte.
56	Gewaltsam verhindert Pompejus C.s Wahl zum Prätor für 55.
55	C. beantragt im Senat, Cäsar wegen Vertragsbruchs den Usipetern und Tenkterern auszuliefern.
54	C. Prätor.
52	C.s Bewerbung um das Konsulat für 51 scheitert, weil er es verschmäht, die üblichen Mittel zur Gewinnung der Volksgunst anzuwenden.
49	Proprätor und Statthalter Siziliens; er verläßt die Insel bei der Landung des Cäsarianers Curio wegen Mangels an Truppen.
48	In den Wirren des Bürgerkrieges gelangt er über manche Umwege schließlich zu den Pompejanern nach Afrika.
46	C. begeht Mitte April Selbstmord in Utica, wenige Tage nach der verlorenen Schlacht bei Thapsus (daher wird er zur Unterscheidung von seinem Urgroßvater Cato Censorius Cato *Uticensis* genannt); er wollte nicht auf die Gnade des Tyrannen angewiesen sein, ein Leben ohne Freiheit schien ihm nicht lebenswert.

Cato eiferte in kompromißloser, starrer Rechtlichkeit seinem Urgroßvater erfolgreich nach. Seit seinem Selbstmord war er ein bewundertes Vorbild aller Gegner der Monarchie; insofern wurde er tot noch gefährlicher, als er es als Lebender gewesen war. Cicero und Brutus verfaßten je eine Lobschrift auf ihn; Cäsar antwortete mit einer Schmähschrift "Anticato". - Eine Porträtbüste von Cato gibt es trotz manchmal erweckten gegenteiligen Anscheins nicht.

BRUTUS

85 v.Chr.	M. Iunius Brutus geboren; die Junier eine plebejische Familie, die aber als ihren Ahnherrn den Patrizier L. Iunius Brutus ansah, der den letzten römischen König vertrieb. Die Mutter des M. Brutus: Servilia, eine Halbschwester des Cato Uticensis. Der offizielle Name des B. aufgrund einer Adoption: Quintus Caepio Brutus.
58	B. begleitet Cato Uticensis nach Zypern. B. steht in seiner Jugend stark unter dem Einfluß Catos und wird von ihm zum Stoiker erzogen.
53	Quästor in Cilicien.
49/48	B. zu Anfang des Bürgerkrieges Parteigänger des Pompejus; nach Pharsalus von Cäsar begnadigt und besonders begünstigt.
47	In Cäsars Stab in Kleinasien.
46	Statthalter von *Gallia Cisalpina*.
45	B. ehelicht als seine 2. Gattin Porcia und wird damit Schwiegersohn des toten Cato Uticensis.
45/44	In diesem Winter reift der Plan zu Cäsars Ermordung; führende Rolle B.s im Kreise der etwa 60 Verschwörer.
44	B. *praetor urbanus*. 15.3.: Ermordung Cäsars. Im Spätsommer etwa Abreise nach Griechenland; Aufstellung einer Armee.
44-42	Kleinere Feldzüge auf dem Balkan und in Kleinasien zur Sicherung seiner Herrschaft im Osten.
42	Gemeinsam mit Cassius erwartet B. die Cäsarerben zur Entscheidungsschlacht. Nach der verlorenen Doppelschlacht bei Philippi im November begeht B. Selbstmord.

Brutus war ein angesehener Redner und Schriftsteller, dem Cicero mehrere Bücher widmete. Er war mehr ein Mann der Schrift und des Wortes als ein Staatsmann und Feldherr.

MARK ANTON

Etwa 82 v.Chr.	M. Antonius geboren; er ist Enkel des großen Redners M. Antonius und Neffe des korrupten C. Antonius, der 63 v.Chr. Ciceros Kollege im Konsulat war; Familie plebejisch, aber zur Nobilität gehörig.
57-55	A. in Ägypten und Palästina Reiterpräfekt.
55	A. begegnet in Ägypten zum 1. Mal der 14jährigen Prinzessin Kleopatra.
54-51	A. im Stabe Cäsars in Gallien, auch dort erfolgreicher Reiterführer, 54-52 als Legat, 51 als Quästor.
Seit 50	Augur.
49	Volkstribun und Vertrauensmann Cäsars in Rom. Bei Beginn des Bürgerkrieges Flucht zu Cäsar und Übernahme von Truppenkommandos mit dem Rang eines Proprätors.
48	Teilnahme an den Kämpfen bei Dyrrhachion und Pharsalos.
48/47	Seit Pharsalos A. als *magister equitum* und Stellvertreter des Diktators Cäsar in Rom.

44	Zusammen mit Cäsar Konsul. Nach Cäsars Ermordung bemächtigt sich A. der Staatskasse und des Nachlasses von Cäsar; seine berühmte Leichenrede vertreibt die Cäsarmörder aus Rom. Vergeblicher Versuch A.s, Oktavian an der Übernahme von Cäsars Erbe zu hindern. Seine Willkürherrschaft macht ihn bei der Senatsmehrheit, besonders aber bei Cicero, verhaßt.
43	A. ohne Waffenglück in den Kämpfen bei Mutina gegen die Truppen des Senats, die von den beiden Konsuln und Oktavian befehligt werden. - Bildung eines Triumvirats auf 5 Jahre mit Oktavian und Lepidus. Blutige Proskriptionen der politischen und persönlichen Gegner der Triumvirn; unter den 130 Senatoren und 2000 Rittern, die ermordet werden, ist Cicero.
42	Besiegung der Cäsarmörder Brutus und Cassius bei Philippi.
41	A. geht, den Triumviratsvereinbarungen gemäß, zur Ordnung der Verhältnisse in den Orient. Von nun an (mit Unterbrechungen) bis zu seinem Tode Zusammenleben mit der Ägypterkönigin Kleopatra.
40	Im Oktober zwischen A. und Oktavian Vertrag von Brundisium zur Regelung der Interessenabgrenzungen. Besiegelung des wiederhergestellten guten Einvernehmens durch Heirat der Oktavia, einer 69 v.Chr. geborenen Schwester des Oktavian (dies die 4. Ehe des A.). Von nun an hat Oktaiva 3 Jahre stärkeren Einfluß auf A. als Kleopatra.
37	Verlängerung des Triumvirats für weitere 5 Jahre im Vertrag von Tarent.
36	Erfolgloser Partherfeldzug.
34	Annexion von Armenien; Triumph in Alexandria.
32	Scheidung von Oktavia infolge von Spannungen zwischen A. und Oktavian; Grund: A. will den Kindern der Kleopatra ganze römische Provinzen schenken. Krieg Oktavians gegen A. und Kleopatra.
31	Am 2. Sept. Seesieg Oktavians über A. und Kleopatra bei Aktium.
30	1. Aug.: Selbstmord A.s in Alexandria.

A. sah glänzend aus, war persönlich tapfer und einer der ganz wenigen kühnen Reiterführer der römischen Kriegsgeschichte. Aber er neigte zu schwelgerischem Wohlleben (hatte eine "Sultansnatur") und unterschätzte den weitaus jüngeren Oktavian. Dem Einfluß der stärkeren Persönlichkeit Cäsars und Kleopatras konnte er sich nicht entziehen. A. ist Großvater des Germanicus und des Kaisers Claudius sowie Urgroßvater des Kaisers Caligula und Ururgroßvater Neros.

AUGUSTUS (OKTAVIAN)

63 v.Chr.	Am 23. Sept. geboren als C. Octavius; Familie plebejisch. Die Mutter Atia war eine Nichte Cäsars.
Seit 48	Pontifex.
45	O. mit Cäsar in Spanien.
44	O. erfährt in seinem Studienort Apollonia vom Tode Cäsars und eilt nach Italien. Laut Testament ist er Cäsars Haupterbe. Für den Kampf gegen Antonius stellt er der Senatspartei eine aus Cäsars Veteranen gebildete Armee zur Verfügung. Er führt jetzt offiziell den Namen C. Iulius Caesar und wird zur Unterscheidung Octavianus genannt.

43	Der Proprätor O. ist Sieger in den Kämpfen von Mutina gegen M. Antonius; zurück in Rom erzwingt er Triumph und Konsulat für 42. - Bildung eines Triumvirats mit Antonius und Lepidus auf 5 Jahre. Blutige Proskriptionen der politischen und persönlichen Gegner der Triumvirn; unter den 130 Senatoren und 2000 Rittern, die ermordet wurden, war Cicero.
42	Gemeinsam mit Antonius im November Besiegung der Cäsarmörder Brutus und Cassius in der Doppelschlacht von Philippi.
41/40	Gewaltsame Landverteilung an die Veteranen; dabei kommt es zum Perusinischen Krieg gegen L. Antonius, den Bruder des Triumvirn.
40	O. heiratet in 2. Ehe Scribonia, eine Verwandte des Sextus Pompejus, mit dem er sich arrangieren möchte. Aus dieser Ehe stammt Augustus' einziges Kind: Julia. - Im Oktober zwischen O. und Antonius Pakt von Brundisium zur Regelung der Interessenabgrenzungen.
38	Kaperkrieg des Sextus Pompejus. Scheidung von Scribonia, Heirat der Livia.
37	Erneuerung des Triumvirats für weitere 5 Jahre in Tarent.
36	Endgültige Besiegung des Pompejus in der Seeschlacht von Naulochos. Der Triumvir Lepidus zur Kapitulation gezwungen, seitdem bekleidet er nur noch das Amt des Pontifex Maximus, während O. von nun an alleiniger Herr über die Westhälfte des Imperiums ist.
35 u. 33	Feldzüge in Illyricum und Dalmatien zum Schutze der Ostküste Italiens.
33	O. beginnt zusammen mit Agrippa in Rom mit reger Bautätigkeit.
32	Kriegserklärung gegen Kleopatra.
31-23	O. in diesen Jahren ununterbrochen Konsul.
31	Am 2. Sept. Seesieg über Antonius und Kleopatra bei Aktium; Oktavian von nun an alleiniger Herr über das Weltreich.
29	13.-15. Aug.: Triumph in Rom. Schließung des Janus-Tempels (vgl. S. 77).
28	Wiederherstellung von 82 verfallenen Tempeln in Rom. Wahrnehmung des Zensus zusammen mit Agrippa, insbesondere Neuzusammensetzung des Senats (*lectio senatus*). Beginn der Restaurationspolitik: Wiederanknüpfung an altrömische Tradition in jeder Hinsicht, insbesondere auf religiösem Gebiet.
27	13. Jan.: O. gibt die Macht im Staate offiziell an Senat und Volk zurück, damit formale Wiederherstellung der Republik. 16. Jan.: O. erhält den Titel Augustus. In den östlichen Provinzen Beginn des Kaiserkultes. Augustus ist nunmehr bestrebt, das Imperium abzurunden durch Erreichung sicherer natürlicher Reichsgrenzen und innerhalb der Provinzen die Macht Roms zu festigen sowie ihre Erschließung voranzutreiben.
27-24	Kämpfe in Spanien zur Konsolidierung der römischen Herrschaft unter Leitung des Princeps selbst. (Endgültige Beilegung erst 19 durch Agrippa).
25	Galatien wird Provinz.
23	Tod des Kronprinzen Marcellus. Um nicht entgegen der Tradition Jahr für Jahr Konsul sein zu müssen, läßt sich A. auf Lebenszeit das *imperium proconsulare maius* und die *tribunicia potestas* verleihen (vgl. S. 30). - Agrippa heiratet die Kaisertochter Julia und ist als Thronfolger vorgesehen.
22-19	Reisen zwecks Neuorganisation des Imperiums und Friedenssicherung an der Grenze zum Partherreich.

18/17	Fortsetzung der moralisch-religiösen Restaurationsbestrebungen.
17	Feier der Säkularspiele.
16/15	Vorverlegung der Reichsgrenze vom Südrand der Alpen an den oberen Donaulauf: Raetia und Noricum werden zu neuen Provinzen.
15-13	Aufenthalt in Gallien zwecks Neuorganisation.
13-9	Ausdehnung des Reiches auch auf dem Balkan bis zur Donau: Mösien wird neue Provinz.
12	Der ehemalige Triumvir Lepidus tot; seitdem Augustus Pontifex Maximus. Der Tod des Agrippa läßt die beiden Liviasöhne Tiberius und Drusus zu Stellvertretern des Kaisers aufrücken.
12-9	Drusus versucht, die Reichsgrenze in Germanien an die Elbe vorzulegen. - Tod des Drusus.
9	Weihung der Ara Pacis.
2 v.Chr.	Verbannung der Kaisertochter Julia.
2 n.Chr. / 4 n.Chr.	Tod der Kaiserenkel Gajus und Lucius (Kinder der Julia und des Agrippa).
4-6 n.Chr.	Feldzüge des Tiberius in Germanien.
6 n.Chr.	Tiberius greift das Reich des Markomannenfürsten Marbod an; Abbruch des Unternehmens wegen Beginn des pannonischen Aufstandes. - Judäa wird Provinz.
6-9	Tiberius schlägt den gefährlichen Aufstand in Pannonien nieder.
9	Niederlage des Varus im Teutoburger Wald: infolgedessen Rücknahme der Reichsgrenze in Germanien von der Elbe an den Rhein.
14	19. Aug.: Augustus stirbt in Nola. 17. Sept.: A. durch Senatsbeschluß zur Staatsgottheit erhoben.

Augustus gelang die Schaffung dauerhafter Verhältnisse im gesamten Mittelmeergebiet durch tiefgreifende innere Reformen, die fast alle Lebensgebiete erfaßten. An unbewältigten Problemen blieben der Senat, der infolge seiner großen republikanischen Tradition nicht voll in die Monarchie integriert werden konnte, sowie die labilen Kräfteverhältnisse an den Reichgrenzen, die den Römern von nun an bis zum Untergang des Imperiums nur noch defensives Handeln gestatteten. - Große Kulturblüte: die augusteische Klassik. - Von seinen literarischen Werken ist das sogenannte *Monumentum Ancyranum* erhalten, d.i. sein Tatenbericht, den er an vielen Stellen des Reiches aufstellen ließ.

Die julisch-claudische Dynastie

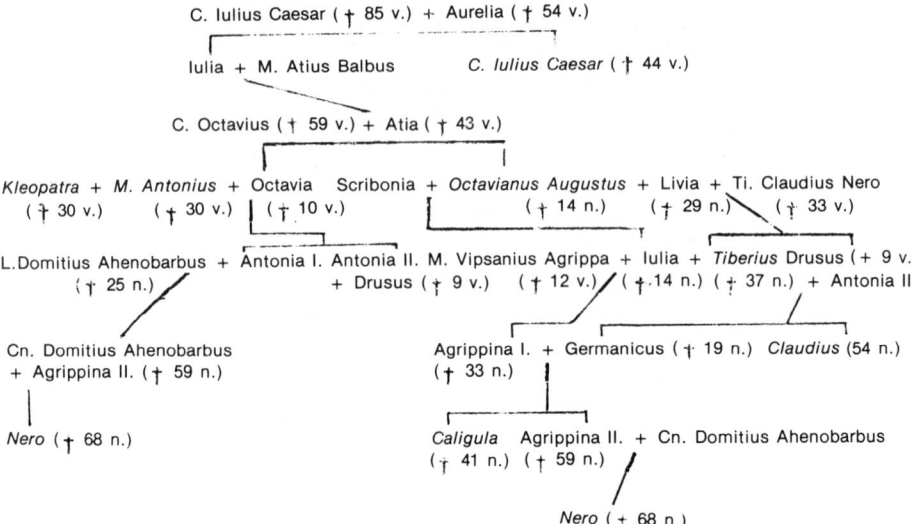

MAECENAS

74-64 v.Chr.	Irgendwann innerhalb dieses Jahrzehnts an einem 13. April wird C. Maecenas (vielleicht auch C. Cilnius Maecenas) geboren; Familie dem Ritterstande angehörig, aber von etruskischen Königen der Stadt Arretium abstammend.
43	Begleiter Oktavians im mutinensischen Krieg.
42	Teilnahme an der Schlacht bei Philippi.
40	M. vermittelt die Heirat zwischen Oktavian und Scribonia. - M. vertritt Oktavian bei der Aushandlung des Vertrages von Brundisium und vermittelt die Heirat zwischen Antonius und Oktavia zur Festigung des Vertrages.
38	M. in diplomatischer Mission für Oktavian bei Antonius.
37	Mitwirkung M.s in Tarent bei der Erneuerung des Triumvirats für weitere 5 Jahre.
36 und 31/30	M. Stellvertreter Oktavians in Rom während des Krieges gegen Sextus Pompejus und während des Krieges gegen Antonius und Kleopatra.
Seit 23	Abkühlung der Beziehung M. - Augustus, weil M. seiner Gattin Terentia ein Staatsgeheimnis verraten hat und weil Augustus sich zu lebhaft für Terentia interessiert.
8 v.Chr.	Tod des M.

Über seinem "Mäzenatentum", der tatkräftigen Förderung der Künste und Künstler (besonders des Vergil, Horaz, Properz) vergißt man oft den geschickten Diplomaten und weitblickenden Staatsmann, der, ohne jemals ein senatorisches Amt bekleidet zu haben, selbstlos und ohne Ehrgeiz nächst Agrippa der einflußreichste und treueste Berater und Freund des Augustus war.

Etwa 63 v.Chr.	M. Vipsanius Agrippa geboren; er ist wahrscheinlich niedriger Herkunft. Als Altersgenosse und ehemaliger Jugendfreund steht er dem Oktavian über 30 Jahre treu und tatkräftig zur Seite.
45/44	Gemeinsames Studium mit Oktavian in Apollonia; Abbruch nach Cäsars Ermordung.
43	A. klagt den Cäsarmörder Cassius an.
41	A. führt die Truppen Oktavians im perusinischen Krieg.
40	Prätor.
39	Statthalter in Gallia Ulterior; Besiegung der Aquitanier, Rheinübergang, Befriedung der Ubier.
37	Konsul; Aufbau einer Flotte, Anlage eines Kriegshafens bei Baiae (Portus Iulius), Begleiter Oktavians nach Tarent, wo mit M. Antonius die Verlängerung des Triumvirats für weitere 5 Jahre ausgehandelt wird.
36	Flottenoberkommando gegen Sextus Pompejus; entscheidender Seesieg bei Mylae bzw. Naulochus.
35/34	Niederwerfung der Illyrer gemeinsam mit Oktavian.
32/31	Flottenoberkommando gegen Antonius und Kleopatra.
31	Entscheidender Seesieg bei Aktium.
28	Konsul zum 2. Male; gemeinsam mit Oktavian Durchführung der Zensur, vor allem Säuberung und Ergänzung des Senats. Heirat der Claudia Marcella, einer Nichte Oktavians.
27	Konsul zum 3. Mal.
23	A. erhält den Siegelring des schwerkranken Augustus und ein *imperium proconsulare* mit sehr weitreichenden Kompetenzen.
23-21	Orientaufenthalt zwecks Durchführung organisatorischer und diplomatischer Aufgaben.
21	Rückberufung; Heirat von Augustus' Tochter Julia, da A. nunmehr als Thronfolger vorgesehen ist.
20-18	Aufenthalt in Gallien und Spanien; Beilegung von Unruhen, besonders unter den Kantabrern.
18 u. 13	A. erhält das *imperium proconsulare maius* und die *tribunicia potestas* für jeweils 5 Jahre.
16-13	Zweiter Orientaufenthalt; Freundschaft mit Herodes, wohlwollende Behandlung der Juden.
13	A. in Pannonien, da Unruhen auszubrechen drohen.
12	Ende März stirbt Agrippa.

Agrippa war ein großer Organisator, Heer- und Flottenführer; er entfaltete eine intensive Bautätigkeit (Straßen, Wasserleitungen, Thermen, Tempel); auch als Redner und Schriftsteller ist er hervorgetreten. Die augusteische Außenpolitik, die Reformen im Heerwesen und in der Reichsverwaltung sind weitgehend von ihm mitgestaltet. Ergebnis seiner kartographisch-vermessungstechnischen Tätigkeit war u.a. eine auf dem Marsfeld aufgestellte Erdkarte, die das Urbild aller späteren römischen Karten wurde.

42 v.Chr.	Ti. am 16.11. als der ältere Sohn des Ti. Claudius Nero und der Livia geboren; Familie patrizisch.
38	Livia heiratet Augustus nach Scheidung von Nero.
26-24	Teilnahme des Ti. an den Kämpfen in Spanien.
23	Quästor.
20	Ti., der Augustus in den Orient begleitet hat, nimmt die bei Carrhae 53 v.Chr. dem Crassus abgenommenen Feldzeichen von den Parthern entgegen.
16	Ti. als Prätor mit Augustus in Gallien.
15	Gemeinsam mit seinem jüngeren Bruder Drusus unterwirft er Süddeutschland vom Nordrand der Alpen bis zur Donau.
13	Konsul.
12-10	Ti. leitet die Kämpfe in Pannonien.
11	Augustus zwingt Ti. zur Heirat seiner Tochter Julia, der Witwe Agrippas, nach Scheidung von der von ihm sehr geliebten Hispania Agrippina.
9-7	Ti. übernimmt nach dem Tode seines Bruders Drusus das Oberkommando an der Rheingrenze.
8	Ti. veranlaßt die Umsiedlung von 40 000 Sugambrern und Sueben auf das linke Rheinufer.
7	Konsul zum 2. Mal.
6 v.Chr.- 2 n.Chr.	Ti. zieht sich gekränkt nach Rhodos zurück, da Augustus ihn immer wieder in der Thronfolge übergeht und seine erzwungene Ehe mit Julia unglücklich ist.
4 n.Chr.	Ti. von Augustus adoptiert wegen des Todes der beiden Kaiserenkel Gajus und Lucius; Ti. seinerseits muß seinen Neffen Germanicus adoptieren.
4-6	Feldzüge des Ti. in Germanien.
6	Ti. greift den Markomannenkönig Marbod mit 12 Legionen von Rhein und Donau her in einer weiträumigen Umfassungsbewegung an, die ein geniales strategisches Konzept verrät; Abbruch des Feldzuges wegen des Beginns des pannonischen Aufstandes.
6-9	Ti. gelingt es, trotz unübersichtlichster, den Partisanenkampf geradezu herausfordernder Geländeverhältnisse, den pannonisch-illyrischen Aufstand völlig niederzuringen.
10-12	Oberkommando des Ti. an der Rheingrenze.
13	Ti. triumphiert über Pannonien.
14	Ti. Kaiser. Gefährliche Meuterei der Truppen in Pannonien und am Niederrhein.
15/16	Germanenfeldzüge des Germanicus.
23	Ti.s Sohn Drusus von seiner Gattin Livilla auf Anstiften des Prätorianerpräfekten Seianus vergiftet.
26	Gewaltsamer Tod der Germanicusgattin Agrippina und ihres Sohnes Nero.
26-31	Ti. zieht sich verbittert nach Capri zurück. Währenddessen grausame Willkürherrschaft seines angeblichen Freundes Seianus in Rom.
31	Seian, der selbst Kaiser werden will, von Ti. entlarvt und hingerichtet.

247

30	Gewaltsamer Tod des Germanicussohnes Drusus.

| 37 | Am 16. März Tod des Tiberius in Misenum. |

Tiberius war ein hervorragender Heerführer und Organisator. Als Kaiser sorgte er für eine sparsame und korrekte Staatsverwaltung. Persönlich fehlte es ihm erheblich an Liebenswürdigkeit. Wiederholte Zurücksetzungen durch Augustus und manche Enttäuschung, die er als Mensch erlebt hatte, verstärkten diesen Mangel. Prozesse wegen Majestätsbeleidigung, der Einfluß Seians und tödliche Spannungen im Kaiserhaus belasteten seine Regierungszeit.

DRUSUS

38 v.Chr.	Nero Claudius Drusus geboren. Er ist ein Sohn der Augustusgattin Livia aus erster Ehe. Erziehung durch seinen Stiefvater Oktavian. Ehe mit *Antonia minor,* einer Tochter des Triumvirn Marcus Antonius. Seine Söhne sind der glänzend begabte, gut aussehende Prinz Germanicus und der spätere Kaiser Claudius.
18	Quästor.
15	Gemeinsam mit seinem Bruder Tiberius unterwirft er Süddeutschland vom Nordrand der Alpen bis zur Donau.
13	Legat und Generalstatthalter der 3 Gallien und damit Oberbefehlshaber an der Rheingrenze. Vorbereitung der Unterwerfung des westelbischen Germanien: Flottenbau, Kanalbau (sog. *fossa Drusiana* zwischen Rhein und Nordsee), Straßenbau, Kastellbau (z.B. Zürich, Basel, Urmitz, Neuß). Ausgangsbasen sind Mainz und Vetera bei Xanten.
12	Unterwerfung der Friesen, Brukterer, Chauken durch Einfahrt in die Flüsse von See aus. Auf dem Rückweg Untergang der Flotte.
11	Unterwerfung der Usipeter und Sugambrer; Erreichung der Weser auf dem Landweg.
10	Niederwerfung der Chatten.
9	Drusus Konsul. In Kämpfen gegen Sueben, Markomannen und Cherusker erreicht er die Elbe. Nach einem Sturz vom Pferde auf dem Rückmarsch stirbt er.

Drusus war ein hochbegabter und tatkräftiger Organisator und Heerführer, im Gegensatz zu seinem älteren Bruder Tiberius war er allgemein beliebt.

GERMANICUS

15 v.Chr.	G. geboren als Sohn des Drusus, Enkel des Triumvirn Antonius und Neffe des späteren Kaisers Tiberius.
4 n.Chr.	Tiberius adoptiert G. auf Verlangen des Kaisers Augustus.
Etwa 5 n.Chr.	G. heiratet Agrippina, ein Kind des Agrippa und der Augustustochter Julia.
7	Quästor.
7-9	G. in Pannonien unter Tiberius' Oberbefehl (pann. Aufstand).
11	Germanicus unter Tiberius' Oberbefehl am Rhein.
12	G. als Konsul in Rom.
13	G. Generalstatthalter der 3 Gallien und Oberkommandierender über die 8 am Rhein stationierten Legionen.

14	Nach dem Tod des Augustus Meuterei der 4 niedergermanischen Legionen; ungeschicktes und nachgiebiges Verhalten des G.. Zur Ablenkung der Soldaten Vorstoß gegen die Marser.
15	Zuerst gleichzeitig Vorstöße gegen die Chatten und Marser. Anschließend eilt G. dem Cherusker Segestes zu Hilfe in seinem Kampf gegen Arminius; hierbei Gefangennahme der Thusnelda, der Gattin des Arminius und Tochter des Segestes. Letztes Unternehmen des G. im Jahre 15: Nach Sammlung von 8 Legionen mitsamt Hilfstruppen im Raum Rheine zieht er in den Teutoburger Wald und bestattet die Gefallenen des Jahres 9. Darauf wird er von Arminius zum Kampf und zum Rückzug gezwungen; hierbei werden 4 Legionen unter Caecina in schwere und verlustreiche Kämpfe verwickelt.
16	Aufwendigste und letzte aller römischen Offensiven gegen Germanien mit 8 Legionen, 2 Gardekohorten und zahlreichen Hilfstruppen. Antransport auf dem Seeweg in die Ems hinein. Zwei blutige Schlachten bei Idistaviso und am Angrivarierwall sowie ein Sturm auf der Rückfahrt lassen das Unternehmen in einer Katastrophe enden. Trotzdem im Herbst noch einmal Vorstöße gegen Chatten und Marser.
17	26. Mai: Triumph des G.; Thusnelda und ihr inzwischen geborener Sohn Thumelicus im Zuge mitgeführt. - G. erhält ein Orientoberkommando mit einer den dortigen Statthaltern übergeordneten Befehlsgewalt zur Regelung der Verhältnisse in Kappadokien, Kommagene und Armenien.
18	Einsetzung des Artaxias als König von Armenien. In Syrien kommt es zur Feindschaft zwischen G. und Piso, dem Statthalter Syriens.
19	G. besucht Ägypten ohne Erlaubnis des Kaisers. Zurückgekehrt nach Antiochia stirbt er am 10. Okt. Piso soll ihn vergiftet haben.

G. war eine glänzende Erscheinung und wußte sich wirkungsvoll in Szene zu setzen. Zusammen mit seiner Frau und seinen 9 Kindern erfreute er sich beim Volke größter Beliebtheit. Er besaß Phantasie, Energie und Ehrgeiz, aber nicht den nüchternen Tatsachensinn seines Vaters Drusus und seines Onkels Tiberius. Er ist der Vater des wahnsinnigen Kaisers Caligula und über seine Tochter Agrippina der Großvater Neros.

NERO

37 n.Chr.	Nero geboren unter dem Namen L. Domitius Ahenobarbus als Sohn des Cn. Domitius Ahenobarbus und der Agrippina, der Tochter des Germanicus; Familie plebejisch; über Agrippina ist er Urenkel des Augustus, über seinen Vater Nachfahre des älteren Cato.
49	Agrippina heiratet Kaiser Claudius.
50	N. von Claudius adoptiert; er heißt nun Nero Claudius Drusus Germanicus Caesar.
53	N. heiratet Oktavia, die Tochter des Claudius.
54	Durch einen Trick Agrippinas wird N. nach Claudius' Tod Kaiser. Die ersten 5 Regierungsjahre sind besonders segensreich, weil N.s Erzieher, der Philosoph Seneca (vgl. S. 128), und der Prätorianerpräfekt Burrus einen starken Einfluß auf den jugendlichen Kaiser ausüben können.
55	Vergiftung des Britannicus, dem als leiblichem Sohn des Kaisers Claudius eher die Thronfolge zugestanden hätte.
59	N. läßt seine Mutter Agrippina ermorden.

62	Oktavia wird von N. geschieden und ermordet. Burrus wird vergiftet. Seneca zieht sich vom Hofe zurück. N. hat also von nun an freie Hand zu jeder Art Willkür. - N. heiratet die berüchtigte Poppaea Sabina.
64	Innerhalb von 6 Tagen brennt 3/4 Roms nieder. Brandstiftung N.s wird geargwöhnt. Doch er bezichtigt die Christen und ordnet die 1. planmäßige Christenverfolgung an. Großzügiger Wiederaufbau Roms; Bau seines Riesenpalastes, der Domus Aurea, die aber nie fertig wird.
65	Aufdeckung der pisonischen Verschwörung; Piso muß mit vielen anderen, u.a. Seneca, Lukan (vgl. S. 130), Petronius (vgl. S. 129), sterben.
66	Tod der Poppaea.
66/67	Griechenlandreise N.s, auf der er seiner Neigung, als Dichter, Sänger, Wagenrennfahrer aufzutreten, besonders frönt: insgesamt 1808 Siegeskränze werden ihm verliehen.
67	Gewaltsamer Tod des fähigen Feldherrn und Statthalters Corbulo.
68	Erhebung des C. Iulius Vindex, Statthalters der Provinz Gallia Lugdunensis; Galba, Statthalter in Spanien, und Clodius Macer, Statthalter in Afrika, schließen sich an. Abfall der Prätorianer. Nero verläßt Rom und läßt sich am 9.6. töten. Mit ihm erlischt die julisch-claudische Dynastie.

VESPASIAN

9 n.Chr.	Geburt des Titus Flavius Vespasianus am 17. Nov. als Sohn des Zolleinnehmers Flavius Sabinus in Reate (Sabinerland); Familie kleinbürgerlich.
38	Nach Dienst als Militärtribun in Thrakien und als Quästor in der Provinz Kreta/Kyrene ist V. 38 Ädil.
40	Prätor.
Etwa 42	Legat und Legionsbefehlshaber in Straßburg (Argentoratum).
44	Empfang der *triumphalia ornamenta* durch Kaiser Claudius nach der Teilnahme an der britannischen Invasion als Legionsbefehlshaber.
51	V. *consul suffectus*.
Etwa 62	Prokonsul in Afrika.
66	V. begleitet Nero auf seiner Griechenlandtournee; V. schläft bei einem Gesangsvortrag des Kaisers ein. Trotzdem betraut dieser ihn im gleichen Jahr mit der Niederschlagung des jüdischen Aufstandes.
69	Das Orientheer ruft V. zum Kaiser aus; am 1. Juli in Alexandria, am 3. Juli in Judäa. - Am 22. Dez., nach dem Tode des Kronprätendenten Vitellius, den die zu Vespasian übergegangenen Legionen der Donauprovinzen bei Cremona besiegt haben, V. vom Senat als Kaiser anerkannt.
70	Im Sommer V.s Ankunft in Rom; er beendet verärgert die Willkürherrschaft des Mucianus und seines jüngeren Sohnes Domitian, die in seinem Namen in Rom die Macht mißbraucht haben. - September 70 Abschluß des Judenkrieges mit der Zerstörung Jerusalems durch V.s älteren Sohn Titus. - Ende 70 ehrenvoller Friede für die Bataver (Rheinmündungsgebiet), deren Aufstand seit 69 unter Julius Civilis ganz Nordgallien in Aufruhr gebracht hatte.
71	Triumph des Titus in Rom. - Überall Friede, daher Schließung des Janustempels.
79	Am 24. Juni Tod V.s.

Die Regierung V.s ist gekennzeichnet durch Wiederherstellung der unter Nero zerrütteten Finanzen vermittels äußerst korrekter und sparsamer Reichsverwaltung, durch rege Bautätigkeit in Rom (u.a. Errichtung des Kolosseums) und in den Provinzen (dort vor allem Zweckbauten und Straßenbau), überhaupt durch Förderung der Provinzen (u.a. großzügige Bürgerrechtsverleihungen, Koloniengründungen) und durch planmäßige Sicherung der bestehenden Grenzen (u.a. Umgruppierung und Verstärkung von Grenztruppen, Annexionen einzelner Gebiete an den Grenzen, Anlage neuer Kastelle, Grenzverkürzungen).

TITUS

39 n.Chr. Titus Flavius Vespasianus am 30. Dez. als Sohn des späteren Kaisers Vespasian geboren. - Gemeinsame Erziehung mit Britannicus, dem Sohn des Kaisers Claudius. - Dienst als Militärtribun in Germanien und Britannien.

Etwa seit 67 Teilnahme an dem Kampf gegen die Juden als Legat und Legionsbefehlshaber unter dem Oberkommando seines Vaters.

70 Übernahme des Oberbefehls im jüdischen Krieg seit der Abreise des zum Kaiser ausgerufenen Vaters. Im September Einnahme des seit April belagerten Jerusalem.

71 Triumph in Rom. - T. von nun an Mitregent seines Vaters, daher Inhaber des *imperium proconsulare* und der *tribunicia potestas;* außerdem ist er *praefectus praetorio* und 7 x gemeinsam mit Vespasian Konsul. Anfangs geringe Beliebtheit wegen seiner aus Judäa mitgebrachten 20 Jahre älteren Geliebten, der Prinzessin Julia Berenike, und wegen seiner Grausamkeit.

79 Regierungsübernahme. - Am 24. Aug. Zerstörung von Pompeji und Herkulaneum durch Ausbruch des Vesuvs.

80 Großbrand in Rom; anschließend die Pest in Rom.

81 T. am 13. Sept. gestorben.

Während seiner kurzen Regierungszeit konnte T. den anfänglich ungünstigen Eindruck durch den Anschein von Milde und Liebenswürdigkeit ausgleichen; besonders die Katastrophen am Vesuv und in Rom zeigten ihn großzügig und hilfsbereit.

AGRICOLA

40 n.Chr. Cn. Iulius Agricola geboren am 13.6. in Forum Iulii (Fréjus westlich Nizza); die Familie der Oberschicht der Narbonensis zugehörig, der Vater ist schon Senator gewesen.

60 Militärdienst als Tribun in Britannien.

64 Quästor in der Provinz Asia.

66 Volkstribun.

68 Prätor. - Agricola stellt sich dem Kronprätendenten Vespasian zur Verfügung.

71-73 Truppenkommando über eine Legion in Britannien.

74 Erhebung in den Patrizierstand.

74-76 Legat und Statthalter von Aquitanien.

77 A. *consul suffectus*. Seine Tochter heiratet Tacitus.

77-84	Legat und Statthalter Britanniens. Beseitigung der Mißstände in der Provinzial-verwaltung. Energische Einleitung des Zivilisierungs- und Romanisierungspro-zesses. Ständig größere und kleinere Kriege. Vorverlegung der Provinzgrenzen bis zum Firth of Clyde und bis ins schottische Hochland hinein. (Nach seiner Abberufung mußten die Grenzen wieder zurückgenommen werden).
84	Abberufung durch Domitian; angeblich aus Neid wegen seiner Erfolge, wahr-scheinlicher zur Einsparung von Truppen und Geldmitteln.
93	23. Aug. Tod Agricolas; Vergiftung ist nicht ausgeschlossen.
98	Tacitus publiziert die Biographie seines Schwiegervaters.

Agricola war klug, energisch, gebildet und - wie er unter der Regierung Domitians bewies - auch charakterfest.

DOMITIAN

51 n.Chr.	Am 25. Okt. wird Titus Flavius Domitianus geboren als Sohn des nachmaligen Kaisers Vespasian und jüngerer Bruder des nachmaligen Kaisers Titus.
69/70	D. *praetor urbanus*; Willkürherrschaft in Rom.
70	Im Sommer Vespasians Ankunft in Rom; Domitian wird von nun an von ihm nicht mehr mit verantwortungsvollen Aufgaben betraut.
81	Domitian Kaiser. U.a. durch Ämterkumulation und Änderung des Zeremoniells bewußte Anhebung der kaiserlichen Stellung. - Die Reichsregierung unter D. straff, aber sehr korrekt. So erlebt das Reich eine große Wirtschaftsblüte. Förderung der Rechtspflege.
83	Besiegung der Chatten; Vorverlegung der röm. Grenzen am Oberrhein; Sicherung durch Grenzwälle, eine Vorform der späteren Limesbefestigungen.
84	Abberufung Agricolas aus Britannien.
85-89	Sicherung der Grenze an der unteren Donau durch kräfteverzehrende Kämpfe gegen Daker und Sarmaten.
88/89	Die durch die selbstherrliche Regierungsweise D.s schon immer gespannte Atmosphäre zwischen Senatsaristokratie und Kaiser seit dem Aufstand des Antonius Saturninus endgültig vergiftet. Von nun an häufen sich Verschwörun-
93-96	gen, Anschläge und blutige Prozesse; letzte Steigerung zwischen 93 und 96.
96	Am 18. Sept. Ermordung Domitians; seine eigene Frau ist an dem Anschlag beteiligt.

Trotz Verunglimpfung D.s in den antiken Quellen war seine Regierung segensreich für das Imperium. Seine Bemühungen um Grenzsicherung waren von Erfolg gekrönt.

TRAIAN

53 n.Chr.	Am 18. Sept. M. Ulpius Traianus in Italica (Südspanien) geboren als Sohn eines gleichnamigen Vaters, der es bereits bis zum Konsul und Prokonsul bringt; Familie in der Hispania Baetica ansässig.
Etwa 70-90	Tr.s Aufstieg in der senatorischen Ämterlaufbahn.
Etwa 76	Tr. Militärtribun in Syrien bei seinem Vater, dem dortigen Statthalter.

| Etwa 88 | Tr. wird von Domitian als Legionslegat mit seiner Truppe gegen die Revolte des Antonius Saturninus in Obergermanien in Marsch gesetzt. |

| 91 | Tr. *consul ordinarius.* |

| 97 | Tr., Statthalter Obergermaniens, wird von Nerva adoptiert. In Köln erfährt er von dessen Tod. Tr. bleibt im Norden und sorgt für stärkere Grenzsicherung, u.a. durch Ausbau des domitianischen Limes. |

| 99 | Einzug des neuen Kaisers und seiner Gemahlin Plotina in Rom. |

| 101/102 | 1. Dakerkrieg. |

| 105/106 | 2. Dakerkrieg. Beide Kriege sind äußerst schwer und zehren an den Kräften. Gründung der Provinz *Dacia.* |

| 106 | *Arabia Nabataea* wird Provinz. |

| 107 | Zur Feier des Dakersieges ein 123 Tage dauerndes Fest mit prunkvollen Spielen; jeder Bürger Roms erhält eine Spende von 500 Denaren. Dies ermöglicht der erbeutete Dakerschatz, von dem auch Trajans großzügige Bautätigkeit bestritten wird (z.B. das riesige Trajansforum, Ausbau des Hafens von Ostia, Kanalbau Rotes Meer-Nil, intensiver Straßenbau). |

| 114-117 | Schwerer Partherkrieg. Vorübergehende Annexion der Provinzen *Armenia, Mesopotamia, Assyria.* |

| 115 | Ausbruch des jüdischen Aufstandes. |

| 117 | Auf der Rückreise nach Rom stirbt Tr. am 8. Aug. in Kleinasien. |

Mit Trajan ist der 1. Nichtitaliker römischer Kaiser. Unter ihm größte Ausdehnung des Reiches. Seinen aufwendigen Feldzügen waren die beschränkten Kraftreserven des Imperiums auf die Dauer nicht gewachsen. So mußten die 3 im Partherfeldzug gewonnenen Provinzen von seinem Nachfolger sogleich wieder aufgegeben werden. Die Provinzialverwaltung und Rechtspflege waren unter ihm sehr gut. Die Dakerbeute ermöglichte neben der Bautätigkeit auch eine bessere Getreideversorgung Roms und gewisse Steuererleichterungen. Tr. war infolge seines aufgeschlossenen und humanen Wesens in allen Bevölkerungsschichten beliebt. Briefe, die er dem jüngeren Plinius geschrieben hat, sind erhalten.

HADRIAN

| 76 n.Chr. | Geburt des Publius Aelius Hadrianus (vermutlich in Italica, Spanien), eines Neffen 2. Grades Trajans. |

| 85 | Nach dem Tode des Vaters wird Trajan sein Vormund. |

| Ab 95 | H. Kriegstribun in verschiedenen Legionen auf dem Balkan und am Rhein. |

| 99 | H. im Gefolge Trajans beim Einzug in Rom. |

| 100 | H. heiratet Vibia Sabina, eine Großnichte Trajans. |

| 101/102 | H. nimmt am 1. Dakerkrieg teil, 101 als Quästor, 102 als Stabsoffizier unbekannten Ranges. |

| 105/106 | H. befehligt eine Legion im 2. Dakerkrieg. 106 bekleidet er außerdem die Prätur. |

| 107 | H. Statthalter in Niederpannonien. |

| 108 | H. *consul suffectus.* |

| 111 oder 112 | H. zum Archonten in Athen gewählt. |

Etwa ab 114 (oder später)	H. Statthalter in Syrien.
117	H. übernimmt die Regierung. Ob Trajan, der vielleicht keine Zeit mehr hatte, die Thronfolge zu regeln, ihn tatsächlich als Nachfolger vorsah, ist unsicher. Fest steht, daß Trajan ihn als sehr wesensverschieden empfand, daß aber Kaiserin Plotina ihn begünstigte.
118	H.s Ankunft in Rom. Feier des parthischen Triumphes im Namen Trajans. - Abreise H.s nach Mösien wegen dortiger Unruhen. In seiner Abwesenheit Verschwörung von 4 Konsularen; sofortige Hinrichtung. - Nach seiner Rückkehr bemüht sich H. durch Abhalten mehrtägiger Spiele und großzügige Spenden und Stiftungen um Beliebtheit.
Ab 120 oder 121	Beginn der Reisen des von innerer Unruhe getriebenen Kaisers durch das Imperium; überall bei Militär, Verwaltung und Rechtswesen prüft und regelt er persönlich. Zuerst Reise durch Gallien, Rheinland (der Limes erhält seine endgültige Gestalt), Britannien (Sicherung der Nordgrenze durch Hadrianswall angeordnet), Gallien.
122	Weiterreise nach Spanien.
123-125	Asia, Troas, Propontis, Phrygien.
125-127	H. in Griechenland.
127	Rückkehr über Sizilien nach Rom.
128	Besuch Afrikas.
128/129	Aufenthalt in Athen; der Bau des von dem Tyrannen Peisistratos (6. Jh.v.Chr.) begonnenen Zeustempels wird fortgesetzt.
129	Besuch von Karien, Kilikien, Kappadokien, Syrien.
130	Besuch Ägyptens; Tod seines jungen Freundes Antinous.
131	Rückkehr nach Rom.
131-138 132-135	H. meist in Rom; allerdings erforderte der furchtbare Aufstand der Juden unter Bar Kochba zeitweise seine Anwesenheit in Judäa (132-135).
136	Verschwörung des Servianus und Fuscus; beide hingerichtet. - H. adoptiert L. Aelius.
138	Tod des Aelius; Adoption des Antoninus Pius. - Tod H.s, Bestattung in seinem Grabmal, der späteren Engelsburg.

Unter Hadrian erhielten die Grenzbefestigungen in Germanien, Britannien, Nordafrika, Syrien, an der unteren Donau ihr endgültiges Aussehen, als zusätzliche Hilfstruppen zog er die *numeri* heran (vgl. S. 55), die zivile Ämterlaufbahn trennte er von der Offizierskarriere; dazu kam Ausbau der kaiserlichen Bürokratie, Bautätigkeit in und bei Rom (z.B. Pantheon, Grabmal Hadrians, riesige Villa Hadrians bei Tivoli) sowie in Athen (Hadriansvorstadt, Zeustempel, Bibliothek), Verbesserungen im Rechtswesen, wirtschaftliche und soziale Anordnungen für die Wohlfahrt der Untertanen. - Hadrian hatte ein vielschichtiges Wesen: Einerseits war er Regent und Soldat, hatte Sinn für die Realitäten des Lebens, andererseits war er Romantiker, Kosmopolit, Griechenschwärmer, Dichter mit Hang zu Mysterienkulten und zur Astrologie.

GEGNER ROMS VON HAMILKAR BIS MARBOD IN LEBENSDATEN

HAMILKAR BARKAS

Etwa 285 v.Chr.	Geburt des Hamilkar
247	H. landet im 1. punischen Krieg (264-241) auf Sizilien und besetzt den Berg Eirkte bei Palermo. Von diesem Stützpunkt aus führt er mit seinen schwachen Kräften einen erfolgreichen Zermürbungskrieg gegen die Römer. In mehreren Unternehmungen verwüstet er die Küsten Süditaliens bis Cumae hinauf.
244	Als 2. Stützpunkt besetzt er den Berg Eryx bei Drepana.
241	Nach der verlorenen Seeschlacht bei den Ägatischen Inseln vertritt der selber unbesiegte H. die karthagische Seite bei den Waffenstillstandsverhandlungen und erwirkt für seine Truppen und sich freien Abzug von Sizilien. Nach der Rückführung legt er das Kommando nieder.
241-238	Bei dem Aufstand der nach dem verlorenen Krieg von Karthago um die versprochenen Abfindungen geprellten Söldner erhält er erneut das Oberkommando und schlägt den Aufstand nieder.
237-229	H. baut ein großes Kolonialreich in dem an Silber und potentiellen Söldnern reichen Südspanien auf (vgl. S. 209).
229	H. fällt im Kampf. Nachfolger wird sein Schwiegersohn Hasdrubal. - Hamilkar Barkas ist Vater der drei Heerführer Hannibal, Hasdrubal, Mago.

HANNIBAL

Etwa 247 v.Chr.	Hannibal geboren als ältester Sohn des Hamilkar Barkas.
Ab 237	H. wächst im Heerlager seines Vaters in Spanien früh in Stellung und Aufgaben eines Heerführers hinein.
229-221	Nach dem Tode seines Vaters zeichnet sich H. unter seinem Schwager Hasdrubal, der Hamilkars Stellung übernommen hat, als Reiterführer aus.
221	Nach Hasdrubals Tod wird der beim Heer beliebte H. Oberbefehlshaber in Spanien.
219	Nach achtmonatiger Belagerung Einnahme des mit Rom verbündeten Sagunt.
218	Daher im Sommer 218 Kriegserklärung Roms. Marsch H.s über die Pyrenäen und Alpen. Er siegt über die Römer in einem Reitergefecht am Ticinus und bereitet ihnen eine schwere Niederlage an der Trebia.
217	H. vernichtet ein römisches Heer am Trasimenischen See.
216	H. bereitet den Römern bei Cannae die schwerste Niederlage ihrer gesamten Geschichte.
215-203	Weitere Kriegführung H.s in Italien ohne nennenswerte Erfolge, da Rom sich nicht geschlagen gibt, da zu viele italische Bundesgenossen Rom treu bleiben, da Karthago ihn kaum mit Nachschub versorgt.
207	Der Versuch seines Bruders Hasdrubal, ihm aus Spanien über die Alpen Truppen zuzuführen, scheitert durch die Niederlage bei Sena Gallica in Oberitalien; Hasdrubal fällt.

203	H. wird nach Karthago zurückgerufen, weil Scipio in Afrika gelandet ist.
202	Scipio siegt über H. in der Entscheidungsschlacht bei Zama.
201-195	Nach dem Friedensschluß segensreiche staatsmännische Tätigkeit H.s als Sufet (vgl. S. 210).
195	Rom und H.s karthagische Gegner veranlassen seine Verbannung.
183	Nach Beratertätigkeit für Antiochos III. von Syrien und Flucht über Kreta nach Prusa in Bithynien, vor dem Auslieferungsbegehren der Römer begeht H. dort Selbstmord, um der abermals verlangten Auslieferung zu entgehen.

Zu Hannibals Art der Kriegführung vgl. S. 210f. - Mit seinem Scheitern war der Weg Roms zur Weltherrschaft endgültig frei.

PERSEUS

Etwa 213 v.Chr.	Perseus als Sohn des Königs Philipp V. von Makedonien geboren.
189	Makedonische Truppen, zu denen P. gehört, kämpfen als Verbündete Roms im syrischen Krieg (192-189) gegen die Ätoler.
181	Philipp läßt, nicht ohne Beeinflussung durch P., seinen jüngeren Sohn Demetrios ermorden, nach Angabe antiker Quellen wegen seiner Römerfreundlichkeit.
179	Tod Philipps V.; Perseus tritt seine Nachfolge an. Seine Ziele sind Bewahrung der Unabhängigkeit vor dem wachsenden römischen Druck sowie Ausdehnung des makedonischen Einflusses nach Norden. Durch Heirat der Laodike, der Tochter Seleukos' IV. von Syrien, Verheiratung seiner Schwester mit Prusias von Bithynien und Belebung der Beziehungen zu Rhodos arbeitet er dem Bestreben Roms, Makedonien zu isolieren, entgegen, aber ohne dauerhaften Erfolg.
171	Eumenes' II. von Pergamon gegen P. gerichtete Verleumdungen in Rom führen zum 3. makedonischen Krieg. Anfangs operiert P. erfolgreich.
169	Der Illyrerkönig Genthios geht von den Römern zum erfolgreicheren Perseus über.
168	Genthios kapituliert. Perseus wird von L. Aemilius Paullus entscheidend bei Pydna geschlagen. Gefangennahme in Samothrake.
167	Aufführung im Triumph des Paullus.
165	Tod in der Gefangenschaft in Alba Fucens.

Makedonien wurde zunächst in 4 Republiken aufgeteilt und 146 römische Provinz.

VIRIATHUS

Etwa 190 v.Chr.	Geburt des Hirten Viriathus in Lusitanien (portugiesisches Bergland).
151	Der Prätor und Statthalter von Hispania ulterior, Servius Sulpicius Galba, läßt viele Lusitaner niedermachen, die sich auf die Zusicherung hin, mit dem Leben davonzukommen, ergeben haben. Einer von ihnen, V., entkommt. (Galba wird wegen dieses Wortbruches von Cato Censorius angeklagt.)

147	V., von nun an Führer der lusitanischen Freiheitsbewegung, erobert im Kampf gegen den Prätor Vetilius das Baetistal.
146	V. beherrscht nunmehr die gesamte *Hispania ulterior* und Teile der *Hispania citerior*.
145	Der Konsul Q. Fabius Maximus Aemilianus, Bruder des jüngeren Scipio Africanus, übernimmt das Oberkommando in Spanien.
144	Fabius erobert das Baetistal zurück. Die Keltiberer schließen sich dem Freiheitskampf der Lusitaner an.
143/142	V. schlägt mehrfach römische Heere, darunter ein konsularisches unter dem Kommando des Konsuls L. Caecilius Metellus Calvus.
140	Der Prokonsul Q. Fabius Maximus Servilianus von V. zur Kapitulation gezwungen. In einem Friedensvertrag erkennt Rom die Unabhängigkeit der von V. eroberten Gebiete an und erklärt V. zum *amicus populi Romani* (Freund des römischen Volkes).
139	Der Prokonsul Cn. Servilius Caepio bricht mit Billigung des Senats den Vertrag und beginnt wieder den Kampf. Auf seine Veranlassung wird V. von ehemaligen Freunden ermordet. Zusammenbruch der Aufstandsbewegung.

Auch wenn Rom damals nicht gleichzeitig im Kampf gegen den achäischen Bund, gegen Karthago und das keltiberische Numantia gestanden hätte, wäre ihm Viriathus, der ein meisterhafter Guerilla-Stratege und eine mitreißende Führernatur war, ein gefährlicher Gegner gewesen.

IUGURTHA

Etwa 160 v.Chr.	Geburt Jugurthas als Bastard des frühgestorbenen Numiderprinzen Mastanabal. Dessen Bruder, der Numiderkönig Micipsa, läßt ihn wie einen ebenbürtigen Prinzen erziehen. - Numidien damals Klientelstaat Roms.
134/133	J. zeichnet sich vor Numantia unter Scipio Aemilianus als tapferer und umsichtiger Befehlshaber numidischer Hilfstruppen aus. Dort bekommt er Kontakt zu korrupten, aber einflußreichen Mitgliedern der Senatsaristokratie.
118	Tod Micipsas; die Herrschaft hinterläßt er seinen eigenen beiden Söhnen Adherbal und Hiempsal sowie J. Dieser läßt Hiempsal ermorden und vertreibt Adherbal.
117	Rom greift ein und teilt das Reich zwischen Adherbal und J.; die damit beauftragte Senatskommission, von J. bestochen, bevorzugt diesen.
112	In einem Krieg gegen Adherbal nimmt J. dessen Hauptstadt Cirta (Constantine) und läßt Adherbal sowie viele italische, in Cirta ansässige Kaufleute umbringen. Daraufhin beschließt Rom den Krieg.
111	Der Konsul L. Calpurnius Bestia setzt mit einem Heere nach Afrika über, aber J. erkauft sich von ihm den Frieden. Der Senat, unter Druck gesetzt durch den Volkstribunen Memmius, annulliert den Frieden und lädt J. unter Zusicherung freien Geleites nach Rom vor. J.s Bestechungsversuche dort sind nutzlos, denn er läßt seinen Vetter Massiva, der auch als Numiderkönig käme, umbringen; dies Verbrechen wird ruchbar, und er muß Rom verlassen.
110	Das Heer in Numidien unter dem Kommando des Konsuls Spurius Postumius Albinus; keine nennenswerten Ereignisse.

109	J. zwingt das durch teilweise Bestechung der Offiziere korrumpierte Heer unter dem Kommando des Proprätors Aulus Postumius Albinus zur Kapitulation und zum Abzug.
109-107	Energische, aber ergebnislose Kriegführung gegen J. unter Q. Caecilius Metellus. J. hat die Gätuler und den König Bocchus von Mauretanien als Verbündete gewonnen.
107-105	C. Marius führt den Krieg energisch weiter.
105	Aber Erfolg hat erst sein Proprätor L. Cornelius Sulla, der in äußerst waghalsigen und geschickten Verhandlungen Bocchus dazu bringen kann, J. ihm gefangen auszuliefern.
104	Am 1.1. J. im Triumph des Marius aufgeführt, anschließend im Tullianum (vgl. S. 152) hingerichtet. - Numidien wird zwischen Bocchus und Jugurthas schwachsinnigem Halbbruder Gauda geteilt.

Jugurtha war hochintelligent, tapfer und ein äußerst geschickter Heerführer, seine großangelegten Bestechungsmanöver führten zu kaum glaublichen Erfolgen, seine Machtgier und Gewissenlosigkeit kannten keine Grenzen. Die innenpolitischen Gegensätze Roms wurden durch ihn verschärft.

Stammbaum der numidischen Königsdynastie

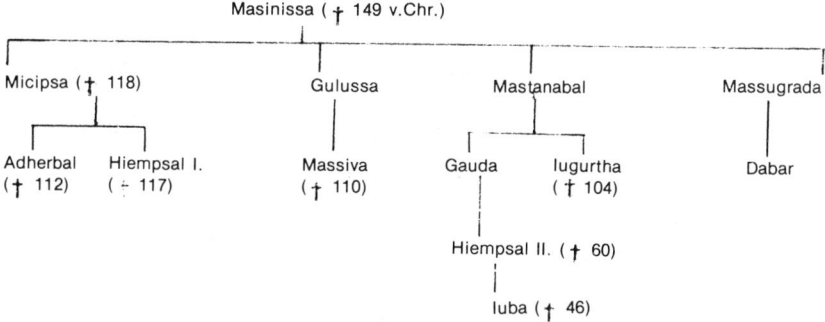

MITHRADATES

Etwa 132 v.Chr.	Mithradates VI., der Große, Eupator geboren als Sproß einer iranischen Dynastie, deren Stammland das an der Südostküste des Schwarzen Meeres gelegene Pontos ist. Er erhält eine teilweise griechische Erziehung.
Etwa 111	Regierungsantritt. Bald bringt er die Nordküste des Schwarzen Meeres unter seine Gewalt. Von dort erhält er von nun an reiche Abgaben an Zöllen und Weizen; dort rekrutiert er auch einen großen Teil seiner Soldaten. Sein weiteres Ziel ist die Eroberung der gesamten Südküste des Schwarzen Meeres und des übrigen Anatolien.
91-88	M. unterstützt die Gegner Roms im Bundesgenossenkrieg finanziell, da er bei Verfolgung seiner weiteren Ziele den Konflikt mit Rom voraussieht.
89	Einnahme des römischen Provinzbesitzes in Kleinasien.

88	M. läßt an einem Tage etwa 80 000 Italiker in Kleinasien umbringen: Blutbefehl von Ephesos. M. besetzt den größten Teil der Inseln und des Festlandes Griechenlands. Die römische Mißwirtschaft hat bewirkt, daß er überall als eine Art göttlicher Befreier, als "neuer Dionysos" begrüßt wird, besonders von der Unterschicht.
87	Sulla setzt nach Griechenland über.
87/86	Nach langem Kampf Einnahme von Athen und Piräus durch Sulla.
86	Sieg Sullas über eine 2. gewaltige Invasionsarmee des M. bei Chaironeia im Frühjahr und über eine 3. noch größere im Herbst bei Orchomenos. Mit Erfolg macht der Proquästor Lucullus dem M. die Seeherrschaft in der Ägäis streitig.
85	Sulla beginnt auf dem Landwege den Marsch nach Asien. Der marianische Legat Fimbria dringt in Bithynien vor. Zusammentreffen des Mithradates mit Sulla in Dardanos: Sie einigen sich auf einen Frieden mit dem Besitzstand von 90, Auslieferung von 70 Schiffen und Bezahlung von 2000 Talenten durch M.
83-81	2. mithradatischer Krieg: der Proprätor Murena fällt in Pontos ein. M. schlägt ihn, und Sulla weist Murena tadelnd auf die Abmachungen von Dardanos hin.
75	Bündnis des M. mit dem Marianer Sertorius in Spanien.
74	Rom annektiert das Königreich Bithynien. Dies ist der Anlaß zum 3. mithradatischen Krieg (74-63).
73	Lucullus vertreibt M. aus Bithynien.
72/71	M. weicht auch aus Pontos vor Lucullus und flieht zu seinem Schwiegersohn Tigranes nach Armenien.
69	Nach dem Scheitern des Lucullus in Armenien kehrt M. nach Pontos zurück.
67	Dort schlägt er Lucullus' Legaten C. Valerius Triarius bei Zela in Pontos: 7000 Römer fallen.
66	Pompejus, der nunmehr bei den Römern das Oberkommando hat, schlägt M. am Oberlauf des Euphrat; sein Heer verläuft sich, er selber entkommt nach Dioskurias in Kolchis (Georgien).
65/64	Auf der Krim sammelt M. ein neues Heer: er plant einen Einfall über den Nordbalkan und die Ostalpen nach Italien, während Pompejus sich anderen Aufgaben in Vorderasien zuwendet.
63	M.s Truppen meutern; sein Sohn Pharnakes setzt sich an die Spitze der Meuterer. Daraufhin läßt sich M. von einem seiner Getreuen töten. Pompejus erkennt Pharnakes als König von Bosporos an.

Mithradates, der ein Riese von Gestalt war, war außerordentlich energisch, besaß auch in gewisser Hinsicht politischen Weitblick und große Kenntnisse, aber er war nicht klug genug zu begreifen, woran es lag, daß die Römer in ihrer bisherigen Geschichte nur Schlachten verloren hatten, aber noch keine Kriege. Außerdem war er ein grausamer und brutaler Despot.

SPARTACUS

73 v.Chr.	Flucht des Thrakers Spartacus und anderer Gladiatoren aus der Fechterschule von Capua. Er und der Gallier Krixos übernehmen Führung und Organisation seiner sich ständig mehrenden Scharen von entlaufenen Sklaven. Nach dem Sieg über zwei römische Heere haben die Aufständischen fast ganz Süditalien in der Hand.

72	Die Konsuln L. Gellius Poplicola und Cn. Cornelius Lentulus Clodianus schlägt er vernichtend und zieht nach Oberitalien, vermutlich mit dem Ziel, seine Anhänger in ihre Heimat entkommen zu lassen. Krixos, der nunmehr ein eigenes Heer führt, wird derweilen von dem Prätor Arrius geschlagen und fällt. Nach einem Sieg des Sp. bei Mutina wollen die Aufständischen in Italien bleiben und ziehen wieder nach Süden. Wiederum Sieg in Picenum. Damalige Stärke des Spartacusheeres etwa 90 000 Mann. Crassus erhält nunmehr den Oberbefehl und zwingt Sp. zum Rückzug nach Bruttium.
71	Vernichtung eines Teiles der Aufständischen beim Versuch, nach Sizilien überzusetzen. Nach wechselvollen Kämpfen Entscheidungsschlacht in Lukanien: Sp. fällt mit vielen der Seinen; 6000 läßt Crassus längs der Via Appia ans Kreuz schlagen. Ein Rest schlägt sich nach Norditalien durch und wird von dem aus Spanien heimkehrenden Pompejus aufgerieben.

Spartacus war ein guter Organisator und Heerführer, sonst hätte er aus den entlaufenen Sklaven kein schlagkräftiges Heer bilden und den regulären Truppen Roms jahrelang erfolgreich Widerstand leisten können. Sieben Heere hat er vernichtend geschlagen. Er galt als großmütig und tapfer. Sein Ziel war Freiheit seiner Anhänger und Entlassung in ihre Heimat; von einem sozialreformerischen Programm ist nichts bekannt.

VERCINGETORIX

80 v.Chr.	Etwa in dieser Zeit Vercingetorix geboren als Sohn des Celtillus, eines vornehmen Arverners, der nach der Königsherrschaft in seinem Stamm gestrebt hatte und deshalb hatte sterben müssen. - Die Arverner waren der mächtigste Stamm Südgalliens gewesen, bis sie 121 v.Chr. von den Römern besiegt worden waren.
57/56	V. vermutlich Führer arvernischer Kavallerie unter Cäsars Hilfstruppen.
52	V. wird schnell Haupt eines Aufstandes, der im Januar ausgebrochen ist. Es gelingt ihm zeitweilig, 42 Stämme zum Freiheitskampf gegen Rom zu vereinen. Sein Plan: Angesichts der schlechten Schulung und Disziplin der Gallier keine offene Feldschlacht zu wagen; statt dessen - fast in der Art des Fabius Cunctator im Kampfe gegen Hannibal - die Römer in einem Vakuum herumtappen zu lassen durch "Methode der verbrannten Erde" und durch Abschneiden aller rückwärtigen Verbindungen vermittels überall herumstreifender, schneller Kavallerieverbände, oder die Römer vor uneinnehmbare Festungen zu locken und dort zu zermürben. V. gelingt es nicht immer, diesen Plan gegen seine Landsleute durchzusetzen. So kann Cäsar die Stadt Avaricum erobern, die die Biturigen gegen den Willen des V. nicht zerstört haben. Jedoch vermag Cäsar wenig später die Arvernerhauptstadt Gergovia trotz langwieriger Belagerung und verlustreicher Sturmangriffe nicht zu nehmen. Vor Alesia, in das V. sich nach verlorener Reiterschlacht bei Dijon zuletzt zurückgezogen hat, liegt Cäsar über einen Monat. Erst eine furchtbare fünftägige Schlacht gegen die Belagerten sowie gegen ein gewaltiges gallisches Entsatzheer bringt die Entscheidung zugunsten der Römer. V. liefert sich persönlich dem Gegner aus, um so für sein Volk mildere Kapitualtionsbedingungen zu erreichen.
46 v.Chr.	V., der seit 52 in Rom im Kerker gesessen hat, wird in Cäsars Triumphzug aufgeführt und dann getötet (vgl. S. 152).

V. genießt in Frankreich ein ähnliches Ansehen wie Arminius in Deutschland. Er hat das Unglück gehabt, einen Cäsar zum Gegner zu haben; aber auch so wäre es ihm fast gelungen, Cäsars Unterwerfungsarbeit von 6 Jahren endgültig zunichte zu machen. Hochherzig war sein letzter Entschluß, sich als Sühnopfer für sein Volk dem Sieger darzubieten.

69 v.Chr.	Kleopatra geboren als Tochter des Ägypterkönigs Ptolemaios XIII. und seiner Schwester und Gemahlin Kleopatra V. - Ägypten war damals ein schwacher Klientelstaat Roms.
55	Erstmalige Begegnung Antonius - Kleopatra anläßlich des Eingreifens der Römer in ägyptische Thronwirren.
51	Kl. und ihr 10-jähriger Halbbruder und Gatte Ptolemaios XIV. werden Herrscher Ägyptens nach dem Tode des Vaters.
48	Die eigenwillige Kl. von den Beratern des Königs vertrieben. - Pompejus am 28. Sept. auf Veranlassung derselben Berater im Moment der Ankunft in Alexandria ermordet.
48/47	Auf der Verfolgung des Pompejus landet Cäsar und greift zugunsten Kl.s ein, in die er sich heftig verliebt.
47	Am 23. Juni Geburt eines Sohnes Cäsars und Kl.s: Kaisarion.
46-44	Vom Sommer 46 bis Frühjahr 44 Kl. und Kaisarion in Rom. Abreise nach Cäsars Ermordung.
41	Treffen Antonius', des Herrn über die östlichen Besitzungen Roms, mit Kl. in Tarsos. Von nun an - allerdings mit Unterbrechungen - beide bis zum Tode miteinander verbunden.
40	Geburt der Zwillinge Alexander Helios und Kleopatra Selene, deren Vater Antonius ist.
40-37	Vom Vertrag von Brundisium (Okt. 40) bis zum Vertrag von Tarent (37) Kl. ohne Einfluß auf den mit Oktavians Schwester Oktavia verheirateten Antonius.
36	Antonius heiratet Kl. - Sein Partherfeldzug bleibt erfolglos.
35	Geburt des 3. Kindes der Verbindung Antonius - Kl.: Ptolemaios Philadelphos.
34	Antonius annektiert Armenien; Triumph mit Kl. in Alexandria. - Antonius schenkt Kl. und ihren Kindern große Gebiete aus römischem Provinzialbesitz.
33-31	Die Gegensätze zwischen Rom und Alexandria spitzen sich zu; beide Seiten rüsten; ab 32 offener Kriegszustand. Kl. mischt sich in Antonius' Hauptquartier in Kleinasien bzw. in Griechenland ständig in die politisch-militärischen Angelegenheiten, sehr zum Ärger der Römer im Stabe des Antonius.
31	Im September Seesieg Agrippas über Antonius und Kl. bei Aktium; beide fliehen.
30 v.Chr.	Selbstmord des Antonius in Alexandria. Der nunmehr 39jährigen Kl. gelingt es in einer Aussprache mit dem in Ägypten eingetroffenen Oktavian nicht, auch noch den 3. großen Römer zu betören und für sich oder wenigstens ihre Kinder Zugeständnisse zu erwirken; sie begeht Selbstmord. Oktavian läßt Kaisarion umbringen.

Kleopatra setzte mit kalter Berechnung ihren bezaubernden Charme zur Befriedigung ihres großen Ehrgeizes ein und konnte so Ägypten noch einmal zu einer bedeutenden Rolle verhelfen. Mit ihr endete die Epoche des Hellenismus und der Diadochenstaaten. Ihr letztes Ziel, Rom mit Hilfe eines Römers in die Hand zu bekommen, erreichte sie weder mit Cäsar noch mit Antonius.

Etwa 19 v.Chr.	Arminius als Sohn des Cheruskerfürsten Segimer geboren. Mehrere Jahre dient A. in den Hilfstruppen des römischen Heeres, wird römischer Bürger und sogar in den Ritterstand erhoben.
9 n.Chr.	A. organisiert einen Aufstand mehrerer germanischer Stämme und lockt den Statthalter P. Quinctilius Varus mit 3 Legionen, 3 Alen und 6 Kohorten (etwa 25 000 Soldaten insgesamt) in das unübersichtliche Gebiet des Teutoburger Waldes; dort wird in einer dreitägigen Schlacht fast das gesamte römische Heer aufgerieben.
15	Kampf zwischen A. und seinem Onkel Segestes, dessen Tochter Thusnelda Arminius gegen den Willen des Vaters geheiratet hatte. Germanicus eilt dem Segestes zu Hilfe, Thusnelda wird von den Römern gefangen. Über ihr weiteres Schicksal und das ihres in der Gefangenschaft geborenen Sohnes Thumelicus ist nichts bekannt.
16	A. liefert Germanicus die beiden blutigen Schlachten bei Idistaviso und am Angrivarierwall; nunmehr gibt Rom endgültig seine Pläne, Germanien zu erobern, auf.
17	Erfolgreicher Krieg des mit Langobarden und Semnonen verbündeten A. gegen Marbod.
19	Ermordung des A. durch Verwandte.

Arminius gelang es, den weit überlegenen Bewaffnungs- und Ausbildungsstand der Römer durch kluge Taktik wettzumachen. Er war ein Meister des Überraschungsangriffs. Sein erfolgreicher Widerstand ist historisch ebenso folgenreich wie z.B. die Siege von Marathon, Salamis und Hastings oder die Einbeziehung des Sachsenstammes in das Karolingerreich. Von allen - alten und modernen - Historikern hat Tacitus seine Leistung am großartigsten gewürdigt (ann. 2,88).

Stammbaum der Cheruskerhäuptlinge

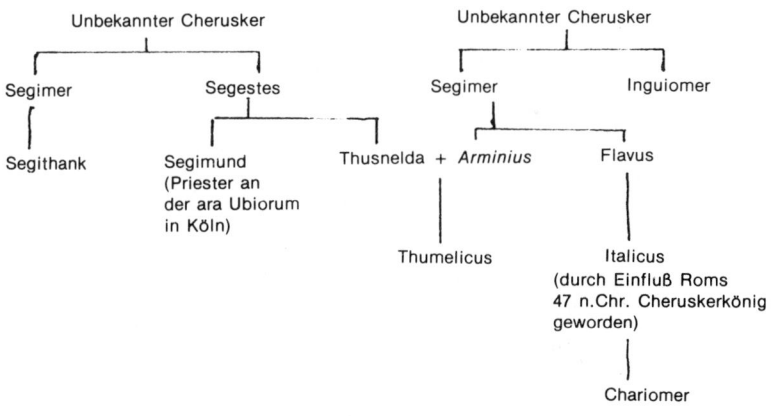

262

MARBOD [MAROBODUUS]

Erziehung und militärische Ausbildung dieses adligen Markomannen in Rom.

9 v.Chr.
Drusus besiegt die an Mittel- und Oberlauf des Mains ansässigen Markomannen. Irgendwann innerhalb der nächsten drei Jahre führt Marbod sie daraufhin in das von den keltischen Bojern weitgehend geräumte Böhmen. Hieraus entsteht ein straff regiertes Königreich mit einem nach römischem Vorbild organisierten Heer, das sich einschließlich der abhängigen Klientelstämme zwischen mittlerer Oder und Elbe und dem Böhmerwald erstreckt. Neben den Markomannen gehören zu diesem Reich Lugier, Rugier, Quaden, Hermunduren, Semnonen und Langobarden.

6 n.Chr.
Dieser Machtkomplex stellt eine Bedrohung der römischen Donaugrenze dar. Der Ausbruch des pannonischen Aufstandes (6-9) vereitelt seine Vernichtung; denn Tiberius hat bereits mit 12 Legionen zum Angriff angesetzt.

9 n.Chr.
M. unterstützt trotz Aufforderung nicht den Freiheitskampf des Arminius (auch im pannonischen Aufstand hat er sich neutral verhalten).

17
Krieg zwischen Arminius und M. Rückzug M.s, der vergeblich um den Beistand Roms bittet.

19
M. von Catualda, den M. einst geächtet hatte, mit römischer Hilfe gestürzt; seitdem lebt er in Ravenna. - Böhmen von nun an lange Zeit römisches Einflußgebiet.

37
Tod M.s.

Arminius wie auch Marbod waren ihrer Zeit weit voraus; denn sie versuchten die Zersplitterung der Germanen in kleine Stämme zu überwinden. Nicht zufällig hatten beide jahrelang die römischen Verhältnisse studieren können.

LITERATUR

Archäologie/Kunst

A. Alföldi: Das frühe Rom und die Latiner. Darmstadt 1977
B. Andreae: Römische Kunst. Freiburg 1974
R. Bianchi Bandinelli: Rom. Das Zentrum der Macht. München 1970
Ders.: Rom. Das Ende der Antike. München 1971
Curtius-Nawrath: Das antike Rom. Wien, 4. Aufl. 1964
H. Drerup: Zum Ausstattungsluxus in der römischen Architektur. Ein formgeschichtlicher Versuch. Münster 1957
Ders.: Architektur als Symbol. Zur zeitgenössischen Bewertung der römischen Architektur, Gymnasium 73, 1966, 181ff
R. Etienne: Pompeji. Das Leben einer antiken Stadt. Stuttgart 1974
H. v. Heintze: Römische Kunst (in Belser Stilgeschichte). Stuttgart 1969
Th. Kraus: Das römische Weltreich (2. Bd. der Propyläen Kunstgeschichte). Berlin 1967
Kraus/v. Matt: Lebendiges Pompeji. Köln 1973
Lübke-Pernice-Sarne: Die Kunst der Römer. Wien 1958
H. Müller-Karpe: Zur Stadtwerdung Roms. Heidelberg 1962
H.A. Stützer: Das alte Rom. Stuttgart 1971

Atlanten

Bengtson/Milojcic: Großer Historischer Weltatlas. I. Vorgeschichte und Altertum. München, 5. Aufl. 1972 mit Erläuterungsband
van der Heyden/Scullard/Stier: Bildatlas der klassischen Welt. Gütersloh 1960
F.W. Putzger: Historischer Weltatlas. Bielefeld, 100. Aufl. 1983
Westermanns Großer Atlas zur Weltgeschichte. Braunschweig 1983

Biographien

D. Kienast: Augustus, Prinzeps und Monarch. Darmstadt 1982
Chr. Meier: Caesar. Berlin 1982
A.E. Astin: Cato the Censor. Oxford 1978
M. Gelzer: Cicero. Wiesbaden 1969
O. Seel: Cicero. Stuttgart 1953
A. Momigliano: Claudius. Cambridge, 2. Aufl. 1961
F.E. Adcock: Crassus, Millionaire. Cambridge 1966
Domitian, siehe Henderson
B.W. Henderson: Five Roman Emperors (Vespasian to Trajan). New York 1927, Nachdruck 1969
H.C. Boren: The Gracchi. New York 1968
A. Birley: Mark Aurel, Kaiser und Philosoph. München, 2. Aufl. 1977
Nerva, siehe Henderson
M. Gelzer: Pompeius. München, 2. Aufl. 1959
H. Volkmann: Sullas Marsch auf Rom. München 1958, Nachdruck 1969
E. Kornemann: Tiberius. Stuttgart 1960
Titus, siehe Henderson
Trajan, siehe Henderson
Vespasian, siehe Henderson

Geschichte / Sozialgeschichte

A. Alföldi: Die trojanischen Urahnen der Römer. Basel 1957

G. Alföldy: Römische Sozialgeschichte. Wiesbaden, 3. Aufl. 1984

Ders.: Die römische Gesellschaft - Struktur und Eigenart, Gymnasium 83, 1976, 1 - 25

W.D. v. Barloewen (Hrsg.): Abriß der Geschichte antiker Randkulturen. München 1961

K.J. Beloch: Die Bevölkerung der griechisch-römischen Welt. Leipzig 1886. Nachdruck 1968

H. Bengtson: Grundriß der Römischen Geschichte mit Quellenkunde. I. Republik und Kaiserzeit bis 284 n.Chr., 2. Aufl. München 1970

K. Christ: Das Römische Weltreich. Aufstieg und Zerfall einer antiken Großmacht. Freiburg 1973

Ders.: Krise und Untergang der Römischen Republik. Darmstadt 1979

S.A. Cook u.a. (Hrsg.): Cambridge Ancient History. Bände VII-XII, Cambridge 1928-1939

M. Grant: Das Römische Reich am Wendepunkt. Die Zeit von Mark Aurel bis Konstantin. München 1972

R. Hachmann: Die Germanen. Darmstadt 1971

Ders.: Goten und Skandinavien. Berlin 1970

Hachmann/Kossack/Kuhn: Völker zwischen Germanen und Kelten. Neumünster 1962

A. Heuß: Römische Geschichte. Braunschweig, 4. Aufl. 1976

A. Heuß/G. Mann: Propyläen Weltgeschichte, Bd. 4., Die Römische Welt. Berlin 1963

C.A. Julien: Histoire de l'Afrique du Nord. Bd. 1, Paris 1951

F.G. Maier: Römische Bevölkerungsgeschichte und Inschriftenstatistik, Historia 2, 1953/4. 318-351

M. Rostovtzeff: Gesellschaft und Wirtschaft in der römischen Kaiserzeit. Heidelberg, 2. Aufl. 1957

A. Schulten: Tartessos. Ein Beitrag zur ältesten Geschichte des Westens. Hamburg, 2. Aufl. 1955

Ders.: Die Keltiberer und ihre Kriege mit Rom. München 1914

E.M. Staerman: Die Blütezeit der Sklavenwirtschaft in der Römischen Republik. Wiesbaden 1969

R. Syme: The Roman Revolution. Oxford 1939

J. Vogt: Die Römische Republik. München, 6. Aufl. 1973

Ders. (Hrsg.): Rom und Karthago. Leipzig 1943

J. Vogt/N. Brockmeyer: Bibliographie zur antiken Sklaverei. Bochum 1971

H. Volkmann: Grundzüge der römischen Geschichte. Darmstadt, 8. Aufl. 1982

Kulturgeschichte

J.-M. André: L' alimentation et la cuisine à Rome. Paris 1961

R. Auguet: Cruauté et civilisation: Les jeux romains. Paris 1970

J.P.V.D. Balsdon: Life and Leisure in Ancient Rome. London, 2. Aufl. 1974

C. Baracconi: Spettacoli nell' antica Roma. Rom 1972

W. Beare: Roman Stage. London 1977

M. Bieber: The History of Greek and Roman Theatre. Princeton, 2. Aufl. 1960

Dies.: Charakter und Unterschiede der griechischen und römischen Kleidung. Archäologischer Anzeiger 1973, 425-447

H. Blanck: Einführung in das Privatleben der Griechen und Römer. Darmstadt 1976

D. Brothwell/P.: Food in Antiquity. London 1969

J. Carcopino: Rom. Leben und Kultur in der Kaiserzeit. Stuttgart 1977

C. Charles-Picard/G.: Karthago - Leben und Kultur. Stuttgart 1983

P.-M. Duval: Die Kelten. München 1979

Eggers/Will/Joffroy/Holmquist: Kelten und Germanen in heidnischer Zeit. Baden-Baden 1964

L. Friedländer: Darstellungen aus der Sittengeschichte Roms in der Zeit von Augustus bis zum Ausgang der Antonine. Leipzig, 10. Aufl. 1921-1923. Nachdruck Aalen 1964

M. Grant: Rom (in Kindlers Kulturgeschichte). Zürich 1960

P. Grimal: Römische Kulturgeschichte. München 1961

M. Hammond: The City in the Ancient World. Cambridge, Mass. 1972

J.J. Hatt: Kelten und Gallo-Romanen. Darmstadt 1970

U. Kahrstedt: Kulturgeschichte der römischen Kaiserzeit. Bern, 2. Aufl. 1958

Kruta/Szabo: Die Kelten. Entwicklung und Geschichte einer europäischen Kultur. Freiburg 1979

J. Marquardt: Das Privatleben der Römer. München, 2. Aufl. 1886. Nachdruck Darmstadt 1980

G. Mildenberger: Mitteldeutschlands Ur- und Frühgeschichte. Leipzig 1959

U.E. Paoli: Das Leben im alten Rom. Bern, 2. Aufl. 1961

Th. Pekáry: Untersuchungen zu den römischen Reichsstraßen. Bonn 1968

L.G. Pericot (Hrsg.): La Espana primitiva. Barcelona 1950

G. Radke: Viae Publicae Romanae. Druckenmüller 1971 = RE Suppl.13, Sp. 1418 ff

R. Scheer: Römische Kulturkunde. Wien 1981

W. Schubart: Das Buch bei Griechen und Römern. Heidelberg, 3. Aufl. 1960

A. Schulten: Iberische Landeskunde. Strasbourg 1955

L.M. Wilson: The Clothing of the Ancient Romans. Baltimore 1938

A. Wotschitzky: Die Kultur der Römer. Wiesbaden 1979

J. de Vries: Die geistige Welt der Germanen. Darmstadt 1964

Ders.: Kelten und Germanen. Bern 1960

Lexika/Handbücher mit Darstellungen aller Lebensbereiche

C. Andresen u.a. (Hrsg.): Lexikon der Alten Welt. Zürich 1965
Buchwald/Hohlweg/Prinz: Tusculum-Lexikon griechischer und lateinischer Autoren des Altertums und des Mittelalters. Darmstadt, 3. Aufl. 1982
K. Christ: Die Römer. Eine Einführung in ihre Geschichte und Zivilisation. München 1979
Hammond/Scullard (Hrsg.): The Oxford Classical Dictionary. Oxford, 2. Aufl. 1970
O. Hiltbrunner: Kleines Lexikon der Antike. Bern, 5. Aufl. 1974
Lamer/Kroh: Wörterbuch der Antike mit Berücksichtigung ihres Fortwirkens. Stuttgart, 8. Aufl. 1976
P. Kroh: Lexikon der antiken Autoren. Stuttgart 1972
Pauly/Wissowa/Kroll/Mittelhaus/Ziegler (Hrsg.): Realencyclopädie der klassischen Altertumswissenschaft. Stuttgart 1893 ff (etwa 80 Bde.).
Pleticha/Schönberger (Hrsg.): Die Römer. Gütersloh 1977
Temporini/Haase (Hrsg.): Aufstieg und Niedergang der Römischen Welt. Geschichte und Kultur Roms im Spiegel der neueren Forschung. Berlin 1972 ff (bisher 16 Bde., weitere in Vorbereitung)

Kriegswesen

H. Delbrück: Geschichte der Kriegskunst im Rahmen der politischen Geschichte. I. Das Altertum. Nachdruck der 3. Aufl. mit Einleitung von K. Christ. Berlin 1964
H.J. Diesner: Kriege des Altertums. Berlin, 2. Aufl. 1974
M. Grant: The Army of the Caesars. London 1974
Kromayer-Veith: Heerwesen und Kriegsführung der Griechen und Römer. München 1928. Nachdruck 1963
E. Meyer: Das römische Manipularheer, seine Entwicklung und seine Vorstufen; in: Kleine Schriften II., 193-285. Halle 1924
H.M.D. Parker: The Roman Legions. Cambridge, 2. Aufl. 1961
H.D.L. Viereck: Die römische Flotte. Herford 1975
O. Lendle: Texte und Untersuchungen zum technischen Bereich der antiken Poliorketik. Wiesbaden 1982

Nachleben Roms

K. Büchner (Hrsg.): Latein und Europa. Traditionen und Renaissancen. Stuttgart 1978
E.R. Curtius: Europäische Literatur und lateinisches Mittelalter. Bern 1948
M. Wandruszka: Die Mehrsprachigkeit des Menschen. München 1979 (115-119 Schilderung des Einflusses des Lateinischen auf die Entwicklung der deutschen Sprache im Mittelalter)

Pädagogik

S.F. Bonner: Education in Ancient Rome. From Cato the Elder to the Younger Pliny. London 1977
H.-Th. Johann (Hrsg.): Erziehung und Bildung in der heidnischen und christlichen Antike. Darmstadt 1976

Philosophie

C.-F. Geyer: Einführung in die Philosophie der Antike. Darmstadt 1978
G. Maurach (Hrsg.): Römische Philosophie. Darmstadt 1976
Ders. (Hrsg.): Seneca als Philosoph. Darmstadt 1975

Politik / Staat

A. Alföldi: Die Struktur des voretruskischen Römerstaates. Heidelberg 1974
R. Klein (Hrsg.): Das Staatsdenken der Römer. Darmstadt, 3. Aufl. 1980
K. Loewenstein: The Governance of Rome. Den Haag 1973
J. Marquardt: Römische Staatsverwaltung, 3 Bde., 2. Aufl. 1881-1885. Nachdruck Darmstadt 1957
Chr. Meier: Res publica amissa. Frankfurt, Neuausgabe 1980
E. Meyer: Römischer Staat und Staatsgedanke. Zürich, 4. Aufl. 1975
Th. Mommsen: Römisches Staatsrecht, 5 Bde. Leipzig, 3. Aufl. 1887/88. Nachdruck 1963
H. Siber: Römisches Verfassungsrecht in geschichtlicher Entwicklung. Lahr 1952

Recht

Dulckeit/Schwarz: Römische Rechtsgeschichte. München, 5. Aufl. 1970
W. Kunkel: Römische Rechtsgeschichte. Köln, 6. Aufl. 1972
A. Söllner: Römische Rechtsgeschichte. Eine Einführung. Freiburg 1971

Religion

F. Altheim: Römische Religionsgeschichte. 2 Bde. Baden-Baden 1951
H. Chadwick: Die Kirche in der antiken Welt. Berlin 1972
K. Kerényi: Die Religion der Griechen und Römer. München 1963
K. Latte: Römische Religionsgeschichte. München 1960
G. Radke: Die Götter Altitaliens. Münster, 2. Aufl. 1979
Schmidt/Wolf (Hrsg.): Die Kirche in ihrer Geschichte. Göttingen 1961ff
G. Wissowa: Religion und Kultus der Römer. München, 2. Aufl. 1912. Nachdruck 1971

Sprache und Literatur

K. Büchner: Römische Literaturgeschichte. Stuttgart, 4. Aufl. 1970
G. Devoto: Geschichte der Sprache Roms. Heidelberg 1977
M. Fuhrmann: Römische Literatur (in: Neues Handbuch der Literaturwissenschaft). Frankfurt 1974
B. Harms: C. Sallustius Crispus, Catilinae Coniuratio. Lehrerkommentar. Frankfurt, 5. Aufl. 1982
F. Klingner: Römische Geisteswelt. München, 5. Aufl. 1965. Nachdruck Stuttgart 1982
H. Krahe: Sprache und Vorzeit. Heidelberg 1954
E. Norden: Die römische Literatur. Leipzig, 6. Aufl. 1961
M. Schanz: Geschichte der römischen Literatur. 5 Bde. Nachdruck München 1966-1971
O. Seel: Römertum und Latinität. Stuttgart 1964
Ders.: Weltdichtung Roms. Berlin 1965
Stolz/Debrunner/Schmid: Geschichte der lateinischen Sprache. Berlin, 4. Aufl. 1966

Technik

H. Diels: Antike Technik. Leipzig, 3. Aufl. 1924
R.J. Forbes: Studies in Ancient Technology. 9 Bde. Leiden, 2. Aufl. 1964-72
F. Kretzschmer: Bilddokumente römischer Technik. Düsseldorf, 4. Aufl. 1978
J.G. Landels: Die Technik in der antiken Welt. München 1980

Wirtschaft

T. Frank (Hrsg.): An Economic Survey of Ancient Rome. 6 Bde. Baltimore 1933-1940. Nachdruck 1959
F.M. Heichelheim: An Ancient Economic History. 3 Bde. Leiden 1958-1970
A.H.M. Jones: The Roman Economy. Oxford 1974
Th. Pekáry: Die Wirtschaft der griechisch-römischen Antike. Wiesbaden, 2. Aufl. 1979
M. Rostovtzeff: Gesellschaft und Wirtschaft in der römischen Kaiserzeit. Heidelberg, 2. Aufl. 1957
M. Wheeler: Der Fernhandel des Römischen Reiches in Europa, Afrika und Asien. München 1965

TASCHENBÜCHER

Archäologie / Kunst

Bianchi Bandinelli, Ranuccio: Klassische Archäologie. Eine kritische Einführung (BSR 169)
Brandenburg, Hugo: Roms frühchristliche Basiliken (Heyne 08/4580)
Hafner, German: Tatort Antike. Archäologen auf den Spuren verschollener Kunstwerke (Moewig 3128)
Hatje, Ursula: Knaurs Stilkunde, Bd. 1 - Von der Antike bis zur Gotik (Knaur 3180)
Kähler, Heinz: Die frühe Kirche. Kult und Kultraum (Ullstein 36066)
Kähler, Heinz; Der römische Tempel (Ullstein 36065)
Lindemann, Gottfried, und Boekhoff, Hermann: Lexikon der Kunststile, Bd. 1 - Von der griechischen Archaik bis zur Renaissance (rororo 6132)
Mackendrick, Paul: Roms steinernes Erbe (Bastei Lübbe 60015)
Müller, Werner, und Vogel, Gunther: dtv-Atlas zur Baukunst, Bd. 1, Allgemeiner Teil - Baugeschichte von Mesopotamien bis Byzanz (dtv 3020)
Pörtner, Rudolf: Mit dem Fahrstuhl in die Römerzeit (Moewig 3102)
Pothorn, Herbert: Das große Buch der Baustile (Heyne 01/7176)
Schreiber, Hermann: Auf den Spuren der Goten (rororo 7274)

Biographien [1]

Grant, Michael: Caesar (Heyne 12/35)
Oppermann, Hans: Julius Caesar (rororo rm 135)
Giebel, Marion: Cicero (rororo rm 261)
Perowne, Stuart: Hadrian (BSR 151)
Beer, Gavin de: Hannibal (Heyne 12/7)
Prause, Gerhard: Herodes der Große (Heyne 12/73)
Grant, Michael: Herodes der Große (Bastei Lübbe 61067)
Flusser, David: Jesus (rororo rm 140)
Grant, Michael: Jesus (Bastei Lübbe 61065)
Ben-Chorin, Schalom: Bruder Jesus. Der Nazarener in jüdischer Sicht (dtv 1253)
Benoist-Méchin: Kleopatra (Heyne 12/25)
Grant, Michael: Kleopatra (Bastei Lübbe 61061)
Birley, Anthony: Mark Aurel (BSR 160)
Grant, Michael: Nero (Heyne 12/53)
Tresmontant, Claude: Paulus (rororo rm 23)
Ben-Chorin, Schalom: Paulus. Der Völkerapostel in jüdischer Sicht (dtv 1550)
Lippert, Adolf: Theodosius der Große und seine Zeit (BSR 209)
Löwenstein, Hubertus Prinz zu: Tiberius (Heyne 10/44)

---

[1] Die Anordnung der Biographien richtet sich nach den dargestellten Persönlichkeiten.

Geschichte / Sozialgeschichte

Bleicken, Jochen: Die Verfassung der Römischen Republik (UTB 460)
Bleicken, Jochen: Verfassungs- und Sozialgeschichte des Römischen Kaiserreichs 1 und 2 (UTB 838 und 839)
Brockmeyer, Norbert: Sozialgeschichte der Antike (Urban 153)
Christ, Karl: Das Römische Weltreich (Heyne 17/41)
Crawford, Michael: Die römische Republik (dtv 4404)
Döbler, Hannsferdinand: Die Germanen. 2 Bände (Heyne 01/7036)
Grant, Michael: Klassiker der antiken Geschichtsschreibung (dtv 4374)
Grant, Michael: Roms Cäsaren. Von Julius Caesar bis Domitian (dtv 1762)
Grimal, Pierre (Hrsg.): Der Hellenismus und der Aufstieg Roms. Die Mittelmeerwelt im Altertum 2 (Fischer FWG 6)
Grimal, Pierre (Hrsg.): Der Aufbau des römischen Reiches. Die Mittelmeerwelt im Altertum 3 (Fischer FWG 7)
Herm, Gerhard: Die Kelten (rororo 7067)
Hilgers, Werner: Deutsche Frühzeit (Ullstein 3861)
Jarnut, Jörg: Geschichte der Langobarden (Urban 339)
Keller, Werner: Die Etrusker (Knaur 3352)
Kolb, Frank: Die Stadt in der Antike (Urban 355)
Kornemann, Ernst: Geschichte der Spätantike (BSR 175)
Lauffer, Siegfried: Kurze Geschichte der antiken Welt (dtv 1724)
Millar, Fergus (Hrsg.): Das römische Reich und seine Nachbarn. Die Mittelmeerwelt im Altertum 4 (Fischer FWG 8)
Misch, Jürgen: Die Langobarden (Bastei Lübbe 64032)
Mommsen, Theodor: Die Gracchen (Reclam 8856)
Mommsen, Theodor: Römische Geschichte. 8 Bände in Kassette (dtv 5955)
Montesquieu: Größe und Niedergang Roms (Fischer 3432)
Noelle, Hermann: Die Kelten (Bastei Lübbe 64001)
Ogilvie, Robert M.: Das frühe Rom und die Etrusker (dtv 4403)
Pleticha, Heinrich: Die Römer (Bastei Lübbe 64040)
Raffalt, Reinhard: Große Kaiser Roms (Heyne 17/23)
Reden, Sibylle von: Die Etrusker (Bastei Lübbe 64007)
Hadas, Moses: Römisches Reich (rororo LIFE 32)
Schmid, Armin und Renate: Die Römer an Rhein und Main (Bastei Lübbe 64009)
Stöver, Hans Dieter: Die Römer (rororo 7160)

Kulturgeschichte

Büchner, Karl: Römertum (Reclam 7634)
Corti, Egon Cäsar Conte: Untergang und Auferstehung von Pompeji und Herculaneum (Knaur 3661)
Durant, Will: Kulturgeschichte der Menschheit, Bd. 4 - Der Aufstieg Roms und das Imperium (Ullstein 36104)
Grant, Michael: Die Gladiatoren (Ullstein 39049)
Grant, Michael: Mittelmeerkulturen in der Antike (dtv 1639)
Hafner, German: Prominente der Antike. Kulturgeschichte in Porträts (Goldmann 11359)

Mildenberger, Gerhard: Sozial- und Kulturgeschichte der Germanen (Urban 149)
Millard, Anne: Das war Rom (RTB 749)
Millard, Anne: Ecce Roma. Das Alltagsleben in Rom. Lateinische Ausgabe mit Vokabeln (RTB 870)
Ürögdi, Georg: Das Leben im alten Rom (Bastei Lübbe 64014)
Die Welt der Antike (aus: Knaurs große Kulturen in Farbe, Knaur 3616)

Lexika

Gottschalk, Herbert: Lexikon der Mythologie (Heyne 01/7096)
Grant, Michael, und Hazel, John: Lexikon der antiken Mythen und Gestalten (dtv 3181)
Hunger, Herbert: Lexikon der griechischen und römischen Mythologie (rororo 6178)
Irmscher, Johannes: Das große Lexikon der Antike (Heyne 08/4423. - Die unverkennbar marxistische Tendenz dieses Werkes beruht auf seiner Herkunft aus der DDR)
Jens, Hermann: Mythologisches Lexikon (Goldmann 11310)
Mickisch, Heinz: Taschenlexikon der Antike (Humboldt 180)
Ziegler, Konrat, u.a. (Hrsg.): Der kleine Pauly. Lexikon der Antike (dtv 5963)

Pädagogik

Marrou, Henri Irénée: Geschichte der Erziehung im klassischen Altertum (dtv 4275)

Philosophie

Adomeit, Klaus: Antike Denker über den Staat (UTB 1136)
Châtelet, François (Hrsg.): Geschichte der Philosphie, Bd. 1 - Die heidnische Philosophie (Ullstein 2991)
Glockner, Hermann: Die europäische Philosophie von den Anfängen bis zur Gegenwart (Reclam 8233)
Speck, Josef (Hrsg.): Grundprobleme der großen Philosophen - Philosophie des Altertums und des Mittelalters (UTB 146)
Störig, Hans Joachim: Kleine Weltgeschichte der Philosophie, Bd. 1 (Fischer 6135)
Vorländer, Karl: Geschichte der Philosophie, Bd. 1 - Philosophie des Altertums (rororo rde 183)
Wieland, Wolfgang (Hrsg.): Geschichte der Philosophie in Text und Darstellung, Bd. 1 - Antike (Reclam 991)

Politik / Staat

Finley, Moses I.: Antike und moderne Demokratie (Reclam 9966)
Meier, Christian: Die Ohnmacht des allmächtigen Dictators Caesar (edition suhrkamp 1038)

Recht

Liebs, Detlef: Römisches Recht (UTB 465)
Spengler, Oswald: Der Untergang des Abendlandes, 2. Bd. (dtv 838). Darin 624 - 655 Darstellung der Grundstrukturen des römischen Rechts.

Religion

Aland, Kurt: Von Jesus bis Justinian. Die Frühzeit der Kirche in Lebensbildern (GTB/S 1403)
Bamm, Peter: Stätten der frühen Christenheit (Knaur 3042)
Bradford, Ernle: Die Reisen des Paulus (dtv 1455)
Campenhausen, Hans von: Lateinische Kirchenväter (Urban 50)
Kee, Howard C.: Das frühe Christentum in soziologischer Sicht. Methoden und Anstöße (Urban 1219)
Kupisch, Karl: Kirchengeschichte, Bd. 1 - Von den Anfängen bis zu Karl dem Großen (Urban 168)
Lanczkowski, Günter (Hrsg.): Fischer Lexikon. Geschichte der Religionen (Fischer FL 1)
Schoeps, Hans-Joachim: Religionen. Wesen und Geschichte (Goldmann 11202)

Sagen und Märchen

Ackermann, Erich (Hrsg.): Märchen der Antike (Fischer 2835)
Carstensen, Richard: Römische Sagen (dtv 7905)
Fietz, W. (Hrsg.): Sagen der Römer (Insel-Taschenbuch 466)
Peterich, Eckart und Grimal, Pierre: Götter und Helden. Die klassischen Mythen und Sagen der Griechen, Römer und Germanen (dtv 1359)

Sprache und Literatur

Snell, Bruno: Neun Tage Latein (Vandenhoeck 10)

Wirtschaft

Finley, Moses J.: Die antike Wirtschaft (dtv 4277)

278

Bildnachweis

Abb. 32, 47, 52, 74, 81, 94: Die Welt der Antike (deutsche Ausgabe: Th. Knaur Nachf.), (c) Thames & Hudson Limited, London. Gezeichnet von John D. Wilsher, Ian Mackenzie Kerr, Martin E. Weaver.

Abb. 86, 93, Umschlaginnenseite vorne: Pierre Grimal, Römische Kulturgeschichte (deutsche Ausgabe: Th. Knaur Nachf.), (c) B. Arthaud, Paris.

Abb. 38, 67, 85: Paoli, Das Leben im alten Rom; Paoli, Die Geschichte der Neaira; Kahrstedt, Kulturgeschichte der römischen Kaiserzeit. (c) der drei Werke: A. Francke A.G.Verlag, Bern.

Abb. 53, 58, 62: H.A. Stützer, Das alte Rom, (c) Verlag W. Kohlhammer, Stuttgart. Zeichnungen von Dieter Weber.

Abb. 91: G. Mildenberger, Sozial- und Kulturgeschichte der Germanen, (c) Verlag W. Kohlhammer, Stuttgart.

Abb. 35, 39, 43, 49, 50, 71, 72, 87, 88: Bildatlas der klassischen Welt (deutsche Ausgabe: Gütersloher Verlagshaus Gerd Mohn), (c) Elsevier, Amsterdam.

Abb. 22, 83: Landström, Segelschiffe (deutsche Ausgabe: Bertelsmann Lexikon-Verlag), (c) Bokförlaget Forum, Stockholm.

Abb. 92: Hachmann, Die Germanen, Sammlung Archaeologia Mundi, (c) Nagel Verlag, Genf. Rekonstruktion nach A.E. van Giffen.

Abb. 95: Jacques Moreau, Die Welt der Kelten, (c) I.G. Cotta'sche Buchhandlung Nachf. GmbH, Stuttgart. Rekonstruktion nach J. Marien, Oud Belgie.

Abb. 60: Ausstellungskatalog „Römer am Rhein" des Römisch-Germanischen Museums, Köln, (c) Verlagsgesellschaft Rudolf Müller, Köln-Braunsfeld.

Abb. 84: Großer historischer Weltatlas, (c) Bayerischer Schulbuch-Verlag, München.

Abb. 29, 33, 54, 61, 68, 69, 73: Kähler, Rom und seine Welt, (c) Bayerischer Schulbuch-Verlag, München.

Umschlaginnenseite hinten: Lexikon der Alten Welt, (c) Artemis Verlag, Zürich.

Abb. 57: Christ und Welt vom 7.3.57

Abb. 63, 64: Curtius-Nawrath, Das antike Rom, (c) Verlag Anton Schroll & Co, Wien. Gezeichnet von Resi Clark.

Abb. 79: Sprague de Camp, Ingenieure der Antike, (c) Econ Verlag GmbH, Düsseldorf.

Abb. 78, Umschlagbild vorne: Coll, Das gab es schon im Altertum, (c) Arena Verlag, Würzburg. Zeichnungen: Josef Langhans

Abb. 51, 66: Technau, Die Kunst der Römer, (c) Rembrandt-Verlag, Berlin.

Abb. 40: Wegner, Altertumskunde, (c) Verlag Karl Alber, Freiburg.

Abb. 12, 75, 80: Kretzschmer, Bilddokumente römischer Technik, (c) VDI-Verlag, Düsseldorf.

Abb. 45b: Martin, Kunst des Abendlandes, (c) W. Crüwell Verlag, Dortmund.

Abb. 82: Zeichnung des Saalburgmuseums.

Abb. 25, 34, 55, 70: Luckenbach, Kunst und Geschichte, (c) Oldenbourg Verlag, München.

Abb. 14: Wolff, Ludus Latinus II, Ausgabe von 1936, (c) B.G. Teubner, Stuttgart. Nach Diels, Antike Technik.

Abb. 45, 48, 65, 77: Springer, Kunsthistorischer Bilderbogen.

Abb. 20, 27, 90: Baumeister, Denkmäler des klassischen Altertums.

Abb. 44: Lanckoronski, Städte Pamphyliens und Pisidiens. Rekonstruktion nach Niemann.

Abb. 37: Winter, Kunstgeschichte in Bildern.

Abb. 28: Mau, Pompeji in Leben und Kunst.

Abb. 21: Muzik, Kunst und Leben im Altertum. Wiederherstellung nach Cohausen.

Abb. 13: Bauer, Griechische Kriegsaltertümer.

Abb. 19: Duruy, Histoire des Romains.

Abb. 1-11, 15-18, 23f, 26, 30f, 36, 41, 42, 46, 56, 59, 76, 89, Umschlagbild hinten: Archiv Harms.

Verlag Grundlagen und Praxis GmbH, 2950 Leer,
Wissenschaftlicher Autorenverlag KG., Bergmannstr. 40, Pf. 1507

VERLAGSVERZEICHNIS
1986

NATURMEDIZIN - HUMANES GESUNDHEITSWESEN

                                               DM

F. Asbeck, Naturmedizin in Lebensbildern,
344 S., mit Abb.,   40,--

Bayr, Stübler, Klunker, Schramm u.a.,
Homöopathie in der Diskussion, 262 S.,   32,--

W. Boericke, Homöopathische Mittel und ihre Wirkungen,
Neuaufl. Sommer 86, ca. 1050 S.,   bis 4 Wochen nach Erscheinen 90,--
                                             später 100,--

M. Harms,
Homöopathie jetzt und in Zukunft, 50 S.,   6,--

F.N. Hirst, Die Wissenschaft und die Homöopathie,
Vortrag eines Physikers, gehalten vor dem intern.
Ärztekongreß in Washington 1974, 18 S.,   5,--

J.T. Kent,
Zur Theorie der Homöopathie,
Kents Vorlesungen über Hahnemanns Organon, 350 S.,
3. Auflage,   46,--

F.A. Popp,
Molekulare und biophysikalische Aspekte der Malignität,
148 S.,   20,--
                              (leichte Bindemängel: 10,--)

H.-D. Renovanz,
Leitfaden für die Klinische Prüfung in den Phasen III und IV,
184 S.,   25,--

E. Schlegel, Heilkunst als Weltmitte,
das ärztliche Testament des bekanntesten deutschen
homöopathischen Arztes der älteren Generation, 80 S.,   15,--

E.H. Schmeer,
Homöopathie - Psychosomatik - Paramedizin,
Grenzgebiete im Reiche des Simile, 168 S.,   24,--

PERSÖNLICHKEITSENTFALTUNG IN FAMILIE, SCHULE UND
GESELLSCHAFT

A. Brugger, Splitter, Blüten, Funken,
Aphorismen, 26 S., DIN A 6   6,--

H.K. Daunicht,
Die Kenntnis Japans bei den alten Kulturvölkern,
362 S.,   50,--

H. Hangen, To mien Kinnertied,
Zum Wandel ländlicher Wohn- und Lebensbedingungen von
Kindern im 20. Jahrhundert.
- Untersuchungen in einem ostfriesischen Dorf -
184 S. + 20 S. Fotos, DIN A 4   38,--

W. Hof, Die philosophische Reichweite der
modernen Naturwissenschaften, 204 S., DIN A 4   50,--

W. Kaupert, Tagundnachtgleiche,
Lebensrhythmen in Versen von gestern und heute, 100 S.,   10,--

F. Masson,
Als Kriegsgefangener zwischen Weser und Ems, 148 S.,   20,--

O. Müller-Serten, Der Traum der Schöpfung, 142 S.,   16,--

H. Ploog,
Möglichkeiten und Grenzen der Schriftpsychologie, 22 S.,   4,40

P. Seufert, Süchtigkeit und Handschrift, 176 S., m. Bildteil,   32,--

P. Seufert, Das Spielcasino der Inselstadt, 120 S., m. 5 Abb., 16,--

U. Springmeyer, Sprachbetrachtung im Englischunterricht,
- In Fachkreisen auch im Ausland bekannt -, 168 S.,   15,--

ZUKUNFTSPERSPEKTIVEN - GEISTIG-SOZIALE STRATEGIEN

F. Scholz, Die Zukunft der Welt -
Ist die Pädagogik hilflos?, 124 S.,   16,--

Neu:
J. Peters,
Medizin und Ethik,
Zwei Pole einer Wirklichkeit?, 20 S.,   5,--

PREISÄNDERUNGEN VORBEHALTEN

EINZELPROSPEKTE AUF WUNSCH

Bestellungen über alle Buchhandlungen oder direkt beim Verlag

Indische Bücherliste über Homöopathie bitte anfordern!